LES

ŒUVRES

COMPLETES

DE

VOLTAIRE

45B

VOLTAIRE FOUNDATION

OXFORD

2010

ISBN 978 0 7294 0945 2

Voltaire Foundation Ltd
University of Oxford
99 Banbury Road
Oxford OX2 6JX

A catalogue record for this book
is available from the British Library

OCV: le sigle des *Œuvres complètes de Voltaire*

www.voltaire.ox.ac.uk

Mixed Sources
Product group from well-managed
forests and other controlled sources
www.fsc.org Cert no. SGS-COC-2482
© 1996 Forest Stewardship Council

The paper used for this book is FSC certified.
FSC (The Forest Stewardship Council) is an international network
to promote responsible management of the world's forests.

Printed on chlorine-free paper.

PRINTED IN ENGLAND

AT T J INTERNATIONAL LTD

PADSTOW

Œuvres de 1753-1757

II

Mélanges de 1756

The Voltaire Foundation is very grateful to
Madeline Barber for a generous gift
to aid the publication of this volume

The publication of this volume
has also been generously sponsored
by the British Academy

TABLE DES MATIÈRES DU TOME 45

45A:

Examen du Testament politique du cardinal Albéroni

L'Orphelin de la Chine

Epître de l'auteur, en arrivant dans sa terre près du lac de Genève

Poème sur le désastre de Lisbonne

Shorter verse of 1753-1757

45B:

Mélanges de 1756

45C:

Paméla

Mémoires de M. de Voltaire écrits par lui-même

TABLE DES MATIÈRES

Liste des abréviations   xi
L'apparat critique   xiii
Les descriptions bibliographiques   xiv
Remerciements   xv
Préface   xvii

Des langues
Edition critique par Michel Mervaud   1

Jusqu'à quel point on doit tromper le peuple
Edition critique par Jean Dagen   21

Les Deux Consolés
Edition critique par Michel Cambou   43

[Timon] Sur le paradoxe que les sciences ont nui aux mœurs
Critical edition by Mark Waddicor   57

Des Juifs
Edition critique par Marie-Hélène Cotoni   79

Du siècle de Constantin, De Dioclétien, De Constantin, De Julien
Edition critique par Laurence Macé   139

Lettre sur le Dante
Critical edition by David Williams   199

De la chimère du souverain bien
Edition critique par Christophe Paillard   219

De la population d'Amérique
Edition critique par Jacqueline Hellegouarc'h   245

TABLE DES MATIÈRES

Histoire des voyages de Scarmentado
Critical edition by Philip Stewart   281

Des génies, De l'astrologie, De la magie, Des possédés
Edition critique par Nicholas Cronk, Basil Guy,
Jacqueline Hellegouarc'h et Michel Mervaud   307

D'Ovide, De Socrate
Edition critique par Jean Mayer   353

Dialogues entre Lucrèce et Posidonius
Edition critique par Jean Mayer   375

[Notice autobiographique]
Edition critique par Jacqueline Hellegouarc'h et
Jessica Goodman   403

*Préface des éditeurs, Lettre de M. de Voltaire aux éditeurs
de la première édition de Genève*
Critical edition by David Williams   417

Appendice: Deux prospectus des Cramer
Présentés par Nicholas Cronk   435

Vers au roi de Prusse (1756): supplement to the edition
published in *OCV*, vol.45A, by David Adams   447

Poème sur le désastre de Lisbonne: addenda to the edition
published in *OCV*, vol.45A, by David Adams   449

Liste des éditions collectives citées   451
Liste des ouvrages cités   457
Index   463

ABRÉVIATIONS

Arsenal	Bibliothèque de l'Arsenal, Paris
Bengesco	Georges Bengesco, *Voltaire: bibliographie de ses œuvres*, 4 t. (Paris, 1882-1890)
BnC	*Catalogue général des livres imprimés de la Bibliothèque nationale: auteurs, tome 214, Voltaire*, éd. H. Frémont et autres, 2 t. (Paris, 1978)
BnF	Bibliothèque nationale de France, Paris
Bodley	Bodleian Library, Oxford
BV	M. P. Alekseev et T. N. Kopreeva, *Bibliothèque de Voltaire: catalogue des livres* (Moscow, 1961)
CN	*Corpus des notes marginales de Voltaire* (Berlin et Oxford, 1979-)
D	Voltaire, *Correspondence and related documents*, ed. Th. Besterman, in *Œuvres complètes de Voltaire*, vol.85-135 (Oxford, 1968-1977)
DP	Voltaire, *Dictionnaire philosophique*
EM	Voltaire, *Essai sur les mœurs*
GpbV	Bibliothèque de Voltaire, Bibliothèque nationale de Russie, St Petersburg
ImV	Institut et musée Voltaire, Genève
Kehl	*Œuvres complètes de Voltaire*, éd. J. A. N. de Caritat, marquis de Condorcet, J. J. M. Decroix et Nicolas Ruault, 70 t. (Kehl, 1784-1789)
M	*Œuvres complètes de Voltaire*, éd. Louis Moland, 52 t. (Paris, 1877-1885)
ms.fr.	manuscrits français (BnF)

n.a.fr.   nouvelles acquisitions françaises (BnF)

OCV   *Œuvres complètes de Voltaire* (Oxford, 1968-)
       [la présente édition]

OH   Voltaire, *Œuvres historiques*, éd. R. Pomeau
       (Paris, 1957)

QE   Voltaire, *Questions sur l'Encyclopédie*

SVEC   *Studies on Voltaire and the eighteenth century*

Taylor   Taylor Institution, Oxford

Trapnell   William H. Trapnell, 'Survey and analysis of
       Voltaire's collective editions', *SVEC* 77
       (1970), p.103-99

VF   Voltaire Foundation, Oxford

VST   René Pomeau, René Vaillot, Christiane
       Mervaud et autres, *Voltaire en son temps*,
       2e éd., 2 t. (Oxford, 1995)

L'APPARAT CRITIQUE

L'apparat critique placé au bas des pages fournit les diverses leçons ou variantes offertes par les états manuscrits ou imprimés du texte.

Chaque note critique est composée du tout ou partie des indications suivantes:
- Le ou les numéro(s) de la ou des ligne(s) auxquelle(s) elle se rapporte.
- Les sigles désignant les états du texte, ou les sources, repris dans la variante. Des chiffres arabes, isolés ou accompagnés de lettres, désignent en général des éditions séparées de l'œuvre dont il est question; les lettres suivies de chiffres sont réservées aux recueils, w pour les éditions complètes, et t pour les œuvres dramatiques; après le sigle, l'astérisque signale un exemplaire particulier, qui d'ordinaire contient des corrections manuscrites.
- Les deux points (:) marquant le début de la variante proprement dite, dont le texte, s'il en est besoin, est encadré par un ou plusieurs mots du texte de base. A l'intérieur de la variante, toute remarque de l'éditeur est placée entre crochets.

Les signes typographiques conventionnels suivants sont employés:
- Les mots supprimés sont placés entre crochets obliques (< >).
- La lettre grecque bêta (β) désigne le texte de base.
- Le signe de paragraphe (¶) marque l'alinéa.
- Deux traits obliques (/ /) indiquent la fin d'un chapitre ou d'une partie du texte.
- La flèche horizontale (→) signifie 'adopté par'.
- Les mots ajoutés à la main par Voltaire ou Wagnière sont précédés, dans l'interligne supérieur, de la lettre ^{V} ou ^{W}.
- La flèche verticale dirigée vers le haut (↑) ou vers le bas (↓) indique que l'addition est inscrite au-dessus ou au-dessous de la ligne.
- Le signe + marque la fin de l'addition, s'il y a lieu.

LES DESCRIPTIONS BIBLIOGRAPHIQUES

Dans les descriptions bibliographiques les signes conventionnels suivants sont employés:

- Pi (π) désigne des cahiers non signés supplémentaires à l'enchaînement régulier des pages préliminaires.
- Chi (χ) désigne des cahiers non signés supplémentaires à l'enchaînement régulier du texte.
- Le signe du dollar ($) signifie 'un cahier typique'.
- Le signe plus ou moins ($\pm$) indique l'existence d'un carton.

REMERCIEMENTS

La préparation des *Œuvres complètes de Voltaire* dépend de la compétence et de la patience du personnel de nombreuses bibliothèques de recherche partout dans le monde. Nous les remercions vivement de leur aide généreuse et dévouée. Parmi eux, certains ont assumé une tâche plus lourde que d'autres, dont en particulier le personnel de la Bibliothèque nationale de France et de la Bibliothèque de l'Arsenal, Paris; de l'Institut et musée Voltaire, Genève; de la Taylor Institution Library, Oxford; et de la Bibliothèque nationale de Russie, Saint-Pétersbourg. Nous sommes particulièrement reconnaissants à David Williams pour sa relecture.

PRÉFACE

1. Les Mélanges de 1756:
l'invention du 'petit chapitre'

Vous seriez bien étonné si vous voyez actuellement ce maigre philosophe que vous vites jadis dans un caveau de la rue des juifs. Quel changement! Il est tout aussi maigre que vous l'avez vu, mais il a une maison de campagne assez bien ornée près de Genève, il en a une autre près de Lausanne, et il est en marché pour en louer une autre à Rolle, qui est à peu près à moitié chemin de Genève à Lausanne. Cette dernière maison le décidera à aller plus souvent de Monriond aux Délices et des Délices à Monriond. Il a six chevaux, quatre voitures, cocher, postillon, deux laquais, valet de chambre, un cuisinier français, un marmiton, et un secrétaire, c'est moi qui ai cet honneur. Les dîners qu'on donne aujourd'hui sont un peu plus splendides que ne l'étaient ceux qu'on donnait à Colmar; et on a presque tous les jours du monde à dîner. Voilà pour le luxe. Faites à présent vos réflexions, et vous qui êtes avocat, conciliez le passé avec le présent. (D6797)

C'est ainsi que Collini, le secrétaire de Voltaire, caractérise son maître dans une lettre datée du 21 mars 1756 qu'il adresse à son ami l'avocat Sébastien Dupont depuis Monriond, près de Lausanne. Dans la même lettre il évoque la grande œuvre historique que Voltaire vient d'achever: 'L'*Histoire universelle* est toute faite; elle se rejoint au *Siècle de Louis 14* et fait ainsi un cours d'histoire complet depuis Charlemagne jusqu'à la dernière guerre. Cet ouvrage aurait effrayé tout autre historien que le nôtre.' Et enfin il mentionne l'édition collective qui est en chantier: 'L'édition des *Œuvres mêlées* va être finie, et je pense que MM. Cramer la mettront bientôt en vente. L'édition de l'*Histoire universelle* ne se débitera qu'après' (D6797). A la suite de son départ humiliant de Prusse, Voltaire se trouve dans une position inconfortable, où il n'est le bienvenu ni à Berlin ni à Versailles. Il a besoin d'une base stable, pour mener une vie plus tranquille, certes, mais aussi pour asseoir son autorité et son prestige en tant qu'auteur au lectorat désormais européen. L'idée que l'on puisse le considérer comme un 'exilé' le dérange: la terre helvétique n'est pas un exil, il le répète, c'est de son plein gré qu'il a choisi de s'établir dans un pays libre. Cependant il adopte volontiers une posture misérabiliste dans sa correspondance, et le point de vue de son secrétaire Collini est éclairant à cet égard: après des mois difficiles, Voltaire finit par retrouver une vie, sinon sereine, du moins plus réglée.

Dans ce contexte, la parution en 1756 à Genève de la *Collection complète des Œuvres de M. de Voltaire* en 17 tomes (connue aujourd'hui comme la première édition Cramer) marque un tournant déterminant dans la carrière de l'auteur. Les Cramer, en hommes d'affaires avisés, avaient tout fait pour attirer Voltaire à Genève après leur première prise de contact en avril 1754, et ce sont eux, pour des raisons commerciales évidentes, qui lui ont proposé de venir s'installer aux Délices. Les éditions collectives précédentes avaient toutes été fabriquées à distance: l'édition d'Etienne Ledet (1732-1745) avait été imprimée à Amsterdam (et avait nécessité un voyage de Voltaire), la première édition Walther (1748-1756) à Dresde, et l'édition de Michel Lambert (1751-1758) à Paris. Ceci n'avait pas été sans causer certains problèmes à Voltaire;[1] cette fois-ci, avec les Cramer à portée de main, il travaille véritablement en équipe avec ses éditeurs, ce qui est une première. Le 12 avril 1756, Voltaire annonce à Thiriot: 'Il était impossible que cette édition ne se fît pas sous mes yeux: vous savez que je ne suis jamais content de moi, que je corrige toujours; et il y a telle feuille que j'ai fait recommencer quatre fois. L'édition est finie depuis quelques jours' (D6824). Il y travaillait depuis son installation en Suisse. En février ou mars 1756, Voltaire est en train de corriger les épreuves des premiers tomes (à Gabriel Cramer, D6758). Le 8 mars, les Cramer annoncent à Malesherbes qu'ils seront 'prêts à publier dans six semaines ou deux mois' les dix

---

[1] Sur ses problèmes avec Ledet, par exemple, voir *OCV*, t.18B, p.413-20.

premiers volumes (D6768); et le 3 mai ils lui écrivent de nouveau:
'Monsieur, Nous avons terminé aujourd'hui l'édition des œuvres
de M. de Voltaire' (D6855). Les Cramer ne ménagent pas leurs
efforts pour commercialiser la nouvelle edition: début 1756 ils
publient un premier prospectus pour annoncer l'édition en
chantier, un second prospectus, qui parle de l'*Essai*, suivra au
mois d'août.[2] Le premier tome de la *Collection complète* est
consacré, comme il se doit, à *La Henriade*, mais il s'ouvre sur
une 'Préface des éditeurs', signée par les Cramer, suivie d'une
'Lettre de M. de Voltaire' qui leur répond. Voltaire et les Cramer
sont évidemment complices dans cet échange épistolaire, qui
reprend les arguments de vente du premier prospectus: le texte
qu'on publie est plus correct que celui des versions précédentes, et
cette nouvelle édition contient de nombreuses 'petites pièces
fugitives' inédites et de composition récente.[3]

Le deuxième tome ne commence pas avec le théâtre, contrairement à ce qu'on aurait pu attendre, mais avec la poésie, et
Voltaire place en tête du volume un poème récent, son *Epître de
l'auteur en arrivant dans sa terre*. C'est avec cette épître que Voltaire
annonce son arrivée dans un pays libre en adoptant la posture d'un
auteur 'suisse': il n'est pas fortuit que dans cette édition le mot
'liberté' soit imprimé en majuscules...[4] Le tome 3 est consacré aux
'Mélanges de philosophie' (dont notamment les *Eléments de la
philosophie de Newton*). Par la suite, l'*Histoire de Charles XII*
occupe le tome 6, le théâtre les tomes 7 à 10, et l'*Essai sur l'histoire
générale et sur les mœurs et l'esprit des nations depuis Charlemagne
jusqu'à nos jours* les tomes 11 à 17. Ces tomes 11 à 17 constituent en
fait la première édition (plus ou moins) complète de l'œuvre que
nous connaissons sous le titre d'*Essai sur les mœurs*: il s'agit
évidemment de l'une des grandes nouveautés de cette nouvelle
édition. L'autre nouveauté, sur laquelle Voltaire et les Cramer ont

[2] Voir l'appendice, 'Deux prospectus des Cramer', p.435.

[3] Voir aussi l''Avis', la 'Préface des éditeurs' et la 'Lettre de l'auteur au libraire' de
l'édition de Dresde de 1748, *OCV*, t.30C, p.341s.

[4] Voir *OCV*, t.45A, p.241-43.

beaucoup insisté, est la publication d'un nombre important de petits textes en prose. Les tomes 4 et 5 sont entièrement consacrés aux 'Mélanges de littérature, d'histoire et de philosophie' (que l'on connaît sous l'appellation 'Mélanges de 1756'); on y trouve une série de petits essais sur des sujets variés, répartis en deux volumes et divisés en 81 chapitres.[5]

Comme l'a dit René Pomeau dans une expression heureuse, Voltaire est 'interminablement bref'.[6] En effet, il affectionne particulièrement la forme brève, et la publication des Mélanges de 1756 marque une étape importante dans l'évolution de ce qu'on pourrait appeler chez lui une esthétique de la brièveté. C'était en Angleterre qu'il s'était essayé pour la première fois à ce genre d'écriture, et ses essais sur les Anglais, présentés sous forme épistolaire, furent conçus sous l'influence de textes publiés par des périodiques tels que *The Spectator*. Par la suite, Voltaire variera ses expériences dans le domaine de la forme brève: la première des fictions courtes à être publiée sera *Le Monde comme il va* (dans l'édition de Dresde de 1748); les dialogues philosophiques, quant à eux, commencent à paraître à partir de 1751.[7] Le *Recueil de pièces en vers et en prose* publié par Lambert fin 1749 (et daté de 1750) est une anthologie qui contient la première publication de *Memnon*. Cette masse de petits textes continue à évoluer: même si les *Lettres philosophiques* perdent une part de leur identité en perdant leur titre à partir de 1739, Voltaire continue néanmoins à les faire paraître comme un tout, et il en agrandit même la série. Cette même année, dans l'édition Ledet, il fait précéder les 'lettres anglaises' par deux essais plus ou moins liés au niveau thématique, 'De la gloire' et 'Du suicide', et cette série de textes reparaît intégralement dans le tome 4 des Mélanges de 1756 sous la forme des chapitres 14 à 37.

Dans les Mélanges on parle de tout, et dans n'importe quel

---

[5] L'édition Lambert avait consacré un seul tome aux 'Mélanges de littérature et de philosophie' (t.11, 1751); il contient 46 chapitres, dont 28 sont constitués par les 'lettres anglaises'.

[6] *La Religion de Voltaire*, nouv. éd. (Paris, 1969), p.471.

[7] Voir *OCV*, t.30B, Preface.

ordre: on trouve quatre nouveaux textes dans le tome quatre,[8] et seize dans le tome 5.[9] Si le tome 5 compte davantage de nouveautés, c'est sans doute parce que Voltaire était en train de rédiger certains des textes qui y figurent au moment où il préparait l'édition; quoi qu'il en soit, on ne peut nier que ces Mélanges méritent bien leur nom, tant il est évident que l'auteur juxtapose délibérément morceaux neufs et textes déjà publiés. (Dans le présent volume, les textes apparaissent dans l'ordre de cette première publication.) Voltaire semble organiser ses textes selon un plan qui n'en est pas un. Par exemple, il reprend dans cette édition les contes déjà publiés, et en ajoute deux autres: *Les Deux Consolés* dans le tome 4 et l'*Histoire de Scarmentado* dans le tome 5. *Memnon* et la *Lettre d'un turc* sont repris dans le tome 4, *Zadig* et *Le Monde comme il va* dans le tome 5; quant à *Micromégas*, il est repris dans le tome 3 parmi les 'Mélanges de philosophie'. Aucune tentative pour réunir ici ce que nous avons l'habitude d'appeler, à tort peut-être,[10] les 'contes philosophiques': au contraire, les fictions courtes sont mélangées avec d'autres textes philosophiques, qui eux aussi ont parfois une allure de fiction. Certes les dialogues philosophiques déjà publiés sont regroupés à la fin du tome 4, mais les deux entretiens des *Dialogues entre Lucrèce et Posidonius*, qui sont une nouveauté, paraissent ailleurs, en l'occurrence à la fin du tome 5.

Ce n'est bien sûr pas un hasard si au moment où Voltaire est en train de rédiger un certain nombre de ces petits textes, il est également occupé à la rédaction d'articles pour l'*Encyclopédie*. Dans certains cas on pourrait même penser qu'une activité en stimule une autre: la rédaction de l'article 'Français' pour

[8] 'Des langues', 'Jusqu'à quel point on doit tromper le peuple', 'Les Deux Consolés' et 'Sur le paradoxe que les sciences ont nui aux mœurs'.

[9] 'Des Juifs', l'ensemble de quatre textes sur l'histoire antique, 'Lettre sur le Dante', 'De la chimère du souverain bien', 'De la population de l'Amérique', 'Histoire des voyages de Scarmentado', l'ensemble de quatre textes qui commence avec 'Des génies', 'D'Ovide', 'De Socrate' et les 'Dialogues entre Lucrèce et Posidonius'.

[10] Voir N. Cronk, 'The Voltairean genre of the *conte philosophique*: does it exist?', *Nottingham French Studies* 48, no.3 (2009), p.61-73.

D'Alembert et Diderot a peut-être encouragé Voltaire à écrire son article 'Des langues', sur lequel s'ouvre le tome 4 des Mélanges. De même, l'immense travail fourni pour l'élaboration de l'*Essai sur les mœurs* a sans doute débouché sur la mise en œuvre de travaux supplémentaires, comme par exemple l'ensemble de quatre textes qui portent sur l'histoire ancienne, et qui contraste avec l'histoire de la religion que nous trouvons dans 'Des Juifs'. Voltaire aborde des sujets philosophiques dans des textes tels que 'Jusqu'à quel point on doit tromper le peuple' dans le tome 4, et 'De la chimère du souverain bien' dans le tome 5. Il écrit sur les langues ('Des langues', tome 4) et il parle de littérature ('Lettre sur le Dante', tome 5). Dans certains cas, et notamment avec 'Des Juifs', nous avons l'impression que Voltaire se sert de ses fonds de tiroir; dans d'autres cas, comme pour la tétralogie qui commence avec 'Des génies', Voltaire rédige des textes destinés spécialement à cette nouvelle édition.

La voix philosophique varie en permanence dans ces Mélanges. Le personnel surgit parfois au moment où l'on s'y attend le moins: peut-être est-ce parce qu'il songe au statut d'auteur en exil, ou plus précisément aux relations entre un auteur et son protecteur royal, que Voltaire inclut une réflexion sur le poète Ovide: 'On pardonne de louer un peu trop un prince qui vous caresse, mais non pas de traiter en dieu un prince qui vous persécute' (p.364). Ici, l'allusion autobiographique, si elle existe, est indirecte, tandis que dans 'Sur le paradoxe, que les sciences ont nui aux mœurs', Voltaire vise Jean-Jacques Rousseau, et cela directement. Il cultive une esthétique de la variété en jouant sur les registres et les thèmes de façon délibérée.

Innovation importante, Voltaire trouve une appellation spécifique pour cette forme littéraire, comme en témoigne l'émergence d'un nouveau terme dans la correspondance entre Voltaire et les Cramer en décembre 1755 et janvier 1756, c'est-à-dire au moment où ils sont en train de mettre au point l'édition collective. Le 14 décembre 1755, Voltaire s'installe pour la première fois dans une demeure à Montriond, près de Lausanne, où il va passer l'hiver (ainsi que les deux hivers suivants). Depuis Montriond il entretient une correspondance régulière avec les Cramer à Genève, qui sont en train de s'activer sur l'édition qui sortira l'année suivante. Le 16 décembre 1755, Voltaire déclare aux Cramer: 'S'il vous manque encore *quelque chapitre profane* pour compléter certains mélanges, vous n'avez qu'à écrire à un profane à Monriond, et il sera votre manufacturier' (D6630; c'est moi qui souligne). Une semaine plus tard, Voltaire revient vers Gabriel Cramer: 'Je vais me remettre à l'*Histoire générale*, mais il faut auparavant que je remplisse la tâche que les encyclopédistes m'ont donnée. Après cela je vous donnerai *quelques petits chapitres*, quelques épiceries pour relever le goût de vos sauces' (21 décembre 1755, D6644; c'est moi qui souligne); et encore: 'Les vingt cinq articles que MM. de l'*Encyclopédie* m'ont donné à faire, demandent malheureusement un peu de temps: j'aimerais mieux travailler à *de petits chapitres*' (le 26 décembre 1755, D6651; c'est moi qui souligne). Ce terme de *petit chapitre* devient tellement courant chez Voltaire que même Mme Denis s'en sert dans une lettre à Gabriel Cramer: '[Mon oncle] fait continuellement *de petits chapitres*, des articles pour l'*Encyclopédie*, des vers pour ce que vous savez, il n'y a rien dont il ne s'avise et lorsque son génie est monté, il n'est pas facile de lui faire travailler à autre chose qu'à ce qui lui plaît' (3 janvier 1756, D6674; c'est moi qui souligne). Voici donc, en décembre 1755, la première occurrence d'une description générique, le *petit chapitre*, qui reviendra souvent sous sa plume, notamment au moment de la préparation des *Nouveaux mélanges* en 1765. Le *petit chapitre* est une sorte d'essai, et c'est d'ailleurs le terme 'chapitre' que Voltaire choisit dans une lettre de 1759 (D8205) pour se référer à un essai de Montaigne.

Comment expliquer la place importante qu'occupent les Mélanges de 1756? Pour une part, l'explication est pratique: au moment de l'élaboration de ses nouvelles œuvres complètes pour Cramer, Voltaire estime nécessaire d'étoffer les volumes, et il est toujours prêt à concocter un petit chapitre supplémentaire pour boucler un volume en chantier (c'est apparemment le cas du tome 5 des Mélanges). Par ailleurs, les Cramer, tout comme

Voltaire, comptent sur la présence de nouveaux textes pour vendre l'édition: la nouveauté constitue évidemment un argument de vente essentiel. Mais ces petits chapitres ne sont pas simplement des bouche-trous destinés à convaincre les lecteurs qu'ils ont bien une nouvelle édition entre les mains. L'importance que prennent les Mélanges de 1756 repose au fond sur un choix esthétique. Comme on l'a vu plus haut, Voltaire a toujours apprécié la forme brève, ces petits écrits en prose qui défient les classements génériques traditionnels, et ce genre bref convient parfaitement à son génie. Comme Voltaire le dit si bien lui-même, les petits chapitres aident à 'relever le goût [des] sauces' (D6644), ils épicent le discours philosophique en y apportant de la variété. Variété dans le sujet, dans le ton adopté et dans l'angle d'approche, variété aussi dans la forme et dans l'architecture de l'ensemble. Ira O. Wade, qui fait figure de pionnier dans l'étude de la forme brève chez Voltaire, a compris l'intérêt structurel du petit chapitre: 'By separating each little essay, one can clarify an idea at a time, by uniting a handful of little essays, one has a treatise.' [11] Certains chapitres, comme 'Des langues', fonctionnent comme des unités à part. Mais dans d'autres cas, Voltaire tente l'expérience de grouper des chapitres, comme il l'a déjà fait avec les 'lettres anglaises'. Dans les Mélanges de 1756 nous trouvons deux nouvelles séries de chapitres: les textes 'Du siècle de Constantin', 'De Dioclétien', 'De Constantin' et 'De Julien' forment un ensemble sur l'histoire ancienne, produit des réflexions historiques engendrées par son travail sur l'*Essai*; une deuxième série de textes, 'Des génies', 'De l'astrologie', 'De la magie' et 'Des possédés', constitue une tétralogie sur le thème des fausses croyances. Dans les deux cas, ces groupements de textes resteront inchangés dans les éditions qui suivront.

Le genre du petit chapitre va jouer un rôle de plus en plus important dans les années de combat à venir. Des œuvres en prose, telles le *Traité sur la tolérance* ou *Le Philosophe ignorant* sont

---

[11] *The Search for a new Voltaire, Transactions of the American Philosophical Society*, new series, 48, pt.4 (1958), p.110-11.

construites comme des séries de petits chapitres dont l'effet repose sur des contrastes délibérés de ton, voire de genre. Il est clair que si Voltaire rédige des chapitres pour les Mélanges de 1756 en même temps qu'il prépare des articles pour l'*Encyclopédie*, ce travail se fait inévitablement sous l'influence immédiate de l'entreprise de Diderot et de D'Alembert – et peut-être Voltaire cherche-t-il aussi à démontrer que l'on peut faire mieux... Le *Dictionnaire philosophique portatif* est un recueil d'articles dont certains trouvent leur point de départ dans l'*Encyclopédie*, et ce livre de combat mène directement aux *Questions sur l'Encyclopédie*, où Voltaire continue à se servir de la forme du petit chapitre pour mettre en cause (parfois directement, parfois indirectement) tel ou tel article de l'*Encyclopédie*. Les Mélanges de 1756 marquent ainsi un tournant décisif dans la carrière d'un Voltaire prosateur. Dans l'ombre de la grande *Encyclopédie*, projet pour lequel il conserve une certaine réticence, Voltaire poursuit ses propres expériences avec la forme brève; en inventant le 'petit chapitre', dont la forme souple le libère des contraintes de la grande *Encyclopédie* et qui lui permet des variations infinies de ton et de genre, Voltaire prépare déjà sans le savoir les grands livres de combat qui caractériseront ses années de patriarche.

Nicholas Cronk

2. Les Mélanges de 1756: l'histoire des éditions

Les 'petits chapitres' ont paru successivement chez trois éditeurs différents: en 1756 dans les *Œuvres complètes* publiées par Cramer; la même année dans le tome 8 qui a complété les sept premiers volumes des *Œuvres* publiées par Walther en 1752. Ce huitième volume était resté ignoré, jusqu'à sa découverte par Martin Fontius [12] et il ne sera suivi d'un neuvième qu'en 1770. Enfin, en 1757, le tome 7 des *Œuvres* publiées par Lambert comporte les

---

[12] Voir *Voltaire in Berlin* (Berlin, 1966), p.66-68, 155-56.

mêmes *Mélanges*. Pour y voir plus clair dans cette succession chronologique et dans cette 'concurrence',[13] il nous semble bon de préciser quelles ont été, pendant cette période, les relations de Voltaire avec ces trois éditeurs.

Pendant son séjour en Prusse, il avait entretenu des rapports fructueux avec le libraire Georg Conrad Walther, avec qui il était en relations depuis 1747. Ce dernier avait réalisé une première édition des *Œuvres* en neuf volumes, de 1748 à 1750, avec le concours de l'écrivain, qui s'en montra plutôt satisfait. Sur sa proposition il entreprend une seconde édition, pour laquelle Voltaire envoie textes, corrections et recommandations (D4481). Elle compte sept volumes en 1752. L'auteur y trouve de nombreuses erreurs, du fait qu'on ne lui a pas envoyé les dernières épreuves (D4975), prévoit, le 25 août 1752, 'un errata mieux digéré' (D4994), et déplore, cependant, que ces erreurs fassent à coup sûr décrier l'édition (D5079, D5245). Cette situation l'amènera à proposer d'en réaliser une nouvelle.

Simultanément, il poursuit ses relations épistolaires avec le libraire parisien Michel Lambert, qui avait édité quelques-unes de ses pièces de théâtre avant 1750. Il l'avait déjà engagé, le 1er septembre 1750, à 'entreprendre une jolie petite édition complète et correcte' avec son aide (D4208). Puis il se plaint du désordre d'une édition commencée sans l'avoir consulté; il envoie corrections et conseils et déplore qu'on ne se serve pas assez de l'édition de Dresde (D4369, D4381, D4382, D4432). En mai-juin 1751, après des compliments et quelques reproches, il lui propose de faire une édition en sept ou huit volumes, enrichie et mieux ordonnée (D4484). Il y revient, le 7 février 1752, en lui suggérant de se conformer 'en partie à celle de Dresde que l'on fait actuellement. Il y a beaucoup de morceaux nouveaux. J'ai corrigé avec grand soin toutes les pièces qui la composent' (D4788). Il prétend même qu'il ne produira plus de nouveaux ouvrages et qu'il est hors d'état de changer les anciens! Vers le 1er janvier 1754 il est encore prêt à lui donner la préférence et à lui fournir facilités et argent s'il veut entreprendre une nouvelle édition des œuvres mêlées (D5613).

La correspondance qui nous est parvenue montre le nombre et l'importance des échanges épistolaires avec ces deux libraires de Dresde et de Paris. Elle montre également les exigences de l'écrivain, qui surveille de près l'ordre et la correction des différents volumes édités et qui intervient sans répit pour les améliorer. On voit ces éditeurs poursuivre, après son retour en France, la publication d'œuvres de Voltaire. Lui-même, de Colmar, continue à leur écrire fréquemment au début de 1754. Le 10 mars il suggère même à Walther de faire à nouveau, avec son aide, une belle édition de tous ses ouvrages, que les 'pirates' de Hollande ne pourraient pas contrefaire (D5716). Pendant l'été, il se propose de lui envoyer les sept volumes une fois corrigés, mais il se plaint de l'éloignement qui l'empêche de l'aider comme il le voudrait (D5867, D5910). Or l'intervention, au printemps, des frères Cramer a déjà changé la donne.

En répondant, de Colmar, à Clavel de Brenles, le 12 février 1754, Voltaire pensait déjà que son installation à Lausanne permettrait une édition par Bousquet de ses 'véritables ouvrages [...] qu'on ne connaît pas, et qui ont toujours été imprimés d'une manière ridicule' (D5669). Et voilà que, de Genève, les frères Cramer lui offrent leurs services le 15 avril 1754 (D5775) et renouvellent leur offre le 17 mai (D5818). Ils l'invitent même à s'installer à Genève et un des frères, Philibert, vient le voir à Colmar. Or le 16 avril précisément, affirmant qu'il veut laisser avant sa mort 'une édition moins mauvaise que les autres', Voltaire écrivait à Madame Denis: 'Il ne s'agit donc plus que de faire une édition plus correcte et plus agréable soit à Paris, soit ailleurs. Mais il faut que cette édition ne puisse pas attirer de reproches à son auteur' (D5779). Quand il rapporte à Walther, le 3 mai, ces invitations à Lausanne et à Genève, ainsi que les propositions d'éditions par Bousquet et d'autres, l'écrivain affirme pourtant n'avoir pris encore aucune décision. Simultanément, il déplore à nouveau les nombreuses fautes de l'édition de Walther, en sept volumes, et il imagine encore d'y remédier en substituant à chaque volume 'trois ou quatre feuilles, lesquelles avec les changements et les nouveautés qu'on y insérerait, rendrait en même temps votre édition plus correcte et plus curieuse.' Mais la présence de l'auteur serait indispensable; or 'pour remplir ces vues, il faudrait une autre santé que la mienne; je suis vieux et malade; et j'ai bien l'air de mourir avant d'être imprimé à ma fantaisie' (D5802). Il en reste néanmoins à son projet de correction (D5830) et affirme même, de Plombières, en juillet, qu'il ne cesse de corriger les volumes, ajoutant: 'Je voudrais pouvoir être à Gotha, je serais à portée de vous être plus utile, mais ma déplorable santé ruine mes espérances et mes projets' (D5867). Aucune lettre de Walther n'a malheureusement été conservée. Nous ignorons donc quelles feuilles il a pu recevoir de Voltaire et quelle utilisation il en a faite. Nous savons seulement que l'édition en sept volumes n'a pas été recommencée, mais poursuivie ultérieurement. Toutefois les déplorations répétées de l'écrivain sur l'éloignement qui l'empêche d'aider son éditeur comme il le voudrait, pour l'impression de l'*Histoire universelle* par exemple (D5910), sont significatives. Nul doute, par conséquent, que la proximité de libraires dont il pourrait surveiller le travail ait joué un rôle déterminant dans le choix de ses nouvelles demeures, à commencer par les Délices, où il s'installe en mars 1755. Il déclarera, d'ailleurs, à Pierre Rousseau, le 24 février 1757: 'Ce sont ces frères Cramer qui m'ont déterminé à m'établir où je suis. Ils voulaient imprimer mes ouvrages. Il fallait que je veillasse à l'impression. La besogne a duré près de deux ans' (D7172).

Dès le 29 août 1754, Voltaire a fait savoir à Michel Lambert que les Cramer, dont il fait l'éloge, vont imprimer l'*Histoire universelle* et toutes les œuvres mêlées. Ils proposent, pour gagner du temps, de partager le travail avec le libraire parisien, chacun imprimant sur le même papier, avec les mêmes caractères, à frais communs, le profit devant être également partagé (D5921). Or les mois suivants, l'écrivain se plaint souvent du silence, de la négligence de Lambert (D5944, D6062). 'Tout était prêt pour l'édition des œuvres mêlées, et pour l'*Essai sur l'histoire générale* et sur les mœurs et l'esprit des nations, mais point de nouvelles de vous sur tout cela' (D6063). Finalement cette édition sera faite par les seuls frères Cramer.

En envoyant à Lambert, le 8 septembre 1755, *L'Orphelin de la Chine*, avec l'épître dédicatoire à Richelieu, pour ne pas le priver du don qu'il lui a fait de cet ouvrage, il précise que les Cramer 'l'impriment à Genève pour les pays étrangers avec le reste de mes œuvres' (D6471). Au cas où Lambert voudrait faire lui-même une nouvelle édition complète, il l'avertit qu'il y a quarante morceaux nouveaux qu'il n'a pas, que tout est largement corrigé, refondu, augmenté. 'Vous faites une entreprise ruineuse si vous ne vous conformez pas à l'édition des Cramer' que la proximité favorise. 'Ou arrangez-vous avec eux, ou attendez leur édition si vous voulez en faire une bonne.' Le 17 et le 20, il lui envoie encore des corrections pour *L'Orphelin*, lui promet de lui envoyer également toutes les corrections de ses œuvres puisqu'il veut les imprimer, tout en lui recommandant encore de se conformer à l'édition des Cramer et en regrettant à nouveau qu'ils n'aient pas pu s'entendre. 'Mais vous partagerez le petit profit, s'il y en a, vous en France, et eux dans les pays étrangers' (D6506). Par l'intermédiaire du comte d'Argental, à la mi-octobre, il le sermonne et lui recommande vivement de ne rien entreprendre avant d'avoir reçu les corrections promises. 'Son intérêt véritable est de ne rien faire sans mes avis et sans mes secours. De quoi se mêle-t-il de commencer sans me le dire une édition de mes œuvres lorsqu'il sait que j'en fais une à Genève, et lorsqu'il a passé une année entière sans vouloir profiter des dons que je lui offrais? [...] Je donnai mes guenilles à d'autres, et à présent le voilà qui travaille, et sans m'avoir averti' (D6542). Une semaine plus tard il adresse directement ses griefs au libraire: 'Songez que c'est vous qui m'avez forcé à donner aux sieurs Cramer ce que je vous destinais.' Il expose les difficultés qu'il rencontrerait pour lui rendre service: les changements nombreux et absolument nécessaires sont entre les mains des libraires de Genève, ou inachevés. 'Il ne me vient pas une feuille de l'imprimerie dont je ne change le quart ou la moitié. Comment voulez-vous que dans ce chaos je puisse vous envoyer quelque chose de complet?' Et après ces atermoiements et regrets plus ou moins sincères, il cherche à appâter le libraire pour le forcer à temporiser: il conseille à Lambert d'imprimer ce qui est à peu près inchangé, *La Henriade* et les pièces de théâtre, et 'd'attendre pour imprimer le reste que vous ayez les volumes imprimés par les Cramer, ce qui sera pour vous l'affaire de deux mois tout au plus. Ces volumes comprennent les *Mélanges de littérature et d'histoire*, et les *Poésies diverses*; c'est ce qu'il y a de plus curieux dans ce recueil, et qui sert à faire vendre le reste' (D6546). Car il craint que la multiplication des éditions, surtout celle des *Œuvres mêlées*, ne dégoûte le public. En mars 1756, il déplore auprès des Cramer que Lambert fasse une édition en même temps qu'eux et craint que les libraires genevois ne puissent faire entrer la leur en France. Même opinion sur cette concurrence, exprimée en mars-avril: il autorise donc les Cramer à affirmer qu'ils sont les seuls à qui l'auteur a donné ses 'véritables ouvrages considérablement changés et augmentés.' Si Lambert n'attend pas leur édition pour achever la sienne 'il ne me fera pas plaisir et il se fera tort' (D6810; voir aussi D7027).

A Georg Conrad Walther l'écrivain s'est plaint aussi de cette concurrence d'éditions, le 5 novembre 1755, en mentionnant celles de Lambert et de Cramer. Il indique bien que n'étant pas sur place, il ne peut corriger celle de Lambert; en revanche les corrections et additions considérables qu'il introduit dans celle des Cramer à mesure qu'on l'imprime aboutissent en quelque façon à 'un nouvel ouvrage'. Or simultanément, en même temps qu'il lui envoie aussi *L'Orphelin de la Chine*, qui figurera dans le tome huit de 1756, il semble émettre des souhaits empreints de nostalgie et peu réalisables: 'Si vous pouviez trouver le moyen de mettre toutes ces nouveautés dans votre dernière édition, cela pourrait lui donner quelque cours à la longue, mais c'est une chose qui ne pourrait se faire que par le moyen de quelque éditeur habile, et encore je ne vois pas comment il pourrait s'y prendre. [...] Si j'avais pu trouver quelque séjour agréable dans votre pays, vous savez bien que je me serais fait un plaisir infini de vous aider et de tout diriger: mais ma santé ne m'a pas permis de m'établir dans votre climat' (D6565).

Précisément pour mieux faire valoir l'originalité de leur édition,

les Cramer insisteront, dans la 'Préface des éditeurs', non seulement sur la correction du texte qu'ils publient, due à une étroite
collaboration avec l'auteur, mais encore sur l'importance des
morceaux nouveaux qui figurent dans les *Mélanges d'histoire, de
littérature, de philosophie*, 'plus amples de moitié que ceux qui
avaient paru jusqu'ici.' [14] La nouveauté des textes qui nous
intéressent est encore confirmée par un billet du 11 janvier 1756,
où Madame Denis priait Cramer 'd'apporter les chapitres sur les
Juifs, sur Constantin et sur Julien en cas qu'ils soient imprimés'
(D6685).

A quel moment les deux autres éditeurs ont-ils pu disposer de
ces textes? En ce qui concerne Walther nous n'avons aucun indice
dans la correspondance. Mais ce qu'il écrit dans la Préface de son
huitième volume, publié en 1756, est sans équivoque. Après avoir
vanté 'la blancheur du papier, la netteté du caractère, la richesse des
ornements et l'exactitude des planches' qui rendent son édition
bien supérieure à celle des Cramer, il admet: 'Le seul avantage que
l'édition de Genève pouvait s'arroger, c'étaient plusieurs additions
et quelques corrections légères que M. de Voltaire a jugé à propos
d'y faire entrer. A l'égard des premières, l'éditeur de Dresde,
toujours attentif à conserver la supériorité de son édition, a ramassé
dans ce huitième volume les pièces nouvelles et généralement
toutes les additions considérables qui ont paru en Genève; il en
agira de même avec les autres ouvrages dont M. de Voltaire voudra
bien enrichir le public.' [15] Ce huitième volume contient *Amélie* et
Catilina (p.1-144), suivis de *L'Orphelin de la Chine* (83 pages) et
enfin des *Mélanges* (168 pages). [16] La liste des vingt-sept morceaux

---

[13] Le mot est employé à plusieurs reprises dans les lettres de Voltaire.

[14] Voir ci-dessous, p.424, la 'Préface des éditeurs'.

[15] Cité par Fontius, *Voltaire in Berlin*, p.156 et p.244 pour la référence. Bengesco
donne en entier cette citation, figurant comme *Avertissement* en tête du neuvième
volume (1770). La seule différence concerne justement la numérotation: '[...] a
ramassé dans ce neuvième volume [...]' (t.4, p.49).

[16] Voir Fontius p.156, et p.185 pour la liste des morceaux contenus dans les
Mélanges.

correspond à celle des Cramer, selon un ordre différent. Toutefois, l'auteur n'a pu revoir ce huitième volume, où le lecteur découvre, dans certaines pages, pourtant empruntées à l'édition de Genève, coquilles et bizarreries orthographiques.

Quant à Lambert, il a d'abord bénéficié, en 1755, des informations et des conseils de Collini. Exigeant le secret, ce dernier lui révèle, le 22 septembre, que les Cramer viennent seulement d'apprendre qu'il avait commencé son édition. Ils ont alors porté Voltaire 'à ne vous envoyer les corrections et les changements nécessaires que dans deux mois' (D6511), ce qui leur laisserait le temps d'inonder l'Europe de leurs propres volumes. Pour déjouer leurs plans, il lui suggère de charmer l'écrivain par sa politesse et ses remerciements, de lui affirmer que cette édition lui est réclamée, de s'engager à la faire en se conformant à la plus correcte qu'il pourra trouver. Peut-être cela décidera-t-il l'auteur à lui envoyer les corrections. Mais le 1er octobre, la situation se détériore pour le libraire parisien. Collini lui apprend que la nouvelle édition sera totalement différente des précédentes, puisqu'elle comportera de nouvelles pièces en vers et en prose. Le 10 il l'informe que l'écrivain n'enverra pas les changements prévus, car les Cramer 'font le diable à quatre' (D6534). Faisant écho à Madame Denis qui juge que 'les Cra... feront bien leurs affaires' (D6480), le secrétaire de Voltaire les traite de 'pirates trop avides de butin', tout en suggérant à Lambert un acte de piraterie... Puisqu'il n'aura de quoi faire une nouvelle édition qu'après que les Cramer auront débité la leur, il faudrait empêcher qu'elle entre à Paris, pour qu'il ait le temps de la contrefaire! Et il conclut: 'Si j'apprends qu'il y ait quelqu'un à Paris qui fasse le voyage de Genève, je vous en instruirai' (D6549).

Du côté des Cramer, on est vigilant. On informe Voltaire, en février 1756, que Lambert aurait annoncé une édition en vingt ou vingt-quatre volumes, ce qui ne peut être qu'une ruse tant qu'il n'est pas à portée de les contrefaire, 'puisqu'il est sûr qu'il n'aura rien de votre part et que sans votre secours il ne saurait où prendre de quoi faire vingt ni vingt-quatre volumes' (D6736). Et les

Cramer joignent la lettre adressée à Lambert, où ils indiquent qu'ils pourront lui fournir dans trois mois les œuvres de Voltaire 'changées, augmentées, arrangées à son gré et corrigées sous ses yeux'. Dès le 8 mars c'est Malesherbes qu'ils informent de la sortie, d'ici six semaines ou deux mois, de cette édition améliorée et augmentée de pièces inconnues, qu'ils souhaitent avoir le droit d'introduire 'dans le royaume et surtout dans Paris' (D6768). Le 3 mai, les éditeurs genevois lui annoncent la fin de leur travail et l'envoi d'un exemplaire. Habilement ils prennent prétexte du 'désir de quelques personnes de votre ville, qui préfèrent l'édition originale faite sous les yeux de l'auteur à celle qui doit paraître à Paris', pour faciliter l'entrée d'une centaine d'exemplaires destinés aux particuliers, et non aux libraires (D6855). Malesherbes fait répondre que 'l'édition française doit être finie, faite aussi bien, et vendue à aussi bon marché, un mois après qu'on saura que celle de Genève est en vente, sans quoi on permettra l'entrée de celle de Genève. En attendant on laissera Lambert trafiquer de deux cents exemplaires avec M. Cramer, et on en laissera entrer une centaine d'autres adressés à des particuliers' (*Commentaire* de D6855, p.175-76).

L'annonce de morceaux nouveaux a bien l'effet alléchant que Voltaire prévoyait. Vers le 12 mars 1756, Palissot, après avoir vu 'le prospectus' de la nouvelle édition, se dit enchanté devant 'cette longue liste de plaisirs que m'annoncent vos nouveaux ouvrages' (D6780). Le 21 mars, Collini avertit Dupont que l'édition des *Œuvres mêlées* va être finie: 'Vous ne ferez pas mal de tâcher de l'avoir: vous y trouverez une foule de pièces nouvelles', ajoute-t-il en mentionnant le 'petit avis' débité par les Cramer (D6797). Aussi les Cramer, contre l'attente de l'auteur lui-même, ont-ils débité presque toute leur édition en trois semaines, selon ce qu'écrit Voltaire à Thiriot, le 16 juin (D6896).

Les échanges entre ces deux correspondants laissent filtrer quelques indications sur les manœuvres de Lambert pour pouvoir achever et débiter le plus vite possible son édition en France. Le 19 avril, Thiriot évoquant l'édition commencée 'à l'instar de celle des

Cramer', indiquait l'adresse où le libraire parisien demandait à recevoir au plus tôt un exemplaire des livres genevois 'qu'il faudra mettre en deux paquets de huit volumes chacun par le même courrier' (D6840). Le 4 juin, Voltaire ne sait toujours pas quel parti a pris le libraire parisien: 'Je voudrais bien ne pas désobliger Lambert. Je voudrais aussi que les Cramer puissent profiter de mes dons. Il est difficile de contenter tout le monde' (D6879). Le 21 juin, Thiriot soupçonne Lambert d'imprimer les textes 'sans perdre de temps' et rassure Voltaire: 'Les Cramer ne peuvent pas s'en prendre à vous. Tout livre imprimé en pays quelconque est de droit dans les autres au *primo occupanti*. Tous les libraires de l'Europe sont dans cette pratique' (D6903). Le 28, Voltaire rapporte à d'Argental que, selon les Cramer, Lambert a attrapé un des exemplaires apportés à Paris par des voyageurs de Genève 'et travaille jour et nuit à faire une nouvelle édition' (D6908). Le 1er juillet, Thiriot livre une information comparable: il copie avec la plus grande diligence, sans rien y ajouter, et prévoit la parution à la fin du mois. En fait, il semble qu'en août il ait décidé de retarder son édition. C'est autour de septembre 1756 qu'une lettre des Cramer à Michel Lambert lui demande s'il a bien reçu ses deux cents exemplaires. Sa propre édition ne paraîtra qu'en 1757. Au printemps, Voltaire sollicitera l'envoi d'exemplaires, tout en se plaignant que cette édition ne soit pas conforme à celle qu'on a faite sous ses yeux (D7214, D7244).

Marie-Hélène Cotoni

Des langues

Edition critique

par

Michel Mervaud

TABLE DES MATIÈRES

INTRODUCTION   3

DES LANGUES   9

INTRODUCTION

L'article 'Des langues' a été publié pour la première fois dans la *Suite des Mélanges de littérature, d'histoire et de philosophie*, éd. Cramer, *OC* de 1756, t.4, p.1-12. Dans Kehl, puis dans *M*, t.19, p.564-71, l'article est considéré comme la IIIe Section de l'article 'Langues' des *Questions sur l'Encyclopédie*. Les différentes éditions de ce texte comportent peu de variantes. Nous avons choisi comme texte de base l'édition Cramer (w56).

Voltaire manifeste un intérêt évident pour les langues, en particulier pour le français, intérêt souligné par la place de l'article 'Des langues' en tête du tome 4 de l'édition Cramer (w56 et w57G), alors que dans le t.8 de l'édition Walther (w52, 1756), où le texte est repris de l'édition de Genève, il constitue le chapitre 6 (sur 27). Voltaire écrit l'article 'Français' pour l'*Encyclopédie* entre février et mars 1756, c'est-à-dire à peu près au même moment que l'article 'Des langues'.

Il possède le *Dictionnaire étymologique* de Gilles Ménage (Paris, 1694, BV2416), les *Remarques sur la langue française* de Vaugelas (Paris, 1738, BV3407), les ouvrages de Du Marsais: *Des tropes* (Paris, 1730, BV1142) et *Logique et principes de grammaire* (Paris, 1769, BV1143), les *Synonymes français* de Gabriel Girard (Genève, 1753, BV1471) et la *Grammaire générale* de Nicolas Beauzée (Paris, 1767, BV313). On connaît une lettre de Voltaire à Du Marsais (1676-1756) du 12 octobre 1755 (D6536) et une à Beauzée du 14 janvier 1768 (D14671).

Il y a de nombreuses réflexions sur les langues dans les *Notebooks* (notamment t.2, p.568-82). On en retrouve une partie dans cet article, puis dans l'article 'Francs, français'. On peut les considérer comme des fragments d'un ouvrage dont rêvait Voltaire: 'En ne s'apesantissant sur aucun de ces objets, mais en les traitant tous, on peut faire un ouvrage aussi agréable que nécessaire. Ce serait à la fois une grammaire, une rhétorique, une poétique sans l'ambition d'y prétendre' (*Notebooks*, t.2, p.582). Reprises nombreuses de cet article et des *Notebooks* dans la section 'Langue française' de l'article 'Franc, français' des *Questions sur l'Encyclopédie*.

Voltaire linguiste: voilà un thème peu étudié[1] et qui mériterait une étude spéciale. Certaines des idées développées ici se retrouveront ailleurs, notamment dans les articles 'Franc' et 'Langues' des *QE*: Voltaire se pose en effet de nombreuses questions, les unes apparemment désintéressées, les autres liées à son activité d'écrivain. D'abord sur l'origine des langues: il lui paraît 'évident' que, comme nos idées, elles sont nées de nos sensations, car Locke l'a confirmé que 'rien n'entre dans notre entendement que par nos sens'.[2] Il affirme qu'il n'y a pas de langue mère, idée qu'il répétera dans les *QE*. Comme Locke, il constate l'imperfection des langues. Les moins imparfaites sont celles 'qui ont le plus cultivé les arts et la société'. Cette pensée le conduit à des réflexions sur les langues les plus pauvres et les plus anciennes, sur l'extension et la diffusion de certaines langues.

Bien entendu, c'est sur le français qu'il s'attarde le plus. Comment s'explique son expansion à travers l'Europe? Voltaire met l'accent sur ses qualités propres, fruit d'une évolution due à la 'société' et aux femmes. (L'importance du rôle des femmes dans l'élaboration des langues est soulignée trois fois.) Le français est devenu la langue 'la plus propre à la conversation'; elle est donc 'la plus générale', d'où son succès. Celui-ci est dû aussi à la littérature du siècle de Louis XIV: au théâtre, bien sûr, mais aussi, chose curieuse, à la production d'une quantité de livres 'agréablement frivoles'. Voltaire va plus loin: c'est grâce au niveau culturel général de la France (y compris dans les arts de la table ou des jardins), devenu un hypothétique modèle de goût universel, que la langue française a conquis les esprits cultivés de l'Europe.

Mais Voltaire ne se borne pas à des réflexions théoriques. C'est en artiste qu'il se prononce sur la beauté et l'harmonie des langues,

[1] Mais voir Léon Vernier, *Etude sur Voltaire grammairien et la grammaire au XVIIIe siècle* (Genève, 1970).

[2] *Le Philosophe ignorant*, *OCV*, t.62, p.71.

sur leur 'adoucissement' au cours des siècles, dans la mesure où les mœurs se sont policées. Belle occasion de rappeler ses positions de principe sur les imparfaits du français, qui doivent s'écrire avec *ai* et non *oi*, conformément à une prononciation plus douce. C'est en écrivain que Voltaire critique les 'défauts' du français, des termes comme 'éduqué', 'vis-à-vis', ou 'cul de sac', qu'il considère comme un mauvais usage dû à 'l'ignorance' des peuples ou à des modes. Loin de détecter ici des facteurs d'évolution, il ne voit dans ces innovations que de fâcheuses 'irrégularités', voire des grossièretés. 'L'usage malheureusement l'emporte toujours sur la raison', écrit-il au grammairien Nicolas Beauzée le 14 janvier 1768 (D14671). Son point de vue est diamétralement opposé à ce dernier: pour Beauzée, en effet, 'l'usage n'est pas le tyran des langues, il est le législateur naturel, nécessaire, et exclusif. *Une langue est la totalité des usages propres à une nation pour exprimer les pensées par la voix.*'[3]

Voltaire se montre d'un purisme étonnant, condamnant des mots et expressions qui ne choquent plus de nos jours. Pour lui, 'c'est dans le siècle de Louis XIV [...] que la langue a été fixée'.[4] Partisan d'une grammaire normative, il développe une conception aristocratique du langage: son français est celui des 'bons auteurs', fixé une fois pour toutes. Sous prétexte de préserver la compréhension entre locuteurs distingués, il manifeste une incompréhension totale de l'évolution, et fige la langue. Cette position de principe est d'autant plus étonnante que Voltaire souligne par ailleurs ce que la phonétique du français doit à une évolution bénéfique: un adoucissement des sons en liaison avec l'adoucissement des mœurs, qui ont fait perdre à la langue ses 'habits de sauvages'.

---

[3] Beauzée, article 'Langue (gramm.)', *Encyclopédie*, t.9, p.249. Souligné par Beauzée.

[4] Article 'Français' de l'*Encyclopédie* (*OCV*, t.33, p.103).

Editions

w56

T.4, p.1-12.

w52 (1756)

T.8, p.17-26.

w57G

T.4, p.1-12.

w57P

T.7, p.91-106.

so58

T.2, p.220-32.

w64G

T.4, p.5-16.

w64R

T.17, pt.1, p.53-62.

w70G

T.4, p.5-16.

w68 (1771)

T.15, p.1-8.

W70L (1772)

T.27, p.64-75.

W72X

T.4, p.5-16.

W71L (1773)

T.15, p.1-9.

W72P (1773)

T.16, p.29-42.

W75G

T.33, p.33-41.

K84

T.41, p.388-97.
IIIe section de l'article 'Langues' du *Dictionnaire philosophique*.

Traduction anglaise

The Works of M. de Voltaire, tr. Smollett *et al.* (London: J. Newbery, R. Baldwin, W. Johnston, S. Crowder, T. Davies, J. Coote, G. Kearsley and B. Collins, 1761-1764), vol.12, p.214-24: Of Languages.

Traitement du texte de base

On a conservé les italiques du texte de base, sauf dans les cas suivants: on imprime en romain les noms propres de personnes, et les noms de famille, les citations en langues modernes, et le discours direct. On a également respecté la ponctuation du texte de base. Ailleurs le texte de base a fait l'objet d'une modernisation portant sur la graphie, l'accentuation et la grammaire. Les particularités du texte de base dans ces trois domaines étaient les suivantes:

I. Consonnes

— absence de *p* dans: tems, longtems
— absence de *t* dans: agrémens
— redoublement de consonnes contraire à l'usage actuel: complette, Lappons, courtisanne, gazettiers, équippe
— présence d'une seule consonne là où l'usage actuel prescrit son doublement: aprendre, apartements

II. Voyelles

— absence de *e* dans: encor
— emploi de *i* à la place de *y* dans: aïant, croïant, païs
— emploi de *y* à la place de *i* dans: voyent, monnoye
— emploi de *o* à la place de *a* dans: monnoye, aimoient, faisoient, croyoient

III. Particularités d'accentuation

1. L'accent aigu

— il est employé au lieu de l'accent grave dans: Négres, mére, siécles, pére, fiévre
— il est absent dans: intolerables, Venus, venerien, solecismes, rebellions

2. L'accent grave

— il est absent dans: premieres

3. L'accent circonflexe

— il est employé dans: pû, toûjours
— il est absent dans: ame, brule, théatre, grace, fimes, reconnait, dégoute

IV. Graphies particulières

— emploi d'une orthographe contraire à l'usage actuel: loix, aujourdhui, *Misantrope*, aoust, sçu, cu, fonds (*pour* fond), artichaud, coëffures, *Prétieuses*
— emploi du tiret dans: très-supérieure, mal-à-propos

V. Divers

— l'esperluette est systématiquement utilisée.

DES LANGUES

Il n'est aucune langue complète, aucune qui puisse exprimer toutes nos idées et toutes nos sensations; leurs nuances sont trop imperceptibles et trop nombreuses. Personne ne peut faire connaître précisément le degré du sentiment qu'il éprouve. On est obligé par exemple de désigner sous le nom général d'amour et de haine, mille amours et mille haines toutes différentes; il en est de même de nos douleurs et de nos plaisirs. Ainsi toutes les langues sont imparfaites comme nous.[1]

Elles ont toutes été faites successivement et par degrés selon nos besoins. C'est l'instinct commun à tous les hommes qui a fait les premières grammaires sans qu'on s'en aperçût.[2] Les Lapons, les Nègres, aussi bien que les Grecs, ont eu besoin d'exprimer le passé, le présent, le futur; et ils l'ont fait. Mais comme jamais il n'y a eu d'assemblée de logiciens qui ait formé une langue, aucune n'a pu parvenir à un plan absolument régulier.

Tous les mots dans toutes les langues possibles sont nécessairement l'image des sensations. Les hommes n'ont pu jamais exprimer

6-7 w75G: il n'en est pas de même

---

[1] Locke a montré 'combien les langues que les hommes parlent sont imparfaites' (treizième des *Lettres philosophiques*, t.1, p.170). 'La langue la plus parfaite est celle où il y a le moins d'arbitraire. C'est comme dans le gouvernement' (*Notebooks*, t.2, p.444; et. aussi p.572; 'Nulla lingua completa...'). 'Je crois, Monsieur, qu'il n'y a aucune langue parfaite' (à Deodati de Tovazzi, 24 janvier 1761, D9572). 'Les philosophes n'ont point fait les langues, et voilà pourquoi elles sont toutes imparfaites' (à N. Beauzée, 14 janvier 1768, D14671). D'où la nostalgie d'une langue parfaite (voir Umberto Eco, *La Recherche de la langue parfaite dans la culture européenne*, Paris, 1994).

[2] Les langues sont 'toutes fondées sur une métaphysique très fine dont on a l'instinct'; elles 'semblent être le fruit d'une profonde métaphysique; [...] elles se sont ainsi formées par l'instinct, comme la logique, les mécaniques' (*Notebooks*, t.2, p.560 et 578; voir aussi p.694 et 696).

9

que ce qu'ils sentaient. Ainsi tout est devenu métaphore, partout on éclaire l'âme; le cœur brûle, l'esprit voit, il compose, il unit, il divise, il s'égare, il se recueille, il se dissipe. [3]   20

Toutes les nations se sont accordées à nommer souffle, esprit, âme, [4] l'entendement humain dont ils sentent les effets sans le voir, après avoir nommé vent, souffle, esprit, l'agitation de l'air qu'ils ne voient point.

Chez tous les peuples l'infini a été négation de fini; immensité,   25
négation de mesure. Il est évident que ce sont nos cinq sens qui ont produit toutes les langues, aussi bien que toutes nos idées.

Les moins imparfaites sont comme les lois: celles dans lesquelles il y a le moins d'arbitraire sont les meilleures.

Les plus complètes sont nécessairement celles des peuples qui   30
ont le plus cultivé les arts et la société. Ainsi la langue hébraïque devait être une des langues les plus pauvres [5] comme le peuple qui la parlait. Comment les Hébreux auraient-ils pu avoir des termes de marine, eux qui avant Salomon n'avaient pas un bateau? Comment les termes de la philosophie, eux qui furent plongés dans une si   35
profonde ignorance jusqu'au temps où ils commencèrent à apprendre quelque chose dans leur transmigration à Babilone? La langue des Phéniciens, dont les Hébreux tirèrent leur jargon, [6] devait être très supérieure, parce qu'elle était l'idiome d'un peuple industrieux, commerçant, riche, répandu dans toute la terre.   40

La plus ancienne langue connue doit être celle de la nation rassemblée le plus anciennement en corps de peuple. Elle doit être

---

[3] Passage presque identique dans les *Notebooks*, t.2, p.576.

[4] Même affirmation dans l'article 'De la magie' (ci-dessous, p.346), l'article 'Ame' du *DP* (*OCV*, t.35, p.306), *Le Philosophe ignorant* (*OCV*, t.62, p.75), etc.

[5] Citant le président de Brosses à propos du peuple hébreu et de sa langue, Voltaire écrit dans l'article 'Langues' des *QE*: 'Lorsqu'un peuple est sauvage, il est simple, et ses expressions le sont aussi' (*M*, t.19, p.556). Voir les notes de Voltaire sur la 'Dissertation où l'on examine si Esdras a changé les anciens caractères Hébreux, pour leur substituer les lettres Chaldéennes' (*CN*, t.2; *OCV*, t.137A, p.330).

[6] Dans sa vision dépréciative du peuple juif, Voltaire dévalorise doublement sa langue en en faisant un 'jargon' et en la faisant dériver du phénicien. On sait qu'en fait l'hébreu et le phénicien appartiennent au même rameau du sémitique occidental.

encore celle du peuple qui a été le moins subjugué, ou qui l'ayant été a policé ses conquérants. Et à cet égard, il est constant que le chinois et l'arabe sont les plus anciennes langues de toutes celles qu'on parle aujourd'hui. [7]

Il n'y a point de langue mère. [8] Toutes les nations voisines ont emprunté les unes des autres: mais on a donné le nom de *langue mère* à celles dont quelques idiomes connus sont dérivés. Par exemple le latin est langue mère, [9] par rapport à l'italien, à l'espagnol, au français. Mais il était lui-même dérivé du toscan; et le toscan l'était du celte et du grec. [10]

45

50

[7] Le chinois et l'arabe sont en effet les langues vivantes les plus anciennes. Le sumérien, langue la plus anciennement attestée, est morte; le sanskrit, qui remonte au deuxième millénaire avant notre ère, n'a jamais été une langue vraiment parlée. Toutefois, le chinois et l'arabe ont beaucoup évolué depuis les origines, et Voltaire aurait pu ajouter le grec, bien qu'il soit 'tout défiguré' actuellement, comme il le dit plus loin.

[8] Voir les passages marqués d'un trait vertical par Voltaire dans la 'Dissertation sur la première langue' de dom Calmet (*CN*, t.2; *OCV*, t.137A, p.328 et 346-47). La notion de langue mère ou de langue primitive se trouve par exemple chez J.-B. Bullet, *Mémoires sur la langue celtique* (Besançon, 1754-1760; BV577), t.1, p.5-6 (avec, à la fin du tome 3, un 'Recueil des mots qui paraissent avoir fait partie de la langue primitive'). Beauzée y croit aussi, en s'appuyant sur la Genèse (art. 'Langue', *Encyclopédie*, t.9, p.253-56). Voltaire récuse cette idée (*Notebooks*, t.2, p.692). Il y revient ici, puis dans les *QE*, avec les articles 'ABC, ou Alphabet', 'Arabes' (*OCV*, t.38, p.27 et 542) et 'Langues' (*M*, t.19, p.553). Le débat sur la langue primitive est devenu tabou chez les linguistes à partir des années 1860. Mais il a resurgi au vingtième siècle. Avec sa théorie du 'japhétique', N. Marr recherchait un hypothétique 'état préhistorique du langage humain'. Merrit Ruhlen, dans *L'Origine des langues* (1994; tr. fr. 1996), a proposé la reconstruction d'une trentaine de racines de l'hypothétique langue mère. Mais ses travaux sont très controversés. La grande majorité des linguistes jugent impossible cette reconstitution, car les méthodes de la linguistique historique ne permettent pas de remonter au delà de 7000 à 8000 ans.

[9] S'appuyant sur l'abbé Girard, Beauzée récuse la notion de langue mère pour le latin: l'espagnol, l'italien et le français diffèrent en effet considérablement du latin par leur 'génie': syntaxe, conjugaisons, etc. Les langues slaves sont plus proches entre elles, et de 'l'esclavon' dont elles sont issues (art. 'Langue', *Encyclopédie*, t.9, p.262-63).

[10] Par 'toscan', Voltaire entend l'étrusque. Le terme 'étrusque' est peu répandu au dix-huitième siècle (Voltaire parle de l'alphabet 'étrurien', *OCV*, t.38, p.27). Le latin ne dérive évidemment pas du 'toscan', ni le toscan du celte et du grec.

Le plus beau de tous les langages doit être celui qui est à la fois le plus complet, le plus sonore, le plus varié dans ses tours, et le plus régulier dans sa marche; celui qui a le plus de mots composés, celui qui par sa prosodie exprime le mieux les mouvements lents ou impétueux de l'âme, celui qui ressemble le plus à la musique.   55

Le grec a tous ces avantages; il n'a point la rudesse du latin, dont tant de mots finissent en *um ur us*. Il a toute la pompe de l'espagnol, et toute la douceur de l'italien. Il a par-dessus toutes les langues vivantes du monde l'expression de la musique, par les syllabes longues et brèves: ainsi tout défiguré qu'il est aujourd'hui dans la Grèce, il peut être encore regardé comme le plus beau langage de l'univers. [11]   60

La plus belle langue ne peut être la plus généralement répandue, quand le peuple qui la parle est opprimé, peu nombreux, sans commerce avec les autres nations, et quand ces autres nations ont cultivé leurs propres langages. Ainsi le grec doit être moins étendu que l'arabe, et même que le turc.   65

De toutes les langues de l'Europe la française doit être la plus générale, parce qu'elle est la plus propre à la conversation: [12] elle a pris son caractère dans celui du peuple qui la parle.   70

Les Français ont été depuis près de cent cinquante ans, le peuple qui a le plus connu la société, qui en a le premier écarté toute la gêne, et le premier chez qui les femmes ont été libres et même souveraines, quand elles n'étaient ailleurs que des esclaves. [13] La syntaxe de cette langue toujours uniforme, et qui n'admet point   75

---

53   w52: tous langages

[11] 'La plus belle langue est la grecque, à cause de ses composés et de son harmonie' (*Notebooks*, t.2, p.575). 'Il me paraît qu'il n'y a dans le monde que deux langues véritablement harmonieuses, la grecque et la latine', écrit Voltaire à Deodati de Tovazzi le 24 janvier 1761 (D9572).

[12] C'est parce que la langue française est 'la plus propre qu'aucune autre à la conversation' qu'elle a été préférée à l'italien, écrira Voltaire dans l'article 'Langues' des *QE* (*M*, t.19, p.558).

[13] Cf. Voltaire à N. Beauzée: 'Un instinct heureux fait apercevoir aux femmes d'esprit si on parle bien ou mal' (14 janvier 1768, D14671).

d'inversions, [14] est encore une facilité que n'ont guère les autres langues; c'est une monnaie plus courante que les autres, quand même elle manquerait de poids. La quantité prodigieuse de livres agréablement frivoles que cette nation a produits, [15] est encore une raison de la faveur que sa langue a obtenue chez toutes les nations.

Des livres profonds ne donneront point de cours à une langue; on les traduira, on apprendra la philosophie de Newton; mais on n'apprendra pas l'anglais pour l'entendre.

Ce qui rend encore le français plus commun, c'est la perfection où le théâtre a été porté dans cette langue. C'est à *Cinna*, à *Phèdre*, au *Misanthrope* qu'elle a dû sa vogue, et non pas aux conquêtes de Louis XIV. [16]

Elle n'est ni si abondante et si maniable que l'italien, ni si majestueuse que l'espagnol, ni si énergique que l'anglais; et

[14] Par 'inversion', Voltaire entend l'ordre des mots du latin. Il le dit explicitement dans l'article 'Français': 'Le français n'ayant point de déclinaisons [...] ne peut adopter les inversions grecques et latines' (*OCV*, t.33, p.102). Voltaire en note un exemple dans un ouvrage de Du Marsais (*CN*, t.3, p.293). Il y a pourtant des 'inversions' d'une autre sorte en français, mais elles sont 'légères et faciles' selon Beauzée (art. 'Langue', *Encyclopédie*, t.9, p.258). 'Je ne sais point la langue russe, mais par la traduction [du Nakaz] que vous daignez m'envoyer, je vois qu'elle a des inversions et des tours qui manquent à la nôtre' (à Catherine II, 26 mai 1767, D14199).

[15] 'Le génie de la nation se mêlant au génie de la langue a produit plus de livres agréablement écrits qu'on en voit chez aucun autre peuple' (art. 'Français', *OCV*, t.33, p.103).

[16] La diffusion du français en Europe s'explique-t-elle seulement par les qualités intrinsèques de la langue (clarté, etc.) et par sa littérature, et parce que cette langue, qui excelle dans la conversation, a 'flatté le goût général' (voir aussi l'art. 'Langues' des *QE*, *M*, t.19, p.558)? Est-ce par une 'convention tacite', comme le suggère Jaucourt (art. 'Langue française', *Encyclopédie*, t.9, p.266)? La France était le pays le plus peuplé et le plus puissant d'Europe. Si les conquêtes n'expliquent pas la vogue de sa langue, on ne peut nier le rôle joué par le facteur politique. Beauzée estimait que 'ce goût universel' du français était dû 'autant aux richesses de notre littérature qu'à l'influence de notre gouvernement sur la politique générale de l'Europe' (art. 'Langue', *Encyclopédie*, t.9, p.266). Tout en insistant également sur les qualités du français, Rivarol évoquera en 1784 les 'causes diverses' qui ont rendu la langue française 'universelle', notamment la constitution politique de la France et 'l'opinion qu'elle a su donner d'elle dans le reste du monde'.

cependant elle a fait plus de fortune que ces trois langues, par cela seul qu'elle est plus de commerce, et qu'il y a plus de livres agréables chez elle qu'ailleurs: elle a réussi comme les cuisiniers de France, parce qu'elle a plus flatté le goût général. 95

Le même esprit qui a porté les nations à imiter les Français dans leurs ameublements, dans la distribution des appartements, dans les jardins, dans la danse, dans tout ce qui donne de la grâce, les a portées aussi à parler leur langue. Le grand art des bons écrivains français est précisément celui des femmes de cette nation, qui se 100 mettent mieux que les autres femmes de l'Europe, et qui sans être plus belles le paraissent par l'art de leur parure, par les agréments nobles et simples qu'elles se donnent si naturellement.

C'est à force de politesse que cette langue est parvenue à faire disparaître les traces de son ancienne barbarie. Tout attesterait 105 cette barbarie à qui voudrait y regarder de près. On verrait que le nombre *vingt* vient de *viginti*, et qu'on prononçait autrefois ce *g* et ce *t* avec une rudesse propre à toutes les nations septentrionales; du mois d'*Augustus* on fit le mois d'août.[17]

Il n'y a pas longtemps qu'un prince allemand croyant qu'en 110 France on ne prononçait jamais autrement le terme d'*Auguste*, appelait le roi *Auguste* de Pologne le roi *Août*.[18]

De *pavo* nous fîmes *paon*; nous le prononcions comme *phaon*; et aujourd'hui nous disons *pan*.[19]

De *lupus* on avait fait *loup*, et on faisait entendre le *p* avec une 115 dureté insupportable. Toutes les lettres qu'on a retranchées depuis dans la prononciation, mais qu'on a conservées en écrivant, sont nos anciens habits de sauvages.[20]

C'est quand les mœurs se sont adoucies, qu'on a aussi adouci la langue: elle était agreste comme nous, avant que François Ier eût 120 appelé les femmes à sa cour. Il eût autant valu parler l'ancien celte

---

[17] Sur *viginti* et *Augustus*, voir l'article 'Franc, français' des *QE* (*M*, t.19, p.188).

[18] 'Le prince d'Hosteik appelait le roi Auguste le roi *ou*' (*Notebooks*, t.2, p.577).

[19] Pour *pavo* et *paon*, voir l'article 'Franc, français' des *QE* (*M*, t.19, p.188).

[20] Sur les 'habits de sauvages', voir *M*, t.19, p.188, *Notebooks*, t.2, p.444 et 575-76, et la lettre à Pierre Jean Jacques Guillaume Guyot du 7 août 1767 (D14340).

que le français du temps de Charles VIII et de Louis XII. L'allemand n'était pas plus dur. Tous les imparfaits avaient un son affreux; chaque syllabe se prononçait dans *aimoient, faisoient, croyoient*; on disait, ils *croy-oi-ent*; c'était un croassement de corbeaux, comme dit l'empereur Julien du langage celte, plutôt qu'un langage d'hommes. [21]

Il a fallu des siècles pour ôter cette rouille. Les imperfections qui restent, seraient encore intolérables sans le soin qu'on prend continuellement de les éviter, comme un habile cavalier évite les pierres sur sa route.

Les bons écrivains sont attentifs à combattre les expressions vicieuses que l'ignorance du peuple met d'abord en vogue, et qui adoptées par les mauvais auteurs passent ensuite dans les gazettes, et dans les écrits publics. Ainsi du mot italien *celata*, qui signifie *elmo, casque, armet*, les soldats français firent en Italie le mot de *salade*: de sorte que quand on disait, *il a pris sa salade*, on ne savait si celui dont on parlait avait pris son *casque* ou des *laitues*. Les gazetiers ont traduit le mot *ridotto* par *redoute*, qui signifie une espèce de fortification: mais un homme qui sait sa langue conservera toujours le mot d'*assemblée*. [22] *Rostbeef* signifie en anglais du *bœuf rôti*; et nos maîtres d'hôtel nous parlent aujourd'hui d'un *rostbeef* de mouton. *Riding-coat* veut dire un *habit de cheval*; on a fait *redingote*, et le peuple croit que c'est un ancien mot de la langue. [23]

125

130

135

140

---

143   K84: on en a fait

[21] Sur l'imparfait de *croire* et la nécessité d'écrire *ai* et non *oi* quand on prononce *ai*, voir *Notebooks*, t.2, p.581, 694-95, et l'article 'A' des *QE* (*OCV*, t.38, p.16). Dans le *Misopogon*, Julien compare à un croassement de corbeaux le langage des 'Barbares d'au-delà du Rhin' (Paris, 1964, p.157, trad. Christian Lacombrade). Il peut s'agir des Germains aussi bien que des Celtes. Je remercie José-Michel Moureaux qui a attiré mon attention sur le *Misopogon* comme source de Voltaire.

[22] Le mot *redoute* a signifié, à partir d'un nouvel emprunt à l'italien (1752), un lieu où l'on donne des fêtes, des bals, et la fête, le bal eux-mêmes. Il est vieilli en ce sens.

[23] Sur *salade, roastbeef* et *redingote*, voir *Notebooks*, t.2, p.696, et l'article 'Franc, français' des *QE* (*M*, t.19, p.192).

Il a bien fallu adopter cette expression avec le peuple, parce qu'elle   145
signifie une chose d'usage.

Le plus bas peuple en fait de termes d'arts et métiers et des
choses nécessaires, subjugue la cour, si on l'ose dire, comme en fait
de religion. Ceux qui méprisent le plus le vulgaire sont obligés de
parler, et de paraître penser comme lui.   150

Ce n'est pas mal parler que de nommer les choses du nom que le
bas peuple leur a imposé; mais on reconnaît un peuple naturellement plus ingénieux qu'un autre par les noms propres qu'il donne à
chaque chose.

Ce n'est que faute d'imagination qu'un peuple adapte la même   155
expression à cent idées différentes. C'est une stérilité ridicule de
n'avoir pas su exprimer autrement *un bras de mer*, *un bras de balance*,
un bras de fauteuil; il y a de l'indigence d'esprit à dire également la
tête d'un clou, la *tête d'une armée*. On trouve le mot de *cul* partout, et
très mal à propos: une rue sans issue ne ressemble en rien à un *cul de*   160
sac; un honnête homme aurait pu appeler ces sortes de rues, des
impasses; la populace les a nommées *culs*, et les reines ont été
obligées de les nommer ainsi. Le fond d'un artichaut, la pointe qui
termine le dessous d'une lampe, ne ressemblent pas plus à un *cul*
que des rues sans passage. On dit pourtant toujours *cul d'artichaut*,   165
cul de lampe,[24] parce que le peuple qui a fait la langue était alors
grossier. Les Italiens, qui auraient été plus en droit que nous de
faire souvent servir ce mot, s'en sont bien donné de garde. Le
peuple d'Italie né plus ingénieux que ses voisins forma une langue
beaucoup plus abondante que la nôtre.[25]   170

---

155   w57G: peuple adopta la
        w64G, w68, w75G, k84: peuple adapta la

[24] Ces métonymies (bras de mer, tête de clou, cul de lampe...) ont particulièrement intrigué Voltaire. Voir par exemple l'article 'Cul' des *QE* (*OCV*, t.40) et le
Discours aux Welches (*Mélanges*, Pléiade, p.692).
[25] 'Aucune langue n'est ni assez précise ni assez abondante. *Ame* signifie vingt
choses différentes sans en marquer une clairement; *esprit* de même' (*Notebooks*, t.2,
p.576; voir aussi p.575).

Il faudrait que le cri de chaque animal eût un terme qui le distinguât. C'est une disette insupportable de manquer d'expression pour le cri d'un oiseau, pour celui d'un enfant; et d'appeler des choses si différentes du même nom. [26] Le mot de *vagissement*, dérivé du latin *vagitus*, aurait exprimé très bien le cri des enfants au berceau. [27]

L'ignorance a introduit un autre usage dans toutes les langues modernes. Mille termes ne signifient plus ce qu'ils doivent signifier. *Idiot* voulait dire *solitaire*, aujourd'hui il veut dire *sot*; *épiphanie* signifiait *superficie*, c'est aujourd'hui la fête des trois rois; *baptiser*, c'est se plonger dans l'eau, nous disons baptiser du nom de Jean ou de Jacques. [28]

A ces défauts de presque toutes les langues, se joignent des irrégularités barbares. *Garçon, courtisan, coureur*, sont des mots honnêtes; *garce, courtisane, coureuse*, sont des injures. *Vénus* est un nom charmant, *vénérien* est abominable. [29]

Un autre effet de l'irrégularité de ces langues composées au hasard dans des temps grossiers, c'est la quantité de mots composés

[26] Voltaire observe très justement ce manque de mots en français pour les cris d'animaux. Le français, langue analytique, souffre en effet d'une 'disette' dans ce domaine par rapport à des langues comme l'allemand, l'anglais, le russe, etc.

[27] Sur *vagissement*, dérivé de *vagitus* selon Rollin, voir *Notebooks*, t.2, p.579 et 697. Attesté dès 1536, le mot *vagissement* est resté longtemps peu usité (il ne figure pas dans les dictionnaires de Richelet, de Furetière, de Trévoux, éd. de 1704). Il réapparaît au dix-huitième siècle, en 1735, mais, selon l'*Encyclopédie*, 'ne s'emploie guère que dans les traités de science' (t.16, 1765, p.797). Dans son édition de 1752, le *Dictionnaire* de Trévoux observe que le français a adopté *mugissement* et *rugissement* à partir de *mugitus* et *rugitus*, et ne voit pas pourquoi on n'en ferait pas autant avec vagitus: 'Ce mot choquerait d'abord par la nouveauté, on s'y accoutumerait peut-être insensiblement' (col. 481). Dans le *Supplément* de 1752, Trévoux reprend le même texte, en ajoutant que *vagissement* a été employé par Morel dans son *Dictionnaire latin-grec-français* au mot *vagor*, et qu'il est dans le *Dictionnaire des arts*. Il remarque aussi que le verbe *vagir* figure dans le *Dictionnaire* de Nicot [*Trésor de la langue française*, 1606] (col. 2280). *Vagir* a été emprunté au latin en 1555.

[28] Sur *idiot* et *baptiser*, voir *Notebooks*, t.2, p.576.

[29] Sur *garce* et *courtisane*, voir *Notebooks*, t.2, p.576; sur ces mêmes mots et *vénérien*, voir l'article 'Franc, français', *M*, t.19, p.189.

dont le simple n'existe plus.[30] Ce sont des enfants qui ont perdu leur père. Nous avons des *architraves* et point de *traves*, des *architectes* et point de *tectes*, des *soubassements* et point de *bassements*; il y a des choses *ineffables* et point d'*effables*. On est *intrépide*, on n'est pas *trépide*; *impotent*, et jamais *potent*; un fonds est *inépuisable*, sans pouvoir être *puisable*. Il y a des *impudents*, des *insolents*, mais ni *solents* ni *pudents*: *nonchalant* signifie *paresseux*, et *chaland* celui qui achète.

Toutes les langues tiennent plus ou moins de ces défauts; ce sont des terrains tous irréguliers, dont la main d'un habile artiste sait tirer avantage.

Il se glisse toujours dans les langues d'autres défauts qui font voir le caractère d'une nation. En France des modes s'introduisent dans les expressions comme dans les coiffures. Un malade ou un médecin du bel air se sera avisé de dire qu'il a eu un *soupçon* de fièvre, pour signifier qu'il en a eu une légère atteinte; voilà bientôt toute la nation qui a des *soupçons* de colique, des *soupçons* de haine, d'amour, de ridicule. Les prédicateurs vous disent en chaire qu'il faut avoir au moins un *soupçon* d'amour de Dieu. Au bout de quelques mois cette mode passe pour faire place à une autre. *Vis-à-vis* s'introduit partout.[31] On se trouve dans toutes les conversations *vis-à-vis* de ses goûts et de ses intérêts. Les courtisans sont bien ou mal *vis-à-vis* du roi; les ministres embarrassés *vis-à-vis* d'eux-mêmes; le parlement en corps fait souvenir la nation qu'il a été le soutien des lois *vis-à-vis* de l'archevêque, et les hommes en chaire sont *vis-à-vis* de Dieu dans un état de perdition.

Ce qui nuit le plus à la noblesse de la langue, ce n'est pas cette mode passagère dont on se dégoûte bientôt. Ce ne sont pas les

190

195

200

205

210

215

---

195 w52: ni solents, ni prudents

  w57G, w64G, w68, w75G, k84: ni pudents, ni solents

[30] Sur les composés sans simples correspondants, voir *Notebooks*, t.2, p.576, 577, 578, 695, et l'article 'Franc, français', *M*, t.19, p.189.

[31] Sur *vis-à-vis*, voir *Notebooks*, t.2, p.578, 580, 695, et 'Franc, français', *M*, t.19, p.191.

solécismes de la bonne compagnie dans lesquels les bons auteurs ne tombent point; c'est l'affectation des auteurs médiocres de parler de choses sérieuses dans le style de la conversation. Vous lirez dans nos livres nouveaux de philosophie, qu'il ne faut pas faire *à pure* 220 *perte les frais de penser*; que les éclipses sont *en droit d'effrayer le peuple*; qu'Epicure avait un extérieur *à l'unisson de son âme*; que *Clodius renvia sur Auguste*, et mille autres expressions pareilles dignes du laquais des *Précieuses ridicules*.

Le style des ordonnances des rois et des arrêts prononcés dans 225 les tribunaux, ne sert qu'à faire voir de quelle barbarie on est parti. On s'en moque dans la comédie des *Plaideurs*:

> Lequel Jérôme après plusieurs rébellions
> Aurait atteint, frappé, moi sergent à la joue. [32]

Cependant il est arrivé que des gazetiers et des faiseurs de journaux 230 ont adopté cette incongruité; et vous lisez dans des papiers publics; 'On a appris que la flotte aurait mis à la voile le 7 mars, et qu'elle aurait doublé les Sorlingues.' [33]

Tout conspire à corrompre une langue un peu étendue; les auteurs qui gâtent le style par affectation, ceux qui écrivent en pays 235 étranger et qui mêlent presque toujours des expressions étrangères à leur langue naturelle, les négociants qui introduisent dans la conversation les termes de leur comptoir, et qui vous disent que l'Angleterre arme une flotte, mais que *par contre*[34] la France équipe des vaisseaux, les beaux esprits des pays étrangers qui ne 240 connaissant pas l'usage, vous disent qu'un jeune prince a été très bien *éduqué*,[35] au lieu de dire qu'il a reçu une bonne éducation.

Toute langue étant imparfaite, il ne s'ensuit pas qu'on doive la changer. Il faut absolument s'en tenir à la manière dont les bons auteurs l'ont parlée;[36] et quand on a un nombre suffisant d'auteurs 245

---

[32] *Les Plaideurs*, acte 2, scène 5, v.418-19. Dans le texte de Racine: *Hiérôme*.
[33] Les Sorlingues ou îles Scilly: archipel anglais au large du cap Land's End.
[34] Sur *par contre*, voir *Notebooks*, t.2, p.580.
[35] Sur *éduqué*, voir 'Franc, français', *M*, t.19, p.191.
[36] 'Ce sont les bons livres qui font le mérite des langues' (*Notebooks*, t.2, p.580).

approuvés, la langue est fixée. Ainsi on ne peut plus rien changer à l'italien, à l'espagnol, à l'anglais, au français sans les corrompre. La raison en est claire; c'est qu'on rendrait bientôt inintelligibles les livres qui font l'instruction et le plaisir des nations. [37]

---

[37] Il ne faut pas changer le sens donné aux mots par les auteurs classiques, sinon dans peu de temps on ne s'entendra plus, répète Voltaire dans 'Franc, français' (*M*, t.19, p.188 et 189).

Jusqu'à quel point on doit tromper le peuple

Edition critique

par

Jean Dagen

TABLE DES MATIÈRES

INTRODUCTION   23

JUSQU'À QUEL POINT ON DOIT TROMPER LE PEUPLE   37

INTRODUCTION

Jusqu'à quel point on doit tromper le peuple est publié pour la première fois dans l'édition de 1756 de la *Collection complète des Œuvres de Mr. de Voltaire*. L'auteur y divise le genre humain en trompés et trompeurs: d'un côté, le peuple, c'est-à-dire neuf parts sur dix de l'humanité; de l'autre 'la partie trompante' qui 'n'a jamais bien examiné [le] problème délicat' qu'envisage ce court traité; elle s'est même évertuée à empêcher qu'on ne l'envisageât. Le temps est donc venu que la question soit examinée par celui qui n'étant ni coupable, ni victime, une tierce partie dont on ne dit pas l'importance numérique, peut poser impartialement la question du degré tolérable ou souhaitable de tromperie infligée: cette question est posée de manière implicite, le titre du traité ne comporte pas de point d'interrogation. Il faut supposer que, sauf ironie du 'philosophe', est admise la règle même qu'il y ait des trompés. L'admettre, ce serait se prononcer sur ce problème en effet 'délicat', grave entre tous, essentiel en ce milieu du dix-huitième siècle, aux yeux de Voltaire notamment: que faire de ces lumières dont nous sommes devenus capables, et que nous nous savons capables de développer à l'infini? A quoi et à qui doivent-elles servir? Les meilleurs esprits s'en préoccupent, ils évaluent l'enjeu, méthode et conséquences.

Tel qu'il est formulé par Voltaire le sujet de ce court traité appelle quatre questions. D'abord, de quelles vérités prive-t-on ce peuple qu'on trompe? ce qui peut se dire ainsi: quelles erreurs lui enseigne-t-on et de quelles erreurs ne le dispense-t-on pas? Ensuite, à qui revient-il de tromper et de détromper? on entend bien que ce devoir appartient au 'philosophe' et que par là se trouve définie sa mission: mission principale, constitutive, absolument légitime? Troisième question: en vertu de quelles considérations devrait-on substituer à l'obligation de dire tout le vrai celle de procéder par degrés et par retenues? de quels critères dispose-t-on pour refuser une part de vérité ou préserver une dose d'erreur? Enfin, qu'appelle-t-on 'peuple', s'il s'agit des neuf dixièmes du genre humain? quelle crainte, quel privilège du trompeur reconnu par le 'philosophe', quel vice ou défaut intrinsèque de l'homme du peuple justifieraient-ils le devoir supposé de tromper? Sans emphase, avec, dirait-on, une sorte de désinvolture, de légèreté propre à atténuer la gravité du sujet, à en masquer la portée, Voltaire répond.

Personne ne peut, en effet, éviter de répondre. A elle seule, l'entreprise encyclopédique empêcherait d'éluder la difficulté, si difficulté il y a. Or, passé la crise de 1752, le succès se confirme, en dépit et à cause des critiques. La collaboration de Voltaire est annoncée en 1754, il donne quelques articles dans le tome cinq, publié en 1755, tome riche de grands articles de Diderot et Rousseau, et célébrant Montesquieu, mort la même année, comme un partenaire éminent, un représentant de l'esprit philosophique. Que l'existence de l'*Encyclopédie* impose l'interrogation soulevée par Voltaire, D'Alembert ne s'était pas, d'emblée, privé de le faire comprendre. Dans son *Discours préliminaire*, il se demande moins si le peuple doit être que s'il peut être trompé. Il considère qu'on peut accéder au vrai sans passer par des enchaînements discursifs, écrit que le vrai 'est toujours simple' et s'appréhende directement, immédiatement, comme la beauté d'un tableau; aussi affirme-t-il 'qu'il n'y a presque point de science ou d'art dont on ne pût à la rigueur, et avec une bonne logique, instruire l'esprit le plus borné'. [1] Le devoir du philosophe, tel que

---

[1] *Discours préliminaire de l'Encyclopédie*, dans *Mélanges de littérature, d'histoire et de philosophie*, nouvelle édition, à Amsterdam, chez Zacharie Chapelain et fils, 1773 (5 volumes), t.i, p.52. On voit que D'Alembert n'a pas attendu pour se préoccuper du sujet, l'année 1769 et la proposition qu'il fait alors à Frédéric de mettre au concours de l'Académie de Berlin la question s'il faut tromper le peuple. On peut consulter sur cet épisode, qui n'a sa conclusion qu'en 1780, l'ouvrage de Werner Krauss: *Est-il utile de tromper le peuple?* (Berlin, 1966). Le bref essai historique qui précède les textes présentés au concours ne cite pas Voltaire, ne dit rien de ses relations intellectuelles avec D'Alembert et avec Frédéric (à propos notamment de l'*Anti-Machiavel*), ni du présent essai.

Descartes l'enseigne à travers sa 'révolte', étant de 'secouer le joug de la scolastique, de l'opinion, de l'autorité, en un mot des préjugés et de la barbarie' (p.134), rien n'empêche que la métaphysique, conçue désormais comme 'physique expérimentale de l'âme' (p.142), ne soit mise à la portée d'esprits qui n'ont d'autre défaut que d'être paralysés par des croyances arbitrairement prescrites: les principes de cette métaphysique 'simple', illustrée par les Bacon, Descartes, Locke et, en dernier lieu, Condillac, 'sont les mêmes pour les philosophes et pour le peuple'. Tel est donc le point de vue théorique: la difficulté d'ordre épistémologique se trouve levée.

Mais dans la pratique, faut-il et peut-on procéder comme le veut le 'militaire philosophe' de *La Promenade du sceptique*? Le *Discours préliminaire*, que Diderot centre clairement sur le problème, montre son porte-parole résolu à 's'expliquer librement' sur 'la religion et le gouvernement',[2] à ne ménager aucun des dogmes du christianisme (il les énumère en détail). Cléobule objecte: 'Présenter la vérité à de certaines gens, c'est [...] introduire un rayon de lumière dans un nid de hiboux.' On ne saurait, ajoute-t-il, détromper celui qui ne veut rien savoir et 'est en garde contre le sens commun'. En vue de sauvegarder la tranquillité et le bonheur personnels, et en raison des risques encourus par l'écrivain, au philosophe résolu à dire ce qu'il tient pour juste et utile, donc à abattre les préjugés, on oppose cet ultime argument: 'On pourrait vous répondre, reprit Cléobule, qu'il y a des préjugés dans lesquels il est important d'entretenir le peuple' (p.79). Faudrait-il donc s'abstenir de parler et d'écrire, et jusqu'à quel point? L'article 'Encyclopédie' livre l'opinion propre de Diderot: tout en admettant qu'on ne connaît ni la limite de la vérité, ni la capacité de l'esprit individuel, il tient les 'révolutions' pour nécessaires.[3] Il faut s'attacher, écrit-il, 'à dévoiler les erreurs, à décréditer adroitement les préjugés, à apprendre aux hommes à douter et à attendre, à

---

[2] Diderot, *Œuvres complètes* (Paris, 1975-2004), t.2, *La Promenade du sceptique*, p.78-79.
[3] Diderot, *Œuvres complètes*, t.7, *Encyclopédie III* (1976), p.186.

dissiper l'ignorance' (p.220). Il insiste sur l'art de chasser les préjugés comme 'un vain amas de poussière'. Par avance il répond à la question de Voltaire: 'Cette manière de détromper les hommes opère très promptement sur les bons esprits, et elle opère infailliblement et sans aucune fâcheuse conséquence, secrètement et sans éclat, sur tous les esprits' (p.222). A la réserve de quelques précautions et d'une stratégie appropriée, la cause paraît entendue.

Si l'urgence de l'interrogation paraît renforcée quand Voltaire choisit de publier son texte, il n'est pas moins vrai qu'elle est présente tout au long de son œuvre. Il suffit, pour ne pas remonter trop loin, de relire le *Sermon des cinquante*. Tenu pour l'une des plus radicales critiques de la tradition judéo-chrétienne, connu des contemporains, puis publié sous le couvert de l'anonymat au début des années 50,[4] le texte n'infirme peut-être pas l'idée que Voltaire aurait dès lors conçu son 'grand dessein philosophique' au service de l'humanité.[5] La doctrine de Voltaire y est présentée sous son double aspect. D'une part l'auteur proteste vivement contre une politique de la tromperie: 'On nous dit qu'il faut des mystères au peuple, qu'il faut le tromper. Eh! mes frères, peut-on faire cet outrage au genre humain?'; d'autre part, il présente comme complémentaire cette seconde proposition: 'le peuple n'est pas si imbécile qu'on le pense; il recevra sans peine un culte sage et simple d'un Dieu unique'.[6] Il s'agit bien là d'une tactique concertée, de portée générale, qui confère d'ailleurs à Dieu sa vraie fonction et son juste crédit d'existence: il faut en tenir compte en lisant *Jusqu'à quel point*.

Voltaire se garde de formuler une doctrine claire qui répondrait à la question que son titre ne se risque pas à poser ouvertement. Son essai se présente comme un monologue avec interventions de l'auteur ('je sais' répété, 'oserai-je') et résistance supposée d'un

---

[4] Voir René Pomeau, *Voltaire en son temps*, nouvelle édition (Oxford, Paris, 1995), t.1, p.688-90.

[5] Voir Pomeau, t.1, p.627.

[6] Voltaire, *Mélanges*, éd. J. Van den Heuvel, Bibliothèque de la Pléiade (Paris, 1961), p.269.

lecteur ('me répondra-t-on', 'si on me réplique'). Il en appelle au simple bon sens, à une raison que chacun, le peuple même, peut entendre. Tout en feignant de se défier de son propre jugement, en se contentant de nommer Virgile et le Pascal des *Provinciales* comme modèles du bien penser, pour humilier ceux qui depuis les temps les plus reculés (depuis les Chaldéens) entretiennent la superstition la plus grossière – dont l'Académie des sciences ose tirer son profit en vendant son almanach! –, il suggère l'abandon des pratiques anodines dictées par les astrologues. Peut-on exiger moins? Faut-il appréhender une pareille 'nouveauté', la vît-on cautionnée par de 'grands génies'? L'anecdote, malgré sa couleur exotique, insinue qu'on s'intéresse à l'ensemble des humains, et non, comme l'imagineraient des esprits mal tournés, au seul peuple chrétien. On nous dit d'abord que le roi du Boutan ou Tibet (c'est-à-dire le dalaï-lama) appuie son despotisme sur des croyances si aberrantes et une crédulité si absolue de ses sujets que, selon les relations des voyageurs, l'obscurantisme de la nation paraît irrémédiable: les voisins chinois se montrent, au moins, capables de tolérance et de syncrétisme. Pourtant le sculpteur du Belzébuth hétérodoxe fait brèche dans la superstition des gens de Boutan: son astuce élude l'accusation mortelle, désarme ce roi qui règne sur les hommes en régnant sur leur esprit: le Praxitèle de Voltaire esquisse le modèle d'une stratégie qui contourne le dogmatisme, se moque de l'emprise du sacre. C'est à une ingéniosité d'égale trempe que le chirurgien gascon doit de déconcerter la sottise au profit du principe d'utilité. La pratique détruit, sans le dire, la croyance, et l'exemple vaut non plus pour le seul roi du Boutan, [7] mais pour 'les rois', sans exception, et affranchit l'exercice de la médecine.

Le champ de la réforme s'élargit, révèle sa véritable ampleur avec le dialogue du dominicain et du philosophe anglais, un religieux en face d'un esprit libre. L'un tient sa vérité du Livre, l'autre de la science moderne. L'accord se fait au prix d'un

---

[7] On note que, dans le cours du récit 'l'astrologue de quartier' est devenu 'l'aumônier de quartier'.

calembour, le moine s'accommodant de l'équivoque. Et voilà toute l'affaire Galilée. On passe ensuite de la Rome des papes à celle de César, sans changer de propos, parce que toutes superstitions se valent, ce qui retentit sur la compréhension des anecdotes précédentes, parce que les moines chrétiens valent les augures romains, parce que les avancées de la philosophie rencontrent en tout lieu et en tout temps les mêmes obstacles et qu'il faut toujours recourir aux mêmes ruses, que l'esprit doit pour l'emporter se prêter aux mêmes détours. Détours ou tromperies?

La dernière phrase conduit à admettre un progrès de la 'philosophie': ce progrès est celui que réalise, par rapport au temps de Numa, le temps de César, qui est aussi celui de Cicéron, l'auteur d'un ouvrage en l'occurrence capital, le *De divinatione*. Il ne fallait donc, au premier siècle avant notre ère, que savoir mieux 'raisonner' pour échapper aux préceptes religieux. S'il en est bien ainsi, si la 'philosophie' n'est pas le privilège d'une époque, le court essai de Voltaire, cette facétie, acquiert une signification de quelque poids: non seulement il affirmerait la permanence d'une capacité de raisonner que certaines époques et certaines autorités maintiendraient en état de latence, ou contraindraient à ne se manifester que sous le masque, mais il permettrait de penser que les ruses de la raison ne font que répondre à des nécessités circonstancielles. Il ne s'agirait que de se doter d'une tactique qui se résoudrait à user de tromperie faute de pouvoir aller directement au vrai, ou plutôt au refus de l'erreur. En ce cas, Voltaire n'esquissant qu'une méthode, il convient de lui demander quelle est la dernière erreur nécessaire et tolérable. Car, la chose est frappante, il n'est jamais question ici d'une 'vérité' qu'il conviendrait d'enseigner: aussi faudrait-il reconsidérer l'attitude de Voltaire à l'égard de la vérité, poser autrement, c'est-à-dire dans les termes où il le pose lui-même, le problème de l'enseignement de la vérité et d'abord de la nature de la vérité qu'il est opportun de diffuser. [8] On serait ainsi conduit à

---

[8] Roland Mortier n'a pas tort de rapprocher *Jusqu'à quel point* de formules équivalentes, telles que *S'il est utile d'entretenir le peuple dans la superstition* ou bien

revenir également sur la définition du 'peuple' selon Voltaire. D'une part, le comportement du peuple s'explique par les contraintes de vie et de croyance qui lui sont imposées:[9] ce qui ne permet pas de se prononcer sur son essence; d'autre part, à s'en tenir à notre texte, il est évident que n'appartiennent pas au peuple tous ceux qui fondent leur pouvoir sur une forme quelconque de superstition: le roi du Boutan comme le dominicain. C'est pourquoi on doit, non pas tromper, mais savoir compter avec l'histoire et calibrer avec circonspection, mais sans restriction de principe pourtant, le rôle du 'philosophe', cet avocat des 'trompés'.

Les remarques qui précèdent aident à dater notre texte. Le peuple, notamment, joue un rôle si considérable et à vrai dire, si inquiétant dans l'*Essai sur les mœurs* qu'on ne s'étonne pas de le retrouver dans *Jusqu'à quel point* au centre de la réflexion voltairienne. Qu'on se reporte au chapitre cent quarante-quatrième du livre ('De la France sous Louis XIII jusqu'au ministère du cardinal de Richelieu'), on y verra la 'populace' jugée 'toujours extrême, toujours barbare' certes, mais, ajoute Voltaire, 'quand on lui lâche la bride'.[10] La réserve introduite par la subordonnée

---

S'il faut user de fraudes pieuses avec le peuple, dans 'Esotérisme et lumières: un dilemme de la pensée', *Clartés et ombres du siècle des Lumières* (Paris, 1969), p.74. Mais il est peut-être possible de lever l'ambiguïté qu'il aperçoit dans la position de Voltaire. Il semble d'ailleurs qu'on se plaise à évoquer de préférence l'ambiguïté des Lumières, alors même qu'on sait parfaitement désigner les valeurs qu'elles promeuvent dans les écrits de tel ou tel des auteurs du siècle, Diderot par exemple (voir Paul Vernière, *Lumières ou clair-obscur*, Paris, 1987).

[9] Se demander quelle vérité convient au peuple conduit logiquement à s'interroger sur la conception voltairienne du peuple: ce que fait Roland Mortier en reprenant d'un article à l'autre la même argumentation (voir 'Voltaire et le peuple', dans *Le Cœur et la raison*, Oxford, 1990, p.89-103). René Pomeau estime que cette 'facétie' qu'est à ses yeux *Jusqu'à quel point* ne peut valoir pour un temps, le nôtre, où la propagande est toute puissante, mais il juge 'optimiste' un apologue 'qui tend à établir que les trompés, s'ils le voulaient, cesseraient vite de l'être' (*Politique de Voltaire*, présentée par René Pomeau, Paris, 1963, p.222). Sans doute, mais encore faut-il qu'ils soient mis en situation de le vouloir, à quoi justement travaille, trop discrètement peut-être, le philosophe.

[10] *Essai sur l'histoire générale, et sur les mœurs et l'esprit des nations, depuis*

temporelle ouvre implicitement la perspective dans laquelle va s'inscrire notre texte. Or ledit texte est justement publié pour la première fois dans cette *Collection complète des œuvres de M. de Voltaire* où paraissent également pour la première fois avec autorisation de l'auteur les quatre volumes de l'*Essai sur les mœurs*; ils y précèdent les trois où est repris le *Siècle de Louis XIV*. L'allusion au rôle du peuple ne constitue pas un argument suffisant pour dater la composition du texte, mais l'indication se trouve renforcée par la double mise en scène du roi du Boutan. Sauf erreur, Voltaire ne cite ce personnage et sa nation en aucune autre de ses œuvres; or les derniers chapitres de ce tome quatrième de l'*Essai d'histoire générale* sont consacrés aux nations du proche et de l'extrême orient (des chapitres 159 et 160 sur l'Empire Ottoman au chapitre 164 sur le Japon, les chapitres 161, 162 et 163 traitant de la Perse, du Mogol et de la Chine) [11] et ils s'inspirent manifestement, et de l'aveu de l'historien, de Chardin, de Tavernier, des relations des missionnaires, reprises et exploitées par les historiens de l'Inde et de la Chine. C'est dans ces chroniques et mémoires que Voltaire puise, sans grand souci de précision, se fiant sans doute à des souvenirs de lecture, les quelques informations sur le roi et le peuple du Boutan, c'est-à-dire sur ce dalaï-lama et ces Tibétains dont il fait les héros de son apologue et dont il ne se souciera jamais plus. On ne prétend pas assigner par là une date à *Jusqu'à quel point*, on admettra cependant que ces détails joints à ce qu'on sait de l'histoire de la pensée philosophique au milieu du siècle permettent de supposer que la rédaction de notre texte n'a pas précédé de beaucoup sa publication. Il n'est pas interdit d'imaginer que l'historien – il vient d'expliquer qu'il n'étendra pas davantage son enquête en visitant d'autres peuples qu'il sait par avance si différents et si peu désireux de s'informer de nous qui nous faisons un devoir de nous informer d'eux – plus occupé désormais de tirer

---

Charlemagne jusqu'à nos jours, première édition, 1756, t.4 (tome quatorzième de w56), p.37.

[11] P.289 à 318 de l'édition citée.

les leçons de cette longue excursion que de la prolonger, suffisamment instruit, se propose de nouveaux objets, tels que celui dont il fait le présent essai. En toute fin des quatre volumes d'histoire générale, il a écrit, en effet, comme s'il s'agissait de conclure: 'Il reste beaucoup à découvrir pour notre curiosité; mais si on s'en tient à l'utile, on n'a que trop découvert.'[12] Nous savons qu'il ne tiendra pas sa curiosité pour satisfaite par cette version de son histoire et l'on comprend mieux le projet de se tourner vers l'utile quand on lit la véritable conclusion des quatre tomes nouveaux de 1756: transportée au chapitre 211, après le *Siècle de Louis XIV*, cette conclusion présente un véritable bilan général. Voltaire avoue certes que 'toute cette Histoire est un ramas de crimes, de folies et de malheurs', on y voit les hommes livrés à des 'atrocités inutiles', aux conflits religieux, à la 'fureur dogmatique'.[13] Il observe cependant que différents par la coutume – il faut imputer à celle-ci la responsabilité des crimes: les différences sont meurtrières –, les hommes se ressemblent en vertu de leur commune nature: 'nous voyons un amour de l'ordre qui anime en secret le genre humain et qui a prévenu sa ruine totale' (p.149, 151). L'utile, ce ne peut être que d'"éclairer les hommes' par la philosophie, de les aider à retrouver leur instinct naturel de l'ordre et à y conformer leur conduite: si l'historien exprime la tristesse profonde et toute l'amertume que lui inspire son parcours à travers les maux et malheurs des hommes, le philosophe déduit de cette expérience les enseignements salutaires qu'elle comporte. Quand il en vient à concevoir le remède, la méthode que recommande la raison, Voltaire adopte le registre de l'humour et du comique en demi-teinte: les anecdotes en partie historiques, en partie imaginaires de

---

[12] Dans l'édition de 1756, ch.164, t.4, p.326. Dans l'édition de René Pomeau (Paris, 1963), au chapitre 196, t.2, p.799. Par la suite, Voltaire conclut l'*Essai sur les mœurs* par un chapitre 197, intitulé 'Résumé de cette histoire jusqu'au temps où commence le beau siècle de Louis XIV'. Ce chapitre reprend avec une importante variante (éd. Pomeau, t.2, p.973) le chapitre 211 de l'édition de 1756 qui s'intitulait: 'Résumé de toute cette histoire et point de vue sous lequel on peut la regarder'.

[13] *Essai sur l'histoire générale*, chapitre 211, t.7 p.144-45 (t.17 de w56).

Jusqu'à quel point donnent à entendre combien il est délicat de mettre le bon sens en pratique; on est presque obligé de combattre le mal en usant des procédés qui l'ont fait prospérer. A la preuve directe et à l'argument d'autorité, il faut préférer ce machiavélisme malicieux et bienveillant, apparemment dilatoire mais protecteur, auquel recourent opportunément le sculpteur du Belzébuth et le chirurgien gascon. On accepte de tromper, sans doute, mais on trompe le trompeur.

Que *Jusqu'à quel point on doit tromper le peuple* met en avant, et à une date significative, un thème central de la pensée de Voltaire, c'est ce que vont confirmer les reprises ultérieures, pour ne rien dire ici de la politique que Voltaire va conduire en tant que publiciste de la 'philosophie'. Citons seulement l'article 'Fraude' du *Dictionnaire philosophique*;[14] le sous-titre en est suffisamment parlant: 'S'il faut user de fraudes pieuses avec le peuple?' Bambabef y demande à Ouang: 'Quoi! vous croyez qu'on peut enseigner la vérité au peuple sans la soutenir par des fables?' Ouang répond que, bien que tous les hommes ne puissent accéder à 'la même science', tous sont enclins à rejeter les mêmes 'choses malhonnêtes, absurdes, inutiles, dangereuses' et tous sont capables de la même idée de la justice: il n'est que de leur proposer un Dieu comme garant de cette justice, ce Dieu d'ailleurs n'ayant d'existence et d'essence qu'autant qu'en exige le besoin de 'croire à sa justice'. L'article 'Fraude' du *Portatif* de 1764 est repris, à une addition près, dans les *Questions sur l'Encyclopédie* en 1771. D'une réflexion sur l'extension potentiellement universelle de la philosophie et sur l'histoire de l'Eglise, *Le Dîner du comte de Boulainvilliers* (publié en 1767) fait jaillir la toujours même, capitale et lancinante question, formulée comme scandaleuse par l'abbé Couet: 'Instruire les hommes! que dites-vous, monsieur le comte? les en croyez-vous dignes?' A quoi ledit comte, qui voudrait 'commencer par instruire les hommes avant de les punir', réplique: 'J'entends. Vous pensez

---

[14] *Dictionnaire philosophique*, éd. C. Mervaud *et al.*, *OCV*, t.36 (Oxford, 1994), p.133-41.

toujours qu'il ne faut que les tromper: vous n'êtes qu'à moitié guéri: votre ancien mal vous reprend toujours.'[15] Le Troisième Entretien de ce même *Dîner* s'organise autour de ce sujet que vont renouveler, en radicalisant parfois la thèse, des traités et dialogues postérieurs. Le comte voudrait qu'on éclairât les hommes d'une vérité qui les rendît 'plus doux et plus heureux'; M. Fréret, hardiment convaincu que la raison a déjà fait bien des progrès depuis dix ans, le réconforte malgré les objections de l'abbé, il s'avance jusqu'à affirmer, vœu sans doute autant que certitude: 'Je pense qu'il est très aisé de déraciner par degrés toutes les superstitions qui nous ont abrutis' (p.393). L'auteur de *Jusqu'à quel point on doit tromper le peuple* voulait aussi procéder par degrés, mais si insensiblement, adroitement, facétieusement qu'on s'y prît, on n'a pas à ce point gagné sur la superstition que la même question ne se pose au même philosophe dix ans après, induisant la même méthode, suscitant le même espoir, un peu plus résolu peut-être, à moins qu'il ne soit exaspéré par la lenteur du progrès.

Indications bibliographiques

Nous avons confronté le texte de l'édition encadrée (w75G) à ceux des éditions publiées du vivant de Voltaire. Nous n'avons observé, à part deux différences minimes dans la forme de verbes, aucune variante digne de quelque intérêt. Voltaire n'a pas modifié le texte publié en 1756. D'une édition à l'autre, n'apparaissent de différences que dans la ponctuation, sans que le sens s'en trouve jamais altéré, dans l'emploi des majuscules ou de l'italique. Le seul détail notable, mais il vaut pour toutes les éditions du dix-huitième siècle, est que n'y figurent jamais les tirets et les guillemets qui depuis le dix-neuvième siècle encadrent les interventions dans le dialogue. L'orthographe et la graphie dans notre édition sont modernisées, sauf pour les noms propres.

[15] Voltaire, *Dialogues philosophiques*, éd. U. Kölving, *OCV*, t.63A (Oxford, 1990), p.387.

Editions

w56

T.4, p.38-41.

w52 (1756)

T.8, p.35-37.

w57G

T.4, p.38-41.

w57P

T.7, p.139-43.

so58

T.2, p.258-61.

w64G

T.4, p.42-45.

w70G

T.4, p.42-45.

w64R

T.17, partie 1, p.78-80.

w68 (1771)

T.15, p.19-21.

W71P

T.14, p.19-21.

W70L (1772)

T.24, p.53-56.

W72X

T.4, p.42-45.

W72P (1773)

T.18, p.378-82.

W75G

T.33, p.53-56.

K84

T.30, p.10-13.

Traduction anglaise

The Works of M. de Voltaire, tr. Smollett *et al.* (London, 1761-1764), t.12, p.251-52: How far we ought to impose on the people.

Traitement du texte de base

On a conservé les italiques du texte de base, sauf dans les cas suivants: on imprime en romain les noms propres de personnes, et les noms de famille, les citations en langues modernes, et le discours direct. On a également respecté la ponctuation du texte de base. Ailleurs le texte de base a fait l'objet d'une modernisation portant sur la graphie, l'accentuation et la grammaire. Les particularités du texte de base dans ces trois domaines étaient les suivantes:

I. Consonnes

— absence de *p* dans: tems
— présence d'une seule consonne là où l'usage actuel prescrit son doublement: courier
— emploi de *ʒ* au lieu de *s* dans: hazardée

II. Accentuation

1. L'accent aigu

— il est absent dans: repliqua, replique

2. L'accent circonflexe

— il est employé au lieu du grave dans: problême
— il est absent dans: connait, grace

III. Majuscules

— les majuscules ont été utilisées dans: Anglais, Gascon (adjectifs)

IV. Divers

— le trait d'union a été supprimé dans les expressions suivantes: genre-humain, grand-homme, grand-maître, petit-à-petit

JUSQU'À QUEL POINT
ON DOIT TROMPER LE PEUPLE

C'est une très grande question, mais peu agitée, de savoir jusqu'à quel degré le peuple, c'est-à-dire neuf parts du genre humain sur dix, doit être traité comme des singes. La partie trompante n'a jamais bien examiné ce problème délicat, et de peur de se méprendre au calcul, elle a accumulé tout le plus de visions qu'elle 5 a pu dans les têtes de la partie trompée.

Les honnêtes gens qui lisent quelquefois Virgile, ou les *Lettres provinciales*, ne savent pas qu'on tire vingt fois plus d'exemplaires de l'*Almanach de Liège*[1] et du *Courrier boiteux*,[2] que de tous les bons livres anciens et modernes. Personne assurément n'a une 10 vénération plus sincère que moi pour les illustres auteurs de ces almanachs et pour leurs confrères. Je sais que depuis le temps des anciens Caldéens,[3] il y a des jours et des moments marqués pour prendre médecine, pour se couper les ongles, pour donner bataille,

---

[1] L'*Almanach de Liège* ou *Almanach Matthieu Lansbert* est depuis le dix-septième siècle une publication annuelle qui se maintient dans sa version principautaire jusqu'en 1792. Très en vogue, il présentait un aspect ésotérique qui résulterait de ses liens avec la société des Rose-Croix, bien implantée dans la principauté de Liège.

[2] Le *Messager boiteux*, almanach édité à des centaines de milliers d'exemplaires, connut un immense succès grâce au colportage. Fondé à Bâle à la fin du dix-septième siècle pour concurrencer l'almanach liégeois, il est à partir de 1708 l'édition française du titre allemand. Le libraire veveysan Isaac Chenebé l'imprime directement à partir de 1753.

[3] On attribue aux Chaldéens, tenus pour les premiers astronomes, l'invention de l'astrologie, dite science 'chaldéenne', science introduite en Egypte, en Grèce, à Rome. Voltaire affirme volontiers que viennent de Babylone et d'Assyrie beaucoup des idées philosophiques ou religieuses dont se nourrissent la pensée et la religion juives. Il évoque le sujet au chapitre 4 de l'*Essai sur l'histoire générale* de 1756: chapitre intitulé 'De la Perse, de l'Arabie et de Mahomet' (voir t.1, p.32 et s., en particulier sur Zoroastre, p.34-35). Voltaire s'inspire notamment de Thomas Hyde, *Veterum Persarum et Parthorum et Medorum religionis historia* (BV1705). Les notes du *Dictionnaire philosophique* (*OCV*, t.35-36) fournissent des renseignements complémentaires. Voltaire se souvient surtout du livre de Cicéron *De divinatione* (BV772),

et pour fendre du bois. [4] Je sais que le plus fort revenu, par exemple,   15
d'une illustre académie consiste dans la vente des almanachs de
cette espèce. [5] Oserai-je, avec toute la soumission possible, et toute
la défiance que j'ai de mon avis, demander quel mal il arriverait au
genre humain, si quelque puissant astrologue apprenait aux
paysans et aux bons bourgeois des petites villes, qu'on peut sans   20
rien risquer se couper les ongles quand on veut, pourvu que ce soit
dans une bonne intention. [6] Le peuple, me répondra-t-on, ne
prendrait point des almanachs de ce nouveau venu. J'ose présumer
au contraire qu'il se trouverait parmi le peuple de grands génies qui
se feraient un mérite de suivre cette nouveauté. Si on me réplique   25
que ces grands génies feraient des factions, et allumeraient une
guerre civile, [7] je n'ai plus rien à dire, et j'abandonne pour le bien de
la paix mon opinion hasardée.

---

son ouvrage de référence privilégié ici: notamment sur les Chaldéens, Cicéron
montrant l'absurdité de l'interprétation des signes astrologiques et la fausseté de leur
art des présages (voir *De divinatione*, livre 2, §41-47).

[4] On relève dans l'ouvrage de Jean-Baptiste Du Halde, *Description géographique,
historique, chronologique, politique et physique de l'Empire de la Chine et de la Tartarie*
(La Haye, 1736; BV1132) ces lignes où, relatant le 'Troisième Voyage du Père
Gerbillon en Tartarie fait à la suite de l'Empereur de Chine en l'année 1691', l'auteur
fait état de l'opinion du dit empereur: 'Sa Majesté nous marqua un grand mépris pour
ceux qui croyaient superstitieusement qu'il y a des jours bons et mauvais, et des
heures fortunées; il nous dit qu'il était très convaincu non seulement que ces
superstitions étaient fausses et vaines, mais encore qu'elles étaient préjudiciables au
bien de l'état' (relevé dans *CN*, t.3, p.256 et s.). Voltaire connaissait aussi de Pierre
Lebrun, l'*Histoire critique des pratiques superstitieuses [...] par un prêtre de l'Oratoire*
(Rouen et Paris, 1702; BV1968; voir *CN*, t.5, p.247-69). Notons que le *Traité des
systèmes* de Condillac, publié en 1749, comporte un chapitre qui raisonne 'de l'origine
et des progrès de la divination' (*Œuvres philosophiques de Condillac*, *Traité des
systèmes*, ch.5, dans le *Corpus général des philosophes français*).

[5] Voltaire fait allusion à l'Académie des sciences qui détenait depuis 1679 le
privilège royal pour diffuser chaque année un almanach intitulé *Connaissance des
temps* qui indiquait, avec les levers et couchers de la lune et du soleil, les prévisions
météorologiques (renseignement aimablement communiqué par Mme Lise Andries
que nous remercions vivement).

[6] Allusion à la direction d'intention et à la casuistique.

[7] Voltaire accuse la disproportion entre l'enjeu de la réforme et les risques

Tout le monde connaît le roi de Boutan.[8] C'est un des plus grands princes du monde.[9] Il foule à ses pieds les trônes de la terre; et ses souliers (s'il en a) ont des sceptres pour agrafes. Il adore le diable, comme on sait, et lui est fort dévot, aussi bien que sa cour.[10] Il fit venir un jour un fameux sculpteur de mon pays pour lui faire une belle statue de Belzebuth.[11] Le sculpteur réussit parfaitement;

30

---

encourus. C'est mettre l'accent, ainsi qu'il ne cesse de le faire, sur ce fait capital que les 'grands génies', en l'occurrence des philosophes, ne sauraient compromettre l'ordre social. Cette précaution permet des hardiesses de pensée qu'on prétend réservées à un public restreint et respectueux du pouvoir.

[8] Le pays que Voltaire et le dix-huitième siècle nomment Boutan ne correspond aucunement au Bhoutan actuel. Il s'agit en fait du Tibet. Du Halde précise à propos du pays appelé Tibet: 'Les habitants de Cachemire et des villages situés au-delà du Gange lui donnent le nom de Bouton ou Boutan' (t.4, p.460). Celui que Voltaire désigne comme le roi de Boutan est le grand Lama ou Dalaï Lama que 'les Mongous révèrent comme une divinité sur terre' (Du Halde, t.4, p.42).

[9] 'Le royaume de Boutan est de fort grande étendue' (Les Six Voyages de Jean-Baptiste Tavernier, Seconde Partie où il est parlé des Indes et des îles voisines, Paris, 1676, livre 3, ch.15, p.415). 'Le roi de Boutan entretient constamment autour de sa personne une garde de sept ou huit mille hommes. [...] il n'y a pas au monde de souverain plus respecté de ses sujets que le roi de Boutan. Il en est comme adoré' (p.422).

[10] Du Halde insiste, comme Tavernier, sur la crédulité du roi et de son peuple, sur le soin avec lequel ils se protègent de croyances étrangères: 'ils se plaisent trop dans leurs erreurs pour vouloir être détrompés. Terrible exemple de la faiblesse de l'esprit humain et de la force des faux préjugés dont souvent il se rend esclave' (Du Halde, p.462). Tavernier rapporte des manifestations extraordinaires de cette superstition tibétaine; voir l'article 'Religion' du Dictionnaire philosophique.

[11] Cette anecdote renvoie, semble-t-il, à un épisode des Voyages de Tavernier (p.381) que rapporte l'Histoire générale des voyages (liv.2, p.543-44): 'L'auteur vit à Patna quatre Arméniens qui ayant déjà fait un voyage au royaume de Boutan, venaient de Dantzick, où ils avaient fait faire un grand nombre de figures d'ambre jaune [le commerce de l'ambre constitue selon les voyageurs, avec le commerce du musc, l'une des principales richesses du Boutan] qui représentaient toutes sortes d'animaux et de monstres. Ils allaient les porter au Roi de Boutan pour augmenter le nombre de ses divinités. Ils dirent à Tavernier qu'ils se seraient enrichis s'ils avaient pu faire composer une idole particulière que le prince leur avait recommandée: c'était une figure monstrueuse, qui devait avoir six cornes, quatre oreilles et quatre bras, avec six doigts à chaque main. Mais ils n'avaient pas trouvé d'assez grosse pièce d'ambre jaune.' On voit comment la mémoire et l'imagination de Voltaire ont

jamais le diable n'a été si beau. Mais malheureusement notre   35
Praxitèle n'avait donné que cinq griffes à son animal, et les
Boutaniers lui en donnaient toujours six. Cette énorme faute du
sculpteur fut relevée par le grand maître des cérémonies du diable,
avec tout le zèle d'un homme justement jaloux des droits de son
patron et de l'usage immémorial et sacré du royaume de Boutan. Il   40
demanda la tête du sculpteur. Celui-ci répondit que ses cinq griffes
pesaient tout juste le poids des six griffes ordinaires; et le roi de
Boutan, qui est fort indulgent, lui fit grâce. Depuis ce temps le
peuple de Boutan fut détrompé sur les six griffes du diable.

Le même jour sa majesté eut besoin d'être saignée.[12] Un   45
chirurgien gascon, qui était venu à sa cour dans un vaisseau de
notre compagnie des Indes, fut nommé pour tirer cinq onces de ce
sang précieux. L'astrologue de quartier cria que la vie du roi était
en danger si on le saignait dans l'état où était le ciel. Le Gascon
pouvait lui répondre qu'il ne s'agissait que de l'état où était le roi de   50
Boutan; mais il attendit prudemment quelques minutes; et prenant
son almanach: Vous avez raison, grand homme, dit-il à l'aumônier
de quartier, le roi serait mort si on l'avait saigné dans l'instant où
vous parliez; le ciel a changé depuis ce temps-là, et voici le moment
favorable. L'aumônier en convint. Le roi fut guéri; et petit à petit   55
on s'accoutuma à saigner les rois quand ils en avaient besoin.

Un brave dominicain[13] disait dans Rome à un philosophe

---

travaillé, inventant le diable et le Praxitèle européen. (Nous remercions vivement
Julie Boch qui a bien voulu contribuer à résoudre l'énigme du Belzébuth du Boutan.)

[12] Ici encore Voltaire accommode à sa manière, et selon les besoins de la
démonstration, des faits rapportés par Tavernier. Le roi de Golconde (et non de
Boutan), pour soigner son mal de tête, se fait saigner par son jeune chirurgien
hollandais (et non gascon: sans doute devenu gascon à cause de l'esprit dont il fait
preuve!). L'exigence du roi concerne la quantité de sang à prélever et non les
conditions astrologiques de l'opération. Le jeune chirurgien réussit si bien que la
reine et la reine mère veulent aussi être saignées de sa main: ce succès fait sa richesse
(voir *Histoire générale des voyages*, p.530).

[13] On peut considérer que, sous la plume d'un Voltaire qui pense à la
responsabilité de l'ordre dans l'histoire de l'Inquisition (voir le chapitre 118 'De
l'Inquisition' de l'*Essai sur l'histoire générale*, t.3, p.172-83), 'brave dominicain' est

anglais: Vous êtes un chien, vous enseignez que c'est la terre qui tourne, et vous ne songez pas que Josué arrêta le soleil. [14] Eh! mon révérend père, répondit l'autre, c'est aussi depuis ce temps-là que le soleil est immobile. Le dominicain et le chien s'embrassèrent, et on osa croire enfin même en Italie que la terre tourne.

Un augure se lamentait du temps de César [15] avec un sénateur sur la décadence de la république. Il est vrai que les temps sont bien funestes, disait le sénateur; il faut trembler pour la liberté romaine. [16] Ah! ce n'est pas là le plus grand mal, disait l'augure;

60

65

---

une sorte d'oxymore. Ce que confirme l'insulte qu'il adresse au 'philosophe anglais'. Il paraît superflu de commenter 'philosophe anglais' et le sens de cette controverse romaine.

[14] 'Josué parla à Iahvé et dit, sous les yeux d'Israël: "Soleil, arrête-toi sur Gabaon et, Lune, sur la vallée d'Ayalon!" Et le soleil s'arrêta et la lune stationna, jusqu'à ce que la nation se fût vengée de ses ennemis!' (Josué 10:12-13). On ne peut que renvoyer au commentaire de Voltaire dans la *Bible enfin expliquée*, ouvrage publié en 1776, mais nourri, comme d'autres œuvres de critique religieuse, par les études menées à Cirey avec Mme Du Châtelet. Il est d'autant plus légitime de citer la *Bible enfin expliquée* que dans son commentaire Voltaire reprend sous une forme un peu différente l'anecdote de *Jusqu'à quel point*, les deux textes ayant même source: 'Nous sera-t-il permis, à propos de ce grand miracle, de raconter ce qui arriva à un disciple de Galilée, traduit devant l'inquisition pour avoir soutenu le mouvement de la terre autour du soleil? On lui lisait sa sentence; elle disait qu'il avait blasphémé, attendu que Josué avait arrêté le soleil dans sa course. Eh! Messeigneurs, leur dit-il, c'est aussi depuis ce temps-là que le soleil ne marche plus.'

[15] Le temps de César est aussi le temps de Cicéron. Or on connaît l'admiration que Voltaire professe pour Cicéron, pour ses écrits de philosophie morale, pour ses ouvrages de critique religieuse, notamment le *De divinatione* (voir, par exemple, ce qu'il en dit dans la quatrième des *Remarques pour servir de supplément à l'Essai sur les mœurs*). Cicéron fait lui-même allusion à la décadence des mœurs et des temps (*moribus atque temporibus*) qu'il veut contribuer à 'retenir sur la pente' (livre 2, §2, édition et traduction de Charles Appuhn, Paris, Classiques Garnier, s.d.).

[16] Cicéron partageait, en effet, l'opinion du sénateur sur la situation politique. Sur le mépris dont se plaint l'augure, l'opinion de Cicéron est largement partagée par Voltaire. Après un premier livre dans lequel Quintus, inspiré par les stoïciens, fait l'apologie des diverses formes de divination, l'auteur du *De divinatione* reprend méthodiquement l'examen des divers procédés, observe qu'on les abandonne à mesure que les hommes deviennent moins crédules (*De divinatione*, liv.2, §57), montre que la philosophie doit enregistrer et exploiter les apports de l'expérience et le progrès de la pensée (Cicéron écrit *doctrina*: voir liv.2, §33 et 38).

on commence à n'avoir plus pour nous ce respect qu'on avait
autrefois; il semble qu'on nous tolère; nous cessons d'être
nécessaires. Il y a des généraux qui osent donner bataille sans
nous consulter; et pour comble de malheur, ceux qui nous vendent   70
les poulets sacrés commencent à raisonner. Eh bien, que ne
raisonnez-vous aussi? répliqua le sénateur; et puisque les vendeurs
de poulets du temps de César en savaient plus que ceux du temps de
Numa, [17] ne faut-il pas que vous autres augures d'aujourd'hui vous
soyez plus philosophes que ceux d'autrefois?   75

73   K: en savent plus
74-75   W57P: vous soyiez plus

[17] Numa est sans doute nommé comme l'un des premiers rois de Rome, mais, en
tant qu'organisateur du culte public, soucieux d'enseigner la vertu et d'imposer le
caractère sacré de la loi, il retient l'estime de Cicéron, qui le dit 'rex doctissimus' dans
le De Oratore (liv.3, chap.51, §197), et celle de Voltaire: il lui donne la parole dans
l'article 'Religion' des Questions sur l'Encyclopédie et lui baise la main après qu'il a
parlé (voir Dictionnaire philosophique, éd. Naves, p.610; OCV, t.43).

42

Les Deux Consolés

Edition critique

par

Pierre Cambou

TABLE DES MATIÈRES

INTRODUCTION   45

LES DEUX CONSOLÉS   53

INTRODUCTION

Le conte intitulé *Les Deux Consolés* a été publié pour la première fois en 1756 par les frères Cramer, à Genève, dans le tome 4 des *Mélanges de littérature, d'histoire et de philosophie* de la *Collection complette des Œuvres de M. de Voltaire*, dont il forme le 'chapitre cinquième'. *Zadig*, *Memnon* et la *Lettre d'un Turc* forment, quant à eux, les 'chapitres' 'soixante-treizième', 'dixième' et 'onzième', les éditeurs, par cette disposition, s'efforçant de donner au volume une cohérence qui apparaîtra vraiment en 1775, dans l'édition encadrée, où le corpus des contes est à peu près constitué.

C'est la raison pour laquelle nous reproduisons cette édition qui, de surcroît, a été vérifiée par l'auteur.

Le conte a dû être composé peu de temps avant d'être publié, puisque l'érudition requise pour l'*Essai sur les mœurs*, dont la première édition date de la même année, a migré dans le héros Citophile, amateur de citations, comme son nom l'indique. L'omniprésence de la mort permet des rapprochements semblables avec le désastre de Lisbonne ou le décès du fils de la duchesse de Saxe-Gotha. Dans son édition, Jacques Van den Heuvel suggérait même de serrer la chronologie pour que la parution coïncide avec la mort de l'illustre enfant.[1]

Mais la datation vaut-elle explication? Dans *Les Deux Consolés*, l'érudition n'est que réflexe maniaque et annonce Pangloss, comme le note J. Van den Heuvel lui-même. D'ailleurs, comment rapprocher l'histoire revisitée par l'*Essai* de l'usage caricatural qu'en fait le conte? La duchesse n'a-t-elle pas été définitivement immunisée contre le malheur par Leibnitz, ce qu'est incapable de faire le directeur de conscience, dans le conte?

Cette inefficacité, justement, pourrait accréditer l'hypothèse

---

[1] *Romans et contes*, éd. F. Deloffre et J. Van den Heuvel, Bibliothèque de la Pléiade (Paris, 1979), p.815-16.

d'un exercice intertextuel que Sylvain Menant mentionne dans son édition.[2] Voltaire parodie le genre de la consolation, très prisé chez les jésuites dont on sait qu'ils furent ses maîtres. Dans *Les Deux Consolés*, la fameuse *Consolation à Marcia* de Sénèque sert de fond au renversement ironique des rôles, quand l'inconsolée se met à faire la leçon au maître, en citant à son tour, et à tout va. Comme la consolation, dit Sylvain Menant, est en principe univoque, le droit de réponse que s'arroge la destinataire compromet gravement l'argument d'autorité et introduit dans le genre une hétérogénéité qui le dénature. La critique est interne, dans l'esprit du traitement des contes voltairiens, ce que permettraient de penser certaines variantes éditoriales.

Le texte, en effet, s'est fixé entre les éditions de 1756 et 1775, au prix de corrections qui tiennent de prime abord à la normalisation de la langue et à la lutte contre les négligences des imprimeurs. Pour exemples, 'Citofile' devient 'Citophile' 'escarboucle' retrouve le genre féminin, 'Stuart' son 't' final et 'détrônée' son accent circonflexe. Les majuscules surtout désertent les mots 'reine', 'royaume', 'musicien', 'consolateur'...[3]

Cet effacement pourrait faire sens si l'on considère qu'il s'accompagne de son contraire, l'ajout d'une majuscule au mot 'temps', seul terme désormais à porter une marque allégorique. Ce privilège cadrerait mieux avec l'éloge final, avec sa leçon, et signalerait plus clairement à la fois un traitement allégorique et sa mutation. Ce dernier, en effet, et à supposer qu'il ait été intentionnel, était aléatoire dans l'édition princeps, comme le voulait la pratique éditoriale de l'époque. L'usage, pourtant, pouvait avoir ses raisons. Etaient marqués au sceau allégorique, par la majuscule, des termes comme 'Princesse', 'Royal Epoux', 'Reine', 'Royaume', 'Souveraine', 'Dame'... qui signalaient hautement des valeurs sociales susceptibles de faire exemple et qui

---

[2] *Contes en vers et en prose*, éd. S. Menant (Paris, 1992-1993), t.i, p.215.

[3] A part ces raffinements de graphies, on ne trouve pas de variantes dans les éditions de ce texte.

valaient arguments d'autorité. Le rôle des personnages principaux était, lui aussi, souligné: 'amant', 'Amante', 'Musicien' se partageaient la vedette, contribuant activement au drame et le constituant en 'Histoire' allégorisée, dans laquelle le 'Philosophe', lui aussi mis en valeur, pouvait assumer sa fonction morale.

Par contre, dans l'édition de 1775, le dispositif allégorique disparaît et le 'Temps', qui n'était signalé que par des italiques, s'arroge le premier rôle et se pare d'une majuscule, adoptant de la sorte la graphie de l'énoncé final, 'À CELUI QUI CONSOLE', lequel est porteur de la morale majeure du conte, jusqu'alors masquée ou minimisée. Le choix d'un énoncé verbal, au lieu d'une abstraction, sa promotion par la surdétermination graphique et sa place en situation finale, relèvent d'une critique interne et même d'une réactualisation de l'allégorie, puisque le récit débouche sur une reformulation du discours moral, sur un *autrement dire*, qui est un *faire*, directement lié à l'expérience et dans lequel on reconnaît les choix voltairiens en matière de langage et de poétique des genres: refus de prendre les mots pour les choses,[4] et préférence donnée aux allégories sensibles, telles que les définit l'article 'Fables' du *Dictionnaire philosophique*.[5]

On peut donc dire que l'évolution éditoriale de 1756 à 1775 révèle et règle une tension entre une codification allégorique et une conduite de la narration très relâchée, de type cumulatif, qui se contente de suivre un ordre chronologique, selon une durée rapide que précipite encore, sur la fin, une ellipse. Rien à voir avec

---

[4] À propos des mots abstraits, tels 'Trinité, essence...', Voltaire précise qu'ils sont 'absolument vides de sens puisqu'ils n'ont dans la nature aucun être réel représentatif [...]' (article 'Antitrinitaire', *Dictionnaire philosophique*, éd. Christiane Mervaud, *OCV* t.35, p.354). Condillac, en nominaliste, leur donne un rôle dans l'activité mentale: les idées abstraites et générales 'ne sont que des dénominations' (*Essai sur l'origine des connaissances humaines*, 1re Partie, section 5).

[5] L'ancienne fable de Vénus en est l'emblème: 'N'est-elle pas une allégorie de la nature entière? [...] Son premier nom est celui d'amante de la génération: y a-t-il une image plus sensible?' (article 'Fables' du *Dictionnaire philosophique*, *OCV*, t.36, p.101).

l'organisation logique du discours argumentatif[6] et prescriptif attendu. Ce type de narration est le seul qui puisse réagir, avec le minimum de médiatisation possible, aux intermittences du réel physique et moral. Dans *Les Deux Consolés*, il fonctionne *exemplairement*, dans la mesure où il emporte dans sa durée précipitée des *exempla* qui devraient s'en abstraire, comme monuments et modèles de conduite. A cette contradiction s'en ajoutent d'autres, au prix d'une surenchère ironique chère à l'auteur: ce n'est pas un seul récit exemplaire qui échoue, mais plusieurs, ainsi que la consolation dans laquelle ils sont enchâssés, et le conte qui comprend le tout... une mise en abîme qui surdétermine quantitativement le discours moral, pour le disqualifier pratiquement au contact d'une temporalité expéditive qui mime l'effet réparateur du Temps.

Au bout du conte et du décompte, l'action morale consiste moins à consoler qu'à débarrasser le champ de la représentation des modélisations qui l'encombrent.

L'effacement des signes allégoriques d'usage est bien une *tabula rasa* qui consomme la rupture avec les moralistes du grand siècle et qui marque, non sans amertume et cynisme, le passage de la morale au philosophique, c'est-à-dire à une remise en cause radicale du sens, à une quête essentielle qui refonde le conte.[7] On dira que le Temps est un lieu commun, et une façon ironique d'évacuer le débat. Et pour cause. Le jeu voltairien sur le sens est retour au sens

---

[6] Le discours narratif qui 'rapporte un ou des événements et les situe dans le temps' tend à se substituer, dans ce conte, au discours argumentatif qui énonce 'des jugements parfois confrontés dans le cadre d'une délibération, dans un essai ou un dialogue' (*Les Nouvelles Pratiques du français*, éd. Claude Eterstein, Paris, 2001, p.246). Cette disqualification des formes du discours au profit de la simple relation, seule susceptible de rendre compte de l'expérience est à rapprocher de ce que disait R. Pomeau: Voltaire avait dû 'céder aux nécessités du récit [...] parce qu'il est impossible de philosopher sur l'histoire sans la raconter' (*Essai sur les mœurs*, 'Introduction', p.xvi, t.1, Paris, 1990).

[7] Voir P. Cambou, *Le Traitement voltairien du conte* (Paris, 2000), 'Introduction', p.16, le chapitre 'Raconter est réfuter', p.385-390, et les pages 235 et 384 que nous consacrons au récit exemplaire.

commun, culte paradoxal de l'évidence, mais évidence à travailler et sur laquelle reconstruire, tels le mythe du jardin ou celui, minimaliste et triste, de Propontide dans *Candide*, avec lesquels la narration se ferme et se rouvre sur une suite à définir. Rappelons que ce conte suit immédiatement *Les Deux consolés* et fait, sur fond d'abattage idéologique, l'humble pari d'une société qui grandira avec le Temps.

Editions

w56

T.4, p.42-44.

w52 (1756)

T.8, p.38-39.

w57G

T.4, p.42-44.

w57P

T.7, p.144-47.

so58

T.1, p.161-64.

w64G

T.4, p.46-48.

w64R

T.17, 1ère partie, p.80-82.

W70G

T.4, p.46-48.

w68 (1771)

T.13, p.86-87.

W70L (1772)

T.24, p.59-61.

W72P

T.24, p.169-71.

W72X

T.4, p.46-48.

W71L (1774)

T.17, p.98-99.

W75G

T.31, p.99-100.

W75X

T.31, p.183-84.

RC75

Romans et contes philosophiques. Londres [Rouen: Machuel], 1775.
2 vol. in-12.
T.1, p.117-19.
Bengesco 1520.
Paris, BnF: Y2 73786.

RC78

Romans et contes de M. de Voltaire. Bouillon: aux dépens de la Société typographique, 1778.

3 vol. in-8°.

T.2, p.1-4.

Bengesco 1522.

Paris, BnF: Rés P Y2 1809 (1), Y2 73776.

K84

T.44, p.135-37.

Traduction anglaise

The Works of M. de Voltaire, tr. Smollett *et al.* (London, 1761-1764), t.12, p.251-52: The Two comforters.

Traitement du texte de base

On a conservé les italiques du texte de base, sauf dans les cas suivants: on imprime en romain les noms propres de personnes et les noms de famille. On a également respecté la ponctuation du texte de base, mais on a ajouté des guillemets pour rendre plus clair le discours direct. Ailleurs le texte de base a fait l'objet d'une modernisation portant sur la graphie, l'accentuation et la grammaire. Les particularités du texte de base dans ces trois domaines étaient les suivantes:

I. Consonnes

– absence de *p* dans: longtems, tems
– absence de *t* dans: enfans

II. Voyelles

– emploi de *a* à la place de *e* dans: avanture
– absence de *e* dans: encor
– emploi de *y* à la place de *i* dans: gaye

III. Particularités d'accentuation

L'accent aigu

— il est absent dans: desespérer

IV. Graphies particulières

— emploi d'une orthographe contraire à l'usage actuel: échafaut, soupé, isle

V. Divers

— l'esperluette est systématiquement utilisée.

LES DEUX CONSOLÉS[1]

Le grand philosophe Citophile[2] disait un jour à une femme désolée et qui avait juste sujet de l'être, 'Madame, la reine d'Angleterre, fille du grand Henri IV, a été aussi malheureuse que vous: on la chassa de ses royaumes; elle fut prête à périr sur l'océan par les tempêtes; elle vit mourir son royal époux sur l'échafaud.' 'J'en suis fâchée pour elle', dit la dame; et elle se mit à pleurer ses propres infortunes.[3]   5

'Mais, dit Citophile, souvenez-vous de Marie Stuard:[4] elle aimait fort honnêtement un brave musicien qui avait une très belle basse-taille. Son mari tua son musicien à ses yeux;[5] et ensuite

[1] Titre à valeur ironique qui anticipe sur la chute du conte et met entre parenthèses la consolation dont l'échec est, de la sorte, programmé.

[2] Etymologiquement, 'celui qui aime citer'. Mélange burlesque de latin et de grec, *pot-pourri* voltairien (dans l'esprit du conte qui porte ce titre) réduit aux dimensions d'un vocable, qui annonce la 'cosmolonigologie' de Pangloss et marque d'emblée le directeur de conscience au sceau de la bêtise érudite et de la prétention. Autre anticipation qui parodie l'annonce explicite du dénouement (voir R. Robert, *Le Conte de fées littéraire en France, de la fin du XVIIe à la fin du XVIIIe siècle*, Nancy, 1981; nouv. éd. 2002) et fait entrer *Les Deux Consolés* dans la catégorie générale des contes philosophiques. Dans ce cadre générique, le chiasme que forment Citophile et philosophe est une figure emblématique de l'ironie voltairienne.

[3] Voir l'*Essai sur les mœurs*, ch.179 et 180, éd. R. Pomeau (Paris, 1990), t.2, p.650-75. Henriette-Marie de France, épouse de Charles Ier, se réfugia en France où elle connut la misère. Telle est la matière historique sur laquelle travaille le conteur qui, d'un côté, retient les aspects romanesques et, de l'autre, supprime les causes historiques, en particulier l'hostilité des protestants anglais. Le résultat est un sommaire narratif, réduit à des poncifs romanesques, une histoire allégée et expédiée qui n'a plus rien d'exemplaire.

[4] Voir l'*Essai sur les mœurs*, ch.169. Comme dans l'exemple précédent, Voltaire inverse les priorités, gomme l'essentiel et monte en épingle le superflu. Le conteur oublie les rivalités confessionnelles de Marie, catholique, et d'Elisabeth, protestante. Par contre, on apprend que la seconde était pucelle. Il en résulte, pour le moins, une impression d'incongruité.

[5] Fontenelle parodie, lui aussi, la consolation dans un dialogue entre Marie Stuart et David Riccio (*Nouveaux Dialogues des morts*, éd. Jean Dagen, Paris, 1971, p.370-76). Il le fait en deux fois, par le musicien qui aurait préféré, en définitive, une vie

sa bonne amie et sa bonne parente la reine Elizabeth, qui se disait   10
pucelle, lui fit couper le cou sur un échafaud tendu de noir, après
l'avoir tenue en prison dix-huit années.'[6] 'Cela est fort cruel',
répondit la dame, et elle se replongea dans sa mélancolie.

'Vous avez peut-être entendu parler, dit le consolateur, de la
belle Jeanne de Naples,[7] qui fut prise et étranglée?' 'Je m'en   15
souviens confusément', dit l'affligée.

'Il faut que je vous conte, ajouta l'autre, l'aventure d'une

---

simple à une mort tragique, et par Marie qui lui reproche son ingratitude.
L'*exemplum* est réfuté au nom de la raison, d'un idéal contraignant de médiocrité,
puis au nom de la nature et d'un fatalisme lucide et tolérant qui lisse les aspérités du
tragique et rend enviable, somme toute, la vie du croque notes. Marie peut ainsi dire à
son ancien amant: 'Tu t'es gâté depuis ta mort [...]', fidèle en cela à un art de vivre
qu'énonce Elisabeth, dans un autre dialogue: 'Les plaisirs ne sont point assez solides
pour souffrir qu'on les approfondisse' (p.222). Fontenelle efface ainsi l'exemplarité
même de l'épisode historique, mais il le fait en moraliste et selon des critères de valeur
hérités de la tradition et adaptés à un libertinage délicat, alors que Voltaire joue les
iconoclastes et s'engage dans une démarche empirique. Le traitement de l'épisode
par De Thou donne la mesure de l'originalité des traitements étudiés. Le préjugé de
caste y domine et l'enterrement du musicien dans le sépulcre royal soulève
'l'indignation publique' (cité par Jean Dagen, p.371).

[6] Mézeray, *Abrégé chronologique* (Paris, Billaine, 1676; BV2443), t.4, p.534. L'*Essai*,
quant à lui, déplore ce crime en mettant en balance les progrès accomplis sous le règne
d'Elisabeth (p.474). L'optique est radicalement différente, historique et philosophique. Dans le conte, Voltaire fait le choix d'une certaine désuétude, conforme
au genre lui-même, qui en est le signifiant symbolique, ce qu'accrédite encore
l'enchâssement des genres à visée didactique, morale, moralisatrice, voire édifiante.

[7] Elle fut 'étouffée entre deux matelas' en 1382 par son successeur, Charles de
Durazzo, qui vengeait ainsi le mari qu'elle avait fait étrangler (*Essai*, t.1, ch.69). Le
chapitre 169 fait un parallèle avec Marie, 'toutes deux belles et spirituelles, entraînées
dans le crime par faiblesse, toutes deux mises à mort par leurs parents'. Mais c'est le
commentaire qui renseigne sur le rapport qu'entretiennent *exemplum* et histoire:
'L'histoire ramène souvent les mêmes malheurs, les mêmes attentats, et le crime puni
par le crime.' Sans doute s'agit-il d'un fatalisme compatible avec une morale
stoïcienne de résistance aux vicissitudes du sort, mais la représentation cyclique ne
nie-t-elle pas l'utilité du passé et de l'expérience? La représentation de l'histoire que
véhicule le récit exemplaire est désespérante et contraire à la fin que s'assignait le
directeur de conscience; elle annonce le pari de la pire histoire qui soit, lors du retour
de Candide en Europe, un compagnonnage dans le malheur, dont il est difficile de
dire qu'il constitue la leçon philosophique du conte.

souveraine[8] qui fut détrônée de mon temps après souper, et qui est
morte dans une île déserte.' 'Je sais toute cette histoire', répondit la
dame.   20

'Eh bien donc je vais vous apprendre ce qui est arrivé à une autre
grande princesse à qui j'ai montré la philosophie. Elle avait un
amant, comme en ont toutes les grandes et belles princesses. Son
père entra dans sa chambre, et surprit l'amant qui avait le visage
tout en feu et l'œil étincelant comme une escarboucle; la dame aussi   25
avait le teint fort animé. Le visage du jeune homme déplut
tellement au père, qu'il lui appliqua le plus énorme soufflet
qu'on eût jamais donné dans sa province. L'amant prit une paire
de pincettes et cassa la tête au beau-père, qui guérit à peine, et qui
porte encore la cicatrice de cette blessure. L'amante éperdue, sauta   30
par la fenêtre et se démit le pied; de manière qu'aujourd'hui elle
boîte visiblement, quoique d'ailleurs elle ait la taille admirable.
L'amant fut condamné à la mort pour avoir cassé la tête à un très
grand prince: vous pouvez juger de l'état où était la princesse
quand on menait pendre l'amant. Je l'ai vue longtemps lorsqu'elle   35
était en prison; elle ne me parlait jamais que de ses malheurs.'

'Pourquoi ne voulez-vous donc pas que je songe aux miens?' dit
la dame. 'C'est, dit le philosophe, parce qu'il n'y faut pas songer, et
que tant de grandes dames ayant été si infortunées, il vous sied mal
de vous désespérer. Songez à Hécube, songez à Niobé.' 'Ah! dit la   40

25   w56: comme une escarboucle

[8] Imprécision importante, dans l'organisation interne du conte: le citeur reste
évasif et semble expédier son histoire, sans doute à cause de son interlocutrice qui
connaît l'histoire. L'action morale marque le pas. Diderot, dans *Ceci n'est pas un
conte*, se livre à la même déconstruction, lorsque le conteur se fait voler la vedette par
son interlocuteur: 'Mais je n'ai peut-être rien à vous dire que vous ne sachiez mieux
que moi.— Qu'importe, allez toujours.'
    L'extrême dramatisation du cas suivant essaie de réagir à cette désaffection, mais
en la soulignant. Citophile se contredit encore en disant que sa disciple ressassait ses
malheurs avec lui, en prison. C'est une situation d'énonciation aussi calamiteuse que
celle du récit cadre. La mise en abîme ou l'effet de miroir montrent deux fois –
démontrent – l'inefficacité de l'action morale.

dame, si j'avais vécu de leur temps, ou de celui de tant de belles princesses, et si pour les consoler vous leur aviez conté mes malheurs, pensez-vous qu'elles vous eussent écouté?' [9]

Le lendemain le philosophe perdit son fils unique, et fut sur le point d'en mourir de douleur. La dame fit dresser une liste de tous les rois qui avaient perdu leurs enfants, et la porta au philosophe; il la lut, la trouva fort exacte, et n'en pleura pas moins. Trois mois après ils se revirent, et furent étonnés de se retrouver d'une humeur très gaie. [10] Ils firent ériger une belle statue au Temps, avec cette inscription: À CELUI QUI CONSOLE.

45

50

[9] Conformément au traitement voltairien du dialogue, c'est la disciple qui tire la leçon morale de l'histoire. Mais elle le fait en philosophe, puisqu'elle relève et sanctionne une erreur de raisonnement: Citophile procède de façon déductive, et part de prémisses fausses, à savoir que le verbe, la parole modélisée à partir de grands exemples, a une vertu telle qu'elle dispense de penser, de 'songer'. 'Pourquoi ne voulez-vous pas que je songe [à mes malheurs]', dit la dame, et l'autre de se replier sur une position de principe: 'parce qu'il n'y faut pas songer.' La réfutation passera donc par l'expérience: la disciple attend que le malheur décille le maître et, le moment venu, se contente de lui retourner ses propres paroles (sous forme d'une liste caricaturale), sans rien dire. Réponse empirique et méthode digne de la maïeutique voltairienne, faite de réfutations ironiques et différées, émanant directement du réel. Ce conte est bien à sa place, avant *Candide*, qui délivre une leçon longtemps reportée, au terme d'une expérience elle-même incomplète, dont l'achèvement est confié à l'avenir. Quant à la promotion de la disciple au rang d'héroïne d'*exemplum* à l'intention d'Hécube et Niobé, il relève du même renversement ironique qui ravale le maître au rang d'élève, mais l'absurdité en plus, vu l'anachronisme et la confusion des règnes. Comment tirer une leçon de l'histoire pour le mythe, archaïque de surcroît?

[10] Dernière contamination des genres, la chute quasi épigrammatique. Plus que le Temps, c'est l'esprit qui opère et libère du ressassement psychologique et générique.

[*Timon*]

Sur le paradoxe
que les sciences
ont nui aux mœurs

Critical edition

by

Mark Waddicor

TABLE DES MATIÈRES

INTRODUCTION   59

SUR LE PARADOXE QUE LES SCIENCES ONT NUI AUX
MŒURS   73

INTRODUCTION

Sur le paradoxe que les sciences ont nui aux mœurs, which, as its title implies, is intended as a satire of Jean-Jacques Rousseau's highly critical examination of the supposed moral value of culture, the *Discours sur les sciences et les arts*, was first published in volume 4 of the Cramer edition of Voltaire's works (w56), which was published in April or May of 1756,[1] and in volume 8, dated 1756, of Walther's 1752 edition of Voltaire's works (w52).[2] The date of its composition is, however, uncertain. In July 1750 Rousseau's *Discours* was chosen by the Académie de Dijon as the prize-winning entry for that year.[3] It was published at the end of 1750 or early in 1751.[4] In September 1751 Voltaire, now in Prussia, had not yet read the *Discours*;[5] the Correspondence gives no clear indication of when he did read it;[6] the catalogue of his library shows that he did acquire it (BV3032), but it is not known at what date. Thus, all that emerges for certain from this evidence is that Voltaire read Rousseau's *Discours*, and wrote the *Paradoxe*, some time between September 1751 and the beginning of 1756, but, as we shall see below, the inclusion of remarks possibly prompted by the second *Discours* suggests a late date for the composition or at least the

[1] See D6824 and D6855.

[2] 'Timon' was added before the title in w70L (1772) and replaced the original title in κ. This new title was also adopted by Beuchot and Moland.

[3] See M. Bouchard, *L'Académie de Dijon et le premier Discours de Rousseau* (Paris, 1950), *passim*, esp. p.45-59; also Jean-Jacques Rousseau, *Discours sur les sciences et les arts, édition critique ... par George R. Havens* (New York and London, 1946), p.1-91 and esp. p.28-29.

[4] Jean-Jacques Rousseau, *Œuvres complètes*, Bilbliothèque de la Pléiade, vol.1 (Paris, 1962), p.cvi. The date of publication given in the Commentary to D5046 is incorrect.

[5] See D4569, to the duc d'Uzès.

[6] See Commentary to D5046, and *Correspondence complète de Jean Jacques Rousseau*, ed. R. A. Leigh, vol.2 (Geneva, 1965), p.163-64.

completion of the *Paradoxe*. Beuchot's dating of 1751, followed by Moland (vol.23, p.483), is not supported by any clear evidence.

A brief examination of the relations between Voltaire and Rousseau up to the year 1756 may throw some light on the problem. [7] Contact was first established in December 1745, when Rousseau wrote to Voltaire asking permission to make some alterations in the text of *La Princesse de Navarre*, a task which he had been given by the duc de Richelieu; his letter is respectful, and shows he had considerable admiration for Voltaire's literary talents. [8] Voltaire gave his consent in a complimentary and slightly self-deprecating letter. [9] The next surviving written communication between the two men dates from January 1750: it concerns a misunderstanding in which Rousseau apparently imagined that Voltaire believed himself insulted by him; [10] Voltaire wrote amicably, denying that he had had such thoughts. [11] It is intriguing that, in his letter, Rousseau claimed that he had 'renoncé aux lettres' when, as Theodore Besterman points out, he was at the time engaged in the composition of the *Discours sur les sciences et les arts*, which had to be submitted to the Académie de Dijon before 1 April. [12] Soon after this exchange, but before Voltaire's departure for Prussia in June 1750, the two men would appear to have met, but there is no record of what took place at the meeting. [13] In the *Discours sur les sciences et les arts* Rousseau refers to Voltaire as

[7] The story of the relations of the two men is told at length by Gaston Maugras, *Querelles de philosophes: Voltaire et J.-J. Rousseau* (Paris, 1886): his account is biased in favour of Voltaire. A briefer and more balanced assessment has been made by J. Lecercle: 'Querelles de philosophes: Voltaire et Rousseau', in *Europe* (1959), p.105-17.

[8] D3269 (Leigh 139); Rousseau, *Confessions*, in *Œuvres complètes*, vol.1, p.335-36.

[9] D3270 (Leigh 140).

[10] D4108 (Leigh 149).

[11] D4109 (Leigh 150).

[12] D4108, Commentary, n.3; Bouchard, p.46.

[13] See D10578 [c.10 July 1762] to Charles Pictet: 'Je n'ai vu qu'une seule fois en ma vie le sr Jean Jaques Rousseau à Paris, il y a vingt cinq ans'; and Leigh, vol.3, p.84, note *a*, where Voltaire's 'vingt cinq ans' is noted as rhetorical.

'célèbre Arouet', and implies that he has had to sacrifice some of his literary talent to 'l'esprit de galanterie si fertile en petites choses'; [14] there is no evidence of Voltaire's reaction to this apostrophe. [15] When the duc d'Uzès wrote to Voltaire in September 1751 asking him for his opinion of the *Discours*, he replied that although he had not read it, he thought it was scandalous that an academy should award a prize to a work which threw doubt upon the moral value of literature (D4569). There are clear signs here of an intellectual rift between Voltaire and Rousseau, and evidence that Voltaire thought the younger man should not be taken seriously: 'Je ne suis guère à portée, à la cour du roi de Prusse, de lire les thèmes que des écoliers composent pour des prix de l'académie de Dijon.'

Thereafter, hostility on the part of Voltaire, and indignation on the part of Rousseau, characterise their opinion of each other: Voltaire saw Rousseau as a partial defector from the cause of the *philosophes*; Rousseau saw in Voltaire a supreme example of the moral corruption induced by the cultivation of literature. In late 1754 and early 1755, Rousseau was engaged in writing the *Discours sur l'inégalité parmi les hommes*, a much more radical and closely reasoned attack on culture and society than the first *Discours* had been. In June 1755 he left Paris and travelled to Geneva, where he was received back into the Calvinist religion, which he had abandoned in 1728, and regained his Genevan citizenship. He seems to have considered taking up residence in his native town but to have rejected the idea, partly, at least, because of the impending presence of Voltaire, who, by the autumn of 1754, after the vicissitudes of his retreat from Frederick's court at Potsdam, had decided to settle in the vicinity of Geneva. He took up residence at

[14] In *Œuvres complètes*, vol.3 (Paris, 1964), p.21.

[15] Besterman claims that this is a 'deliberately offensive reference to Voltaire' (D6020, Commentary); cf. Maugras, p.16; it is true that Voltaire cannot have been pleased to be called 'Arouet'. Rousseau was perhaps disapproving of the older man's adoption of an aristocratic pseudonym; but the suggestion that Voltaire had had to compromise with his own principles is not an insult.

the property he renamed Les Délices on 1 March 1755.[16] Rousseau, who heard of these intentions from his Swiss friends, was critical of Voltaire, whom he was later to call 'un homme arrogant, opulent' (*Confessions*, p.396-97). In a letter written at the time he described him as having 'un cœur propre à faire toujours son malheur, et quelquefois celui des autres', but he still admired the great man's wit and his 'belle plume', and even talked of his amiability (Leigh 263).

Voltaire was no doubt much less preoccupied with Rousseau than Rousseau with Voltaire, but he was well aware of the literary skill of the 'citoyen de Genève'. The *Discours sur l'inégalité* was published in April 1755. Rousseau sent Voltaire a copy,[17] for which Voltaire thanked him. Though he may not have immediately read it carefully (as suggested by Leigh, vol.3, p.161), he later did so.[18] Voltaire's letter, probably written in August (D6451; Leigh 317) and soon made public, with Rousseau's consent,[19] is an attack on Rousseau's philosophy as he saw it. It is partly relevant to the *Discours sur l'inégalité*, in that it wittily satirises two of its themes, namely the corrupting effect of modern social institutions and the superiority of animal instinct over human reason:[20]

Vous peignez avec des couleurs bien vraies les horreurs de la société humaine dont l'ignorance et la faiblesse se promettent tant de douceurs. On n'a jamais employé tant d'esprit à vouloir nous rendre bêtes.

Il prend envie de marcher à quatre pattes quand on lit votre ouvrage.

---

[16] *VST*, vol.1, p.795.

[17] Presumably BV3034.

[18] See George R. Havens, *Voltaire's marginalia on the pages of Rousseau* (Columbus, Ohio, 1933; reprint: New York, 1966), p.1-28.

[19] See D6479 (Leigh 320) and D6507 (Leigh 324). D6451 was published in the Paris 1755 edition of Voltaire's *Orphelin de la Chine*, and in the September and October issues of the *Mercure de France* of 1755.

[20] *Discours sur l'inégalité*, in *Œuvres complètes*, vol.3, p.174-75, 202-208; p.134-43, 199-200.

Cependant comme il y a plus de soixante ans que j'en ai perdu l'habitude, je sens malheureusement qu'il m'est impossible de la reprendre. [21]

However, the first of these themes is also found in Rousseau's first *Discours*; [22] moreover, in the rest of the letter Voltaire develops an idea which is more relevant to the first *Discours* than to the second (as well as to his own preoccupations), [23] namely that 'les belles-lettres et les sciences ont quelquefois causé beaucoup de mal'. The reader begins to suspect that Voltaire is replying more to the earlier work than to the later one. [24]

Voltaire ends the letter with a half-serious invitation to Rousseau to come and stay with him. [25] Rousseau declined, and the tone of his letter, though respectful, is argumentative. [26] The next exchange recorded in the Correspondence occurred in August and September 1756, [27] after the publication of the *Paradoxe*, and is not relevant to the establishment of the date of composition of the latter. It suffices to say that relations between the two men deteriorated considerably over the next few years. [28]

The main clue we have with regard to the date of the *Paradoxe* lies in the letter just examined, D6451, [29] ostensibly on the subject of the *Discours sur l'inégalité*. Since, as we have seen, it is quite as much on the subject of the *Discours sur les sciences et les arts*, and on Voltaire's own quarrels with the literary profession, we might expect to find parallels between it and the *Paradoxe*. This is indeed

[21] D6451 (Leigh 317).

[22] *Discours sur les sciences et les arts*, p.17-30. The notion of the corruption caused by society is put forward much more vigorously in the second *Discours*.

[23] He was, at the time, being troubled by François Grasset who tried to blackmail him by threatening to publish *La Pucelle* (*VST*, vol.1, p.800-802).

[24] As suggested by Besterman in the Commentary to D6451.

[25] See D6451, n.10.

[26] D6469 (Leigh 319).

[27] D6973 (Leigh 424); D6993 (Leigh 437).

[28] See Maugras, p.56-59.

[29] Together with D6386 (5 August 1755) and D6395 (8 August 1755), which both contain passing references to Rousseau, in connection with the idea of the corruption and venality of the world of letters.

the case, for there are five main similarities. First, there is Voltaire's question to Timon (this being the nickname he chooses to give to Jean-Jacques): 'que vous ont fait Cicéron et Virgile, Racine, La Fontaine, l'Arioste, Adisson et Pope?' (1.3-5), which finds an echo in paragraph six of D6541, where the innocence of certain writers of Antiquity is underlined. [30] Secondly there is the reference to the Iroquois, whom Timon describes as the only 'gens de bien' left in the world, and whom he fears to be already menaced by the 'damnables sciences de l'Europe' (1.15-17); this is reminiscent of Voltaire's remark in pararaph two of D6451, that he cannot go to live among the savages of Canada because they have become corrupted by the colonisers. [31] Thirdly, there is the condemnation by Timon of the avarice of professional writers who earn their living by libel (1.21-25); although there are closer parallels with other works by Voltaire, [32] a similar theme is found in D6451, paragraph five, where literary corruption is illustrated by examples, drawn from Voltaire's own experience, of various malpractices by writers and publishers. Fourthly, there is the absurd argument, put in the mouth of Timon, that political crimes are invariably committed by cultured people (1.30-53); Voltaire, in paragraph seven of D6451, argues against this idea. [33] Finally there is the hint at the end of the *Paradoxe* that Timon, by using the pen to denounce culture, is contradicting his own principles (1.66-68); a similar hint is made towards the end of D6451. [34]

These parallels prove no more than that Voltaire was concerned both in the *Paradoxe* and in D6451 with refuting Rousseau's attack on culture and the arts, and that he used similar arguments in the two pieces. Moreover, Voltaire was given to repeating ideas from work to work, so no conclusive deductions can be made regarding the date of the *Paradoxe*. All that can be said is that they make it

[30] See *Paradoxe*, n.4.
[31] See *Paradoxe*, n.11.
[32] See *Paradoxe*, n.12.
[33] See *Paradoxe*, n.28.
[34] See *Paradoxe*, n.31.

plausible, as Ralph Leigh suggests, that the *Paradoxe* was composed at about the same time as D6451;[35] but that there is no intrinsic reason why it could not have been written in the years 1751-53, as Moland and Bengesco suggest,[36] or in 1754.

The next question posed by the *Paradoxe*, namely, why Voltaire chose to call Rousseau 'Timon', is more easily answered. There are two important men with this name in the literature of Antiquity. One was a sceptic philosopher, a follower of Pyrrho, and a prolific writer of epics, tragedies and satires, whose views and works are summarised by Diogenes Laertius.[37] He would not appear to be the model of Voltaire's Timon. The other Timon, made famous for readers of English literature by Shakespeare, was Timon of Athens; Shakespeare's source, and, undoubtedly that of Voltaire too, was one of Lucian's dialogues, entitled 'Timon or the Misanthrope'.[38] This man, once rich, has been ruined by his generosity; he spends his time cultivating a small plot of land and complaining to Zeus about the ingratitude of those he helped and about 'people enjoying undeserved success' (vol.2, p.333). Zeus describes him as 'all dirt and squalid and dressed in skins' and as 'A mouthy fellow and an impudent one', and Timon says of himself that his 'characteristic traits [are] [...] rudeness, wrathfulness and inhumanity' (p.375). When he becomes wealthy again, he reacts with great hostility to those who come pretending to be his friends (p.371-93). Although the dialogue is aimed more against the rich than against the misanthropic, Voltaire must have seen in Lucian's Timon many features which would fit his image of Rousseau.

[35] Leigh, vol.2, p.163-64, note (*b*).

[36] *M*, vol.23, p.483; Bengesco, vol.2, p.56.

[37] Diogenes Laertius, *Lives of eminent philosophers*, IX, 109-16, in Loeb edition, vol.2, p.519-27.

[38] *The Works of Lucian*, Loeb edition, vol.2, p.327-93. M. Mat-Hasquin, *Voltaire et l'antiquité grecque*, *SVEC* 197 (1981), p.98, considers that the resemblances between Lucian's *Timon* and that of Voltaire are 'assez superficielles'. Voltaire admired Lucian: see D4486 (5 juin 1751, to Frederick).

How far is that image a true one, and, more generally, how far does the *Paradoxe* summarise, and criticise, the main features of Rousseau's *Discours sur les sciences et les arts?* The *Discours* has two parts. In the first, Rousseau begins by showing that culture has had two deleterious effects on mankind: it has made men less desirous of freedom, and more inclined to accept despotism; [39] and it has led to social hypocrisy, since culture involves the formulation and acceptance of rules of politeness (p.7-9). Rousseau continues with a historical survey of the progress of culture, in which he argues that it has always been accompanied by a diminution in 'vertu', by which he understands patriotism and military prowess (p.9-16). In the second part, he undertakes a more philosophical examination of the relation between culture and vice. He argues that 'Les sciences et les arts doivent leur naissance à nos vices', and that, in their turn, they cause 'la perte irréparable du temps' (p.17-18), and 'l'anéantissement de la vertu' (p.19); worse still, they are always accompanied by a desire for luxury, though they do not necessarily cause that desire: [40] 'Tandis que les commodités de la vie se multiplient, que les arts se perfectionnent et que le luxe s'étend, le vrai courage s'énerve, les vertus militaires s'évanouissent.' [41] Not only military virtue, but moral virtue too (by which Rousseau understands magnanimity, equity, temperance, humanity and courage) is destroyed by 'la culture des sciences' (p.24). Modern societies, with their emphasis on talent rather than virtue, encourage this trend (p.25-26), and philosophy has become a mere fashion (p.27-28). Rousseau concludes by affirming that 'l'étude des sciences et des arts' should be reserved for men of real genius (p.29), and that

[39] *Discours sur les sciences et les arts*, p.6-7.

[40] Rousseau is rather vague on this point. He clarified his position in his *Observations* to criticisms made by King Stanislas (*Œuvres complètes*, vol.3, p.49): 'La première source du mal est l'inégalité; de l'inégalité sont venues les richesses [...]. Des richesses sont nés le luxe et l'oisiveté; du luxe sont venus les beaux arts, et de l'oisiveté les sciences.'

[41] *Discours sur les sciences et les arts*, p.22.

other people should confine themselves to carrying out their civil duties without reasoning about them (p.30).

Rousseau's first *Discours* is a condemnation of the forces at work in Western civilisation. Voltaire, a partisan of the opposite view, that culture tends to improve both morality and the quality of life, has probably understood Rousseau's thesis, but, since he disapproves of it, he presents it through the personage of Timon in an oversimplified and distorted way, making it appear quite absurd. For example, he makes Timon begin by saying that the answer to the evils of civilisation is to burn one's books (l.1), a solution which Rousseau himself rejected, since he did not believe it was possible to return so easily to a former state of innocence. [42] When Timon condemns *le luxe*, he is not allowed to put forward any reasons for the condemnation (l.10-15), except one drawn, perhaps, from the *Discours sur l'inégalité*. [43] Timon's interlocutor is made to interpret Timon's dislike of the arts in personal terms (l.29-30); there could be a grain of truth in this interpretation, but there is no evidence for it in the first *Discours*: Voltaire is taking an opportunity to air his own grievances about the world of literature, as well as undermining the rationality of Rousseau's views. [44] Another way in which he oversimplifies Rousseau's argument is to make Timon claim that culture is responsible for moral corruption (l.49-53); although Rousseau did attempt to show this, the emphasis, in the first *Discours*, is rather on the harmful effect it has on a nation's fighting spirit; [45] and the view attributed to Timon, that military conquest is immoral (l.45-49), was not one held by Rousseau in 1751. [46] A further oversimplification is that Timon states that culture is the only source of human corruption (l.51-52); Rousseau did not hold this view. [47]

---

[42] See *Paradoxe*, n.1.
[43] See *Paradoxe*, n.15.
[44] See *Paradoxe*, n.12.
[45] *Discours sur les sciences et les arts*, p.9-16.
[46] See *Paradoxe*, n.25.
[47] See *Paradoxe*, n.27.

All in all, Timon's outlook is shown to be unrealistic and irrational; Voltaire implies that it is a result of his 'bile', not of his brain (l.19).

There are other techniques by which Voltaire discredits Timon/Rousseau. Timon is made to reason falsely and then to seek to validate his view by an affirmation ('il est clair qu'il n'y a que les Iroquois qui soient gens de bien', l.15-16), or by a rhetorical question ('sans cela auraient-ils détruit une partie du genre humain?', l.48-49) which underline the thinness of his argument. Voltaire also resorts to gentle irony, aimed against both Rousseau himself and the Académie de Dijon (l.53-55). Finally, he provides a practical demonstration of the falsity of Timon's outlook, in the little narrative which ends the piece; it shows that uncultured people commit crimes and that cultured people are kind and generous (l.55-68), though Voltaire is careful to avoid actually stating this idea, probably because it would be as much of an oversimplification as are Timon's prejudices. [48] He is not trying to prove that culture is always accompanied by humanity, simply that it is more likely to produce that virtue than is ignorance. By representing Rousseau's ideas as extravagant, Voltaire skilfully makes it appear that his own implied standpoint on the question of the value of culture is based on moderation and common sense.

Editions

w56

Vol.4, p.45-47.

w52 (1756)

Vol.8 (1756), p.40-42.
Follows w56.

[48] See, however, *Paradoxe*, n.28.

W57G

Vol.4, p.45-47. [49]

Follows w56. w56 and w57G are very similar, but not identical, in layout, typography, punctuation and spelling; the text is the same in the two editions.

W57P

Vol.7, p.147-51.

Different punctuation, l.10, altering sense; 'donna' for 'donne', l.31.

SO58

Vol.2, p.265-68.

W64G

Vol.4, p.49-51.

Follows w56, w57G (l.10).

W64R

Vol.17, i, p.82-84.

Follows w57P at l.10 and l.31.

W70G

Vol.4, p.49-51.

As w64G.

W71L

Vol.14, p.22-24.

[49] W57G: BL, 630. g. 4.

w68 (1771)

Vol.15 (1771), p.21-23.
Follows w52/w56, w57G.

w70L (1772)

Vol.25 [50] (1772), p.65-68.
The only edition to place the name *Timon* before the title *Sur le Paradoxe que les sciences ont nui aux mœurs*.

w72x

Vol.4, p.49-51.
Follows w52/w56, w57G (title, l.10.)

w72P (1773)

Vol.18 (1773), p.350-53.
Follows series w57P, w64R at l.10.

w75G [51]

Vol.33, p.56-58.
Follows w52/w56, w57G at l.10. ·

K84

Vol.30, p.14-16.
Changed title: *Timon* has been substituted for *Sur le Paradoxe que les sciences ont nui aux mœurs*, which is relegated to a footnote. Follows w57P at l.10.

[50] Vol.25 in the ImV set. Trapnell (p.196) says vol.24.

[51] w75G: BnF Z 24871. Volume 33 of w75G is missing from Voltaire's 'Ferney set' and unrevised in his 'Paris set' (now deposited in the Leningrad State Public Library): see S. Taylor's article on the Leningrad *encadrée*, *SVEC*, 124, p.129.

English translation

The Works of M. de Voltaire, tr. Smollett *et al.* (London, 1761-1764), t.12, p.253-56: On the paradox that the sciences have corrupted the morals of men.

Choice of base text

The differences between all the editions up to w57G are minor. Kehl introduces a new title.

In view of the uncertain validity of Kehl's changes, we print the text of w57G, as representing the final version definitely sanctioned by Voltaire.

Treatment of the base text

The punctuation of the base text has been respected, as has the use of italic for the titles of books. The spelling and accentuation of the base text have been modernised in accordance with present day usage. The characteristics of the base text were as follows:

I. Consonants
- absence of *p* in: longtems, tems
- absence of *t* in: Protestans
- use of a single consonant in: apris
- use of *d* in: nuds
- use of *t* instead of *d* in: échafaut

II. Vowels
- absence of *e* in: encor
- use of *e* in: assiduement, ingénuement

III. Accents
1. The acute accent
- was used in: chére, piéces
- was not used in: repliqua

2. The circumflex accent
- was used in: toûjours
- was not used in: ame, arrivames, assiduement, fumes, partimes, théatre

3. The diaeresis was used in: poëte

IV. Capitals
- Initial capitals were used for the following nouns: Académie, Académie Française, Age d'or, Arithmétique, Arts, Belles-Lettres, Cardinal, Casuistes, Catholiques, Genre-humain (once), Géométrie, Jésuites, Libraires, Maîtres, Messieurs, Morale, Nature, Poëte, Protestans, Précepteur, Romans, Sciences, Terre, Théologien, Universités

V. Various
- the following words were hyphenated: Genre-humain, quatre-mille

SUR LE PARADOXE QUE LES SCIENCES
ONT NUI AUX MŒURS

'Dieu merci j'ai brûlé tous mes livres', [1] me dit hier Timon. [2] 'Quoi, tous sans exception! Passe encore pour le *Journal de Trévoux*, les romans du temps et les pièces nouvelles. [3] Mais que vous ont fait Cicéron et Virgile, Racine, La Fontaine, l'Arioste, Addisson et Pope?' [4] 'J'ai tout brûlé', répliqua-t-il; 'ce sont des corrupteurs du genre humain. Les maîtres de géométrie et d'arithmétique même sont des monstres. [5] Les sciences sont le plus horrible fléau de la

   a   w70L: TIMON. SUR LE [...]
      k84: TIMON* [*with note:*] (*) Ceci a été imprimé avec ce titre: *Sur le paradoxe que les sciences ont nui aux mœurs.*

[1] Rousseau claimed that in the *Discours sur les sciences et les arts* he 'ne propos[ait] point de bouleverser la société actuelle, de brûler les bibliothèques et tous les livres' (*Œuvres complètes*, Bibliothèque de la Pléiade, vol.3, Paris, 1964, p.95), since 'on n'a jamais vu de peuple, une fois corrompu, revenir à la vertu' (p.56).

[2] For the reasons which prompted Voltaire to give Rousseau the name Timon, see above, Introduction, p.65.

[3] Voltaire despised the *Journal de Trévoux* (*M*, vol.15, p.62), and had no time for 'ce fatras d'insipides romans, / Que je vois naître et mourir tous les ans' (*La Pucelle*, Chant 8, l.20-21, *OCV*, vol.7, p.391); 'les pièces nouvelles' are probably those in the sentimental vein, of which he disapproved (see, for example, D4110, to Frederick, 5 February 1750).

[4] This question finds an echo in D6451 (to Rousseau, 30 August 1755; Leigh 317), Voltaire's response to the *Discours sur l'inégalité*, and, as Besterman remarks (note 1 to this letter) to the *Discours sur les sciences et les arts* as well: 'Avouez que ni Ciceron, ni Lucrece, ni Virgile, ni Horace ne furent les auteurs de proscriptions de Marius, de Silla, de ce débauché d'Antoine, de cet imbécile Lepide, de ce tyran sans courage Octave Cépias surnommé si lâchement Auguste.' Rousseau replied: 'Ce n'est ni Cicéron, ni Virgile, ni Seneque, ni Tacite qui ont produit les crimes des Romains et les malheurs de Rome. Mais sans le poison lent et secret qui corrompait insensiblement le plus vigoureux gouvernement dont l'histoire fasse mention, Cicéron, ni Lucrèce, ni Salluste, ni tous les autres n'eussent point existé ou n'eussent point écrit' (D6469; Leigh 31).

[5] *Discours sur les sciences et les arts*, p.26: 'Nous avons des physiciens, des géomètres, des chimistes [...]; nous n'avons plus de citoyens.'

terre.[6] Sans elles nous aurions toujours eu l'âge d'or.[7] Je renonce aux gens de lettres pour jamais, à tous les pays où les arts sont connus. Il est affreux de vivre dans des villes, où l'on porte la mesure du temps en or dans sa poche,[8] où l'on a fait venir de la Chine de petites chenilles pour se couvrir de leur duvet, où l'on entend cent instruments qui s'accordent, qui enchantent les oreilles, et qui bercent l'âme dans un doux repos.[9] Tout cela est horrible;[10] et il est clair qu'il n'y a que les Iroquois qui soient gens de bien; encore faut-il qu'ils soient loin de Québec, où je soupçonne que les damnables sciences de l'Europe se sont introduites.'[11]

Quand Timon eut bien évaporé sa bile, je le priai de me dire sans humeur ce qui lui avait inspiré tant d'aversion pour les belles-lettres. Il m'avoua ingénument, que son chagrin était venu originairement d'une espèce de gens qui se font valets de libraires,

10   W57P, W64R, W70L, W72P, K84: villes où

[6] *Discours sur les sciences et les arts*, p.9: 'nos âmes se sont corrompues à mesure que nos sciences et nos arts se sont avancés à la perfection'.

[7] *Discours sur les sciences et les arts*, p.22: 'On ne peut réfléchir sur les mœurs, qu'on ne se plaise à se rappeler l'image de la simplicité des premiers temps.'

[8] A reference, perhaps to an aspect of Rousseau's 'moral reform' consequent upon the success of the first *Discours*; in his *Confessions* Rousseau was later to describe the joy with which, as part of this reform, he sold his watch (p.362); Voltaire could well have heard of the reform through his Parisian correspondents.

[9] Rousseau specifically refers to musicians as an example of the fact that modern societies prefer talent to virtue (*Discours sur les sciences et les arts*, p.26).

[10] In the *Discours sur les sciences et les arts*, Rousseau condemns *le luxe*, which, he claims, 'va rarement sans les sciences et les arts', on the grounds that it brings about 'la dissolution des mœurs', principally by weakening the fighting spirit of a nation (p.19-21).

[11] In spite of this satire of *le bon sauvage*, Voltaire himself tended to accept the idea, in his description of the *mœurs* of the indigenous tribes of Canada (*Essai sur les mœurs*, ch.151, *M*, vol.12, p.410); and the view that European influences have corrupted them is Voltaire's too. As he says in D6451: 'Je ne peux [...] m'embarquer pour aller trouver les sauvages du Canada, [...] parce que la guerre est portée dans ce pays là, et que les exemples de nos nations ont rendu les sauvages presque aussi méchants que nous.'

et qui de ce bel état où les réduit l'impuissance de prendre une profession honnête, insultent tous les mois les hommes les plus estimables de l'Europe pour gagner leurs gages.[12] 'Vous avez raison', lui dis-je. 'Mais voudriez-vous qu'on tuât tous les chevaux d'une ville, parce qu'il y a quelques rosses qui ruent et qui servent mal?'

Je vis que cet homme avait commencé par haïr l'abus des arts, et qu'il était parvenu enfin à haïr les arts mêmes.[13] 'Vous conviendrez', me disait-il, 'que l'industrie[14] donne à l'homme de nouveaux besoins. Ces besoins allument les passions, et les passions font commettre tous les crimes.[15] L'abbé Suger gouvernait fort bien l'Etat dans les temps d'ignorance.[16] Mais le

31 W57P, W64R: l'industrie donna à

[12] Although the idea that the practice of literature as a profession is incompatible with honesty can be found in Rousseau's works (e.g. *Confessions*, p.402-403), it does not appear in the first *Discours*; Voltaire is not here parodying Rousseau, but airing his own grievances. D6451 contains a long paragraph about the venality of writers and publishers, though the examples given relate mainly to the theft and unauthorised publication of manuscripts; a closer parallel to the *Paradoxe* is found in *Des Mensonges imprimés*, ch.1, which also throws light on the meaning of the expression 'valets de libraires': 'les écrivains d'aujourd'hui, quand ils se mettent aux gages d'un libraire [...]' (*Mensonges*, ch.1, l.312-13, *OCV*, vol.31B, p.372).

[13] The *Discours sur les sciences et les arts* does not support this interpretation. For Rousseau, the arts and sciences are inherently evil, from a moral and political point of view, primarily because they tend to encourage men to substitute sterile or even corrupt reflection for socially useful action.

[14] Jaucourt defines 'Industrie' as: 'ou le simple travail des mains, ou les inventions de l'esprit en machines utiles, relativement aux arts et aux métiers'; he adds, approvingly: 'Elle fertilise tout et répand partout l'abondance et la vie' (*Encyclopédie*, Paris and Neuchâtel, 1751-1765, vol.8, p.694).

[15] Rousseau does not use this argument in the *Discours sur les sciences et les arts*, where the emphasis is on the softness engendered by *le luxe*; however, it does feature prominently in the *Discours sur l'inégalité* (note 9, *Œuvres complètes*, vol.3, p.203).

[16] L'abbé Suger (1081-1151), adviser to Louis VI and Louis VII. He acted as regent while Louis VII was crusading (1147-1149), a role which he performed so successfully that he received the title *Père de la patrie*.

cardinal de Richelieu, qui était théologien et poète, fit couper plus   35
de têtes qu'il ne fit de mauvaises pièces de théâtre.[17] A peine eut-il
établi l'Académie française,[18] que les Cinq-Mars, les de Thou, les
Marillacs passèrent par la main du bourreau.[19] Si Henri VIII
n'avait pas étudié, il n'aurait pas envoyé deux de ses femmes
sur l'échafaud.[20] Charles IX n'ordonna les massacres de la   40
St. Barthelemy, que parce que son précepteur Amiot lui avait
appris à faire des vers.[21] Et les catholiques ne massacrèrent en
Irlande trois à quatre mille familles de protestants,[22] que parce

[17] According to Pellisson (*Histoire de l'Académie française*, Paris, 1858, vol.1, p.81-84), Richelieu wrote at least five hundred lines of the verse-play *La Grande Pastorale*, and was given to suggesting improvements in the plays he commissioned from 'les cinq auteurs', namely Boisrobert, Corneille, Colletet, L'Estoile and Rotrou.

[18] It was in 1634 that Richelieu commanded the group of writers and scholars who had been meeting informally at Conrart's house to organise themselves into an academy. The new institution was established by letters patent in 1635 (registered by the Parlement in 1637).

[19] Henri Coiffier de Ruzé, marquis de Cinq-Mars, favourite of Louis XIII, plotted the murder of Richelieu, and secretly entered into negotiations with the enemy, Spain. The Cardinal confronted the King with evidence of Cinq-Mars's treachery and the latter was executed in 1642. François Auguste de Thou, implicated in the Cinq-Mars conspiracy, was executed in the same year. Michel de Marillac, the *garde des sceaux*, was in league with Marie de Medicis, who opposed Richelieu's anti-Spanish policies. He was exiled at the 'journée des dupes' in 1630; he was not, however, executed, but died in prison, in 1632.

[20] The reference is to Anne Boleyn, beheaded in 1536, and to Catherine Howard, beheaded in 1542. According to Burnet, who is probably one of Voltaire's sources, Henry VIII 'was the most learned prince that had been in the world for many ages' (*History of the Reformation of the Church of England*, Oxford, 1829, vol.1, p.20; 1st ed. London, 1679-1715). Voltaire owned the 1693 French translation (BV592).

[21] Brantôme states that Charles IX had a taste for poetry, but that Amyot's function was mainly to teach him rhetoric ('Grands capitaines françois – le Roy Charles IXe', in *Œuvres complètes*, Paris, 1864-1882, vol.5, p.281-82). Timon's false reasoning can be understood in the light of Voltaire's view, later expressed in the *Questions sur l'Encyclopédie*, that if Charles IX had always spent his time writing verse, 'nous n'aurions pas eu la Saint-Barthélemy', since 'il est impossible qu'un bon poète soit un barbare' (*M*, vol.18, p.142).

[22] Clarendon claims that 'forty or fifty thousand of the English Protestants' were massacred in the Irish rebellion of October 1641 (*The History of the rebellion and civil wars in England*, Oxford, 1888, vol.1, p.397), but a more recent historian

qu'ils avaient appris à fond la *Somme* de St. Thomas.'[23]

'Vous pensez donc', lui dis-je, 'qu'Attila, Genseric, Odoacre,[24]   45
et leurs pareils, avaient étudié longtemps dans les universités?' 'Je
n'en doute nullement', me dit-il, 'et je suis persuadé qu'ils ont écrit
beaucoup en vers et en prose; sans cela auraient-ils détruit une
partie du genre humain?[25] Ils lisaient assidûment les casuistes et la
morale relâchée des jésuites, pour calmer les scrupules, que la   50
nature sauvage donne toute seule.[26] Ce n'est qu'à force d'esprit et
de culture qu'on peut devenir méchant.[27] Vivent les sots pour être
honnêtes gens.'[28] Il fortifia cette idée par beaucoup de raisons
capables de faire remporter un prix dans une académie.[29] Je le

---

(S. R. Gardiner, *History of England*, New York, 1965, vol.10, p.68-69) estimates that
only four to five thousand people were killed.

[23] Although the words 'parce que [...] St. Thomas' could be simply an amusing
way of saying 'because they were Catholics', they can be taken, more precisely, as a
reference to Part II, ii, Q.10, art.8 of the *Summa theologica*, where St. Thomas, basing
himself on Luke 14:23, concludes that heretics and apostates 'should be submitted
even to bodily compulsion' in order to make them accept the faith (*The 'Summa
theologica' of St Thomas Aquinas*, London, [1920-1923], vol.9, p.135).

[24] Attila the Hun, 'the Scourge of God', conqueror of most of Eastern and Central
Europe, died in 453; Genseric, or Gaiseric, king of the Vandals, conquered Roman
Africa and ravaged Italy, dying in 477; Odoacer, the son of one of Attila's ministers,
conquered Italy; he was assassinated in 493.

[25] Voltaire is misrepesenting Rousseau's views here. It does not emerge from the
Discours sur les sciences et les arts that Rousseau considered military conquest to be
wrong. On the contrary, he there admires rulers, such as Cyrus, and peoples, such as
the Scythians, the Romans and the Franks, whose virtue consisted in conquering
nations weakened by culture or luxury (p.20).

[26] In the *Discours sur les sciences et les arts*, Rousseau does not argue, as he was later
to do in the *Discours sur l'inégalité*, that primitive men were naturally good; in fact,
before the advent of culture, 'La nature humaine, au fond, n'était pas meilleure',
though, he adds, men were less vicious in that they were more sincere (p.8).

[27] In the *Lettre à Grimm*, written as a defence of the *Discours sur les sciences et les
arts*, Rousseau specifically denies that he had shown that 'la science est la seule source
de corruption parmi les hommes' (*Œuvres complètes*, vol.3, p.62).

[28] In D6451 Voltaire states the opposite case in terms almost as exaggerated as
those of Timon: 'Les grands crimes n'ont été commis que par de célèbres ignorants',
and refers specifically to 'La St Barthelemi'.

[29] It was in July 1750 that the Académie de Dijon reached its decision to award the

laissai dire. Nous partîmes pour aller souper à la campagne. Il 55
maudissait en chemin la barbarie des arts, et je lisais Horace. [30]

Au coin d'un bois, nous fûmes rencontrés par des voleurs, et
dépouillés de tout impitoyablement. Je demandai à ces messieurs
dans quelle université ils avaient étudié. Ils m'avouèrent qu'aucun
d'eux n'avait jamais appris à lire. 60

Après avoir été ainsi volés par des ignorants, nous arrivâmes
presque nus dans la maison où nous devions souper. Elle
appartenait à un des plus savants hommes de l'Europe. Timon
suivant ses principes devait s'attendre à être égorgé. Cependant il
ne le fut point; on nous habilla, on nous prêta de l'argent, on nous fit 65
la plus grande chère: et Timon au sortir du repas demanda une
plume et de l'encre pour écrire contre ceux qui cultivent leur
esprit. [31]

---

prize for an essay on the subject 'Si le rétablissement des lettres et des arts a contribué
à épurer les mœurs', to Jean-Jacques Rousseau. See M. Bouchard, *L'Académie de
Dijon et le premier Discours de Rousseau*, for an account of the event, and for a
discussion of the reasons for the decision.

[30] Regarding the high esteem in which Horace was held by the *philosophes*, as a
'master in the art of living', see P. Gay, *The Enlightenment: an interpretation. 1. The
rise of modern paganism* (London, 1967), p.162-63.

[31] The hint, here, that Rousseau, by the act of writing, is contradicting his
principles, is made more explicit in D6451, where Voltaire writes to Rousseau that
'Les lettres nourrissent l'âme, la rectifient, la consolent; et elles font même votre
gloire dans le temps que vous écrivez contre elles.' Rousseau had an answer to this
kind of objection: literature and the arts should be cultivated, in cultured societies,
since they provide a distraction from evil-doing (Preface (1752) to *Narcisse*, in
Œuvres complètes, vol.2, Paris, 1964, p.972-73).

Des Juifs

Edition critique

par

Marie-Hélène Cotoni

TABLE DES MATIÈRES

INTRODUCTION   81

DES JUIFS   113

INTRODUCTION

Rédaction et sources

L'opuscule *Des Juifs*, publié en mai 1756 par Cramer, dans les *Mélanges de littérature, d'histoire et de philosophie*, a dû être composé bien antérieurement, peut-être sous une forme inachevée. Les éditeurs de Kehl, comme le précise Moland, indiquaient que l'auteur s'adressait à Madame Du Châtelet dans sa première phrase: 'Vous m'ordonnez de vous faire un tableau fidèle de l'esprit des Juifs et de leur histoire.' Cette rapide synthèse sur l'histoire et le génie juifs a au moins été préparée à Cirey,[1] en même temps qu'étaient réunis les éléments de l'*Essai sur les mœurs*, en même temps qu'étaient probablement ébauchés des pans de *La Philosophie de l'histoire*, qui inclut plusieurs chapitres sur les Juifs. La similitude des *incipit* est frappante: 'Vous voulez enfin surmonter le dégoût que vous cause l'Histoire moderne et prendre une idée générale des nations qui habitent et qui désolent la terre', écrit Voltaire dans l'Avant-propos de l'*Essai* (*OCV*, t.22, p.1-3), dont, comme il le dira, Madame Du Châtelet, était la destinataire. Et il commence ainsi *La Philosophie de l'histoire* (*OCV*, t.59, p.89):

Vous voudriez que des philosophes eussent écrit l'histoire ancienne, parce que vous voulez la lire en philosophe. Vous ne cherchez que des vérités utiles, et vous n'avez guère trouvé, dites-vous, que d'inutiles erreurs. Tâchons de nous éclairer ensemble; essayons de déterrer quelques monuments précieux sous les ruines des siècles.

On peut supposer que ces lignes, même si elles ont été publiées bien après la mort de la marquise, correspondaient parfaitement au projet, fait à Cirey, de s''éclairer ensemble', en se penchant sur l'histoire de façon 'philosophique'.

C'est, en effet, un but commun à ces trois textes. Dans *Des Juifs*

[1] Voir René Pomeau, *La Religion de Voltaire* (Paris, 1969), p.177-78.

l'auteur affirme sa volonté de rupture avec l'historiographie chrétienne en refusant d''entrer dans les voies ineffables de la Providence'; il veut s'en tenir aux mœurs du peuple juif pour expliquer son histoire, alors qu'elles ne constitueraient pour Bossuet que des causes secondes. C'est également la démarche suivie dans l'*Essai*, clairement explicitée dans certains chapitres, le huitième par exemple: 'Rien n'est plus digne de notre curiosité que la manière dont Dieu voulut que l'Eglise s'établît, en faisant concourir les causes secondes à ses décrets éternels. Laissons respectueusement ce qui est divin à ceux qui en sont les dépositaires et attachons-nous uniquement à l'historique' (*OCV*, t.22, p.162-63). Ainsi, en écrivant *Des Juifs*, Voltaire s'interdit l'évocation, fût-elle moqueuse, de tout événement surnaturel. Il exclut de son récit les 'prodiges qui étonnent l'imagination et qui exercent la foi'. S'il mentionne le départ d'Egypte des Hébreux, il ne dit rien des secours divins dont ils bénéficient, quand Dieu les guide, puis leur fait passer la mer Rouge à pied sec, avant de culbuter les Egyptiens dans ses eaux. La coopération divine n'est pas davantage mentionnée pour la prise de Jéricho. L'action d'un Dieu qui châtie également, par des défaites et des déportations, un peuple qui lui est souvent infidèle, disparaît tout autant de l'histoire laïcisée que propose Voltaire. C'est ainsi la qualité de 'peuple élu' qu'il ôte au peuple juif. En supprimant tout contrat entre Dieu et un groupe d'hommes quel qu'il soit, qui s'en réclame pour manifester un fanatisme barbare, il est fidèle à sa conception de l'Etre Suprême en même temps qu'il renforce son combat contre l'intolérance.

Mais si le philosophe a une lecture sélective de la Bible, son récit se nourrit néanmoins constamment de l'Ecriture. Or on sait qu'à Cirey Voltaire et Emilie ont confronté leurs opinions, leurs réactions face au Livre et au vaste *Commentaire littéral* de Dom Calmet.[2] Si l'on regarde de près, comme l'ont fait I. O. Wade ou

---

[2] Paris, 1709-1734; BV613. Voir Pomeau, *La Religion de Voltaire*, p.163-89; Ira O. Wade, *Voltaire and Madame Du Châtelet: an essay on the intellectual activity at Cirey* (Princeton, 1941); *VST* (Oxford, Paris, 1995), t.i, p.306-308; et B. E. Schwarzbach: 'Une légende en quête d'un manuscrit: le Commentaire sur la Bible

B. E. Schwarzbach, les manuscrits de l'*Examen* de la Bible composé par Madame Du Châtelet, on voit que les deux hôtes de Cirey expriment des avis semblables sur les faiblesses et les ignorances de la nation juive. Certes, les trois volumes de la marquise concernant l'Ancien Testament s'étendent sur plus de quatre cents pages, alors qu'avec *Des Juifs* Voltaire condense extrêmement quatorze siècles d'histoire; et elle se complaît à faire du merveilleux biblique une des cibles de son ironie, tandis que Voltaire utilisera ce type d'attaques dans d'autres textes que *Des Juifs*. Mais tous deux sont heurtés par les mêmes invraisemblances ou les mêmes comportements sanguinaires. Emilie a relevé, comme Voltaire dans cet opuscule, le nombre excessif de six cent mille hommes quittant l'Egypte avant d'errer dans le désert. Elle s'est indignée d'innombrables massacres, parmi lesquels celui des Madianites, auquel n'échappent que les vierges, celui de Jéricho, véritable boucherie où n'est épargnée que la courtisane Rahab, coupable en outre de trahison, le sacrifice de la fille de Jephté, victime du vœu fait à Dieu, de même que le roi Agag, taillé en pièces par Samuel. Comme Voltaire elle remarque que seuls le roi Saül et son fils avaient des armes pour aller au combat, car leurs ennemis avaient éloigné les forgerons, et elle oppose à cette pénurie le compte fantastique des richesses de David et des dépenses de Salomon. Elle note aussi l'influence des relations avec les Grecs et souligne l'aversion qu'inspire l'histoire des Juifs. [3]

---

de Madame Du Châtelet', dans François Moureau (éd.), *La Communication manuscrite au 18e siècle* (Oxford, Paris, 1993), p.97-116; 'La critique biblique dans les Examens de la Bible et dans certains autres traités clandestins', *La Lettre clandestine* 4 (1995; rééd. Paris, 1999), p.577-612; 'Les études bibliques à Cirey: de l'attribution à Madame Du Châtelet des Examens de la Bible et de leur typologie', dans François de Gandt (éd.), *Actes du colloque de Joinville*, 1995, *SVEC* 2001:11, p.26-54; 'Profil littéraire de l'auteur des Examens de la Bible', dans A. McKenna (éd.), *La Philosophie clandestine à l'âge classique*, Actes du colloque de l'Université Jean Moulin, Saint-Etienne, 29 sept.-2 oct. 1993 (Oxford, 1998), p.223-32; 'Madame Du Châtelet et la Bible', *Publications du Centre international d'étude du 18e siècle, Emilie Du Châtelet, éclairages et documents nouveaux*, études réunies par U. Kölving et O. Courcelle (Ferney-Voltaire, 2008), p.197-211; Edition critique des *Examens* de la Bible, à paraître chez Champion.

[3] Voir Wade, ch.2, p.52, 57, 60-61, 62, 64, 66, 69, 70, 75, et l'*Examen*, B.M. de Troyes, ms 2376: I 100, II 6, II 15-16, II 29-30, II 49-50, II 52-53, II 116-117, II 122, III 18.

Pendant ces années, la correspondance de Voltaire traduit une relative familiarité avec la Bible et l'histoire juive. En novembre 1733, il affirme lire peu les romans nouveaux 'et beaucoup la Sainte Ecriture' (D676). En 1737, il fait allusion aux cailles nourrissant les Juifs dans le désert et aux maximes de Salomon (D1342, D1343). Il mentionne à plusieurs reprises le rôle d'Esdras (D93, D1167). Mais les références sont plus nombreuses à partir de 1740: évocation de Samuel versant de l'huile sur la tête de Saül, du remplacement de Rachel par Lia, de la lutte de Jacob avec l'ange, rappel de l'épisode où Josué arrêta le soleil, des malheurs de Loth, des rêves de Nabuchodonosor, de la conquête de Jérusalem sous Titus. Il se réfère au premier livre des Rois (I Samuel pour nous) ou au Lévitique, compare des héros modernes, comme Turenne ou le prince Edouard, à des personnages bibliques, tels Joab ou David.[4] Comme on le verra par l'annotation, certaines phrases des *Carnets*, pouvant dater de cette époque, ébauchent des questions bibliques abordées dans *Des Juifs*.

On sait que le *Commentaire littéral* de Dom Calmet a apporté une large documentation aux exégètes de Cirey.[5] On ignore de quand datent les annotations contenues dans les exemplaires que renfermait la bibliothèque de Ferney (BV613).[6] Elles correspondent souvent à des sujets qui sont devenus de véritables scies voltairiennes. Or certains sont déjà abordés dans *Des Juifs*. Nos notes mentionneront donc, sur ces points, l'ouvrage du bénédictin, même si on ne peut être sûr de la date des marques marginales. Car des interprétations relevées par Emilie étaient forcément

---

[4] Respectivement D2240, D2997, D3006, D2519, D2864, D2199, D2257, D2935, D2495, D3478. Voir mon article, 'Présence de la Bible dans la correspondance de Voltaire', *SVEC* 319 (1994), p.283-310, et la thèse de François Bessire, *La Bible dans la correspondance de Voltaire*, *SVEC* 367 (1999).

[5] Voir le ch.3 de *Voltaire and Madame Du Châtelet*, sur les sources et références. Voir aussi Arnold Ages, 'Voltaire, Calmet and the Old Testament', *SVEC* 41 (1965), p.87-187, et F. Bessire, 'Voltaire lecteur de Dom Calmet', *SVEC* 284 (1991), p.139-77.

[6] Sur le sort des volumes de Dom Calmet après le décès de Madame Du Châtelet, voir la n.9 du *CN*, t.2, p.852.

connues de Voltaire. Or des versets jugés par eux scandaleux ont été commentés par Dom Calmet dans un souci fréquent de justification. Ainsi il affirme que, selon la plupart des interprètes, Rahab était non une courtisane mais une simple hôtelière, convaincue de l'injustice des Cananéens et des justes prétentions des Hébreux, ce que raille Emilie Du Châtelet.[7] A propos des versets du Lévitique concernant les êtres voués à Dieu, elle le cite pour prouver que la loi juive permettait les sacrifices humains.[8] Le bénédictin a consacré un commentaire et un article de son *Dictionnaire* à mentionner les interprétations divergentes données sur le sort de la fille de Jephté, condamnée simplement au célibat pour les uns, à la mort pour les autres. Or sacrifices humains et juste cause des Hébreux sont précisément deux thèmes que Voltaire, dans son opuscule, introduit par les mises en relief suivantes: 'les savants ont agité la question' et 'on demande aussi'.

La correspondance postérieure à 1740 révèle, en outre, un grand souci de documentation. Le 3 août 1741, Voltaire demande au roi de Prusse de presser 'le conseiller privé' de finir sa traduction de Tindal et de la lui envoyer comme promis (D2520). Le 19 juillet de la même année, puis le 14 août (D2516, D2530), il prie Thiriot d'examiner chez le libraire Briasson une *Histoire universelle* de Dom Calmet,[9] qu'il ne connaît pas et qu'il serait prêt à faire venir, surtout, d'ailleurs, pour le Moyen Age et l'histoire orientale. Le catalogue de la bibliothèque de Ferney ne porte pas trace de cet ouvrage. Mais rien n'interdit de penser que Voltaire a pu le consulter en préparant sa propre *Histoire universelle*. Sans donner d'analyses nouvelles sur les récits bibliques par rapport au *Commentaire littéral*, le premier tome offrait des synthèses facilement accessibles sur la 'courtisane' Rahab, sur la nature du vœu de Jephté immolant sa fille ou la vouant simplement au célibat, sur Agag mis à mort par Samuel, sur les richesses immenses de

[7] *Examen*, II 2, et Wade, p.110.

[8] *Examen*, II 30, et Wade, p.110.

[9] *Histoire universelle sacrée et profane, depuis le commencement du monde jusqu'à nos jours*, par le R.P. dom Augustin Calmet (Strasbourg, 1735-1748).

Salomon, ses relations avec Hiram et son amour des femmes étrangères, sur les tribus d'Israël emmenées en captivité par Teglatphalassar, sur Nabuchodonosor et le châtiment infligé à Sédécias. Le tome second, plus largement consacré aux Grecs, aux Romains, aux Carthaginois et aux Perses, revenait cependant à l'histoire sacrée, à partir du livre 14, en relatant le retour des Juifs de Babylone à Jérusalem sous la conduite de Zorobabel.

Toutefois, Voltaire n'a pu trouver là, éventuellement, qu'une méthode et une interprétation des textes déjà connues de lui. A l'inverse, il est une autre *Histoire universelle* où il a pu puiser synthèses érudites et formules piquantes pour *Des Juifs* tout autant que pour certains morceaux de l'*Essai sur les mœurs*. Il s'agit de l'*Histoire universelle depuis le commencement du monde jusqu'à présent*, traduite de l'anglais par une Société de gens de lettres, qui paraît à Amsterdam, en quarante-cinq volumes, de 1742 à 1792.[10] C'est à César de Missy, ecclésiastique auquel il demande, par ailleurs, d'autres renseignements sur des ouvrages historiques, qu'il s'adresse, dès le 1er septembre 1742, de Bruxelles, pour avoir 'tout ce qui s'est fait de l'histoire universelle en anglais depuis le chapitre concernant les Juifs jusqu'à la captivité de Babylone' (D2648). Le 20 octobre, il complète sa commande en le priant 'de vouloir bien recommander aux libraires qui vendent l'*Histoire universelle* d'envoyer les feuilles depuis la captivité de Babylone jusqu'à la dernière, à M. Jean de Clèves, banquier à Bruxelles, qui en paiera le prix' (D2676). Une lettre du 4 janvier 1743 montre que l'écrivain a reçu et lu le début de l'ouvrage, puisqu'il s'enquiert de la suite, jugeant que si les promesses des deux premiers volumes sont tenues, ce livre remplacera tous les livres d'histoire (D2714).

Qu'a pu trouver Voltaire dans le chapitre 7 du livre 1 de cette *Histoire universelle* émaillée de longues notes et de nombreuses références à la Bible et à des travaux savants? Outre la relation d'événements qu'il connaît par ailleurs, il a pu y lire d'abondants

[10] Traduction de l'œuvre collective *An Universal history, from the earliest account of time to the present* (London, 1736-1765), 23 vol.

commentaires, tels que les trois pages de notes qui confrontent les opinions des savants sur le sort de la fille de Jephté. Il a trouvé un écho à son propre scepticisme dans l'expression utilisée pour évoquer les six cent mille hommes nés de soixante-dix descendants de Jacob: 'c'est là le signe que les Israélites en Egypte augmentèrent '*prodigieusement* tant en nombre qu'en force' durant les 215 ans qu'ils y séjournèrent (p.186). [11] Dans la septième section, relatant l'histoire des Juges depuis la mort de Josué jusqu'à Saül, il a pu voir soulignée une succession d'idolâtries, de châtiments et d'esclavages, sur lesquels il insistera lui-même. Mais surtout, la cinquième section de ce chapitre, consacrée au gouvernement, à la religion, aux lois, aux coutumes, aux sciences, aux arts, au commerce des Juifs lui offre renseignements et jugements qu'il a utilisés dans la dernière partie de son texte, en ne gardant que les opinions négatives. Il néglige de reprendre le développement concernant la supériorité de l'hébreu sur les autres langues ou la suprématie de la poésie des Juifs. Il ne retient pas la remarque sur leur art de faire la guerre. Mais, comme on le verra dans l'annotation, il emprunte les indications défavorables: mépris pour les arts et les sciences, absence d'écoles pour la jeunesse, ignorance de l'astronomie et de l'art de la navigation. Et le jugement sur la mentalité juive coïncide avec le sien: les Juifs sont pleins d'eux-mêmes et méprisent les autres peuples.

L'utilisation de cet ouvrage laisserait supposer que *Des Juifs* a été préparé entre 1742, date où Voltaire consulte ce volume, et 1749, date de la mort de Madame Du Châtelet. L'hypothèse de J. H. Brumfitt [12] selon laquelle des morceaux de *La Philosophie de l'histoire* ont été composés pour Emilie Du Châtelet dans les années 1740 ne pourrait que confirmer cette datation, si l'on pense aux nombreuses similitudes entre cet ouvrage et le texte *Des Juifs*, que les notes de la présente édition mettront en lumière.

[11] 430 ans d'après Exode 12:40. Mais pour les Septante, il s'agit de 430 ans dans le pays de Canaan et en Egypte, donc de 215 ans depuis l'établissement de Jacob en Egypte. Nous soulignons.
[12] *OCV*, t.59, p.18.

Il est toutefois impossible d'affirmer que Voltaire a donné dès cette date à son opuscule sa forme définitive. Des compléments d'information ont pu être apportés par la suite. De Potsdam, le 29 septembre 1752, il prie la comtesse Bentinck de lui faire avoir le *Dictionnaire de la Bible* avec tous les tomes de commentaire de Dom Calmet (D5023). Quel usage comptait-il en faire, précisément à la date où venait de naître le projet du *Dictionnaire philosophique*? [13] Cette nouvelle confrontation avec la Bible a-t-elle été source de quelques modifications, comme le travail qu'il effectua dans la bibliothèque de l'abbaye de Senones en 1754, plus particulièrement pour enrichir son *Essai sur l'Histoire universelle*? Une lettre à Michel Lambert du 29 septembre 1754 précise qu'il vient d'acquérir quatorze tomes de l'*Histoire universelle* anglaise (D5935). Il a pu alors, préparant ses *Œuvres mêlées* pour une nouvelle édition, parachever son texte sur les Juifs entrepris à Cirey.

Mais ces ouvrages contemporains ne sont pas les seules sources de Voltaire. Il mentionne lui-même, par deux fois dans son texte, l'historien juif Flavius Josèphe. Dans la bibliothèque de Ferney a été conservée l'*Histoire des Juifs*, selon la traduction d'Arnauld d'Andilly, dans l'édition de 1735, en cinq volumes (BV1743). Les trois premiers volumes correspondent aux *Antiquités judaïques*, le quatrième et le cinquième à l'*Histoire de la guerre des Juifs contre les Romains*, suivie du *Contre Appion*. Les marques de lecture sont nombreuses, mais on en ignore évidemment la date. Voltaire évoque souvent l'auteur dans *La Philosophie de l'histoire*. Or déjà dans un bref paragraphe ajouté en 1750 à *Des mensonges imprimés*, il parle de ses exagérations. Comme Josèphe suit la Bible pour les événements correspondant à la plus grande partie du texte de Voltaire et comme ce dernier condense extrêmement son récit, il n'est pas facile de faire la part des emprunts directs à l'historien juif. Nous donnerons cependant dans les notes les références des *Antiquités judaïques*. La relation des événements postérieurs à 134 av. J.-C., date à laquelle s'arrête le premier livre des Maccabées,

[13] Voir *OCV*, t.35, p.21.

n'occupe dans l'opuscule de Voltaire qu'une soixantaine de lignes. Outre la *Guerre des Juifs*, Voltaire a pu, là dessus, consulter l'ouvrage de Basnage qui cite et complète Josèphe, *Histoire des Juifs, depuis Jésus-Christ jusqu'à présent* [...] *pour servir de supplément et de continuation à l'Histoire de Joseph* (Paris, 1710; BV282).

Certaines sommes ont pu fournir à l'historien des renseignements sur quelques points précis. Voltaire a l'édition de 1740 du *Grand Dictionnaire historique* de L. Moreri (BV2523). Il en a pris connaissance dès sa parution et s'en montre satisfait 'quoiqu'il y ait encore bien des fautes' (D2234). Il en indiquera l'utilité, malgré les suppléments remplis d'erreurs, dans le *Catalogue des écrivains* (*OH*, p.1189). La relation historique contenue dans l'article 'Judée. Des Juifs' de l'édition que nous avons consultée (1732) comporte forcément des similitudes avec le texte de Voltaire, puisqu'ils suivent le même déroulement chronologique. Pour gagner du temps, le philosophe a pu y puiser certaines indications. Mais le plus frappant, pour un lecteur moderne, réside dans la différence de conception des deux textes. Dans le dictionnaire de Moreri, suivant la tradition de Bossuet, l'histoire juive est tout entière dirigée par Dieu, qui livre Canaan au peuple élu, lui donne Saül comme roi, apparaît dans le temple édifié par Salomon, châtie les impies. La plus grande partie de ce long article est, en fait, constituée d'extraits du *Discours sur l'histoire universelle*. Se succèdent d'abord des passages des chapitres 3 et 4 de la Deuxième partie (*La Suite de la religion*), 'Moïse, la loi écrite et l'introduction du peuple dans la terre promise' et 'David, Salomon, les rois et les prophètes'. Puis s'enchaînent des extraits des sixième, septième, huitième, neuvième 'époques' de la Première partie (*Les Epoques ou la suite des temps*).

D'une tout autre orientation, le *Dictionnaire historique et critique* de Bayle, même si Voltaire en déplore les longueurs, fait aussi partie de ses outils de travail. Il disposait à Ferney de l'édition de 1697 (BV292), mais il possédait l'ouvrage auparavant. Ainsi, loin de ses livres, il demande en août et septembre 1752 au libraire Walther de lui en faire prêter un exemplaire, car il en a grand besoin, en même temps qu'il demande 'l'Histoire universelle imprimée en Angleterre dont on a déjà treize ou quatorze volumes' (D5009). 'Je manque ici absolument de livres. J'ai laissé toute ma bibliothèque à Paris, croyant y retourner dans deux mois, et il y a bientôt deux ans et demi que je suis ici.'[14] Or certains articles de Bayle ont pu lui fournir renseignements ou détails pour la fin de son texte, comme l'article concernant Bérénice, dont Josèphe parle assez peu, qui évoquait les relations qu'elle eut avec les Juifs et les Romains, ou celui consacré à Barcochébas, qui soulignait son imposture et les calamités qu'elle entraîna.[15] Le long article 'Zoroastre' a peut-être également permis à Voltaire de compléter sa documentation sur les deux principes du bien et du mal, Oromaze et Arimane.

Par ailleurs, il n'est pas impossible qu'il ait trouvé dans la littérature philosophique clandestine une confirmation de ses propres jugements. Il n'évoque généralement ce type d'ouvrages, dans sa correspondance, qu'après leur publication. Mais il en a lu certains bien avant. Les *Opinions des Anciens sur les Juifs*, de Jean-Baptiste de Mirabaud, publié en 1769, mais connu en manuscrit avant 1728, n'était peut-être pas ignoré de Voltaire.[16] Il réunissait nombre d'opinions défavorables aux Juifs, mentionnant la haine et le mépris de toutes les nations pour eux et citant, par exemple, Tacite, Julien, Juvénal ou Horace. L'ouvrage rappelait les emprunts des Juifs aux autres peuples, évoquait l'état de la Judée au temps de Jésus-Christ, s'étendait sur la diversité des croyances selon les sectes, dépeintes déjà par Claude Fleury, beaucoup plus favorable aux Juifs, à la fin du siècle précédent, dans les *Mœurs des Israélites*.

[14] D4994. Dans la lettre écrite, de Colmar, à Madame Denis le 21 mai 1754 (D5824), il indique les livres dont elle pourrait se défaire, parce qu'on les trouve aisément partout, parmi lesquels figurent le *Dictionnaire* de Bayle et celui de Moreri.

[15] Voir aussi G. M. Crist, 'Voltaire, Barcochebas and the early French deists', *The French review* vol.6 (avril 1933), p.483-89.

[16] Sur sa datation, voir l'article de B. E. Schwarzbach dans *La Lettre clandestine* 5 (1996), p.33-41.

Publication et réception

Des Juifs a été publié dans la *Collection complète des œuvres de M. de Voltaire* que les Cramer font paraître en mai 1756. Quelques mois plus tard, George Conrad Walther en donne également une édition, suivi par Lambert en 1757. Le texte figure sans modification dans les rééditions des *Œuvres complètes* que Cramer et Lambert ont données à plusieurs reprises, jusqu'à l'édition 'encadrée' de 1775. Ce morceau prend toujours place dans les *Mélanges*. Ce n'est qu'à partir de l'édition de Kehl qu'il deviendra la première section de l'article 'Juifs' du *Dictionnaire philosophique*, où les éditeurs associent des textes divers qui n'avaient jamais été assemblés ainsi par l'auteur.

En 1762, Claude-François Nonotte, dans *Les Erreurs de Voltaire*, conteste ses affirmations sur l'absence de philosophie des Juifs, lui opposant la beauté de leurs livres moraux. Il dément la stérilité de leur pays, en se référant aux nombreux bourgs très peuplés décomptés encore sous Adrien par Dion Cassius.[17] Il dénonce surtout l'esprit simplificateur dans la démarche suivie concernant les Hébreux: 'Tous les désastres arrivés à la nation juive dans l'espace de mille cinq cents ans, Voltaire les réunit sous un seul point de vue et il appelle cela le tableau de la nation juive.'[18] Mais, du côté des apologistes, c'est plus tard, dans les réfutations du *Dictionnaire philosophique* ou de *La Philosophie de l'histoire* que seront discutés, par Chaudon, Clémence, Viret, Guénée, les aspects marquants de la présentation voltairienne: massacres exécutés par les Hébreux, absence du dogme de la vie future, assimilation du peuple élu à une bande de brigands sans vertu et sans courage, d'une superstition inouïe. Inversement, ce même tableau sera apprécié par Grimm, dans la *Correspondance*

---

[17] C'était aussi l'opinion exprimée par Dom Calmet dans l'article 'Jérusalem' de son *Dictionnaire* (voir l'article 'Judée' du *DP*, *OCV*, t.36, p.262, n.2), reprise plus tard par Guénée.

[18] *Les Erreurs de Voltaire* (éd. de Lyon, 1770), tome 2, p.137.

littéraire du 1er mai 1765, bien qu'il trouve que l'auteur de *La Philosophie de l'histoire* accorde trop de place aux Juifs par rapport à d'autres peuples qui leur étaient bien supérieurs. Déjà, parlant, le 1er septembre 1756, dans le même périodique, du dogme très répandu de la Fatalité et de la doctrine des Juifs sur ce sujet, Grimm écrivait:

Leur dogme fondamental, la source de leur vanité, et de cet insupportable orgueil qu'ils ont toujours conservé au milieu de l'avilissement le plus honteux, tire son origine de ce choix aveugle que Dieu a fait du peuple juif au mépris et à l'exclusion de toutes les nations de la terre. En effet rien ne prouverait plus le pouvoir d'une inévitable fatalité, et combien Dieu lui-même est peu libre, que cette prédilection pour un peuple grossier, superstitieux, vil, barbare et stupide. [19]

On serait tenté de voir là des échos du texte de Voltaire paru trois mois plus tôt. Toutefois, la réaction la plus connue et la plus précise au texte *Des Juifs* est celle d'Isaac Pinto qui adresse, le 10 juillet 1762, une lettre à l'auteur, joignant à son admiration une 'critique en faveur de la vérité' (D10579). Ce banquier philanthrope qui, l'été 1773, rencontrera Diderot pendant le séjour du philosophe à La Haye, [20] qui lui servira de guide et lui fera visiter les communautés juives, fait parvenir à Voltaire son *Apologie pour la nation juive ou Réflexions critiques sur le premier chapitre du VIIe tome des œuvres de Monsieur de Voltaire, au sujet des Juifs.* [21] Tout en respectant un écrivain qu'il a vu en Hollande quand il était bien jeune, dont il a lu et étudié de nombreux livres, il estime qu'il doit à sa nation cette *Apologie* et que ce sont les ouvrages mêmes de

[19] *Correspondance littéraire*, tome 3, 1756, éd. critique par Robert Granderoute (Ferney-Voltaire, 2007), p.205.

[20] Voir Laurent Versini, *Diderot* (Paris, 1996), p.146, et l'article 'Juifs' dans le *Dictionnaire de Diderot*, dir. R. Mortier et R. Trousson (Paris, 1999), p.260. Pinto est jugé 'the most important Jewish literary figure who wrote in French before the Revolution' par A. Hertzberg, *The French Enlightenment and the Jews* (New York, 1968), p.142. Voir aussi la *Correspondance* de Diderot, éd. G. Roth (Paris, 1955-1970), t.13, p.34-35 et n.3, t.7, p.72, n.1.

[21] *Par l'auteur de l'Essai sur le luxe* (Amsterdam, 1762).

Voltaire qui lui ont enseigné à le combattre. Dès le début de son écrit, il avoue redouter les effets néfastes de ce texte hostile aux Juifs: 'Le poids que cet illustre auteur donne par son autorité à ces préjugés serait capable d'écraser cette nation, en fournissant dans la suite des armes à la calomnie.' Mais lavant l'écrivain de toute mauvaise intention, il est sûr 'qu'il sera bien aise lui-même de prévenir un mal auquel il n'a pas fait assez d'attention' (p.4). Aussi a-t-il l'habileté d'envoyer à l'éditeur ses réflexions, non pour s'attaquer à l'auteur de l'opuscule sur les Juifs, mais pour lui présenter 'de nouveaux matériaux, que personne ne peut mieux mettre en œuvre que lui, et que son amour pour la vérité le pressera d'employer dans une nouvelle édition' (p.8).

Le but recherché est de nuancer, voire de corriger le tableau tracé par Voltaire, en dénonçant l'amalgame dont s'est rendu coupable le philosophe, alors que les Juifs ont peu à peu été marqués, dans chaque pays, par le caractère spécifique des habitants. Aussi en a-t-il fait, selon Pinto, 'un portrait aussi affreux que peu ressemblant' (p.12). Parmi ses contemporains, l'auteur de l'*Apologie* distingue, par exemple, les Juifs espagnols et portugais, qui ont des mœurs et un habillement spécifiques, des Juifs allemands et polonais. Il reproche aussi au texte de Voltaire son grossissement des préjugés populaires, son aveugle prévention, à la fin surtout, qui lui fait parler de la haine des Juifs pour les autres nations là où l'on pourrait, au contraire, admirer leur volonté d'intégration. Ils se croient tellement identifiés avec les peuples avec qui ils cohabitent 'qu'ils se considèrent comme en faisant partie' (p.20). Contre les idées reçues il affirme que les Juifs ne sont ni plus ignorants, ni plus superstitieux que les autres peuples et que, lorsqu'ils sont riches, ils sont enclins à la prodigalité. Il repousse quelques préjugés: ils ne sont pas les seuls à avoir rogné la monnaie. 'S'ils sont fripiers, c'est un métier comme un autre' (p.24). Puis, passant aux temps anciens, il réplique aux généralités de Voltaire concernant leur pauvreté intellectuelle par des exemples précis. Il assure que leur ignorance n'est pas prouvée, en se référant à un témoignage d'Aristote, souligne les beautés poétiques de la langue hébraïque, les traits de feu d'Isaïe, les compétences de Maimonide 'dans toutes les sciences de son siècle' (p.26). Il mentionne l'ancienneté de leur savoir: il indique que les Hébreux ont devancé les Grecs dans l'art de la gravure en pierres fines en se fondant sur l'Exode 28:9-11, qu'ils ont eu plus de connaissances que les autres peuples anciens en astronomie, que l'histoire naturelle écrite par Salomon a précédé celle d'Aristote et de Pline, qu'on trouve des traces de géométrie dans la description du tabernacle et du temple de Salomon, que 'la figure et la nomenclature de l'alphabet a été originairement due aux Hébreux ou Phéniciens; car c'est la même langue et point un jargon' (p.29). Moralement, il veut montrer qu'ils observaient les droits de la nature et des gens: d'une part il explique leur comportement par leur obéissance à la loi divine; ainsi ils n'étaient responsables d'aucun excès dans l'extermination de quelques peuplades de Chanaan, 'puisque c'est l'oracle divin qui avait prononcé la destruction de ces peuples, dont les crimes étaient au comble' (p.31). Pinto suit alors la même démarche que Bossuet.[22] D'autre part, il compare ce comportement à celui des autres peuples, en soulignant que chez tous la violence est employée par nécessité: et il cite l'exemple de Romulus. Répondant plus particulièrement à l'animosité des fidèles du Christ, il renvoie à la 'Très humble remontrance aux Inquisiteurs d'Espagne et de Portugal' de Montesquieu[23] et il rappelle que, juridiquement, ce sont les Romains et non les Juifs qui ont condamné à mort Jésus-Christ.

En répliquant aux derniers mots de l'opuscule voltairien, Isaac Pinto veut montrer que l'Inquisition n'est pas la seule manifestation dangereuse de l'intolérance: 'Ce n'est pas tout de ne pas brûler les gens; on brûle avec la plume, et ce feu est d'autant plus cruel que son effet passe aux générations futures' (p.23). Aussi incite-t-il l'auteur à ne pas offrir des outils à la persécution, à réviser son texte, en admettant 'qu'il doit une réparation aux Juifs, à la vérité, à

[22] Voir le *Discours sur l'Histoire universelle*, Seconde Partie, ch.3.
[23] *L'Esprit des lois*, livre 25, ch.13.

son siècle, et surtout à la postérité, qui attestera son autorité pour sévir et pour écraser un peuple déjà trop malheureux' (p.15).

Voltaire répond à cet envoi, le 21 juillet 1762. Il promet de faire un carton, dans la nouvelle édition, sur des lignes 'violentes et injustes', puisque les Juifs comptent, en effet, des hommes 'très instruits et très respectables' (D10600). Mais même s'il reconnaît qu'il a 'eu tort d'attribuer à toute une nation les vices de plusieurs particuliers', il refuse de poursuivre une discussion sur l'ignorance des Juifs ou sur leur 'jargon'. Il trouve même là une occasion d'attaquer à nouveau les lois, les livres et la superstition d'une nation qui 's'est fait de tout temps beaucoup de mal à elle-même, et en a fait au genre humain'. Toutefois il ne limite pas la superstition au peuple juif: elle est 'le plus abominable fléau de la terre'. 'Il y a des aspects sous lesquels la nature humaine est la nature infernale.' Et il conclut par un vœu montrant qu'il condamne avant tout un fanatisme barbare, manifesté par le peuple élu de la Bible, sans être fondamentalement inhérent à tout Juif: 'Restez juif, puisque vous l'êtes, vous n'égorgerez point 42 000 hommes pour n'avoir pas bien prononcé Shibboleth, ni 24 000 pour avoir couché avec des Madianites; mais soyez philosophe, c'est tout ce que je peux vous souhaiter de mieux dans cette courte vie.'

La signature renouvelle l'invitation à faire coexister l'exercice du libre-arbitre avec l'héritage reçu à la naissance, puisque le scripteur, tout en étant philosophe, se dit 'Voltaire chrétien et gentilhomme ordinaire de la chambre du roi très chrétien'. Ce sera sa seule réponse. Il n'introduira jamais la moindre modification dans les éditions postérieures de son texte et reprendra des attaques comparables dans *La Philosophie de l'histoire*.

Auparavant, *L'Apologie pour la nation juive* et la réponse de Voltaire avaient été mentionnées dans la *Bibliothèque des sciences et des beaux-arts*, en 1762, et dans *The Monthly Review*, en 1763. Pinto y répliquera par la *Réponse de l'auteur de l'Apologie de la nation juive à deux critiques qui ont été faites de ce petit écrit* (La Haye, 1766). La discussion d'Isaac Pinto avec le philosophe français reprendra vie en 1769, avec la publication, par Voltaire, de leur échange

95

épistolaire dans *Le Mercure de France* de mai 1769[24] et avec la parution des *Lettres de quelques juifs portugais et allemands à M. de Voltaire* (Paris, 1769, BV1566), puisque Guénée insère partiellement les feuilles de Pinto dans son ouvrage et reproche lui-même à l'apôtre de la tolérance de calomnier un peuple malheureux.

Si, à cette date, l'abbé tient compte de nombreuses publications voltairiennes, il revient également sur des sujets déjà abordés dans *Des Juifs*. Ainsi, dans le *Petit commentaire extrait d'un plus grand*, complétant les *Lettres de quelques juifs portugais*, il reproduit la question concernant les sacrifices humains chez les Juifs et la glose de Voltaire 'c'est une question de nom' en se référant précisément aux 'Premiers Mélanges'. Il y réplique ainsi: 'Les savants n'ont pas toujours agité des questions fort raisonnables. Il suffisait de savoir combien la Loi juive condamne ces cruelles pratiques des idolâtres, pour être persuadé qu'elle ne les a point ordonnées.' Et il ajoute: '*C'est une question de nom*. Si c'en est une, si vous la regardez comme telle, pourquoi y revenez-vous si souvent? Pourquoi la rabattez-vous en tant de manières? Une question de nom ne méritait pas tant d'attention de votre part.' Voltaire placera à cette page un signet portant 'sacrifices d'hommes' (*CN*, t.4, p.252). Fidèle à cette démarche, Guénée jugera invraisemblable que Jephté ait sacrifié sa fille par un vœu barbare et estimera qu'elle fut simplement consacrée au Seigneur. Il cherchera également à atténuer l'horreur de l'exécution d'Agag par Samuel.

En 1770, Jean Salchli, Professeur à Lausanne, tente une réfutation comparable, entièrement ciblée sur *Des Juifs*, quand il publie à Genève et Lausanne, l'*Apologie de l'histoire du peuple juif, suivant les orateurs sacrés, ou examen du chapitre 1er des Mélanges de littérature de M. de Voltaire*. Avant d'y joindre *Quelques lettres sur les causes de l'incrédulité*, il consacre plus de deux cents pages à commenter, en sept lettres, au fil du texte, l'opuscule de Voltaire. Il exprime d'emblée un jugement catégorique sur un ouvrage qui 'passera toujours pour un monument de ses préjugés, je dirais

---

[24] P.86-89.

presque de sa haine contre nos auteurs sacrés, et contre la nation juive' (p.2). En effet, après s'être annoncé 'de la manière la plus séduisante', Voltaire substitue au 'tableau fidèle' attendu 'le tableau le plus satirique' (p.3). Les critiques de Salchli sont d'ordre divers: elles concernent d'abord les omissions ou les tricheries. Ainsi Voltaire est muet sur les patriarches et sur les Juges, laconique sur le règne des deux premiers rois d'Israël; et il réduit à un 'court espace où [les Juifs] furent souverains de la Palestine' les quatre siècles qui se sont écoulés de Salomon à la captivité de Babylone. Son évaluation des richesses de Salomon, dont il suggère l'invraisemblance, est le double de celle qu'a proposée Dom Calmet; et elle est également bien supérieure aux calculs de l'*Histoire universelle* anglaise, comptant huit cent millions de la monnaie d'Angleterre. Inversement, son calcul des sommes données par les Juifs pour la reconstruction de Jérusalem et du temple est bien inférieur à ceux du bénédictin et des historiens anglais.

Le critique tente, par ailleurs, de nier les invraisemblances bibliques dénoncées par Voltaire. Pour justifier le chiffre de six cent mille combattants raillé par lui, il accumule les arguments: il double le nombre initial de soixante-dix, puisqu'il faut compter aussi les femmes, insiste sur leur fertilité, grâce à une vie saine, sur la pluralité des épouses; et il cherche d'autres exemples de multiplication aussi prompte, en citant le cas de 'nègres' ayant eu plus de deux cents enfants (p.46)! Enfin il essaie par tous les moyens de blanchir le peuple juif des reproches les plus graves, en revenant longuement sur les épisodes qu'avait choisis Voltaire pour montrer sa barbarie et sa cruauté. Jean Salchli souligne d'abord la nécessité de remonter aux origines d'un trait d'histoire. Il expose donc tous les événements qui avaient précédé, et donc en partie justifié le massacre des Madianites. Il procède de même pour les Cananéens, coupables d'inceste, de péchés contre nature, pratiquant des sacrifices humains. Il rappelle que Canaan, héritage de Noé, revenait aux Hébreux. Il affirme que l'arrêt fut moins sévère qu'on ne l'imagine, puisqu'il y eut des survivants. Toutefois, sa démonstration ne va pas sans difficultés, en particulier quand il

97

s'agit de l'exécution des enfants mâles. Aux prises avec les lignes véhémentes de Voltaire concernant les victimes de l'anathème, il réplique par des citations bibliques et des subtilités linguistiques, pour conclure que tout anathème ne vouait pas forcément à la mort, que Voltaire choisit, pour le sort de la fille de Jephté, une interprétation aujourd'hui abandonnée et qu'Agag fut exécuté sans être forcément 'coupé en morceaux'...

Il attaque enfin le tableau affligeant présenté dans la fin du chapitre *Des Juifs*: il insiste sur la beauté, la fertilité, la richesse de la Palestine, en se référant à Flavius Josèphe, mais aussi à des auteurs grecs et latins; et il réfute les affirmations de Voltaire concernant tout ce qui a manqué aux Juifs, milice, philosophie, écoles.

On voit les inégalités de cette *Apologie*, qui s'en tient, du propre aveu de l'auteur, aux temps évoqués par l'Ecriture. Dans sa volonté obstinée de justification, elle ne manque pas de naïvetés, voire de partialité et manifeste peu de prudence historique, quand elle traite des rapports des Hébreux avec les autres peuples, en adoptant des vues opposées à celles de Voltaire mais en manifestant les mêmes défauts. Toutefois, Jean Salchli cerne bien l'excessive rapidité de vue, la frivolité, par endroits, le manque d'objectivité, l'acharnement répétitif qui caractérisent *Des Juifs*. Mais il réfute mot à mot, sans chercher à approfondir sa critique.

Par rapport aux nombreux textes que Voltaire leur consacrera par la suite, comment se situe cette première esquisse?

Place du texte Des Juifs dans l'œuvre de Voltaire

Des Juifs prend place dans une suite de livres où l'auteur affirme vouloir peindre 'l'esprit' et 'l'histoire' d'une nation, selon la démarche de l'*Essai sur les mœurs*. Comme on le verra dans l'annotation, les chapitres consacrés aux Juifs dans *La Philosophie de l'histoire* suivront de très près ce texte. Par ailleurs, Voltaire revient très souvent sur les Hébreux et sur l'Ancien Testament, base de leur histoire, du *Sermon des cinquante* à la *Bible enfin expliquée* ou à l'*Histoire de l'établissement du christianisme*, en passant par le *Catéchisme de l'honnête homme*, de nombreux articles du *Dictionnaire philosophique*, l'*Examen important de milord Bolingbroke*, les *Questions de Zapata*, la troisième des *Homélies*, pour ne citer que les ouvrages les plus connus. Mais la visée polémique est alors évidente. L'auteur veut ridiculiser certains récits, en en montrant le caractère irrationnel ou obscur, riant des animaux qui parlent, raillant les prophètes, se moquant des dimensions prêtées à la tour de Babel, montrant l'impossibilité physique du déluge, dénonçant les fables dissimulées derrière de prétendues interventions divines, quand il évoque la chute de Jéricho ou les eaux changées en sang.[25] Dans sa volonté de désacralisation, il revient sans cesse sur les 'tartines' d'Ezéchiel et les comportements obscènes d'Oolla ou Ooliba, énumère les actes immoraux d'Abraham, s'acharne sur des héros fondateurs comme David.

Rien de tel dans l'opuscule *Des Juifs*, sinon quelque ironie sur certaines invraisemblances, par exemple dans la présentation des trésors de Salomon. 'Il n'est question que des événements purement historiques', affirme l'auteur. Mais si la démarche et la forme sont différentes, la polémique affleure néanmoins. Sous cet apparent sérieux, Pinto a bien discerné le manque d'objectivité. Grossissement, amalgame, généralisation ne relèvent évidemment pas de la démarche historique annoncée. Le récit extrêmement condensé, aux omissions nombreuses, mutile l'histoire des Hébreux. L'écrivain ne dit rien des victoires ou des grandes réalisations de leurs rois avant les périodes d'asservissement (voir n.26). C'est toujours chez eux qu'il trouve les pires défauts, sans émettre le moindre jugement sur le comportement de ceux qui les ont asservis ou qui, à différentes époques, ont pillé leur temple. Il minimise le nombre de Juifs rentrés d'exil, de même que les sommes offertes pour la reconstruction du temple (voir n.31-32), suggérant par là le faible attachement à Jérusalem du plus grand nombre.

[25] Voir mon article 'Histoire et polémique dans la critique biblique de Voltaire: le *Dictionnaire philosophique*', *Raison présente* 112 (1994), p.27-47.

Malgré ce qu'il annonçait, il semble faire peu de cas de l'authentique 'esprit' des Juifs, ce qui l'amène à écrire une histoire apparemment absurde, ou caricaturale. Ainsi, passant sous silence l'aventure du lévite d'Ephraïm, il ne donne aucun motif à la 'guerre civile' qui en découle et qu'il relate, alors que l'épisode biblique soulignait symboliquement la faute initiale: une atteinte au droit sacré de l'hospitalité. Supprimer les causes factuelles fausse totalement le déterminisme historique. Quand Voltaire se borne à écrire: 'Sous Antiochus Epiphane, ils se révoltèrent; la ville fut encore une fois pillée, et les murs démolis', il amène le lecteur à juger que les Juifs sont naturellement portés à la révolte et en subissent donc constamment les effets néfastes. En fait, cette révolte a été une réaction de la conscience nationale, attachée à la Loi et au temple. Dès 170, Antiochus avait dépouillé le temple; puis avaient commencé persécution et massacres à Jérusalem. En 167, un décret abolissait les pratiques juives et instaurait le culte de Jupiter Olympien au Temple. Or l'auteur ne dit rien des raisons religieuses et identitaires de la résistance à laquelle appelèrent Mattathias et ses fils. Il ne parle pas davantage des victoires de Judas Maccabée. Il banalise ainsi ce mouvement de résistance du judaïsme face à la pénétration de l'hellénisme. C'est tronquer l'histoire, après avoir négligé l'histoire des mentalités, imprégnées ici de fidélité au Dieu d'Israël. Même volonté, chez l'écrivain, de banaliser, plus loin, le fondateur du christianisme par des assimilations superficielles, quand il mentionne, sous Pompée, quelques 'séditieux' mis en croix et, sous Adrien, 'un libérateur', un Barcochébas qui se dit 'un nouveau Moïse, un Shilo, un Christ', tandis que Jésus et la naissance du christianisme ne sont à aucun moment évoqués dans la relation du règne d'Hérode ou plus tard. A cette banalisation s'ajoutent les procédés de simplification quand Voltaire qualifie ainsi les Juifs: 'toujours malheureux, toujours esclaves et toujours révoltés'. Cette présentation statique le conduit aussi, comme il le fera au chapitre 6 de l'*Essai*, par une addition de 1761 (*OCV*, t.22, p.132), à projeter le stéréotype médiéval du Juif usurier et cupide sur le peuple hébreu de l'Ancien Testament, sur les Juifs contemporains de Nabuchodonosor, de Cyrus, ou d'Hérode: 'Les Juifs qui aimaient leur temple aimaient encore plus leur argent comptant.' La généralisation et la schématisation des traits psychologiques de la nation gomment toute nuance et toute possible évolution: 'son caractère en tout temps était d'être cruel et son sort d'être puni.' Il peut donc également projeter sur les Juifs modernes la haine ressentie envers les autres nations ou, pour le moins, une totale inaptitude aux relations sociales avec les non Juifs, évidemment à l'opposé du cosmopolitisme des Lumières. Pareillement, à la fin du chapitre 103 de l'*Essai*, ajouté en 1761, il rappellera la haine et le mépris des autres nations envers les Juifs, correspondant à leur propre horreur pour elles. Il conclura: 'Ils gardèrent tous leurs usages, qui sont précisément le contraire des usages sociables' (*Essai*, éd. Pomeau, t.2, p.64).

Dans le tableau final du chapitre *Des Juifs*, il ne retient rien de ce qu'il a pu lire de positif dans l'*Histoire universelle* anglaise, alors qu'en rendant compte, en 1764, du livre de Robert Lowth sur la poésie sacrée des Hébreux, il reconnaîtra quelques qualités aux livres prophétiques, poétiques et sapientiaux. De même il exploite à peu près toujours les ouvrages de Josèphe avec partialité, sans rien retenir de ses indications sur les emprunts des autres peuples aux coutumes ou aux doctrines juives.

Porteur des pires défauts de l'homme irrationnel, le Juif peint par Voltaire n'est-il pas une sorte de 'bouc émissaire', loin d'être l'exact reflet d'une réalité historique?[26] Face aux commentaires d'Isaac Pinto, peut-on éviter, deux siècles plus tard, de poser la question de l'''antisémitisme'[27] de Voltaire? Tenons-nous en au texte de 1756. Outre quelques invraisemblances, ce sont bien les assassinats, les combats fratricides, les immolations, la dangereuse idolâtrie que Voltaire démasque dans cette ébauche. C'est le peuple

---

[26] Voir la conférence 'Voltaire et les Juifs', prononcée par Stéphane Lojkine à l'Université de Tel Aviv, le 10 novembre 2008 (en ligne). Il voit chez Voltaire une volonté de normalisation idéologique du monde, qui fait tomber les différences identitaires.

[27] Rappelons que ce terme date de la fin du dix-neuvième siècle.

de la Bible, avant tout, qu'il dépeint, sans en montrer les grandeurs puisque, selon lui, il n'a d'autre alternative que la soumission ou la sédition. En prétendant que son destin est déterminé par sa situation géographique et par son génie propre, il ne lui laisse aucune liberté.

C'est peut-être par là que l'analyse de Voltaire est la plus inquiétante, dans cette obstination à réduire les Juifs au rôle d'imitateurs impuissants ou d'ennemis orgueilleux et constants des autres peuples. On peut juger qu'il cristallise sur eux sa répulsion devant la barbarie de certains comportements super-stitieux. Bossuet, pour sa part, opposait Moïse, recueillant pour son peuple l'histoire des siècles passés et des manifestations divines, aux autres peuples que toutes les formes d'idolâtrie avaient menés aux sacrifices humains, aux 'horribles iniquités [...] dont Dieu commit la vengeance aux Israélites'.[28] Inversement, Voltaire insiste sans cesse, dans quantité d'ouvrages postérieurs à *Des Juifs*, comme on le verra par l'annotation, sur le verset du Lévitique ordonnant de mettre à mort ce qui a été dévoué par anathème. L'esprit de la nation a été conditionné par une telle loi. L'est-il encore à ses yeux?

Il serait évidemment absurde de rendre Voltaire responsable des actes de barbarie commis deux siècles après lui, alors que son but a été si souvent de dénoncer la barbarie cachée derrière certaines entreprises 'sacrées' de la religion chrétienne, fille du judaïsme. Dans un article sur 'Voltaire et les Juifs',[29] Roland Desné a critiqué certaines relations établies entre Voltaire et l'antisémitisme moderne, en particulier par Richard H. Popkin, Arthur Hertzberg ou Arnold Ages.[30] Les rapprochements qu'il a opérés entre des

[28] *Discours sur l'histoire universelle*, Seconde Partie, ch.3, in *Œuvres* (Paris, 1961), p.788.

[29] 'Voltaire et les Juifs. Antijudaïsme et antisémitisme. A propos du *Dictionnaire philosophique*', *Etudes offertes à Sven Stelling-Michaud*, Presses Universitaires Romandes (Genève, 1975), p.131-45. Version abrégée de ce texte dans *La Pensée* 203 (février 1979), p.70-81, 'Voltaire était-il antisémite?'.

[30] A. Ages, *French Enlightenment and rabbinic tradition* (Frankfurt, 1970); A.

articles du *Dictionnaire philosophique* et les jugements de contemporains de Voltaire, le rappel de certaines phrases du *Mémoire de Meslier* par exemple, montrent qu'il s'agit surtout d'un antijudaïsme qui permet, à travers l'Ancien Testament, d'attaquer l'Infâme. C'est également ainsi que Jacques François De Luc interpréta le texte *Des Juifs*. Dans une lettre à Rousseau du 24 septembre 1762, où il relate une récente visite à Voltaire, il se dit frappé, après une lecture des 'chapitres des Juifs, des empereurs Constantin, Dioclétien, Julien et autres', par les 'tours insidieux contre la religion chrétienne' et ne voit plus dans le patriarche de Ferney qu'un 'caméléon dangereux' (D10725).

Des ouvrages postérieurs peuvent, en effet, éclairer d'un nouveau jour certains aspects du texte de 1756, orientés, en fait, contre les déviations dont l'histoire du peuple juif montrait déjà des exemples et contre les excès d'une religion issue du judaïsme. Comme J. H. Brumfitt l'a remarqué pour *La Philosophie de l'histoire*, l'attitude ambiguë des chrétiens envers les Juifs, peuple élu mais meurtrier du Christ, permet au philosophe de dire à propos des Juifs ce qu'il n'aurait jamais osé dire à propos des chrétiens eux-mêmes.[31] En effet, Bossuet en personne ne manque pas de dureté pour les Juifs après Jésus-Christ, qui 's'enfoncent de plus en plus dans l'ignorance et dans la misère', qui 'demeurent la risée des peuples, et l'objet de leur aversion'. Et par la bouche de saint Jérôme, il rappelle au peuple juif la succession d'idolâtries

---

Hertzberg, *The French Enlightenment*, p.280-308; R. Popkin, 'The philosophical basis of 18th-century racism', *Racism in the 18th century, Studies in 18th century culture* 3 (Cleveland, 1973). Voir aussi P. Aubery, 'Voltaire et les Juifs: ironie et démystification', *SVEC* 24 (1963), p.67-79; P. Gay, 'Voltaire's antisemitism', *The Party of humanity: studies in the French Enlightenment* (New York, 1964), p.97-108; J. Katz, 'Le judaïsme et les Juifs vus par Voltaire', *Dispersion et unité* 18 (1978), p.135-49; L. Poliakov, *Histoire de l'antisémitisme*, tome 3, *De Voltaire à Wagner* (Paris, 1968), mentionnant les compilations, faites par Henri Labroue, des écrits de Voltaire hostiles aux Juifs, parues sous le titre *Voltaire antijuif* (Paris, 1942); B. E. Schwarzbach, 'Voltaire et les Juifs: bilan et plaidoyer', *SVEC* 358 (1998), p.27-91.

[31] *OCV*, t.59, p.58.

dont il s'est rendu coupable et l'esclavage et la captivité qui ont suivi. C'est donc, en fait, tout au long de son histoire que le peuple juif a mérité d'être châtié, bien que le rejet de Jésus-Christ ait été la pire des fautes: 'La justice que Dieu fit des Juifs par Nabuchodonosor n'était qu'une ombre de celle dont Tite fut le ministre.'[32]

Il peut donc paraître excessif, malgré les mauvaises relations de Voltaire avec quelques Juifs, de conclure à son antisémitisme, quand l'on tient compte de l'ensemble de son œuvre. Roland Desné remarque que si Voltaire juge les 'annales' du peuple juif 'plus révélatrices que d'autres de la faiblesse et de la folie des hommes', il admet qu'il y a bien d'autres peuples comparables, plaçant à côté des Juifs, dans une note des *Lois de Minos*, Grecs, Egyptiens, Teutons, Gaulois, Indiens.[33] Le critique met aussi en garde contre les tournures superlatives, appréciées du polémiste. Lorsque Voltaire désigne les Juifs par la formule 'le peuple le plus intolérant et le plus cruel de toute l'antiquité', c'est pour faire découvrir cependant chez lui des exemples de tolérance; et il reprend le superlatif pour juger les chrétiens 'les plus intolérants de tous les hommes'. Plus loin il jugera qu'il n'y a pas 'de nation plus cruelle que la française'.[34] 'On ne peut donc pas isoler le procès du judaïsme d'une lutte générale et conséquente contre la barbarie,' conclut Roland Desné.

D'autre part, dans certains articles, Voltaire en vient à dispenser des éloges à quelques Juifs éclairés, érudits, lettrés, et même 'devenus philosophes'.[35] Le chapitre 103 de l'*Essai*, tout en estimant qu'ils furent, avec raison, traités comme une nation opposée aux autres, loue la situation qui leur est faite en Hollande et en Angleterre, où ils peuvent vivre riches et libres, jouissant de tous les droits de l'humanité 'dont on ne doit dépouiller personne'

[32] *Discours sur l'histoire universelle*, Seconde Partie, ch.21 et 24, in *Œuvres*, p.870 et 894

[33] 'Voltaire était-il antisémite?', p.79.

[34] Exemples tirés des articles 'Tolérance' et 'Torture' du *DP* (*OCV*, t.36, p.556, 558, 572).

[35] Voir R. Desné, p.80.

(*Essai*, éd. Pomeau, t.2, p.63). L'auteur, toutefois, ne va pas au-delà, jugeant qu'il serait ridicule qu'ils siègent à la chambre des pairs. Mais le début du chapitre soulignera, par une addition de 1769, tout ce qui (hélas, peut-être) nous rapproche d'eux: tenant d'eux notre religion et plusieurs de nos lois et usages, 'nous ne sommes au fond que des Juifs avec un prépuce' (p.61).

Tout cela constitue un contrepoids à la charge entièrement négative du chapitre *Des Juifs*. Car on doit bien admettre que dans ce premier tableau tracé par l'écrivain nul héros n'émerge de ce peuple en lutte; nul sage ne guide ce peuple errant. Et les victimes innombrables ne suscitent guère de compassion tant elles sont, par leurs défauts mêmes, la propre cause de leurs malheurs. L'expression hyperbolique porte les marques de la passion, sans que l'hostilité soit, ici, contrebalancée par un scepticisme plus général sur les mœurs de ces temps anciens, ou par la mention, chez les Juifs, de quelque progrès au cours des âges. La conclusion est définitive et englobe les temps présents: 'Vous ne trouverez en eux qu'un peuple ignorant et barbare, qui joint depuis longtemps la plus sordide avarice à la plus détestable superstition, et à la plus invincible haine pour tous les peuples qui les tolèrent et qui les enrichissent.' La gêne éprouvée à la lecture est d'autant plus grande que l'auteur prétend au sérieux de l'historien.

Isaac Pinto, à la fin de son *Apologie*, se référait à Montesquieu. Avant même la *Très Humble Remontrance...*, l'écrivain avait évoqué la situation des Juifs dans la soixantième des *Lettres persanes*. Certes, le scripteur rappelait leur goût de l'argent et leur attachement obstiné à leur religion. Mais il se réjouissait surtout du calme dans lequel ils pouvaient maintenant vivre en Europe et il faisait l'apologie de la tolérance. Pour nous en tenir à des textes ayant pour but avoué une information objective et qui ne soient pas trop tardifs, nous pourrions mettre aussi en parallèle la démarche suivie dans l'*Encyclopédie*. Le bref article de Jaucourt, qui concerne l'histoire des Juifs après Jésus-Christ, donne d'eux une image positive, puisqu'ils contribuent, grâce au commerce qu'ils animent, à créer un lien entre les nations. Quant à l'article de

Diderot sur la 'Philosophie des Juifs', minutieux et très documenté, s'il dénie une place au peuple élu dans le domaine des sciences, il affirme son admiration pour ses législateurs et ses sages. Il retrace avec soin l'histoire et la doctrine des Samaritains, l'origine des différentes sectes, les croyances et les mœurs de chacune d'entre elles. L'analyse détaillée de la philosophie juive depuis la ruine de Jérusalem et l'insistance sur les docteurs du douzième siècle, l'exposé des opinions des Juifs sur la divinité, la Providence, la liberté, la création du monde, les anges et les démons, le rappel de leurs principes de morale, montrent assez que l'objet du discours, même si l'encyclopédiste n'adhère en rien à ces doctrines, revêt pour lui une toute autre importance que pour Voltaire. Le côté abrupt, la rapidité et le ton tranché des réponses sur des sujets proches, dans *Des Juifs*, ne sont guère la marque d'une recherche objectivement approfondie.

En fait, Voltaire semble pris entre son combat pour la tolérance et sa crainte de ce qui divise, à commencer par le fanatisme religieux. Ainsi pourrait s'expliquer cette attitude ambivalente envers les Juifs. Il ne faut certes pas les brûler, de même qu'il ne faudra pas laisser condamner les familles protestantes victimes de fausses accusations, même si on juge incompréhensible leur fidélité religieuse. Mais, selon Voltaire, les Juifs s'excluent d'eux-mêmes. La tolérance se limite donc à les laisser vivre comme ils le souhaitent, sans qu'une totale intégration, ou une égalité de droits, soit possible. La reprise par Voltaire de la formule finale 'il ne faut pourtant pas les brûler' à propos de Rousseau (voir n.79) est éclairante. Rousseau s'est exclu du groupe des philosophes. Aux yeux du philosophe de Ferney, c'est un diviseur, un Judas dangereux. On se bornera donc à ne pas le persécuter.

Si l'interprétation des textes de Voltaire n'est pas évidente, c'est probablement parce que lui même hésite devant la difficile question: Faut-il être tolérant envers les intolérants? Or les Juifs ont été intolérants, cruels, sanguinaires et, à ses yeux, continuent à s'enfermer orgueilleusement dans leurs croyances et leurs usages. L'Infâme a hérité de cette intolérance. On lit dans les Leningrad

Notebooks: 'Samuel tue sur l'autel le gros roi Agag malgré Saül [...] Je suppose que les Juifs soient les maîtres. A eux permis de sacrifier qui ils voudront selon le chap.28 de Lévitique' (*OCV*, t.81, p.401). Voltaire pense-t-il aux Juifs eux-mêmes? Ou aux chrétiens fanatiques qui ont adopté des pratiques cruelles que les Juifs sont responsables d'avoir propagées? Selon les moments, la terreur à l'idée d'une explosion de fanatisme religieux l'emporte. Alors la violence polémique entrave l'objectivité, pervertit la documentation, ne laisse voir que noirceur dans l'altérité. C'est le cas dans le chapitre *Des Juifs*. Toutefois il n'a pas dépendu de Voltaire que ce combat contre la barbarie ait, plus tard, été dévié, jusqu'aux conséquences les plus paradoxales, de son véritable but.

Editions

w56

T.5, p.1-18.
Texte de base.

w52

T.8, p.53-68.

w57G

T.5, p.1-18.
Notre texte se trouve aussi dans l'édition que Trapnell nomme 61G, qui est identique à w57G, t.5, sauf pour le faux-titre et la page de titre, où on lit 'tome dix-neuvième'.

w57P

T.7, p.1-25.

s058

T.2, p.145-65.

W64G

T.5, p.5-22.

W64R

T.17, p.1-15.

W68

T.15, p.283-95.

W70G

T.5, p.5-22.

W71L

T.14, p.310-23.

W71P

T.6, p.1-23.

W70L (1772)

T.30, p.297-315.

W72P (1773)

T.19, p.3-26.

W72X

T.5, p.5-22.

W75G

T.33, p.347-61.

w75x

T.33, p.350-63.

k84

T.41, p.136-52.

Traduction anglaise

The Works of M. de Voltaire, tr. Smollett *et al.* (London, 1761-1764), t.12, p.1-20: Of the Jews.

Principes de l'édition

L'édition choisie comme texte de base est w56, la première édition, publiée avec la participation active de Voltaire.

Les variantes figurant dans l'apparat critique proviennent des sources suivantes: w52, w57G, w57P, so58, w64G, w64R, w68, w70G, w70L, w72P, w75G, w75X, k84. Nous n'avons pas tenu compte des erreurs typographiques, ni des différences de ponctuation.

Traitement du texte de base

L'orthographe des noms propres de personnes et de lieux a été respectée, mais nous avons supprimé, dans ce cas, les italiques.

Nous avons également respecté la ponctuation. Toutefois, les points suivant les chiffres arabes (verset 27. du chapitre 29ᵉ.) ont été supprimés.

Par ailleurs, le texte de w56 a fait l'objet d'une modernisation portant sur la graphie, l'accentuation et la grammaire. Les particularités du texte de base étaient les suivantes:

I. Particularités de la graphie

1. Consonnes

— absence de la consonne *p* dans le mot 'tems' et son composé 'longtems'
— absence de la consonne t dans certaines finales en *ans*: combattans, enfans, habitans

- redoublement de consonnes contraire à l'usage actuel: allarmer, appeller
- présence d'une seule consonne là où l'usage actuel prescrit son doublement: apartenir, aprendre, aprocher, chifre, déveloper, faloir, fraper, oprobre, pouraient, rabin, racourcir, raporter, suplice

2. Voyelles

- emploi de *y* à la place de *i* dans: croyent, envoye, payement, Tygre
- emploi de la graphie *-oi* pour *-ai* dans: monnoie

3. Divers

- Utilisation systématique de la perluette, sauf en tête de phrase

4. Graphies particulières

- L'orthographe moderne a été rétablie dans les mots: Bracmane, Caldéen, encor, étendart, hazard, sçu

5. Le trait d'union

- Contrairement à l'usage actuel, il est présent dans: grand-homme, dans les expressions dès-lors, par-là, et dans les nombres: deux-cent-quinze, six-cent-mille, six-cent-soixante et quinze mille, trente-deux-mille, six-cent, vingt-cinq-milliards six-cent-quarante-huit millions, sept-cent, trois-cent

6. Majuscules supprimées

- Nous mettons une minuscule aux mots suivants: Anarchie, Ange, Art, Astronome, Autel, Auteur, Bienheureux, Bonze, Céleste, Chef, Chérubin, Chrétien, Chrétienne, Ciel, Commentateurs, Colonie, Conquérant, Couronne, Courtisane, Culte, Diadème, Dignité, Docteur, Empereur, Empire, Ere, Génie, Géomètre, Gouvernement, Gouverneur, Grand-Prêtre, Héros, Historien, Légale, Législateur, Libérateur, Loi, Mage, Maître, Marine, Mer, Mère, Miracle, Monarchique, Monde, Musulman, Musulmane, Nation, Oracle, Palais, Patriarche, Père, Peuple, Pharisien, Philosophie, Physicien, Poésie, Poète, Politique, Pontife, Pontifical, Premier Principe, Prêtres, Prince, Proconsul, Prophète, Province, Rabbin, Règne, Religion, Républicain, Roi, Royaume, Royauté, Sacrificateur, Saducéen, Sanctuaire, Sénat, Souverains, Temple, Terre, Tétrarque, Théologie, Traité, Tribu, Tyran, Univers, Veau, Ville.

II. Particularités d'accentuation

— L'accentuation a été rendue conforme aux usages modernes à partir des caractéristiques suivantes du texte de base:

1. L'accent aigu

— Il est absent dans: conquerir, lezard, replique
— Il est présent dans: Brétons
— Il est employé au lieu du grave dans: chérement, derniére, entiérement, Guébres, Médes, mére, pére, premiére, priére, régne, siége, singuliére

2. L'accent circonflexe

— Il est employé dans des mots qui ne le comportent pas selon l'usage actuel: aîlé, pû, s'accoutûmer, toûjours (et toujours)
— Il est employé à la place de l'accent aigu dans: chrêtien, chrêtienne
— Il est absent dans: ame, bruler, grace, idolatrie, parait

3. Le tréma

— Contrairement à l'usage actuel, on le trouve dans: avoüer, Israëlite, jouïr, poësie, poëte

III. Particularités grammaticales

— L'adjectif numéral 'cent' demeure invariable
— Emploi de l's adverbial dans: jusques
— Emploi du pluriel en x dans: loix

DES JUIFS

Vous m'ordonnez[1] de vous faire un tableau fidèle de l'esprit des Juifs, et de leur histoire: et sans entrer dans les voies ineffables de la Providence, vous cherchez dans les mœurs de ce peuple la source des événements que cette Providence a préparés.[2]

Il est certain que la nation juive est la plus singulière qui jamais ait été dans le monde. Quoiqu'elle soit la plus méprisable aux yeux de la politique, elle est à bien des égards considérable aux yeux de la philosophie.[3]

Les Guèbres, les Banians, et les Juifs sont les seuls peuples qui subsistent dispersés, et qui n'ayant d'alliance avec aucune nation se perpétuent au milieu des nations étrangères, et soient toujours à part du reste du monde.

Les Guèbres ont été autrefois infiniment plus considérables que les Juifs, puisque ce sont des restes des anciens Perses, qui eurent les Juifs sous leur domination; mais ils ne sont aujourd'hui répandus que dans une partie de l'Orient.

[1] L'édition in-12 de Kehl de 1785 (t.52, p.362) précise que l'auteur s'adresse ici à madame la marquise Du Châtelet. Cf. le début de l'Avant-propos de l'*Essai sur les mœurs*, adressé à la même destinataire (voir notre introduction).

[2] Voltaire affirme nettement son intention de se démarquer de Bossuet et de substituer à toute explication providentialiste un déterminisme historique à partir de causes purement humaines, but énoncé également dans certains chapitres de l'*Essai*. Il feint de ne voir que des 'causes secondes' dans les mœurs du peuple juif, au moyen desquelles se seraient réalisés les desseins de Dieu. Mais c'est là un pastiche des principes du *Discours sur l'histoire universelle*, auxquels ne saurait adhérer un philosophe qui ne croit pas en un Dieu intervenant dans les affaires humaines.

[3] Phrase ambiguë, Voltaire affirmant plus loin que les Juifs n'avaient 'aucune' philosophie. Ce qui peut rendre la nation juive digne de la considération, c'est-à-dire de l'attention des esprits philosophiques, ne peut être que sa singularité, voire son irrationalité. Seule la mentalité des Juifs, avec ce mélange d'"orgueil' et d'"abaissement' visible dans toute leur histoire, peut susciter une interrogation critique. Cf. *La Philosophie de l'histoire* évoquant une 'nation si différente en tout des autres hommes, qu'il faut la regarder avec d'autres yeux que ceux dont on examine le reste de la terre' (*OCV*, t.59, p.230).

Les Banians, qui descendent des anciens peuples chez qui Pythagore puisa sa philosophie, n'existent que dans les Indes, et en Perse: mais les Juifs sont dispersés sur la face de toute la terre; [4] et s'ils se rassemblaient, ils composeraient une nation beaucoup plus nombreuse qu'elle ne le fut jamais dans le court espace où ils furent souverains de la Palestine. Presque tous les peuples qui ont écrit l'histoire de leur origine, ont voulu la relever par des prodiges: tout est miracle chez eux: leurs oracles ne leur ont prédit que des conquêtes: [5] ceux qui en effet sont devenus conquérants, n'ont pas eu de peine à croire ces anciens oracles que l'événement justifiait. Ce qui distingue les Juifs des autres nations, c'est que leurs oracles sont les seuls véritables: il ne nous est pas permis d'en douter. Ces oracles, qu'ils n'entendent que dans le sens littéral, leur ont prédit cent fois qu'ils seraient les maîtres du monde: cependant ils n'ont jamais possédé qu'un petit coin de terre pendant quelques années; ils n'ont pas aujourd'hui un village en propre. [6] Ils doivent donc

[4] Comparaison fréquente entre Guèbres et Banians d'un côté, Juifs de l'autre. L'*Essai* (ch.102) les rapproche à cause de leur enrichissement par le commerce et de leur vie à l'écart des autres hommes, traits rappelés au ch.158 et repris au ch.42 de *La Philosophie de l'histoire* (*OCV*, t.59, p.235). Au ch.143 l'*Essai* délimite les espaces occupés par Guèbres et Banians et rappelle leurs croyances religieuses. Mais, au ch.102, Voltaire souligne finalement la particularité des Juifs: chassés d'Espagne à la fin du quinzième siècle parce que, par le commerce et l'usure, ils avaient attiré à eux, aux dépens des Espagnols, tout l'argent du pays, ils sont 'en horreur à tous les peuples chez lesquels ils sont admis' (*Essai*, éd. Pomeau, t.2, p.58), tandis que Banians et Guèbres sont bien voulus partout. En 1769, poursuivant son combat en faveur de la tolérance, Voltaire publiera *Les Guèbres*: ces fidèles, persécutés, du culte de Zoroastre y suivent une religion fondée sur la vertu et la raison.

[5] Voltaire revient souvent sur le goût des nations pour les origines fabuleuses (voir *L'Ingénu*, ch.11, *OCV*, t.63c, p.264; *Dieu et les hommes*, *OCV*, t.69, p.384). Toutefois le goût prédominant du prodige chez les Hébreux est souligné en termes très proches dans *La Philosophie de l'histoire*: 'Chaque peuple a ses prodiges; mais tout est prodige chez le peuple juif' (*OCV*, t.59, p.222) et dans *Dieu et les hommes* avec une formule comparable (*OCV*, t.69, p.334).

[6] Même ironie, dans *La Philosophie de l'histoire*, sur ces Juifs 'enfermés dans un coin de terre presque inconnu', qui 'espérèrent, comme les autres peuples, d'être les maîtres de l'univers, fondés sur mille oracles que nous expliquons dans un sens mystique, et qu'ils entendaient dans le sens littéral' (*OCV*, t.59, p.195).

croire, et ils croient en effet, qu'un jour leurs prédictions s'accompliront, et qu'ils auront l'empire de la terre.

Ils sont le dernier de tous les peuples parmi les musulmans et les chrétiens, et ils se croient le premier. Cet orgueil dans leur abaissement est justifié par une raison sans réplique, c'est qu'ils sont réellement les pères des chrétiens et des musulmans. Les religions chrétienne et musulmane reconnaissent la juive pour leur mère; et par une contradiction singulière, elles ont à la fois pour cette mère du respect et de l'horreur. [7]

Il ne s'agit pas ici de répéter cette suite continue de prodiges qui étonnent l'imagination, et qui exercent la foi. Il n'est question que des événements purement historiques, dépouillés du concours céleste et des miracles que Dieu daigna si longtemps opérer en faveur de ce peuple.

On voit d'abord en Egypte une famille de soixante et dix personnes, produire au bout de deux cent quinze ans une nation dans laquelle on compte six cent mille combattants, ce qui fait avec les femmes, les vieillards et les enfants, plus de deux millions d'âmes. [8] Il n'y a point d'exemple sur la terre d'une population si

35

40

45

50

---

[7] Cf. *Small Leningrad notebook* (*OCV*, t.81, p.51). Voltaire est revenu à plusieurs reprises sur l'attitude ambivalente des chrétiens envers les Juifs: voir *Le Sermon du rabbin Akib* (1761, *M*, t.24, p.277-84), stigmatisant la persécution des Juifs par les chrétiens, les articles 'Abraham' et 'Salomon' du *DP* (*OCV*, t.35, p.289 et t.36, p.517) et *La Philosophie de l'histoire*: 'Notre Sainte Eglise, qui a les Juifs en horreur, nous apprend que les livres juifs ont été dictés par le Dieu créateur et père de tous les hommes' (*OCV*, t.59, p.213-14).

[8] Voir Genèse 46:27, Exode 1:5 pour les soixante-dix personnes de la famille de Jacob qui vinrent en Egypte; et Exode 12:37 pour les six cent mille hommes de pied qui partirent de Ramsès, évaluation et précision chronologique répétées par Josèphe dans les *Antiquités judaïques* (livre 2, ch.5, in *Histoire des Juifs*, trad. Arnauld d'Andilly, Paris, 1735-1736, BV1743). Mêmes renseignements dans le *Dictionnaire* de Moreri (éd. 1732), à l'article 'Judée, Des Juifs' (t.4), mais avec une insistance sur les aspects miraculeux de la sortie d'Egypte et dans l'*Histoire universelle* anglaise (Amsterdam, 1742-1792, t.2, livre 1, ch.7, p.186). Voltaire revient sur cette 'multiplication contre l'ordre de la nature' dans *La Philosophie de l'histoire* (*OCV*, t.59, p.222; voir aussi p.246), dans quantité d'ouvrages polémiques et même dans sa correspondance (D7420, à La Michodière, vers octobre 1757).

prodigieuse: cette multitude sortie d'Egypte demeura quarante ans dans les déserts de l'Arabie Pétrée: ⁹ et le peuple diminua beaucoup dans ce pays affreux.

Ce qui resta de la nation, avança un peu au nord de ces déserts. Il paraît qu'ils avaient les mêmes principes qu'eurent depuis les peuples de l'Arabie Pétrée et déserte, de massacrer sans miséricorde les habitants des petites bourgades sur lesquels ils avaient de l'avantage, et de réserver seulement les filles. L'intérêt de la population a toujours été le but principal des uns et des autres. On voit que quand les Arabes eurent conquis l'Espagne, ils imposèrent dans les provinces des tributs de filles nubiles; et aujourd'hui les Arabes du désert ne font point de traités sans stipuler qu'on leur donnera quelques filles et des présents. ¹⁰

Les Juifs arrivèrent dans un pays sablonneux, hérissé de montagnes, où il y avait quelques villages habités par un petit peuple nommé les Madianites. Ils prirent dans un seul camp de Madianites six cent soixante et quinze mille moutons, soixante et douze mille bœufs, soixante et un mille ânes, et trente-deux mille pucelles. Tous les hommes, toutes les femmes et les enfants mâles furent massacrés: les filles, et le butin, furent partagés entre le peuple et les sacrificateurs. ¹¹

68-69 w52: soixante et quinze mille bœufs
69 w75x: soixante un mille ânes

⁹ Exode 16:35.
¹⁰ Pour de plus amples comparaisons entre Juifs et Arabes, à l'avantage des derniers, voir l'*Essai sur les mœurs*, ch.6 et *La Philosophie de l'histoire*, ch.15. Voltaire y distingue 'les hordes qui se disent descendantes d'Ismaël', qui erraient dans l'Arabie Pétrée, des 'peuples de l'Arabie proprement dite [...] véritablement indigènes' qu'on ne vit jamais 'envahir le bien de leurs voisins comme des bêtes carnassières affamées, ni égorger les faibles, en prétextant les ordres de la divinité' (*OCV*, t.59, p.141-42). L'*Essai* (ch.27) rappelle que, pour pouvoir gouverner les Asturies, Mauregat paya tribut et fournit cent belles filles tous les ans pour le sérail d'Abdérame, en se conformant à la coutume arabe. Voltaire ajoute que les caravanes, parmi les présents faits aux Arabes, offrent toujours des filles nubiles. Indication comparable dans le *Traité sur la tolérance* (*OCV*, t.56c, p.198, n.).
¹¹ Nombres 31:1-47. Pour les animaux capturés, Josèphe donne des chiffres

Ils s'emparèrent ensuite, dans le même pays, de la ville de Jéricho; mais ayant voué les habitants de cette ville à l'anathème, ils massacrèrent tout jusqu'aux filles mêmes, et ne pardonnèrent qu'à une courtisane nommée Raab, qui les avait aidés à surprendre la ville. [12]   75

Les savants ont agité la question, si les Juifs sacrifiaient en effet des hommes à la Divinité, comme tant d'autres nations: c'est une question de nom: ceux que ce peuple consacrait à l'anathème   80 n'étaient pas égorgés sur un autel avec des rites religieux: mais ils n'en étaient pas moins immolés, sans qu'il fût permis de pardonner à un seul. Le Lévitique défend expressément au verset 27 du chapitre 29ᵉ, de racheter ceux qu'on aura voués; il dit en propres paroles, *Il faut qu'ils meurent.* C'est en vertu de cette loi que Jephté   85 voua et égorgea sa fille, que Saül voulut tuer son fils, et que le prophète Samuel coupa par morceaux le roi Agag prisonnier de Saül. Il est bien certain que Dieu est le maître de la vie des hommes, et qu'il ne nous appartient pas d'examiner ses lois: nous devons nous borner à croire ces faits, et à respecter en silence les desseins   90 de Dieu qui les a permis. [13]

---

légèrement différents (*Antiquités*, livre 4, ch.7). C'est au ch.36 de *La Philosophie de l'histoire*, 'Des victimes humaines', que Voltaire fait allusion à cet épisode (*OCV*, t.59, p.214). Il aime répéter ces chiffres, jugés invraisemblables, du *Sermon des cinquante* (*M*, t.24, p.441-42) à *Un chrétien contre six Juifs* (*M*, t.29, p.559). Voir l'article 'Tolérance' du *DP* (*OCV*, t.36, p.556), le *Traité sur la tolérance* (*OCV*, t.56c, p.200), *Dieu et les hommes* (*OCV*, t.69, p.373).

[12] Josué 6:1-25 et *Antiquités* de Josèphe, livre 5, ch.1. Voltaire revient très souvent sur ces cruautés et sur la personnalité de Rahab, en particulier dans *La Philosophie de l'histoire* (*OCV*, t.59, p.214 et 228). J. H. Brumfitt (*OCV*, t.59, p.311) voit là une influence de Tindal (*Christianity as old as the creation*, London, 1731, p.238). Voir aussi le *Traité sur la tolérance* (*OCV*, t.56c, p.196), les *Questions de Zapata* (*OCV*, t.62, p.390). Ce chapitre 6 de Josué, dans son *Commentaire littéral* de Calmet, est marqué d'un signet (*CN*, t.2, p.56).

[13] Il faut lire 'Lévitique 27:29', comme l'indique Moland. Ce verset a particulièrement préoccupé Voltaire. Suivi d'une explication de Calmet, il est, dans son *Commentaire*, marqué d'un signet portant 'que tout ce qui est voué meure' (*CN*, t.2, p.54-55). Il est mentionné dans *La Philosophie de l'histoire* et illustré également

On demande aussi quel droit des étrangers tels que les Juifs avaient sur le pays de Canaan? On répond qu'ils avaient celui que Dieu leur donnait.

A peine ont-ils pris Jéricho et Laïs,[14] qu'ils ont entre eux une guerre civile, dans laquelle la tribu de Benjamin est presque toute exterminée, hommes, femmes, et enfants; il n'en resta que six cents mâles;[15] mais le peuple ne voulant point qu'une des tribus fût anéantie, s'avisa pour y remédier de mettre à feu et à sang une ville

95

---

par les exemples de Jephté et d'Agag (*OCV*, t.59, p.214). Guénée, dans ses *Lettres de quelques Juifs portugais et allemands*, citera et commentera ce qu'a écrit ici Voltaire (voir notre introduction). Pour la fille de Jephté, voir Juges 11:34-40 et Josèphe, livre 5, ch.9. Pour le fils de Saül, I Samuel 14:38-45 (correspondant à I Rois dans les bibles du dix-huitième siècle) et *Antiquités*, livre 6, ch.7. Pour Agag voir I Samuel 15:32-33 et *Antiquités*, livre 6, ch.9. L'*Histoire universelle* anglaise (p.666-67) donnait de longues notes érudites sur les discussions des savants mentionnées par Voltaire, en particulier à propos du sacrifice de la fille de Jephté. Calmet explique ces versets dans son *Commentaire* (voir *CN*, t.2, p.59-60, avec signets) et dans son *Dictionnaire* (voir l'article 'Jephté' du *DP*, *OCV*, t.36, p.240-41, n.2), indiquant les divergences entre les Pères de l'Eglise, qui admettaient que Jephté avait offert sa fille en holocauste, et certains apologistes (tel était le cas de Chaudon ou de Guénée) selon qui elle avait été seulement vouée au célibat. Dans l'article 'Jephté', Voltaire rappelle le meurtre d'Agag par Samuel et conclut: 'Voilà donc les sacrifices de sang humain clairement établis' (p.242 et n.6 pour la référence aux *Carnets*). Ces meurtres qui horrifient le philosophe sont maintes fois cités. Voir l'*Essai sur les mœurs*, ch.147, avec rappel du verset du Lévitique (*Essai*, t.2, p.349), dans le *DP* les articles 'Fanatisme' (*OCV*, t.36, p.109 et n.16 pour d'autres références), 'Idole, idolâtre, idolâtrie' (p.225 et n.62 pour l'influence de Tindal), 'Religion' (p.486), l'*Examen important de milord Bolingbroke* et les *Questions de Zapata* (*OCV*, t.62, respectivement p.197, 200 et p.391, 395). Le chapitre 21 de *Dieu et les hommes* a pour titre 'Que la loi juive est la seule dans l'univers qui ait ordonné d'immoler les hommes'; y sont repris les exemples de la fille de Jephté et des Madianites. Contrairement à toutes les bienséances théâtrales, l'écrivain montra même sur scène le meurtre d'Agag par Samuel, dans sa tragédie de *Saül*.

[14] Voir Juges 18:27-28 où sont relatées la migration danite et la prise de Laïs par la tribu de Dan, qui extermine un peuple tranquille et confiant.

[15] Voir Juges 20:29-48 et *Antiquités*, livre 5, ch.2, où sont rapportées la volonté des Israélites de venger le crime commis contre le lévite d'Ephraïm par les Benjaminites (que Voltaire passe sous silence), l'obstination et la défaite finale de ces derniers, six cents hommes seulement ayant réussi à prendre la fuite. L'auteur cache la cause de cette guerre: l'atteinte au droit sacré de l'hospitalité dont se sont rendus coupables des

entière de la tribu de Manassé, d'y tuer tous les hommes, tous les   100
vieillards, tous les enfants, toutes les femmes mariées, toutes les
veuves, et d'y prendre six cents vierges, qu'ils donnèrent aux six
cents survivants de Benjamin pour refaire cette tribu, afin que le
nombre de leurs douze tribus fût toujours complet. [16]

Cependant les Phéniciens, peuple puissant, établis sur les côtes   105
de temps immémorial, alarmés des déprédations et des cruautés de
ces nouveaux venus, les châtièrent souvent: les princes voisins se
réunirent contre eux, et ils furent réduits sept fois en servitude,
pendant plus de deux cents années. [17]

Enfin ils se font un roi, et l'élisent par le sort. [18] Ce roi ne devait   110
pas être fort puissant; car à la première bataille que les Juifs
donnèrent sous lui aux Philistins leurs maîtres, ils n'avaient dans
toute l'armée qu'une épée et qu'une lance, et pas un seul instrument
de fer. [19] Mais leur second roi David fait la guerre avec avantage. Il

113   W72P: et une lance

---

vauriens de Gibea et le refus des Benjaminites de les livrer. Cf. *La Philosophie de
l'histoire*, chapitre 41: dans la liste des Juifs tués 'par leurs propres frères', figurent
quarante-cinq mille 'Benjamites tués par les autres tribus' et quarante mille morts
victimes des Benjamites (*OCV*, t.59, p.229-30).

[16] Sur le massacre des habitants de Yabesh, voir Juges 21:6-14. Voltaire ne
rapporte ici qu'une des traditions conservées concernant la restauration de Benjamin.
Josèphe, dans les *Antiquités*... (livre 5, ch. 2) choisit une autre tradition: l'enlèvement
des filles de Silo (Juges 21:15-23). L'*Examen important* revient sur l'extermination de
la tribu de Benjamin et les actes atroces par lesquels on est parvenu à maintenir son
existence (*OCV*, t.62, p.198).

[17] Voltaire tire cette conclusion des chapitres 3, 4, 6, 13 des Juges. *La Philosophie
de l'histoire* (*OCV*, t.59, p.229) donnera un peu plus de détails sur ces années de
servitude. Josèphe relate cette succession d'asservissements au livre 5 des *Antiquités*,
ch.3 à 10.

[18] I Samuel 10:17-24, *Antiquités*, livre 6, ch.5-8.

[19] I Samuel 13:19-22. *La Philosophie de l'histoire* reprend, au chapitre 38,
l'explication donnée dans la Bible. Voltaire a souvent répété ce fait jugé étonnant
(voir l'article 'Salomon' du *DP*, *OCV*, t.36, p.502, l'*Examen important*, *OCV*, t.62,
p.200) et introduit, dans le *Commentaire* de Calmet, un signet portant 'no iron works'
(*CN*, t.2, p.61). Même disette d'armes mentionnée dans l'*Histoire universelle* anglaise
(p.548).

prend la ville de Salem, si célèbre depuis sous le nom de Jérusalem;[20] et alors les Juifs commencent à faire quelque figure dans les environs de la Syrie.[21]

Leur gouvernement et leur religion prennent une forme plus auguste. Jusque-là ils n'avaient pu avoir de temples, quand toutes les nations voisines en avaient. Salomon en bâtit un superbe, et régna sur ce peuple environ quarante ans.[22]

Le temps de Salomon est non seulement le temps le plus florissant des Juifs; mais tous les rois de la terre ensemble ne pourraient étaler un trésor qui approchât de celui de Salomon. Son père David, dont le prédécesseur n'avait pas même de fer, laissa à Salomon vingt-cinq milliards six cent quarante-huit millions de livres de France au cours de ce jour, en argent comptant. Ses flottes qui allaient à Ophir lui rapportaient par an soixante et huit millions en or pur, sans compter l'argent et les pierreries. Il avait quarante mille écuries, et autant de remises pour ses chariots, douze mille écuries pour sa cavalerie, sept cents femmes, et trois cents concubines. Cependant il n'avait ni bois, ni ouvriers pour bâtir son palais et le temple: il en emprunta d'Hiram roi de Tyr, qui fournit même de l'or: et Salomon donna vingt villes en paiement à Hiram. Les commentateurs ont avoué que ces faits avaient besoin d'explication, et ont soupçonné quelque erreur de chiffre dans les copistes, qui seuls ont pu se tromper.[23]

115-16   w75x: nom Jerusalem
119   w72p, k84: de temple,
128   w75x: soixante-huit

[20] II Samuel 5:6-9 et *Antiquités*, livre 7, ch. 2.

[21] Voltaire insiste déjà beaucoup sur l'idée que la nation juive est des plus 'modernes', comme il le fera au chapitre 38 de *La Philosophie de l'histoire* (*OCV*, t.59, p.220). Les premiers chapitres de l'*Essai sur les mœurs* soulignent, à l'opposé, l'antiquité véritable des civilisations de la Chine et de l'Inde, plus dignes par là de respect.

[22] I Rois 6, pour la construction du temple, et 11:42, pour la durée du règne de Salomon (970-931).

[23] Les *Antiquités* (livre 8, ch.2) reprennent tout ce qui est détaillé dans les chapitres 3 à 11 du premier livre des Rois concernant ce règne: construction et ornementation

A la mort de Salomon douze tribus qui composaient la nation, se divisent. Le royaume est déchiré. Il se sépara en deux petites provinces, dont l'une est appelée Juda, et l'autre Israël. Neuf tribus   140
et demie composent la province israélite, et deux et demie seulement font celle de Juda. Il y eut alors entre ces deux petits peuples une haine d'autant plus implacable, qu'ils étaient parents et voisins, et qu'ils eurent des religions différentes: car à Sichem, à Samarie, on adorait Baal du nom sidonien, tandis qu'à Jérusalem   145
on adorait Adonaï. On avait consacré à Sichem deux veaux, et on avait à Jérusalem consacré deux chérubins, qui étaient deux animaux ailés à double tête, placés dans le sanctuaire: chaque faction ayant donc ses rois, son dieu, son culte et ses prophètes, se fit une guerre cruelle.[24]   150

139   K84: se sépare en
145   K84: Baal en donnant à Dieu un nom
149-50   W72P: fit à l'autre une guerre

---

du temple, construction du palais (I Rois 7), relations avec Hiram (I Rois 9:10-14 et 27-28), importance de la flotte de Salomon (I Rois 9:26-28, 10:22), de ses richesses (I Rois 10:14-25), de ses écuries (I Rois 10:26-28), sans oublier son amour désordonné pour les femmes (I Rois 11:1-4). Dom Calmet, le *Dictionnaire* de Moreri (p.410) donnent aussi force détails, comme l'*Histoire universelle* anglaise, qui rappelle que Salomon fut obligé de prendre à sa solde des matelots étrangers (p.591). Calmet avait écrit une *Dissertation sur les richesses que David laissa à Salomon* dans laquelle Voltaire a introduit un signet (*CN*, t.2, p.72, 'Riches<ses> david'). *La Philosophie de l'histoire* rappelle surtout l'aide demandée au roi de Tyr, pour bâtir temple et palais (*OCV*, t.59, p.260). Mais l'article 'Salomon' du *DP*, dans ses différentes versions, reprendra les développements amorcés ici: Voltaire ajoute alors, à la présente évaluation des richesses de Salomon en livres de France, des évaluations en livres sterling et en écus d'Allemagne (*OCV*, t.36, p.503). Mêmes nombres proposés, également, pour les écuries, l'auteur choisissant, parmi les différents passages de la Bible et les diverses traductions, les chiffres les plus élevés (*OCV*, t.36, p.504 et n.13 pour les divergences, les explications de Calmet et les références à d'autres textes de Voltaire sur ces mêmes sujets). Guénée, dans ses *Lettres de quelques Juifs portugais et allemands*, se moquera des constantes exagérations voltairiennes concernant l'évaluation de la cavalerie, Voltaire attribuant à Salomon quarante mille remises dont l'Ecriture ne dit rien, douze mille écuries pour douze mille chevaux de selle et quarante mille remises pour mille quatre cents chariots.

[24] Sur le schisme politique, voir I Rois 12:20-25; sur le schisme religieux, I Rois

Tandis qu'elles se faisaient cette guerre, les rois d'Assyrie qui conquéraient la plus grande partie de l'Asie, tombèrent sur les Juifs comme un aigle enlève deux lézards qui se battent. Les neufs tribus et demie de Samarie et de Sichem furent enlevées et dispersées sans retour, et sans que jamais on ait su précisément en quels lieux elles furent menées en esclavage. [25]

Il n'y a que vingt lieues de la ville de Samarie à Jérusalem; et leurs territoires se touchaient; ainsi quand l'une de ces deux villes était écrasée par de puissants conquérants, l'autre ne devait pas tenir longtemps. Aussi Jérusalem fut plusieurs fois saccagée; elle fut tributaire des rois Hazaël et Razin, esclave sous Teglat-phaelasser, trois fois prise par Nabucodonosor, ou Nébucodon-asser, et enfin détruite. [26] Sédécias, qui avait été établi roi ou gouverneur par

155

160

160 W57P, SO58, W64R: longtemps. Ainsi Jérusalem

12:26-33; sur l'ensemble, le deuxième livre des Chroniques ch.10-11 et les *Antiquités* livre 8 (ch.3-6). Sur les chérubins, dont le nom rappelle celui des Karibu babyloniens, à forme mi-humaine et mi-animale, auxquels, toutefois, on ne rendait aucun culte, voir Exode 25:18, Ezéchiel 1:5-12. Voltaire abrège (cf. l'article 'Judée, Des Juifs' du *Dictionnaire* de Moreri, qui regroupe, p.410, des extraits du *Discours sur l'histoire universelle* de Bossuet − Partie I, Epoque 6 − détaillant l'histoire des différents règnes).

[25] Voir II Rois 17:2-6 et les *Antiquités*, livre 9, ch.14. Osée, roi à Samarie, s'était soumis à Salmanasar V, roi d'Assyrie, et lui payait tribut. Mais ce dernier découvrit qu'il le trahissait. Il envahit le pays, assiégea Samarie prise (en 721) au début du règne de Sargon II, qui déporta les Israélites en Assyrie. Evénements mentionnés également, à partir de Bossuet, dans le *Dictionnaire* de Moreri (p.410b). Voltaire résume en quelques lignes l'histoire de deux siècles. Esclavage et dispersion des tribus sont évoqués aussi brièvement dans *La Philosophie de l'histoire* (*OCV*, t.59, p.231).

[26] Pour tracer une très rapide histoire de Jérusalem, parallèlement à Samarie, Voltaire procède à un retour en arrière, du neuvième au sixième siècle. Il ne dit rien des victoires d'Asa, de Josaphat, rois de Juda, ni des réalisations d'Osias ou de Yotam (I Rois 15:9-24, 22:41-51, II Rois 14:21-22 et 15:32-38, II Chroniques 13-27). Pour les victoires d'Hazaël, roi de Syrie, sous le règne de Joas (835-796) et pour les tributs reçus, voir II Rois 12:18-19 et II Chroniques 24:23. Pour le début des attaques de Razin (Raçon) dernier roi de Syrie, voir II Rois 16:5-7. Achaz, roi de Juda (de 736 à 716), se déclare alors vassal de Teglat-Phalasar III (en 734); ce dernier réduit en

ce conquérant, fut emmené lui et tout son peuple en captivité dans la Babylonie; de sorte qu'il ne restait de Juifs dans la Palestine que quelques familles de paysans esclaves pour ensemencer les terres. [27]   165

A l'égard de la petite contrée de Samarie et de Sichem, plus fertile que celle de Jérusalem, elle fut repeuplée par des colonies étrangères, que les rois assyriens y envoyèrent, et qui prirent le nom de Samaritains. [28]   170

Les deux tribus et demie, esclaves dans Babylone, et dans les villes voisines, pendant soixante et dix ans, eurent le temps d'y prendre les usages de leurs maîtres; elles enrichirent leur langue du mélange de la langue chaldéenne. Les Juifs dès lors ne connurent plus que l'alphabet et les caractères chaldéens; ils oublièrent même   175
la dialecte hébraïque pour la langue chaldéenne: cela est incontestable. [29] L'historien Joseph dit qu'il a d'abord écrit en chaldéen,

175-76   K84: même le dialecte

---

provinces les pays conquis. Pour ses attaques contre Damas, voir II Rois 16:7-9. Voltaire ne dit rien du règne d'Ezéchias (716-687) sous lequel le roi d'Assyrie Sennachérib s'empara des villes fortes de Juda, puis vit son armée décimée (II Rois 18:13-16, II Rois 19:35-36 et II Chroniques 32:1-22), ni des règnes suivants. C'est sous le règne de Joiaquim (609-598), de Joiakin (598), puis de Sédécias (598-587) que le roi de Babylone Nabuchodonosor marcha contre Jérusalem, l'investit et déporta la plus grande partie de la population en 598 et 587 (II Rois 24:1-17, 25:1-21 et II Chroniques 36:5-21). Les *Antiquités* relatent tous ces événements au livre 9, ch.8-9 (Hazaël), 12 (Razin), 13 (Teglat-Phalasar) et au livre 10, ch.7-11 (Nabuchodonosor). Le *Dictionnaire* de Moreri les résume en reproduisant le texte de Bossuet (p.410-11).

[27] Sur la révolte de Sédécias et ses conséquences tragiques, que Voltaire passe sous silence (fait prisonnier, il est jugé comme félon, on égorge ses fils devant lui, on lui crève les yeux, puis on l'emmène enchaîné à Babylone), voir II Rois 25:6-7. Eut précisé qu'après la seconde déportation on ne laissa de la population que des vignerons et des laboureurs (II Rois 25:12).

[28] Voir II Rois 17:24 et les *Antiquités* (livre 9, ch.14, livre 10, ch.11). Le *Dictionnaire* de Moreri (p.410b) donne des indications comparables.

[29] Au livre 10 (ch.11), Josèphe précise que Nabuchodonosor fit d'abord apprendre la langue des Chaldéens et leurs sciences aux enfants d'illustre naissance. Cf. *La Philosophie de l'histoire* (*OCV*, t.59, p.260). Dans son *Discours sur l'histoire universelle*, Bossuet avait noté que durant la captivité et plus tard, pour entretenir des relations avec les Chaldéens, les Juifs avaient appris la langue chaldaïque et même

qui est la langue de son pays. [30] Il paraît que les Juifs apprirent peu de chose de la science des mages. Ils s'adonnèrent aux métiers de courtiers, de changeurs, et de fripiers: par là ils se rendirent nécessaires, comme ils le sont encore, et ils s'enrichirent.

Leurs gains les mirent en état d'obtenir sous Cyrus la liberté de rebâtir Jérusalem; mais quand il fallut retourner dans leur patrie, ceux qui s'étaient enrichis à Babylone, ne voulurent point quitter un si beau pays pour les montagnes de la Célosyrie, ni les bords fertiles de l'Euphrate et du Tygre pour le torrent de Cédron. Il n'y eut que la plus vile partie de la nation qui revint avec Zorobabel. [31] Les Juifs de Babylone contribuèrent seulement de leurs aumônes pour rebâtir la ville et le temple; encore la collecte fut-elle médiocre; et Esdras rapporte qu'on ne put ramasser que soixante et dix mille écus, pour relever ce temple, qui devait être le temple de l'univers. [32]

Les Juifs restèrent toujours sujets des Perses; ils le furent de même d'Alexandre; et lorsque ce grand homme, le plus excusable des conquérants, eut commencé dans les premières années de ses victoires à élever Alexandrie, et à la rendre le centre du commerce du monde, les Juifs y allèrent en foule exercer leur métier de

180

185

190

195

---

adopté les lettres des Chaldéens, mais que cette langue était très proche de la leur. Le *Dictionnaire* de Moreri (p.411) reproduit ses observations.

[30] Josèphe déclare, en effet, dans le Prologue de la *Guerre des Juifs*, qu'il a d'abord écrit l'ouvrage dans sa langue maternelle, c'est-à-dire l'araméen (classé dans le même groupe de langues que le chaldéen).

[31] Sur l'édit de Cyrus (538) voir II Chroniques 36:22-23 et Esdras 1:1-4. La suite diffère totalement de la présentation négative de Voltaire: 'Alors les chefs de famille de Juda et de Benjamin, les prêtres et les lévites [...] se levèrent pour aller bâtir le temple de Yahvé à Jérusalem; et tous leurs voisins leur apportèrent tout secours: argent, or, dons en nature, bétail, cadeaux précieux en quantité' (1:5-6). Pour la liste des Sionistes, voir Esdras 2:64-65, qui évalue à 42 360 individus, sans compter 7337 esclaves et servantes, ceux qui revinrent de captivité (voir *CN*, t.2, p.83, avec trois signets 'Dénombrement'). Nombre proche au livre 11, ch.1 des *Antiquités*.

[32] Il est malaisé de trouver l'équivalent moderne des sommes mentionnées dans les livres d'Esdras, 61 000 drachmes d'or, 5000 mines d'argent (2:68-69) ou de Néhémie (7:69-71). Mais le texte biblique ne présente aucun jugement restrictif.

courtiers; et leurs rabbins y apprirent enfin quelque chose des sciences des Grecs. La langue grecque devint absolument nécessaire à tous les Juifs commerçants. [33]

Après la mort d'Alexandre, ce peuple demeura soumis aux rois de Syrie dans Jérusalem, et aux rois d'Egypte dans Alexandrie; et lorsque ces rois se faisaient la guerre, ce peuple subissait toujours le sort des sujets, et appartenait aux vainqueurs. [34]

Depuis leur captivité à Babylone, Jérusalem n'eut plus de gouverneurs particuliers qui prissent le nom de roi. Les pontifes eurent l'administration intérieure, et ces pontifes étaient nommés par leurs maîtres: ils achetaient quelquefois très cher cette dignité, [35] comme le patriarche grec de Constantinople achète la sienne.

[33] Avec la mention d'Alexandre, Voltaire franchit à nouveau deux siècles, passant sous silence les règnes de Cambyse, Darius, Xerxès et leurs successeurs, sous lesquels ont eu lieu d'autres retours des Sionistes à Jérusalem (*Antiquités*, livre 11, ch.4-6). Il consacrera un article des *QE* au 'seul grand homme qu'on ait jamais vu parmi les conquérants de l'Asie' (*OCV*, t.38, p.178) qui 'changea la face de l'Asie, de la Grèce, de l'Egypte, et celle du commerce du monde' (p.187) et un autre à la ville qu'il fonda. Elle 'fut peuplée d'Egyptiens, de Grecs et de Juifs, qui tous de pauvres qu'ils étaient auparavant devinrent riches par le commerce. L'opulence y introduisit les beaux-arts, le goût de la littérature et par conséquent celui de la dispute' (*OCV*, t.38, p.189). Le premier livre des Maccabées évoque les conquêtes d'Alexandre (1:1-4). Sur ses relations avec les Juifs, voir les *Antiquités* (livre 11, ch.8): il leur pardonne et les traite favorablement, alors qu'ils lui avaient refusé un secours. L'assujettissement aux rois de Perse et les conquêtes d'Alexandre sont aussi brièvement mentionnés dans *La Philosophie de l'histoire* qui ajoute plus loin que, dès que les Hébreux furent établis dans Alexandrie, ils s'adonnèrent aux lettres grecques et, depuis Alexandre, prirent beaucoup de choses des Grecs (*OCV*, t.59, p.231 et 261-62).

[34] Evocation aussi condensée (p.232) de la soumission tantôt aux Séleucides, tantôt aux Ptolémées, comme dans *Dieu et les hommes* (*OCV*, t.69, p.403). La Judée fut d'abord soumise aux Lagides, jusqu'en 197 (voir *Antiquités*, livre 12, ch.1 et 2); puis aux Séleucides de 197 à 142. Ptolémée II Philadelphe (285-246) fit traduire en grec la Loi par les Septante, ce qui explique la phrase du *Dictionnaire* de Moreri, empruntée à Bossuet: 'Sous les successeurs d'Alexandre, la religion et la nation judaïque commencèrent à éclater parmi les Grecs' (p.411b).

[35] Au livre 12, ch.3 des *Antiquités*, Josèphe indique que les Grands Sacrificateurs avaient coutume de payer un tribut de vingt talents d'argent au roi d'Egypte (cité dans *CN*, t.4, p.592, avec signet). Voir aussi, sous Antiochus Epiphane, les usurpations de Jason puis de Ménélas (2 Maccabées 4:7-10 et 23-25).

Sous Antiochus Epiphane ils se révoltèrent; la ville fut encore   210
une fois pillée, et les murs démolis. [36]

Après une suite de pareils désastres, ils obtiennent enfin pour la
première fois, environ cent cinquante ans avant l'ère vulgaire, la
permission de battre monnaie; c'est d'Antiochus Sidètes qu'ils
tinrent ce privilège. [37] Ils eurent alors des chefs qui prirent le nom   215
de rois, et qui même portèrent un diadème. Antigone fut décoré le
premier de cet ornement, qui devient peu honorable sans la
puissance. [38]

Les Romains dans ce temps-là commençaient à devenir redou-
tables aux rois de Syrie maîtres des Juifs; ceux-ci gagnèrent le sénat   220
de Rome par des soumissions et des présents. [39] Les guerres des
Romains dans l'Asie Mineure semblaient devoir laisser respirer ce
malheureux peuple; mais à peine Jérusalem jouit-elle de quelque
ombre de liberté, qu'elle fut déchirée par des guerres civiles, qui la
rendirent sous leurs fantômes de rois beaucoup plus à plaindre   225

216   w72P: de roi,
225   K84: sous ses fantômes

[36] Voir I Maccabées 1:16-50 et II Maccabées 5:11-16 pour les massacres et le pillage
du temple par Antiochus Epiphane et les profanations, au début de l'automne 169,
ainsi qu'*Antiquités* (livre 12, ch.7, citation dans *CN*, t.4, p.593). A partir de là Josèphe
reprend les événements relatés au début du livre 1 de la *Guerre des Juifs*. La grande
persécution durera de 167 à 164. La révolte est donc une réaction de la conscience
nationale, attachée à la Loi et au temple. Voltaire ne dit rien des raisons de la
résistance à laquelle appelle Mattathias, suivi de ses fils (voir notre introduction). *La
Philosophie de l'histoire* évoquera rapidement 'le temps des Machabées, dont les Juifs
d'Alexandrie ont célébré le courage et les grandes actions' ce qui n'empêche pas
qu'on fit raser les murailles du temple (*OCV*, t.59, p.232).

[37] I Maccabées 15:6. Rappelé dans *La Philosophie de l'histoire* (*OCV*, t.59, p.233).
Voir *CN*, t.2, p.87, avec signet.

[38] Aristobule I avait pris le titre de roi dès 104 (*Guerre des Juifs*, livre 1, ch.3).
Antigone, fils d'Aristobule II fut couronné roi en 40. Mais il était en compétition avec
Hérode, soutenu par Antoine. Il fut mis à mort sur l'ordre d'Antoine. Voir *Antiquités*,
livre 14, ch.21-28, et *Guerre des Juifs*, livre 1, ch.11 et 13.

[39] I Maccabées 8:17-32, pour l'alliance conclue par Judas Maccabée (en 160). Elle
fut renouvelée par Simon (en 139): I Maccabées 14:16-24. Voir aussi *Antiquités*, livre
12, ch.17, et *CN*, t.2, p.86, avec signet 'prétendue alliance avec Rome'.

qu'elle ne l'avait jamais été dans une si longue suite de différents esclavages. [40]

Dans leurs troubles intestins, ils prirent les Romains pour juges. Déjà la plupart des royaumes de l'Asie Mineure, de l'Afrique méridionale, et des trois quarts de l'Europe, reconnaissaient les Romains pour arbitres et pour maîtres. [41]

Pompée vint en Syrie juger les nations, et déposer plusieurs petits tyrans. [42] Trompé par Aristobule, qui disputait la royauté de Jérusalem, il se vengea sur lui et sur son parti. Il prit la ville, fit mettre en croix quelques séditieux, soit prêtres, soit pharisiens, et condamna longtemps après le roi des Juifs Aristobule au dernier supplice. [43]

Les Juifs toujours malheureux, toujours esclaves, et toujours révoltés, attirent encore sur eux les armes romaines. Crassus et Cassius les punissent; et Métellus Scipion fait crucifier un fils du roi Aristobule nommé Alexandre, auteur de tous les troubles. [44]

[40] Allusion rapide aux rivalités de 134 à 60, mentionnées dans le livre 13 des *Antiquités* (voir surtout ch.19, 20-24) et dans la *Guerre des Juifs*, livre 1, ch.3-5. Voltaire sera un peu plus explicite dans *La Philosophie de l'histoire*, pour indiquer que de violents partis se formaient pour obtenir la dignité de grand sacrificateur ou de roi: 'On n'était grand-prêtre que les armes à la main' (*OCV*, t.59, p.232).

[41] L'article 'Afrique' du *Dictionnaire* de Moreri (1731, t.1, p.142) rappelle la division de l'Afrique en trois parties, par rapport à l'Antiquité, et en deux parties selon la géographie moderne. Les éditeurs modernes, Beuchot, Moland, ont corrigé en 'Afrique septentrionale'.

[42] C'est sur l'injonction de Pompée que Hyrcan II et Arétas III, qui assiégeaient Jérusalem à la Pâque 65, durent se retirer. Voir les *Antiquités* (livre 14, ch.4-7) et la *Guerre des Juifs* (livre 1, ch.5).

[43] De 67 à 63, Aristobule II, ayant évincé son frère Hyrcan II, était devenu roi et grand-prêtre (*Guerre des Juifs*, livre 1, ch.4). En 64, Pompée déclara déchu Philippe II et fit de la Syrie une province romaine. A l'automne 63, il prit Jérusalem, nomma Hyrcan grand-prêtre et emmena à Rome Aristobule et son fils Antigone. Voir les *Antiquités*, livre 14, ch.1-8 (citation tirée du chapitre 8, sur la sainteté du temple violée, dans *CN*, t.4, p.594). Le chapitre 13 relate qu'Aristobule, mis plus tard en liberté par César qui lui confia deux légions, fut empoisonné par les amis de Pompée. Cf. la *Guerre des Juifs*, livre 1, ch. 5 et 7.

[44] Les *Antiquités* (livre 14, ch.12) indiquent que Crassus, avant d'entreprendre son expédition contre les Parthes, emporta l'or du temple de Jérusalem. Après sa mort,

Sous le grand César ils furent entièrement soumis et paisibles. [45]
Hérode fameux parmi eux et parmi nous, longtemps simple
tétrarque, obtint d'Antoine la couronne de Judée, qu'il paya
chèrement: mais Jérusalem ne voulut pas reconnaître ce nouveau   245
roi, parce qu'il était descendu d'Esaü, et non pas de Jacob, et qu'il
n'était qu'Iduméen: c'était précisément sa qualité d'étranger qui
l'avait fait choisir par les Romains pour tenir mieux ce peuple en
bride. [46]

Les Romains protégèrent le roi de leur nomination avec une   250
armée. Jérusalem fut encore prise d'assaut, saccagée et pillée. [47]

Hérode protégé depuis par Auguste devint un des plus puissants
princes parmi les petits rois de l'Arabie. Il répara Jérusalem; il
rebâtit la forteresse qui entourait ce temple si cher aux Juifs, qu'il
construisit aussi de nouveau, mais qu'il ne put achever: l'argent et   255
les ouvriers lui manquèrent. C'est une preuve qu'après tout

Cassius repoussa les Parthes et emmena captifs près de trente mille Juifs. Pour
l'exécution, sur l'ordre de Pompée, du fils d'Aristobule, Alexandre, qui avait suscité
plusieurs révoltes, voir les *Antiquités*, livre 14, ch.13. La *Guerre des Juifs* évoquait déjà
tous ces faits (livre 1, ch.6-7). *La Philosophie de l'histoire* mentionnera aussi la rivalité
violente des deux frères, Aristobule II et Hyrcan II, et l'exécution d'Alexandre. Les
termes employés sont très proches: 'Ainsi les Juifs furent presque toujours subjugués
ou esclaves. On sait comme ils se révoltèrent contre les Romains' (*OCV*, t.59, p.233).

[45] Voir les *Antiquités* (livre 14, ch.14-16): sur l'ordre d'Hircan, Antipater assiste
fortement César dans la guerre d'Egypte; César confirme Hircan dans sa charge de
Grand Sacrificateur et lui permet de rebâtir les murs de Jérusalem; Antipater fait
donner à son premier fils, Phazaël, le gouvernement de Jérusalem et à Hérode, son
second fils, le gouvernement de Galilée: événements évoqués déjà dans la *Guerre des
Juifs* (livre 1, ch.7-8).

[46] Sur Hérode, voir *Antiquités*, livre 14, ch.18-19 et 21-28, et *Guerre des Juifs*, livre
1, ch.8-21 (plus particulièrement les ch.10 et 11 où Hérode gagne l'amitié d'Antoine
et, à Rome, est déclaré roi de Judée). Hérode était Iduméen, descendant d'Esaü.
Dom Calmet, à l'article 'Hérode' de son *Dictionnaire*, voit dans sa qualité d'étranger
une des causes de l'invincible antipathie des Juifs pour ce souverain. Cf. *La
Philosophie de l'histoire* (*OCV*, t.59, p.233).

[47] Voir les ch.12 et 13 du livre 1 de la *Guerre des Juifs*, 27 et 28 du livre 14 des
Antiquités (signet *CN*, t.4, p.594) pour le siège de Jérusalem, qu'Hérode finit par
prendre de force, assisté de Sosius, général d'une armée romaine, en 37 avant J.-C.

Hérode n'était pas riche, et que les Juifs qui aimaient leur temple, aimaient encore plus leur argent comptant. [48]

Le nom de roi n'était qu'une faveur que faisaient les Romains: cette grâce n'était pas un titre de succession. Bientôt après la mort d'Hérode, la Judée fut gouvernée en province romaine subalterne par le proconsul de Syrie; quoique de temps en temps on accordât le titre de roi tantôt à un Juif, tantôt à un autre, moyennant beaucoup d'argent, ainsi qu'on l'accorda au Juif Agrippa sous l'empereur Claude. [49]

Une fille d'Agrippa fut cette Bérénice célèbre pour avoir été aimée d'un des meilleurs empereurs dont Rome se vante. Ce fut elle qui par les injustices qu'elle essuya de ses compatriotes attira les vengeances des Romains sur Jérusalem. Elle demanda justice. Les factions de la ville la lui refusèrent. L'esprit séditieux de ce peuple se porta à de nouveaux excès; [50] son caractère en tout temps était d'être cruel, et son sort d'être puni.

[48] Sur les superbes constructions entreprises par Hérode et ses libéralités, voir la *Guerre des Juifs*, livre 1 ch.16. La reconstruction du temple commença dans l'hiver 20-19. Mais Voltaire ne dit rien des divisions, des cabales et des calomnies à la cour d'Hérode, longuement évoquées dans les derniers chapitres du livre 1 de la *Guerre des Juifs*, en même temps que les nombreux crimes commis par Hérode lui-même. Dans *Dieu et les hommes* il sera encore plus élogieux, voyant en Hérode 'le plus riche et le plus puissant de tous les rois juifs, sans en excepter David et Salomon' (*OCV*, t.69, p.405).

[49] Mirabaud, traitant de 'l'état de la Judée au temps de Jésus-Christ et depuis, jusqu'à la ruine de Jérusalem', dans les *Opinions des Anciens sur les Juifs* (Londres, 1769), évoque aussi la période où, après Hérode, la Judée devint une province dépendante du souverain de Syrie, tout en ayant des gouverneurs indépendants. Agrippa avait reçu de Caligula, en 37, les tétrarchies de Philippe et de Lysanias, avec le titre de roi. Plus tard, à Rome, il avait contribué à l'avènement de Claude, empereur de 41 à 54. Claude lui octroie alors la Judée et la Samarie. Le royaume d'Hérode le Grand, grand-père d'Agrippa, est ainsi reconstitué.

[50] Bérénice avait épousé son oncle Hérode, roi de Chalcis, puis Polémon, roi de Cilicie, avant de devenir la maîtresse de Titus. Outre Josèphe (*Antiquités*, livre 20, ch.3 et 5, et *Guerre des Juifs*, livre 2, ch.26 et 28), Voltaire a pu lire l'article 'Bérénice' du *Dictionnaire historique et critique* de Bayle, et de Basnage l'*Histoire des Juifs depuis Jésus-Christ jusqu'à présent* (Paris, 1710; livre 1, ch.3). A la différence de Bayle, il ne mentionne pas sa 'mauvaise vie' et s'en tient ici à des généralités hostiles aux Juifs.

Vespasien et Titus firent ce siège mémorable, qui finit par la destruction de la ville. Joseph l'exagérateur prétend que dans cette courte guerre il y eut plus d'un million de Juifs massacrés. [51] Il ne faut pas s'étonner qu'un auteur qui met quinze mille hommes dans chaque village tue un million d'hommes. [52] Ce qui resta, fut exposé dans les marchés publics, et chaque Juif fut vendu à peu près au même prix que l'animal immonde dont ils n'osent manger. [53]

Bayle et Basnage, qui s'inspirent de Josèphe et de Xiphilin, rappellent que, touchée de compassion pour les habitants de Jérusalem que le procurateur Florus traitait durement, elle alla, pieds nus, solliciter leur grâce et fut repoussée par les gardes. C'est alors qu'elle exhorta, vainement, les Juifs à se soumettre aux Romains. Passée dans le parti des Romains, elle devint odieuse à ses compatriotes et ses terres furent pillées. C'est dans l'été 66 que les troubles commencèrent, d'abord à Jérusalem et à Césarée, avant de s'étendre à tout le pays. Florus, qui avait fait crucifier des Juifs, avait été obligé de quitter Jérusalem; Cestius Gallus, légat de Syrie, qui avait attaqué la ville, avait été contraint de se retirer après de lourdes pertes. Mais en 67, Vespasien reconquiert la Galilée, à la tête de 60 000 hommes et Josèphe, le gouverneur insurrectionnel, est fait prisonnier (voir la *Guerre des Juifs*, livres 2 et 3).

[51] Après l'occupation par les zélotes et les Iduméens, en 67-68, et par les sicaires en 69, et après que Vespasien eut soumis le reste de la Judée, Titus investit la ville en 70, avec quatre légions. Le temple est incendié à la fin du mois d'août. Voir *Guerre des Juifs*, livres 4 à 7. Dans les livres 5 (ch.38) et 6 (ch.45), Josèphe donne diverses indications chiffrées, reprises approximativement par le *Dictionnaire* de Moreri (p.412b) et par Basnage (livre 1, ch.7).

[52] Même formule, à propos de la population des bourgs de Galilée, dans un paragraphe ajouté en 1750 aux *Mensonges imprimés* (*M*, t.23, p.427-56). Même ironie sur les évaluations chiffrées de Josèphe dans une lettre d'octobre 1757 à Jean-Baptiste-François de La Michodière (D7420). Sur la feuille de garde du tome 5 de son *Histoire des juifs*, Voltaire a noté: 'Les livres polémiques de Josèphe contiennent autant de mensonges que son histoire' (*CN*, t.4, p.598). Il revient souvent sur les fables de Josèphe, du chapitre 8 du *Traité sur la tolérance* qui le qualifie de 'crédule et exagérateur' (*OCV*, t.56c, p.163), jusqu'aux notes ajoutées aux *Lois de Minos* (*M*, t.7, p.204, n.1). Voir dans *La Philosophie de l'histoire* les ch.34 ('l'exagérateur Josèphe', *OCV*, t.59, p.207), 45, qui traite de ses 'rêveries' et 'contes orientaux' (p.245), 46 et 49 ('ses exagérations ordinaires', p.261). 'O exagérateur' a noté Voltaire face à une citation, dans sa *Réponse* à Appion, vantant la beauté et la fertilité de la Judée (*CN*, t.4, p.604).

[53] Termes similaires dans *La Philosophie de l'histoire* (*OCV*, t.59, p.234), dans le 'sixième entretien' de *L'A.B.C.*, dans l'*Examen important* (*OCV*, t.62, p.203, passage repris dans *Dieu et les hommes*, *OCV*, t.69, p.359).

Dans cette dernière dispersion ils espérèrent encore un libéra- 280
teur; et sous Adrien, qu'ils maudissent dans leurs prières, il s'éleva
un Barcochebas, qui se dit un nouveau Moïse, un Shilo, un Christ.
Ayant rassemblé beaucoup de ces malheureux sous ses étendards,
qu'ils crurent sacrés, il périt avec tous ses suivants: ce fut le dernier
coup pour cette nation, qui en demeura accablée.[54] Son opinion 285
constante que la stérilité est un opprobre, l'a conservée. Les Juifs
ont regardé comme leurs deux grands devoirs, des enfants et de
l'argent.

Il résulte de ce tableau raccourci, que les Hébreux ont presque
toujours été ou errants, ou brigands, ou esclaves, ou séditieux: ils 290
sont encore vagabonds aujourd'hui sur la terre, et en horreur aux
hommes, assurant que le ciel et la terre, et tous les hommes ont été
créés pour eux seuls.[55]

On voit évidemment, par la situation de la Judée, et par le génie
de ce peuple, qu'il devait être toujours subjugué. Il était environné 295
de nations puissantes et belliqueuses qu'il avait en aversion. Ainsi il
ne pouvait ni s'allier avec elles, ni être protégé par elles.[56] Il lui fut

[54] De 132 à 135 eut lieu, en effet, une nouvelle révolte juive, sous l'impulsion de
Ben Koséba. Il s'empare de Jérusalem et est reconnu comme Messie et comme
l'Etoile annoncée dans les Nombres (24:17), d'où son surnom de Bar Kokéba, fils de
l'Etoile. Hadrien arrive en personne; Jérusalem est prise en 134 et Bar Kokéba périt
en août 135. La même année le temple est transformé en sanctuaire de Zeus et
Hadrien. L'imposteur est mentionné dans le *Dictionnaire* de Moreri (p.412b), comme
chez Bossuet (Discours, 2e Partie, ch.22). Voltaire a pu lire également l'article du
Dictionnaire de Bayle consacré à Barcochébas, aux désordres qu'il excita par ses
impostures en prêchant le soulèvement contre les Romains, et aux calamités qu'il
attira sur sa nation. Il est revenu sur Barcochébas dans l'article 'Messie' du *DP*,
largement inspiré de l'olier de Bottens (*OCV*, t.36, p.364-65 et n.53 pour les sources,
ainsi que p.610-11), dans *La Philosophie de l'histoire*: 'Ce fanatisme fut étouffé dans
des torrents de sang' (*OCV*, t.59, p.234) et dans les *QE* (art. 'Adorer', *OCV*, t.38,
p.99).
[55] Cf. *La Philosophie de l'histoire* (*OCV*, t.59, p.234-35), et le chapitre 14 de *La
Défense de mon oncle*, intitulé 'Que les Juifs haïssaient toutes les nations' (*OCV*, t.64,
p.224-25). Sur la position des chrétiens et des philosophes, voir l'introduction.
[56] Cf. ce qu'écrit Josèphe quand il sollicite, dans le *Contre Appion*, les témoignages
des Egyptiens et des Phéniciens, 'quoique les Egyptiens nous haïssent, que les
Phéniciens ne nous aiment pas' (*CN*, t.4, p.603).

impossible de se soutenir par la marine, puisqu'il perdit bientôt le port qu'il avait du temps de Salomon sur la mer Rouge; et que Salomon même se servit toujours des Tyriens pour bâtir et pour conduire ses vaisseaux, ainsi que pour élever son palais et le temple. [57] Il est donc manifeste que les Hébreux n'avaient aucune industrie, et qu'ils ne pouvaient composer un peuple florissant. Ils n'eurent jamais de corps d'armée continuellement sous le drapeau, comme les Assyriens, les Mèdes, les Perses, les Syriens, et les Romains. Les artisans et les cultivateurs prenaient les armes dans les occasions, et ne pouvaient par conséquent former des troupes aguerries. Leurs montagnes, ou plutôt leurs rochers, ne sont ni d'une assez grande hauteur, ni assez contigus, pour avoir pu défendre l'entrée de leur pays. [58] La plus nombreuse partie de la nation transportée à Babylone, dans la Perse, et dans l'Inde, ou établie dans Alexandrie, était trop occupée de son commerce et de son courtage pour songer à la guerre. [59] Leur gouvernement civil, tantôt républicain, tantôt pontifical, tantôt monarchique, et très souvent réduit à l'anarchie, ne paraît pas meilleur que leur discipline militaire.

Vous demandez quelle était la philosophie des Hébreux; l'article sera bien court; ils n'en avaient aucune. Leur législateur même ne

[57] Calmet mentionne, dans son *Commentaire*, la flotte équipée par Salomon à Asiongaber et l'aide apportée par Hiram aux Hébreux qui 'ne s'appliquaient que peu, ou point du tout à la navigation' (*CN*, t.2, p.72, avec signet).

[58] Si l'*Histoire universelle* anglaise souligne aussi le mépris des Juifs pour les autres peuples et, en outre, pour les arts et les sciences, ainsi que leur ignorance de l'astronomie et de l'art de la navigation (en rappelant la dépendance de Salomon), en revanche elle admet qu'ils connaissaient l'art de faire la guerre (p.546 et 589).

[59] Les *Opinions des Anciens sur les Juifs* notent également que le désir de gain avait fait rechercher aux Juifs les villes maritimes. Dans *Dieu et les hommes* (*OCV*, t.69, p.402), Voltaire affirme encore que l'argent fut l'objet, en tous temps, de la conduite des Juifs, contredisant la citation de Josèphe donnée quelques pages auparavant (p.392 et n.3 pour les références). En effet Josèphe affirme dans le *Contre Appion*: 'Comme le pays que nous habitons est éloigné de la mer, nous ne nous appliquons point au commerce, et n'avons point de communication avec les autres nations. Nous nous contentons de cultiver nos terres qui sont très fertiles, et travaillons principalement à bien élever nos enfants' (*CN*, t.4, p.602, avec marque marginale).

parle expressément en aucun endroit ni de l'immortalité de l'âme, ni des récompenses d'une autre vie. [60] Joseph et Philon croient les âmes matérielles: [61] leurs docteurs admettaient des anges corporels; et dans leur séjour à Babylone ils donnèrent à ces anges les noms que leur donnaient les Chaldéens, Michel, Gabriel, Raphaël, Uriel. [62] Le nom de Satan est babylonien, et c'est en quelque manière l'Arimane de Zoroastre. Le nom d'Asmodée est aussi chaldéen; et Tobie, qui demeurait à Ninive, est le premier qui l'ait employé. [63] Le dogme de l'immortalité de l'âme ne se développa

320

325

[60] Dès la vingt-cinquième des *Lettres philosophiques*, dans sa douzième remarque, Voltaire avait affirmé que le Décalogue ne dit rien de l'immortalité de l'âme. En se référant parfois à Warburton il a noté, dans ses *Carnets*, le silence de Moïse sur ce point (*OCV*, t.81, p.355; t.82, p.597). La correspondance de 1757-1759 revient sur ce sujet (D7267, D8516) repris dans quantité d'ouvrages: le *Traité sur la tolérance* (*OCV*, t.56C, p.210), le *Catéchisme de l'honnête homme* (*M*, t.24, p.525), les articles 'Ame' et 'Enfer' du *DP* (*OCV*, t.35, p.311-15, et t.36, p.50-53), *La Philosophie de l'histoire* (*OCV*, t.59, p.177), l'*Examen important de milord Bolingbroke* (*OCV*, t.62, p.183), les *Lettres à Mgr le Prince de* *** (*OCV*, t.63B, p.416-18), les *Questions de Zapata* (*OCV*, t.62, p.391), la *Première Homélie* (*OCV*, t.62, p.434), *Dieu et les hommes* (*OCV*, t.69, p.365-69), l'*Histoire de l'établissement du christianisme* (*M*, t.31, p.45-49).

[61] Pour un résumé de la 'théologie des Juifs' concernant l'âme, voir l'article 'Ame' du *DP* (*OCV*, t.35, p.316 et les notes).

[62] Voir l'article 'Ange' du *DP* (*OCV*, t.35, p.337-38 et n.4 pour les sources de Voltaire, qui emprunte sa science à Dom Calmet, et pour sa reprise de l'argument dans d'autres textes). Voir aussi *La Philosophie de l'histoire* (*OCV*, t.59, p.253-54), la *Canonisation de saint Cucufin* (*M*, t.27, p.419-29) et *Dieu et les hommes* (*OCV*, t.69, p.362-63). L'addition de 1767 à l'article 'Abraham' du *DP* utilise le même argument linguistique afin de montrer l'infériorité de la nation juive (voir *OCV*, t.35, p.296-97 et les n.30 à 33 pour les sources, pour l'utilisation habile mais infidèle de Josèphe et pour les autres références dans l'œuvre voltairienne).

[63] Sur Satan, même affirmation dans *La Philosophie de l'histoire* (*OCV*, t.59, p.255). Voir aussi l'article 'Job' du *DP* (*OCV*, t.36, p.244 et n.4 pour des origines différentes de ce nom selon Moreri, Calmet et l'*Encyclopédie*). Dans *Dieu et les hommes*, le mot de Satan 'est pris du persan' (*OCV*, t.69, p.363). J. H. Brumfitt (*OCV*, t.59, p.315) propose comme source des rapprochements voltairiens *Veterum Persarum* [...] *religionis historia* de Thomas Hyde. Voltaire n'en possède que l'édition de 1760 (BV1705). Mais Bayle, dans son article 'Zoroastre' du *Dictionnaire historique et critique*, cite Hyde à propos des deux principes coéternels, Oromase, cause des

que dans la suite des temps chez les pharisiens. Les saducéens nièrent toujours cette spiritualité, cette immortalité, et l'existence des anges. Cependant les saducéens communiquèrent sans inter- 330 ruption avec les pharisiens: ils eurent même des souverains pontifes de leur secte. Cette prodigieuse différence entre les sentiments de ces deux grands corps ne causa aucun trouble. Les Juifs n'étaient attachés scrupuleusement, dans les derniers temps de leur séjour à Jérusalem, qu'à leurs cérémonies légales. Celui qui aurait mangé 335 du boudin ou du lapin, aurait été lapidé; et celui qui niait l'immortalité de l'âme, pouvait être grand-prêtre. [64]

On dit communément que l'horreur des Juifs pour les autres nations venait de leur horreur pour l'idolâtrie: mais il est bien plus vraisemblable que la manière dont ils exterminèrent d'abord 340 quelques peuplades du Canaan, et la haine que les nations voisines conçurent pour eux, furent la cause de cette aversion invincible qu'ils eurent pour elles. Comme ils ne connaissaient de peuples que leurs voisins, ils crurent en les abhorrant détester toute la terre, et s'accoutumèrent ainsi à être les ennemis de tous les hommes. [65] 345

---

bonnes choses, et Arimane des mauvaises. Par ailleurs Asmodée, correspondant à l''Ange destructeur', est mentionné dans Tobie 3:8. Pour la documentation trouvée chez Calmet, voir la note liminaire et les notes 1-5 de l'article 'Asmodée' des *QE* (*OCV*, t.39, p.113-14). *La Philosophie de l'histoire* donne aussi une place particulière à Tobie (*OCV*, t.59, p.254).

[64] Cf. *Notebooks* (*OCV*, t.81, p.399). Voir *Antiquités*, livre 13, ch.9, et *Guerre des Juifs*, livre 2, ch.12. Voltaire a pu consulter également la *Dissertation sur les différentes sectes des Juifs*, de Calmet (*CN*, t.2, p.339). Mais on peut lire aussi dans les *Opinions des Anciens sur les Juifs* des remarques très comparables au texte de Voltaire: 'Nier l'existence des esprits et l'immortalité de l'âme ne parut pas un point assez important pour faire traiter d'hérétiques des hommes qui observaient la loi de Moïse et qui adoraient Dieu dans Jérusalem. Les Saducéens étaient traités de frères, ils parvenaient à toutes les charges, et même à celle de Souverain-Sacrificateur' (p.77). L'*Histoire des Juifs* de Basnage consacre son livre 3 à la présentation des différentes sectes des Juifs et expose leurs sentiments sur la résurrection des morts et les peines et récompenses dans l'au-delà (ch.4). Dans *La Philosophie de l'histoire*, Voltaire précisera que les Juifs ne crurent à l'immortalité de l'âme et à un enfer que lorsque la secte des pharisiens prévalut (*OCV*, t.59, p.259).

[65] C'est surtout à Warburton que Voltaire reproche d'expliquer la haine des Juifs

Une preuve que l'idolâtrie des nations n'était point la cause de cette haine, c'est que par l'histoire des Juifs on voit qu'ils ont été très souvent idolâtres. Salomon lui-même sacrifiait à des dieux étrangers. [66] Depuis lui on ne voit presque aucun roi dans la petite province de Juda, qui ne permette le culte de ces dieux, et qui ne   350
leur offre de l'encens. La province d'Israël conserva ses deux veaux et ses bois sacrés, ou adora d'autres divinités. [67]

Cette idolâtrie qu'on reproche à tant de nations, est encore une chose bien peu éclaircie. [68] Il ne serait peut-être pas difficile de laver de ce reproche la théologie des Anciens. Toutes les nations policées   355
eurent la connaissance d'un Dieu suprême, maître des dieux subalternes et des hommes. Les Egyptiens reconnaissaient eux-mêmes un premier principe, qu'ils appelaient Knef, à qui tout le reste était subordonné. Les anciens Perses adoraient le bon principe nommé Orosmade, et ils étaient très éloignés de sacrifier   360
au mauvais principe Arimane, qu'ils regardaient à peu près comme nous regardons le diable. Les Guèbres encore aujourd'hui ont

360   W57G, W64G, W70G, W72P: *Orosmane*

pour les autres peuples par l'idolâtrie de ces derniers. Il s'en expliquera dans *La Défense de mon oncle* (ch.14, *OCV*, t.64, p.225) et dans une note ajoutée en 1775 à *La Philosophie de l'histoire* (*OCV*, t.59, p.235), citant un extrait de *A Warburton*.

[66] I Rois 11:4-8. Salomon construisit des sanctuaires à Kemosh et à Milhom.

[67] Après le schisme religieux de Jeroboam, revient très souvent la formule, pour ses successeurs, rois d'Israël, 'il fit ce qui déplaît à Yahvé' (I Rois 14:22, 15:26, 16:19, 21:20, 22:53, II Rois 3:2, 13:2 et 11, 14:24, 15:9, 24, 28 etc). Même formule pour certains rois du royaume de Juda: II Rois 8:18, 16:2. Sont particulièrement condamnés, en Juda, Manassé qui 'éleva des autels à Baal' (II Rois 21:3), pratiqua la magie, et Amon qui rendit également un culte aux idoles (II Rois 21:21). Joachaz, Joiaquim, Joiakïn, Sédécias sont également blâmés et l'Ecriture affirme que leur conduite entraîna, par punition divine, les sièges de Jérusalem et la déportation.

[68] Voltaire développe à nouveau ce thème dans l'article 'Idole, idolâtre, idolâtrie' du *DP* (*OCV*, t.36, p.205-28), et le chapitre 30 de *La Philosophie de l'histoire* (*OCV*, t.59, p.188-90). Affirmer que les images vénérées étaient d'abord des emblèmes, et qu'à côté de la religion du vulgaire a existé partout la religion des sages, est un argument qui, renforçant l'antiquité et l'autorité du déisme, est constamment repris, jusqu'à l'article 'Dieu, dieux' des *QE*.

conservé le dogme sacré de l'unité de Dieu. Les anciens brachmanes reconnaissaient un seul Etre suprême: les Chinois n'associèrent aucun être subalterne à la Divinité, et n'eurent aucune idole   365
jusqu'aux temps où le culte de Fo, et les superstitions des bonzes
ont séduit la populace. Les Grecs et les Romains, malgré la foule de
leurs dieux, reconnaissaient dans Jupiter le souverain absolu du ciel
et de la terre. [69] Homère même, dans les plus absurdes fictions de la
poésie, ne s'est jamais écarté de cette vérité. Il représente toujours   370
Jupiter comme le seul tout-puissant, qui envoie le bien et le mal sur
la terre, et qui d'un mouvement de ses sourcils fait trembler les
dieux et les hommes. [70] On dressait des autels; on faisait des
sacrifices à des dieux subalternes, et dépendants du dieu suprême. Il
n'y a pas un seul monument de l'Antiquité, où le nom de souverain   375
du ciel soit donné à un dieu secondaire, à Mercure, à Apollon, à
Mars. La foudre a toujours été l'attribut du maître.

L'idée d'un être souverain, de sa providence, de ses décrets
éternels, se trouve chez tous les philosophes, et chez tous les poètes.
Enfin il est peut-être aussi injuste de penser que les anciens   380
égalassent les héros, des génies, les dieux inférieurs, à celui qu'ils
appelaient le père et le maître des dieux, qu'il serait ridicule de
penser que nous associons à Dieu les bienheureux et les anges. [71]

Vous demandez ensuite si les anciens philosophes et les
législateurs ont puisé chez les Juifs, ou si les Juifs ont pris chez   385
eux. Il faut s'en rapporter à Philon: il avoue qu'avant la traduction

381   w57p, w64g, w68, w70g, w70l, w75g, w75x, k84: égalassent les génies
381-82   w75g, w75x, k84: ils appellent le

[69] Voir les sept premières notes de l'article 'Dieu, dieux' des *QE* (*OCV*, t.40,
p.421-23).

[70] *Iliade*, XXIV 527-33, *Odyssée*, IV 237, et *Iliade*, I 528 (n. de Moland).

[71] Cf. le rapprochement opéré dans l'article 'Idole, idolâtre, idolâtrie' du *DP* entre
la populace romaine et 'nos paysans grossiers': 'et on n'a pas manqué de les instruire
que c'est aux bienheureux, aux immortels reçus dans le ciel, qu'ils doivent demander
leur intercession, et non à des figures de bois et de pierre, et qu'ils ne doivent adorer
que Dieu seul' (*OCV*, t.36, p.211). Même rapprochement dans la *Canonisation de
saint Cucufin*.

des Septante, les étrangers n'avaient aucune connaissance des livres de sa nation. [72] Les grands peuples ne peuvent tirer leurs lois et leurs connaissances d'un petit peuple obscur et esclave. [73] Les Juifs n'avaient pas même de livres du temps d'Osias. [74] On trouva par hasard sous son règne le seul exemplaire de la loi qui existât. Ce peuple depuis qu'il fut captif à Babylone, ne connut d'autre alphabet que le chaldéen: il ne fut renommé pour aucun art, pour aucune manufacture de quelque espèce qu'elle pût être; et dans le temps même de Salomon ils étaient obligés de payer chèrement des ouvriers étrangers. Dire que les Egyptiens, les

390

395

[72] La caution de Philon sur ce sujet a été ajoutée, en 1756, à la section 8 de la vingt-cinquième des *Lettres philosophiques*, réplique de Voltaire à Pascal qui affirmait que les législateurs grecs et romains avaient emprunté aux Juifs leurs principales lois. Josèphe, autre caution de Voltaire, admet également dans le *Contre Appion*: 'Y a-t-il donc sujet de s'étonner que notre nation n'étant point voisine de la mer, n'affectant point de rien écrire, et vivant en la manière que je l'ai dit, elle ait été très peu connue?' (*Histoire des Juifs*, t.5, p.343, voir *CN*, t.4, p.603, avec signet). Le chapitre 49 de *La Philosophie de l'histoire* revient sur la question sous la forme interrogative: 'Si les Juifs ont enseigné les autres nations ou s'ils ont été enseignés par elles'. Philon y est mentionné pour avoir cité les emprunts linguistiques des Juifs. Mais c'est de Josèphe que Voltaire déclare, à partir de deux anecdotes rapportées par l'historien: il 'convient que les Grecs n'avaient jamais eu connaissance des livres de sa nation' (*OCV*, t.59, p.261).

[73] La fin de l'article 'Abraham' du *DP* insiste aussi sur les emprunts des Juifs aux nations plus anciennes et suit le même raisonnement: 'Il est bien naturel de penser que le petit peuple nouveau, ignorant, grossier, toujours privé des arts, a copié, comme il a pu, la nation antique, florissante et industrieuse' (*OCV*, t.35, p.298 et n.36 sur cette 'scie voltairienne' et sur tout ce que Voltaire omet des apports juifs aux autres nations selon Josèphe). Le même principe de vraisemblance est appliqué dans *La Philosophie de l'histoire*, qui égrène, au cours des chapitres, les dettes des Juifs aux autres nations, concluant, comme l'article 'Abraham', que les Juifs établis à Alexandrie s'adonnèrent aux lettres grecques, mais que 'les Grecs ne purent jamais rien prendre des Hébreux' (*OCV*, t.59, p.262). Voir aussi l'*Examen important*: 'C'est la nation faible et grossière qui se conforme grossièrement aux usages de la grande nation' (*OCV*, t.62, p.190) et *Le Pyrrhonisme de l'histoire* (*M*, t.27, p.240-41).

[74] Voltaire confond Osias, roi de 781 à 740 (II Rois 15:1-7 et II Chroniques 26), et Josias, roi de 640 à 609 (II Rois 22 et 23:1-30). La dix-huitième année de son règne, fut découvert, dans le temple, le livre de la Loi (22:3-13). Mais on peut comprendre que ce Livre, le Deutéronome, caché ou perdu, était tombé dans l'oubli pendant les règnes impies de Manassé et Amon (687-640).

137

Perses, les Grecs furent instruits par les Juifs, c'est dire que les Romains apprirent les arts des Bas-Bretons. [75] Les Juifs ne furent jamais ni physiciens, ni géomètres, ni astronomes. Loin d'avoir des écoles publiques pour l'instruction de la jeunesse, leur langue   400
manquait même de terme pour exprimer cette institution. [76] Les peuples du Pérou et du Mexique réglaient bien mieux qu'eux leur année. [77] Leur séjour dans Babylone et dans Alexandrie, pendant lequel des particuliers purent s'instruire, ne forma le peuple que dans l'art de l'usure. Ils ne surent jamais frapper des espèces: et   405
quand Antiochus Sidètes leur permit d'avoir de la monnaie à leur coin, à peine purent-ils profiter de cette permission pendant quatre ou cinq ans; encore on prétend que ces espèces furent frappées dans Samarie. De là vient que les médailles juives sont si rares, et presque toutes fausses. [78] Enfin vous ne trouverez en eux qu'un   410
peuple ignorant et barbare, qui joint depuis longtemps la plus sordide avarice à la plus détestable superstition, et à la plus invincible haine pour tous les peuples qui les tolèrent et qui les enrichissent. *Il ne faut pourtant pas les brûler.* [79]

[75] Boutade comparable à la fin de l'article 'Abraham': 'Certainement la triomphante Rome n'imita rien de la Biscaye, de Cornouailles, ni de Bergame; et il faut être ou un grand ignorant ou un grand fripon pour dire que les Juifs enseignèrent les Grecs' (*OCV*, t.35, p.299 et n.39) et dans l'*Examen important* (*OCV*, t.62, p.190).

[76] Voltaire a pu emprunter ces indications à l'*Histoire universelle* anglaise, qui affirme que les Juifs n'avaient pas d'école pour l'instruction de la jeunesse, à part les écoles des prophètes: 'Ils n'ont pas même de terme pour exprimer la chose dont il s'agit' (p.588). Mais est reconnue la supériorité de leur langue et de leur poésie.

[77] Dans l'*Essai sur les mœurs* (ch.147 et 148), Voltaire compare l'astronomie des Mexicains à celle des Egyptiens, qui savaient que l'année est d'environ 365 jours (*Essai*, éd. Pomeau, t.2, p.349) et indique que les Péruviens avaient des obélisques, des gnomons réguliers, pour marquer les points des équinoxes et des solstices; leur année était de 365 jours (*Essai*, éd. Pomeau, t.2, p.356).

[78] Cf. *La Philosophie de l'histoire* (*OCV*, t.59, p.233).

[79] Ce jugement final a déjà la violence des passages les plus véhéments de l'*Examen important*. Toutefois cette violence reste verbale et le philosophe tient à se distinguer de l'Inquisiteur. Curieusement, la dernière formule sera reprise, dans une lettre à Damilaville du 2 juin 1766 où Voltaire se défend d'avoir contribué à persécuter J.-J. Rousseau: 'Je pense sur Rousseau comme sur les Juifs; ce sont des fous, mais il ne faut pas les brûler' (D13336).

Du Siècle de Constantin
De Dioclétien
De Constantin
De Julien

Edition critique

par

Laurence Macé

TABLE DES MATIÈRES

INTRODUCTION 141

DU SIÈCLE DE CONSTANTIN 159

DE DIOCLÉTIEN 167

DE CONSTANTIN 179

DE JULIEN 189

INTRODUCTION

L'histoire ancienne est généralement considérée comme le parent pauvre de l'intérêt que Voltaire manifeste très tôt pour l'histoire et son écriture. Voltaire, qui est né et a grandi dans le contexte de la crise de la conscience européenne, partage avec ses contemporains un pyrrhonisme marqué à l'encontre de cette histoire accusée de véhiculer, à l'instar de celle d'Hérodote, des 'contes de nourrice' mal adaptés aux exigences du public du dix-huitième siècle. Certes, après sa visite à La Source en 1722, Voltaire fait à Thiriot un compte rendu enthousiaste de sa rencontre avec Bolingbroke qui l'a impressionné par sa double maîtrise de l'histoire ancienne et de l'histoire contemporaine.[1] Mais c'est cette dernière qui intéresse surtout Voltaire depuis les années de collège où le père Porée commentait avec ses élèves les 'grands intérêts de l'Europe'. A l'inverse, l'histoire ancienne, et singulièrement l'histoire romaine à laquelle Charles Rollin, déjà auteur d'une imposante *Histoire ancienne* (1731-1738), s'était appliqué après 1738 (*Histoire romaine depuis la fondation de Rome jusqu'à Actium*, 1738-1748), fait figure de repoussoir jusqu'au début des années 1740 au moins où les *Remarques sur l'histoire* (1742) prennent pour cible le besogneux recteur, qualifié à la même époque dans une lettre à Helvétius de 'prolixe et inutile compilateur'.[2] On imagine donc l'étonnement des lecteurs de l'édition Cramer qui trouvèrent pour la première fois dans le cinquième volume des *Mélanges de littérature, d'histoire et de philosophie* de 1756 les quatre textes qui suivent. Pourtant, le moment se prêtait à la publication de ces quatre petits essais historiques consacrés à l'empire romain au tournant des troisième et quatrième siècles: Crevier, le continuateur de Rollin, venait tout juste de parachever son *Histoire des empereurs romains depuis*

---

[1] D135, à Thiriot, [4 décembre] 1722.
[2] D2187; à Helvétius, 24 mars 1740.

Auguste jusqu'à Constantin (1749-1755) et Charles Lebeau s'apprêtait à donner les premiers volumes de sa suite, l'*Histoire du Bas-Empire en commençant par Constantin le Grand* (1757-1817). La publication par le libraire genevois de *Du siècle de Constantin, De Dioclétien, De Constantin* et *De Julien* participe assurément de la volonté de Voltaire d'assurer le succès d'une édition annoncée partout comme 'faite sous les yeux de l'auteur': elle s'insère aussi dans une actualité nourrie qui incita sans doute l'historien à tirer de son portefeuille ces textes déjà anciens qu'il n'avait pas jugé bon de publier jusque là.

On dispose de peu d'indications pour dater précisément la rédaction de *Du Siècle de Constantin, De Dioclétien, De Constantin* et *De Julien*, quatre textes unis par une même histoire éditoriale et par un même objet, les débuts du Bas-Empire, dont Voltaire présente une histoire presque continue puissamment unifiée par la présence d'un 'vous', destinataire commun, qui apparaît à vingt-deux reprises dans les quatre textes. Si l'on en croit une note de l'édition de Kehl donnant *Du Siècle de Constantin* comme 'un morceau historique [...] fait pour Mme du Châtelet',[3] Emilie fut la première destinataire de ces textes 'adressés', nécessairement antérieurs donc à sa mort au début du mois de septembre 1749 soit près de sept ans avant leur première publication à l'été 1756. La mention imprécise dans *De Julien* d'une polémique ayant opposé, en 1741, Voltaire à 'un écrivain' qui avait osé qualifier encore Julien d''apostat' – peut-être l'abbé de La Bléterie, auteur d'une *Vie de l'empereur Julien* (1735) par ailleurs largement exploitée par le texte –, fournit un *terminus a quo* permettant de dater avec une certaine vraisemblance la rédaction de *De Julien* – et assez vraisemblablement, par extension, des trois autres textes – de la seconde moitié des années 1740, hypothèse corroborée par l'orientation strictement 'moderne' des deux écrits historiographiques publiés par Voltaire en 1742 et 1744, les *Remarques sur l'histoire* et les *Nouvelles considérations sur l'histoire*. L'intérêt renouvelé pour la décadence

---

[3] K85, t.49, p.450.

de l'empire romain dans la seconde moitié des années 1740, sous l'impulsion de La Bléterie le premier qui donne une nouvelle édition de sa *Vie de l'empereur Julien* (Paris, 1746, BV1798) suivie d'une *Histoire de l'empereur Jovien* (Paris, 1748) accompagnée de traductions de textes de Julien, sous l'impulsion aussi de Montesquieu dont les *Considérations sur les causes de la grandeur des Romains et de leur décadence* paraissent dans une édition revue et augmentée en 1748, incita peut-être Voltaire à s'intéresser d'un œil nouveau – très polémique déjà – à l'histoire de Dioclétien, de Constantin et de Julien.

Quelque imprécise que soit la date de rédaction des quatre textes, il faut cependant faire remonter la genèse de *De Julien* et *De Constantin* à la seconde moitié des années 1730. Dès le 13 février 1735, ayant sans doute à peine parcouru la *Vie de l'empereur Julien* de La Bléterie,[4] Voltaire avait en effet dénoncé dans une lettre à Formont la perspective générale de l'auteur qui 'en écrivant la vie de Julien, a[vait] fait un superstitieux de ce grand homme' et sur la foi des 'sots contes d'Ammien Marcellin' de 'l'auteur des Césars [...] un païen bigot'.[5] Et le 17 avril de la même année, après la lecture de l'ouvrage, il avait adressé au même Formont une véritable défense de Julien justifiant déjà par l'idée de contrainte son adhésion à la religion païenne après son apostasie:

Mon cher Formont, vous me pardonnerez si vous voulez; mais je ne me rends point encore sur Julien. Je ne peux croire qu'il ait eu les ridicules qu'on lui attribue; qu'il se soit fait débaptiser et tauroboliser de bonne foi. Je lui pardonne d'avoir haï la secte dont était l'empereur Constance, son ennemi; mais il ne m'entre point dans la tête qu'il ait cru sérieusement au paganisme. On a beau me dire qu'il assistait aux processions, et qu'il immolait des victimes: Cicéron en faisait autant, et Julien était dans l'obligation de paraître dévot au paganisme; mais je ne peux juger d'un homme que par ses écrits; je lis les *Césars*, et je ne trouve dans cette satire rien qui sente la superstition. Le discours même qu'on lui fait tenir à sa mort n'est que celui d'un philosophe. Il est bien difficile de juger d'un

---

[4] Il ne reconnaît avoir 'lu Julien' que le 1er avril 1735 (D856).
[5] D844, à Formont.

homme après quatorze cents ans, mais au moins n'est-il pas permis de l'accuser sans de fortes preuves; et il me paraît que le bien qu'on peut dire de Julien est prouvé par les faits, et que le mal ne l'est que par ouï-dire et par conjectures. Après tout, qu'importe? Pourvu que nous n'ayons aucune sorte de superstition, à la bonne heure que Julien en ait eu. [6]

Deux motifs émergent ainsi de la correspondance dès le printemps 1735: le motif du 'grand homme' [7] qui, quatre ans après la parution de l'*Histoire de Charles XII*, fait de Julien un lointain ancêtre de Pierre-le-Grand et bientôt un modèle pour Frédéric II; [8] la défiance à l'égard des sources anciennes et la réflexion historiographique opposant ce qu'on peut établir sur les actions et sur 'les écrits' de Julien ('les faits') et ce qui relève de la rumeur et des 'conjectures'.

L'intérêt de Voltaire pour le personnage de Constantin remonte quant à lui à 1738 au moins. De Cirey, Voltaire avait alors écrit à Berger, dans des termes assez proches déjà de ceux du futur *De Constantin* (D1450):

Vous avez grande raison assurément, monsieur, de vouloir me développer l'histoire de Constantin; car c'est une énigme que je n'ai jamais pu comprendre, non plus qu'une infinité d'autres traits d'histoire. Je n'ai jamais bien concilié les louanges excessives que tous nos auteurs ecclésiastiques toujours très justes et très modérés ont prodiguées à ce prince, avec les vices et les crimes dont toute sa vie a été souillée. Meurtrier de sa femme, de son beau-père, plongé dans la mollesse, entêté à l'excès du faste, soupçonneux, superstitieux, voilà les traits sous lesquels je le connais.

La correspondance entre Voltaire et Berger est malheureusement lacunaire et l'on n'en sait pas plus sur le rôle peut-être décisif de ce dernier dans l'idée de s'intéresser de plus près à 'l'histoire de Constantin'. Dès 1738 cependant, Voltaire ne manifeste plus

[6] D864, à Formont.

[7] D856, à Formont: 'C'était un grand homme, mais le père de La Bleterie ne l'est pas. Il mérite pourtant bien des éloges pour n'avoir pas toujours été prêtre à préjugés dans son histoire'.

[8] Voir par exemple D2520.

seulement une défiance générale à l'endroit des sources anciennes: il formule avec une ironie décapante l'idée des contradictions que l'on rencontre chez les historiens ecclésiastiques de l'Antiquité tardive, idée qui fournira le fil rouge des quatre textes publiés par Cramer dans la *Suite des Mélanges de littérature, d'histoire et de philosophie* de 1756.

Deux ensembles se dégagent donc de l'étude de la correspondance, ultérieurement mis en évidence par la tradition imprimée: d'un côté, un premier ensemble centré autour du personnage de Constantin, *Du Siècle de Constantin, De Dioclétien* et *De Constantin* constituant généralement jusqu'à l'édition Cramer 1770 un seul et unique chapitre commenté comme tel par les apologistes dont les éditions postérieures font trois textes distincts avant que l'édition de Kehl ne disperse l'ensemble dans le très vaste *Dictionnaire philosophique*; un autre consacré au seul personnage de Julien. Des sources différentes – la *Vie* de La Bléterie quasi exclusivement pour *De Julien*; l'*Histoire romaine* de Lawrence Echard mais aussi l'*Histoire de l'Eglise* d'Eusèbe et l'*Histoire ecclésiastique* de Fleury – structurent cette opposition que Voltaire hérite en revanche des historiens ecclésiastiques traduits par Cousin. Dès les années 1740 apparaît donc en place la présentation antithétique des deux figures de Constantin et de Julien qu'on retrouvera presque inchangée dans l'*incipit* de l'article 'Julien' du *Dictionnaire philosophique* (1767):

On rend quelquefois justice bien tard. Deux ou trois auteurs, ou mercenaires, ou fanatiques, parlent du barbare et de l'efféminé Constantin comme d'un dieu, et traitent de scélérat le juste, le sage, le grand Julien. Tous les autres, copistes des premiers, répètent la flatterie et la calomnie. Elles deviennent presque un article de foi. Enfin le temps de la saine critique arrive, et, au bout de quatorze cents ans, des hommes éclairés revoient le procès que l'ignorance avait jugé. [9]

---

[9] *Dictionnaire philosophique*, article 'Julien le philosophe empereur romain', *OCV*, t.36, p.267-68.

D'emblée, la figure de Constantin qui 'changea la religion et l'empire' apparaît dans toute sa dimension polémique, les mains teintes du sang de toute sa famille, et même si *De Constantin* resta longtemps inédit, il semble difficile de soutenir que sur Constantin, Voltaire passa d'une guérilla larvée à une critique ouverte. [10] De fait, ce qui frappe à la lecture de ces quatre textes, c'est que sont présents dès les années 1740 les principaux arguments des écrits polémiques plus tardifs, qu'ils concernent Constantin ou Julien dont Voltaire tente déjà de redresser l'image monstrueuse transmise par les pères de l'Eglise vingt ans avant le *Dictionnaire philosophique* (1767), *l'Examen important de Milord Bolingbroke* (1769) et le *Discours de l'empereur Julien contre les chrétiens* (1769). Surtout, on ne peut évoquer l'histoire des quatre textes sans mentionner leur lien à ce que l'on n'appelle pas encore l'*Essai sur les mœurs*. En effet, même si l'on ne peut dater précisément leur rédaction, *Du Siècle de Constantin*, *De Dioclétien*, *De Constantin* et *De Julien* sont évidemment contemporains de la maturation, dans le courant des années 1740, du projet voltairien d''histoire universelle' dont la 'chimérique histoire' des 'vieux Romains' est encore exclue à cette date. Il est ainsi très intéressant de remarquer que les chapitres 8 et 10 du futur *Essai* qui traiteront, en partie au moins, de la même matière que *De Dioclétien* et *De Constantin* à savoir des persécutions et de l'établissement du christianisme, sont absents des manuscrits comme des premières éditions du futur *Essai sur les mœurs*: ils n'apparaissent tous deux qu'en 1756, l'année même de la publication de la *Suite des mélanges*. Même si aucune reprise textuelle ne peut être repérée entre les quatre petits essais historiques et les chapitres 8 et 10 de l'*Essai*, on peut penser que Voltaire a rédigé ces deux chapitres à partir de *De Dioclétien* et *De Constantin*: la nature 'adressée' des deux textes contamine de manière surprenante le chapitre 10 de l'*Essai* dans lequel un

---

[10] Cf. Roland Mortier, 'Une haine de Voltaire: l'empereur Constantin dit le Grand', dans *Voltaire, the Enlightenment and the comic mode: essays in honor of Jean Sareil*, éd. Maxime G. Cutlet (New York et Bern, 1991), p.171-82, repris dans Roland Mortier, *Les Combats des Lumières* (Ferney-Voltaire, 2000), p.183-93.

'vous' insolite surgit, qui ne peut évidemment plus renvoyer à Mme Du Châtelet en 1756. [11]

Du Siècle de Constantin, De Dioclétien, De Constantin et *De Julien* illustrent donc parfaitement l'une des fonctions récemment identifiées de ces curieux ensembles de textes que Voltaire laisse publier sous le titre de 'mélanges', qui consiste notamment à 'fournir des pièces détachées prêtes au réemploi, donc des matériaux pour des œuvres futures'. [12] Qu'on regarde en amont ou en aval, *Du Siècle de Constantin, De Dioclétien, De Constantin* et *De Julien* apparaissent au centre d'un réseau de motifs et d'arguments extrêmement dense et de reprises souvent complexes dans lesquelles leur rôle manifestement décisif, quand il n'est pas passé complètement inaperçu, a été largement minoré.

On trouve certes peu de traces des quatre textes dans les périodiques des années 1756-1757. Ni *L'Année littéraire*, ni les *Mémoires de Trévoux* ne les mentionnent; la *Correspondance littéraire* et le *Mercure de France* signalent bien la parution des dix premiers volumes de l'édition Cramer mais sans donner de détails: [13] seul le *Journal encyclopédique* est plus disert, la troisième livraison qu'il consacre à l'édition genevoise signalant *Sur Constantin* et *Sur Julien* (*sic*) parmi 'les quelques chapitres qu'on ne connaissait pas' présentés dans les *Mélanges de littérature, d'histoire et de philosophie*. [14]

Comme souvent, ce sont les apologistes qui firent, avec un peu de retard, le plus de publicité à l'esquisse très polémique de l'histoire de l'établissement du christianisme présentée dans les quatre textes. En 1762, Jacques-François De Luc consacra les chapitres 13 à 19 de ses *Observations sur les savants incrédules et sur quelques-uns de leurs écrits* (Genève, 1762, BV975) au seul *De Julien*.

---

[11] *OCV*, t.22, p.204.

[12] Olivier Ferret, 'Des "pots-pourris" aux "mélanges"', *Revue Voltaire* 6 (2006), p.50.

[13] *Correspondance littéraire* (Ferney-Voltaire, 2007), t.3, p.175 (n°14, 15 juillet 1756); *Mercure de France*, août 1756, p.131.

[14] *Journal encyclopédique*, t.8, troisième partie, décembre 1756, p.109.

En réalité, la cible de ces pages dans lesquelles De Luc revient sur la question de l'apostasie et dénonce la partialité de Voltaire (sur le sacrifice de la femme à Carrès, sur la cruauté de Théodose...) est au moins autant le patriarche de Ferney (à qui il a envoyé son texte en manuscrit) que l'abbé de La Bléterie à qui De Luc reproche d'avoir donné dans le piège des 'théurgistes nécromanciens' en choisissant souvent le témoignage d'Ammien Marcellin contre ceux de Théodoret et de Sozomène. Si De Luc s'intéresse surtout à *De Julien* qu'il glose paragraphe par paragraphe, il n'ignore pas tout à fait les trois autres textes dans lesquels il décèle une même partialité, 'soit pour illustrer d'un côté Dioclétien, persécuteur de l'Eglise chrétienne, soit pour avilir de l'autre le grand Constantin son libérateur'.[15]

De Dioclétien, *De Constantin* et *De Julien* n'échappent pas non plus à l'attention vigilante de Nonnotte dont *Les Erreurs de Voltaire* consacrent six chapitres aux affirmations parues dans les trois textes auxquels renvoient explicitement les manchettes de son ouvrage. Concernant Dioclétien, il réfute le petit nombre de martyrs avancé par Voltaire et lui reproche une erreur de date dans l'utilisation des actes de saint Romain. Sur l'article de Constantin 'le grand', Nonnotte admet qu'il est difficile de 'justifier Constantin sur l'article des désastres domestiques' – le meurtre de tous les membres de sa famille – mais il souligne malgré tout l'"injustice' du traitement réservé par Voltaire à Constantin, l'"un des plus grands hommes qui ait jamais gouverné l'univers'. 'Le Constantin de Voltaire n'est que le fruit d'une imagination remplie de fiel et d'horreur',[16] écrit-il avant d'examiner la question plus érudite de 'l'apparition de la croix à Constantin' – le *labarum* – où il oppose la démonstration de Baluze aux thèses de Loisel et de Voltaire. Le traitement réservé à Julien lui apparaît tout aussi partial, Voltaire cachant les vices de Julien et faisant de lui un 'homme presque divin', 'justifi[é]' d'avoir apostasié le christianisme par une série

---

[15] De Luc, *Observations*, p.109.
[16] Claude-François Nonnotte, *Les Erreurs de Voltaire* (Avignon, 1762), p.40-41.

d'arguments que Nonnotte réfute un à un. 'Son essai [*De Julien*] n'est qu'un tissu de calomnies contre l'Eglise chrétienne' et la fonction de l'apologie que Voltaire fait de la religion de Julien n'apparaît que trop clairement: 'les païens étaient comme nos philosophes modernes et nos philosophes modernes comme les païens. La religion qu'ils voudraient, c'est une religion sans dogme de créance et sans exercice de culte; c'est-à-dire qu'ils conservent encore par nécessité le nom de religion, et qu'ils trompent par là le monde, puisqu'au fond ils n'en ont point'.[17]

On trouve une dernière trace des quatre petits essais historiques de Voltaire consacrés à l'empire romain des troisième et quatrième siècles dans le *Dictionnaire anti-philosophique, pour servir de commentaire et de correctif au Dictionnaire philosophique* de Louis-Mayeul Chaudon (Avignon, 1767, BV728). L'article 'Constantin' de l'apologiste répond à la vérité davantage à l'article 'Christianisme' du *Dictionnaire philosophique* qu'à *De Constantin* mais Chaudon semble bien paraphraser le texte paru en 1756 lorsqu'il rapporte le jugement de Victor selon lequel Constantin 'dans les dix premières années [...] fut un héros; dans les douze suivantes un ravisseur; et un dissipateur dans les dix dernières années'.[18] L'article 'Julien', qui revient sur le motif de la superstition de l'empereur, sur le nombre des martyrs et sur l'épisode du temple de Jérusalem que Voltaire avait largement développé dans le *Dictionnaire philosophique*, décalque *De Julien* de manière plus nette encore puisque son projet même s'inscrit dans une parodie du petit essai de 1756: 'Supposons un moment que Julien eût quitté l'idolâtrie pour la religion chrétienne, et voyons quelle idée M. de V., ennemi de tous les empereurs convertis, aurait donné de ce prince. Voici ce me semble la façon dont il l'aurait peint.'[19]

Voltaire n'abandonnera jamais le combat. Contre les apologistes, dans l'*Histoire de l'établissement du christianisme* sous presse

[17] *Les Erreurs de Voltaire*, respectivement p.55 et p.60-61.
[18] Chaudon, *Dictionnaire anti-philosophique*, article 'Constantin' (Avignon, 1767), p.83.
[19] Cf. *De Julien*, lignes 1-4.

au moment de sa mort comme dans la correspondance de son extrême vieillesse, Voltaire remodèlera jusqu'au bout le matériau polémique rassemblé dans les quatre petits essais des années 1740:

Paulian écrit contre l'empereur et contre moi. Nonnotte m'accuse en deux gros volumes d'avoir trouvé mauvais que le grand Constantin ait autrefois assassiné son beau-père, son beau-père, son beau-frère, son neveu, son fils et sa femme. J'ai la faiblesse de répondre quelquefois à ces animaux-là. [20]

Retournant l'un des griefs majeurs opposés à Julien, l'une de ses toutes dernières lettres, un mois avant sa mort, évoquera ensemble les figures de Constantin et de Théodose, 'tyrans superstitieux'. [21]

Editions

w56

T.5, p.19-26: *Du Siècle de Constantin* (le titre est suivi de l'indication 'Chapitre soixante-unième'); p.27-36: *De Dioclétien*; p.37-43: *De Constantin*; p.44-50: *De Julien* (titre précédé de l'indication 'Chapitre soixante-deuxième').

Textes de base.

w52 (1756)

T.8 (1756), p.69-73: *Du Siècle de Constantin* (titre précédé de l'indication 'Chapitre XIII'); p.73-81: *De Dioclétien*; p.81-87: *De Constantin*; p.88-93: *De Julien* (titre précédé de l'indication 'Chapitre XIV').

w57G

T.5, p.21-26: *Du Siècle de Constantin* (comme dans w56, titre suivi de l'indication 'Chapitre soixante-unième'); p.27-36: *De Dioclétien*; p.37-43: *De Constantin*; p.44-50: *De Julien* (titre précédé de l'indication 'Chapitre soixante-deuxième').

[20] D19635, à Frédéric II, 31 août [1775].
[21] D21138.

W57P

T.7, p.26-35: *Du Siècle de Constantin* (titre suivi de l'indication 'Chapitre second'); p.35-46: *De Dioclétien* (titre précédé de l'indication 'Suite du chapitre II'); p.46-55: *De Constantin* (titre précédé de l'indication 'Suite du chapitre II'); p.55-64: *De Julien* (titre précédé de l'indication 'Chapitre troisième').

SO58

T.2, p.165-71: *Du Siècle de Constantin*; p.171-82: *De Dioclétien* (comme dans W57P, titre précédé de l'indication 'Suite du chapitre II'); p.183-89: *De Constantin* (comme dans W57P, titre précédé de l'indication 'Suite du chapitre II'); p.190-97: *De Julien* (comme dans W57P, titre précédé de l'indication 'Chapitre troisième').

W61G

T.19, p.21-26 *Du Siècle de Constantin* (comme dans W56, 'Chapitre soixante-unième'); p.27-36: *De Dioclétien* (comme dans W56); p.37-43: *De Constantin* (comme dans W56); p.44-50: *De Julien* (comme dans W56, 'Chapitre soixante-deuxième').

W64G

T.5, p.23-28: *Du Siècle de Constantin* (titre précédé de l'indication 'Chapitre soixante-deuxième'); p.29-38: *De Dioclétien*; p.39-45: *De Constantin*); p.46-52: *De Julien* (titre précédé de l'indication 'Chapitre soixante-troisième').

W64R

T.17, p.15-19: *Du Siècle de Constantin* (comme dans W57P, titre suivi de l'indication 'Chapitre second'); p.19-26: *De Dioclétien* (comme dans W57P, titre précédé de l'indication 'Suite du chapitre II'); p.27-32: *De Constantin* (comme dans W57P, titre précédé de l'indication 'Suite du chapitre II'); p.32-37: *De Julien* (comme dans W57P, titre précédé de l'indication 'Chapitre troisième').

w68

T.15, p.295-98: *Du Siècle de Constantin*; p.298-304: *De Dioclétien*; p.305-309: *De Constantin*; p.309-14: *De Julien*.

w70G

T.5, p.23-28: *Du Siècle de Constantin* (titre suivi de l'indication 'Chapitre soixante-deuxième'); p.29-38: *De Dioclétien*; p.39-45: *De Constantin*; p.46-52: *De Julien* (titre suivi de l'indication 'Chapitre soixante-troisième').

w71L (1773)

T.15, p.323-27: *Du Siècle de Constantin*; p.327-34: *De Dioclétien*; p.334-39: *De Constantin*; p.340-45: *De Julien*.

w71P

T.19, p.29-35: *Du Siècle de Constantin*; p.36-48: *De Dioclétien*; p.49-57: *De Constantin*; p.58-66: *De Julien*.

w70L (1772)

T.30 (1772), p.315-20: *Du Siècle de Constantin*; p.321-30: *De Dioclétien*; p.331-37: *De Constantin*; p.338-45: *De Julien*.

w72P (1773)

T.19 (1773), p.27-33: *Du Siècle de Constantin* (comme dans w71P qu'elle suit, pas d'indication de chapitre); p.34-46: *De Dioclétien*; p.47-55: *De Constantin*; p.56-64: *De Julien*.

w72X

T.5, p.23-28: *Du Siècle de Constantin* (comme dans w70G, titre suivi de l'indication 'Chapitre soixante-deuxième'); p.29-38: *De Dioclétien*; p.39-45: *De Constantin*; p.46-52: *De Julien* (comme dans w70G, titre suivi de l'indication 'Chapitre soixante-troisieme').

Edition très fautive.

W75G

T.33, p.362-66: *Du Siècle de Constantin*; p.366-73: *De Dioclétien*; p.373-78: *De Constantin*; p.378-84: *De Julien*.

W75X

T.33, p.364-68: *Du Siècle de Constantin*; p.368-75: *De Dioclétien*; p.375-80: *De Constantin*; p.381-86: *De Julien*.

K84

T.39, p.102-106: *Du Siècle de Constantin* (texte intégré dans le *Dictionnaire philosophique* où il forme la 'Section première' de l'article 'Constantin'); p.328-37: *De Dioclétien* (texte intégré dans le *Dictionnaire philosophique* où il forme l'article 'Dioclétien'); p.107-13: *De Constantin* (texte intégré dans le *Dictionnaire philosophique* où il forme, sous le titre 'Caractère de Constantin', la section II de l'article 'Constantin'); t.41, p.188-94: *De Julien* (texte intégré au *Dictionnaire philosophique* dans l'article 'Julien' dont il forme la section II).

K85

T.49, p.450-56: *Du Siècle de Constantin* (texte intégré dans le *Dictionnaire philosophique* où il forme la 'Section première' de l'article 'Constantin'); t.50, p.245-56: *De Dioclétien* (texte intégré dans le *Dictionnaire philosophique* où il forme l'article 'Dioclétien'); t.49, p.456-63: *De Constantin* (texte intégré dans le *Dictionnaire philosophique* où il forme, sous le titre 'Caractère de Constantin', la section II de l'article 'Constantin'); t.52, p.428-35: *De Julien* (texte intégré au *Dictionnaire philosophique* dans l'article 'Julien' dont il forme la section II).

K12

T.49, p.450-56: *Du Siècle de Constantin* (texte intégré dans le *Dictionnaire philosophique* où il forme la 'Section première' de l'article 'Constantin'); t.50, p.245-56: *De Dioclétien* (texte intégré dans le *Dictionnaire philosophique* où il forme l'article 'Dioclétien'); t.49, p.456-63: *De Constantin* (texte intégré dans le *Dictionnaire philosophique* où il forme, sous le titre

'Caractère de Constantin', la section II de l'article 'Constantin'); t.52, p.428-35: *De Julien* (texte intégré au *Dictionnaire philosophique* dans l'article 'Julien' dont il forme la section II).

Traduction anglaise

The Works of M. de Voltaire, tr. Smollett *et al.* (London, 1761-1764), t.12, p.21-26: 'Of the Age of Constantine and Julian'; p.27-37: 'Of Dioclesian'; p.37-44: 'Of Constantine'; p.45-52: 'Of Julian'.

Principes de l'édition

La première édition des quatre textes, l'édition Cramer de 1756 (w56G), a été retenue comme texte de base. Les variantes figurant dans l'apparat critique proviennent des éditions suivantes: w52(56), w57G, w57P, s058, w64G, w64R, w68(71), w70G, w71P, w72P, w72X, w75G, w75X, k84. Nous ne tenons pas compte de ces variantes lorsqu'elles sont la conséquence de simples erreurs typographiques; de la même façon, les différences de ponctuation ne sont pas prises en compte dans la mesure où elles n'entraînent pas de modification du sens. Au fil des éditions, les textes ont dans l'ensemble subi peu de corrections.

Traitement du texte de base

L'orthographe des noms propres a été modernisée (Thucidide, Tygre, Palmyrene, Pont Euxin, Yorck, Trêves, Troie) et nous imprimons en romain les noms propres de personnes, composés en italique dans le texte de base. Nous avons respecté la ponctuation mais le point qui suit les chiffres arabes a été supprimé.

Le texte de w56G a fait l'objet d'une modernisation portant sur la graphie, l'accentuation et la grammaire. Les particularités des quatre textes de base sont les suivantes:

I. Particularités de la graphie

1. Consonnes

— absence de la consonne *p* dans le mot tems et son composé longtems

- absence de la consonne *t* dans les finales en *–ens* et *–ans*: enfans, événemens, intriguans, parens, présens, puissans, savans
- présence d'une seule consonne dans: aparence, aparition, aparut, apelle, aprit, aproches, échapa, échapé, falait, falu(t), nourir, oposé, poura(it), raporte(nt), suplice(s), tranquilité
- dédoublement de la consonne dans: complette, deffendu, jetta(ient)

2. Voyelles

- emploi de *y* à la place de *i* dans: ayent

3. Divers

- utilisation systématique de l'esperluette, sauf en tête de phrase

4. Graphies particulières

- nous rétablissons l'orthographe moderne dans: avanture, Batême, batisé, batiser, boête, encor, fonds, Isles, hazarder, hazardés, intriguans, loix, méchaniques, mistères, ortodoxes, panégiriques, rolle, vraiement

5. Abréviations

- St. pour saint

6. Le trait d'union

- est présent dans: au-dessus, au-devant, aussi-bien, c'est-là, de-là, dès-lors, deux-cent-quarante, grand-homme, jusqu'à-ce, jusques-là, non-seulement, très-pieux, très-singulier, très-vrai
- est absent dans: beaupére, Nonconformistes

7. Majuscules rétablies

- nous mettons la majuscule aux substantifs suivants: antiquité, état

8. Majuscules supprimées

- nous mettons la minuscule aux substantifs suivants: Acteurs, Ange, Antiquaire, *Apostat*, Art(s), *Athée*, Auteur, Barbares, Batême, Calvinistes, Catalogue, Catéchumène, Cathédrale, Catholiques, Centurion, César(s), Charges, Chefs, Chrêtiens, Christianisme, Ciel, Comédie, Commerce, Concile(s), Conseil, Cour, Couronnes, Culte, Déesse, Diadême, Dieu (un), Dieux, Dignités, Divinité, *Dominus*, Druide, Ecrivain, Edit(s), Eglise(s), Empereur(s), Empire, Ere, Evêque, Exorcistes, Gardes, Généraux, Génie, Genre, Géolier, Gouvernement, Grands, Héros, Histoire, Historien(s), Impératrice(s), Isles, Juge, Jurisconsultes, *Labarum*, Légion(s), Loi(x), Lune, Magistrats, Maison, Maître(s), Manichéens, Martyrs, Médecin, Ministres, Monde, Nonconformistes, Officiers, Oracle, Ortodoxes, Paganisme, Palais, Payen(s), Peuple(s), Philosophe, Philosophie, Police, Pontife(s), Prédécesseurs, Préteur, Prétoriens, Prêtres, Prince, Provinces, Règne, Religion, Roi(s), Saint(s), Sectes, Sénat, Sénateurs, Sophi, Stoïcien, Sultan, Temples, Terre, Tribuns, Trône, Tyran(s), Univers, Usurpateur, *Veredarii*, Villes

— nous mettons la minuscule aux adjectifs suivants: Arien, Asiatiques, Auteurs, Chrêtien, Egyptiens, Gaulois, Grand, Grec(s), Impérial, Italienne, Latin, Payen(s), Payenne(s), Philosophe, Philosophiques, Prétoriennes, Romain, Romaine(s), Stoïque, Trajane

II. Particularités d'accentuation

1. L'accent aigu

— est employé au lieu de l'accent grave dans: beau-frére, beau-pére, bégue, collégue, considére, derniére(s), entiére, entiérement, épithéte, fiéres, frére, lumiéres, maniére, mére, pére(s), piéces, posséde, premiére, régne, siécle, siége, troisiéme, zéle

— est employé au lieu de l'accent circonflexe dans: extrémement

— est absent dans: averé, exagerées, inferer, leger, refuté, repara, reparé, scélerat, tolerait

2. L'accent circonflexe

— est employé au lieu de l'accent grave dans: Diadême

— est présent dans des mots qui ne le comportent pas selon l'usage actuel: assûrer, nôtre (adj.), plûpart, pû, reçû, tître, Vôtre (adj.)

— est employé au lieu de l'accent aigu dans: Chrêtiens

— est absent dans: ainé, ame, amphithéatres, brula, bucher, enchainés, Géolier, grace, infame, maitresses, parait, paraitre, surement, Théatre

3. L'accent grave

— est absent dans: déja

4. Le tréma

— contrairement à l'usage actuel on le trouve dans: jouïr, jouïssaient, obéïssaient, obéïssance, vuë, vüe

III. Particularités grammaticales

— Emploi de l'*s* adverbial dans: guères, jusques-là
— Absence d'accord du participe passé avec le complément d'objet dans: laissé
— Absence d'accord de la centaine: deux cent, quatre-cent

DU SIÈCLE DE CONSTANTIN

Parmi les siècles qui suivirent celui d'Auguste, vous avez raison de distinguer celui de Constantin. Il est à jamais célèbre, par les grands changements qu'il apporta sur la terre. Il commençait, il est vrai, à ramener la barbarie: non seulement on ne retrouvait plus des Cicérons, des Horaces, et des Virgiles; mais il n'y avait pas même de Lucains, ni de Sénèques; pas un historien sage et exact: on ne voit que des satires suspectes, ou des panégyriques encore plus hasardés. [1]

Les chrétiens commençaient alors à écrire l'histoire; [2] mais ils n'avaient pris ni Tite-Live, ni Thucydide pour modèle. Les sectateurs de l'ancienne religion de l'empire n'écrivaient ni avec plus d'éloquence, ni avec plus de vérité. Les deux partis animés l'un contre l'autre n'examinaient pas bien scrupuleusement les calomnies dont on chargeait leurs adversaires. De là vient que le même homme est regardé tantôt comme un dieu, tantôt comme un monstre. [3]

1   w75x: qui suivent celui
4-5   so58: des Cicéron, des Horace et des Virgile; mais
6   so58: de Lucain, ni de Sénèque; pas

[1] Renvoi implicite à la théorie des quatre siècles développée dès 1739 dans le premier chapitre du *Siècle de Louis XIV* (puis reprise dans l'*Essai sur les mœurs*, ch. 5 et 121): Voltaire y présentait les 'quatre siècles heureux' d'Alexandre, d'Auguste, des Médicis et de Louis XIV, 'ceux où les arts se sont perfectionnés', comme 'l'exemple de la postérité', 'servant d'époque à la grandeur de l'esprit humain' (*OH*, p.616). L'état des arts et des lettres reflétant celui de la civilisation, les satires et les panégyriques du IVe siècle symbolisent au contraire le repli du 'siècle de Constantin'.

[2] Notamment Eusèbe de Césarée, *Histoire de l'Eglise* (trad. Louis Cousin, Paris, 1675; BV1250) et ses continuateurs Zozime, Sozomène et Théodoret.

[3] Même idée chez La Blèterie qui ouvre ainsi sa *Vie de l'empereur Julien*: 'Il n'y a rien de plus opposé que les différentes idées qu'on forme de Julien. Plusieurs, qui ne le connaissent que par son apostasie, en font un monstre semblable aux Nérons et aux Domitiens. D'autres, éblouis de ses qualités brillantes, voudraient l'égaler aux

La décadence en toute chose, et dans les moindres arts mécaniques, comme dans l'éloquence et dans la vertu, arriva après Marc-Aurèle. Il avait été le dernier empereur de cette secte stoïque qui élevait l'homme au-dessus de lui-même, en le rendant 20 dur pour lui seul, et compatissant pour les autres. [4] Ce ne fut plus depuis la mort de cet empereur, vraiment philosophe, que tyrannie et confusion. Les soldats disposaient souvent de l'empire. Le sénat tomba dans un tel mépris, que du temps de Galien il fut défendu par une loi expresse aux sénateurs d'aller à la guerre. [5] On vit à la fois 25 trente chefs de partis prendre le titre d'empereur, dans trente provinces de l'empire. [6] Les barbares fondaient déjà de tous côtés au milieu du troisième siècle sur cet empire déchiré. Cependant il subsista par la seule discipline militaire qui l'avait fondé. [7]

29   s058: qu'il avait fondé.

Trajans, aux Antonins et aux Marc-Aurèles' (Paris, 1746, BV1798, p.19-20). Mais Voltaire pense sans doute aussi à Constantin dont il écrira bientôt dans le ch.10 de l'*Essai sur les mœurs*: 'Comment démêler celui qu'un parti a peint comme le plus criminel des hommes, et un autre comme le plus vertueux' (*OCV*, t.22, p.203). Le *Discours de l'empereur Julien contre les chrétiens* (*OCV*, t.71B, p.243-47) reprendra les positions divergentes concernant Constantin et Julien.

[4] Appréciation analogue du stoïcisme de Marc-Aurèle dans les *Considérations sur les causes de la grandeur des Romains et de leur décadence* de Montesquieu (ch.16, *OCM*, t.2, p.211) où la césure introduite à sa mort est cependant moins marquée.

[5] Voltaire commence à suivre le récit de Lawrence Echard, *Histoire romaine depuis la fondation de Rome jusqu'à la translation de l'Empire par Constantin* (Paris, 1728, BV1200, livre 5, ch.6, t.6, p.254: manchette 'Défense faite aux sénateurs d'aller à la guerre'). Montesquieu explique le pouvoir croissant des soldats après les Antonins par les excès des nouveaux monstres qui leur succédèrent (*Considérations*, ch.16, *OCM*, t.2, p.211).

[6] Même chiffre chez Echard (*Histoire romaine*, livre 5, ch.6, t.6, p.255) et chez Montesquieu (*Considérations*, ch.16, *OCM*, t.2, p.221).

[7] Echard, *Histoire romaine*, livre 5, ch.6, t.6, p.256: 'Cependant ces usurpateurs hardis et courageux ne laissaient pas de contribuer de temps en temps à la défense de l'Etat en repoussant les barbares prêts à l'envahir.' Pour Montesquieu, ce n'est pas la discipline militaire mais la succession au pouvoir de 'quatre grands hommes' (Claude, Aurélien, Tacite et Probus) qui rétablit alors 'l'empire prêt à périr' et retarda d'un siècle sa déchéance (*Considérations*, ch.16, *OCM*, t.2, p.222).

Pendant tous ces troubles le christianisme s'établissait par 30
degrés, surtout en Egypte, dans la Syrie, et sur les côtes de
l'Asie mineure. L'empire romain admettait toute sorte de religions,
ainsi que toute sorte de sectes philosophiques. [8] On permettait le
culte d'Osiris: on laissait même aux Juifs de grands privilèges
malgré leurs révoltes: mais les peuples s'élevèrent souvent dans les 35
provinces contre les chrétiens. Les magistrats les persécutaient; et
on obtint même souvent contre eux des édits émanés des
empereurs. Il ne faut pas être étonné de cette haine générale
qu'on portait d'abord au christianisme, tandis qu'on tolérait tant
d'autres religions. C'est que ni les Egyptiens, ni les Juifs, ni les 40
adorateurs de la déesse de Syrie, et de tant d'autres dieux étrangers,
ne déclaraient une guerre ouverte aux dieux de l'empire. Ils ne
s'élevaient point contre la religion dominante; mais un des
premiers devoirs des chrétiens était d'exterminer le culte reçu
dans l'empire. Les prêtres des dieux jetaient des cris quand ils 45
voyaient diminuer les sacrifices, et les offrandes; le peuple toujours
fanatique, et toujours emporté, se soulevait contre les chrétiens:
cependant plusieurs empereurs les protégèrent. Adrien défendit
expressément qu'on les persécutât. [9] Marc-Aurèle ordonna qu'on
ne les poursuivît point pour cause de religion. [10] Caracalla, 50
Héliogabale, Alexandre, Philippe, Galien, leur laissèrent une
liberté entière; [11] ils avaient au troisième siècle des églises publiques

32-33 W71P, W72P, K84: admettait toutes sortes de religions, ainsi que toutes
sortes de sectes

[8] Le motif de la tolérance des Romains deviendra l'une des scies voltairiennes des
années 1760, voir notamment le *Traité sur la tolérance*, ch.8 (*OCV*, t.56C, p.162-63) et
l'article 'Tolérance' du *Dictionnaire philosophique* (*OCV*, t.36, p.553, n.5).
[9] Voltaire a pu lire la *Lettre de l'Empereur Adrien en faveur des chrétiens*, dans
Eusèbe, *Histoire de l'Eglise*, livre 4, ch.9, p.154.
[10] Eusèbe signale à deux reprises la protection accordée par Marc-Aurèle aux
chrétiens dont les prières avaient sauvé son armée de la soif, voir *Histoire de l'Eglise*,
livre 4, ch.26, p.188 (*CN*, t.3, p.441-42, signet: 'Meliton. / douceur des Empereurs /
envers les chretiens') et livre 5, ch.5, p.212.
[11] Même liste dans le *Saint-Fargeau Notebook* (*OCV*, t.81, p.148), reprise à

très fréquentées, et très riches; et leur liberté fut si grande, qu'ils
tinrent seize conciles dans ce siècle. [12] Le chemin des dignités étant
fermé aux premiers chrétiens, qui étaient presque tous d'une   55
condition obscure, ils se jetèrent dans le commerce, et il y en eut
qui amassèrent de grandes richesses. [13] C'est la ressource de toutes
les sociétés qui ne peuvent avoir de charges dans l'Etat: c'est ainsi
qu'en ont usé les calvinistes en France, tous les non-conformistes
en Angleterre, les catholiques en Hollande, les Arminiens en Perse,   60
les Banians dans l'Inde, et les Juifs dans toute la terre. Cependant à
la fin la tolérance fut si grande, et les mœurs du gouvernement si
douces, que les chrétiens furent admis à tous les honneurs et à
toutes les dignités. Ils ne sacrifiaient point aux dieux de l'empire; on
ne s'embarrassait pas s'ils allaient aux temples, ou s'ils les fuyaient;   65
il y avait parmi les Romains une liberté absolue sur les exercices de
leur religion; personne ne fut jamais forcé de les remplir. [14] Les
chrétiens jouissaient donc de la même liberté que les autres: il est si
vrai qu'ils parvinrent aux honneurs, que Dioclétien et Galerius les
en privèrent en 303 dans la persécution dont nous parlerons. [15]   70

57   w72X: la source de
60   w64G, w71P, w72P, k84: les Arméniens en

---

l'identique, comme la phrase précédente, dans le chapitre 8 de l'*Essai sur les mœurs*
(*OCV*, t.22, p.174) qui propose une variation sur le thème de l'opulence grandissante
de l'Eglise de l'époque. Seuls Philippe et Galien sont évoqués par Eusèbe (*Histoire
ecclésiastique*, respectivement livre 6, ch.34 et livre 7, ch.13). Voltaire garde en
revanche le silence sur la persécution orchestrée par Valérien pourtant mentionnée
par Fleury (*Histoire ecclésiastique*, livre 7, §33, année 255).

[12] Voir aussi *Essai sur les mœurs*, ch.8 (*OCV*, t.22, p.174). Pour les sources de
Voltaire sur les conciles, voir l'article 'Conciles' du *DP* (*OCV*, t.35, p.614-31).

[13] Même motif de l'enrichissement des chrétiens par le négoce dans le chapitre 8 de
l'*Essai pour les mœurs* où Voltaire ne l'utilise pas pour démontrer l'absence de
persécution mais pour expliquer le triomphe du christianisme déjà affermi par la
conversion d'Hélène, femme de Constance Chlore (*OCV*, t.22, p.183). Le motif sera
repris beaucoup plus tard au ch.23 de l'*Examen important de Milord Bolingbroke*
(*OCV*, t.62, p.268).

[14] Allusion polémique à la formule 'Contrains-les d'entrer' (Luc 14:23).

[15] Voir note 18.

Il faut adorer la Providence dans toutes ses voies; mais je me borne, selon vos ordres, à l'histoire politique.

Manès sous le règne de Probus vers l'an 278 forma une religion nouvelle dans Alexandrie. Cette secte était composée des anciens principes des Persans, et de quelques dogmes du christianisme. [16]
Probus et son successeur Carus laissèrent en paix Manès et les chrétiens. Numérien leur laissa une liberté entière. Dioclétien protégea les chrétiens, et toléra les manichéens, pendant douze années: mais en 296 il donna un édit contre les manichéens, et les proscrivit comme des ennemis de l'empire attachés aux Perses. Les chrétiens ne furent point compris dans l'édit; [17] ils demeurèrent tranquilles sous Dioclétien, et firent une profession ouverte de leur religion dans tout l'empire, jusqu'aux deux dernières années du règne de ce prince. [18]

Pour achever l'esquisse du tableau que vous demandez, il faut vous représenter quel était alors l'empire romain. Malgré toutes les secousses intérieures et étrangères, malgré les incursions des barbares, il comprenait tout ce que possède aujourd'hui le sultan des Turcs, excepté l'Arabie; tout ce que possède la maison d'Autriche en Allemagne, et toutes les provinces d'Allemagne jusqu'à l'Elbe, l'Italie, la France, l'Espagne, l'Angleterre et la moitié de l'Ecosse; toute l'Afrique, jusqu'au désert de Dara, [19] et

75

80

85

90

79-80   w72x: les poursuivit comme
91   w57G, so58, w64G, w70G, w71P, w72P, w72X: l'Elbe; l'Italie

[16] Voltaire emprunte à Eusèbe l'idée du caractère syncrétique de la doctrine de Manès 'composée en Perse du venin de toutes les vieilles erreurs (*Histoire de l'Eglise*, livre 7, ch 31, p 360-61)

[17] Contrairement à ce qu'affirme Fleury pour qui l'édit de 296 s'appliqua aussi bien aux manichéens qu'aux chrétiens; cf. *Histoire ecclésiastique*, livre 8, §25, année 296.

[18] Soit jusqu'en 303, périodisation admise depuis Eusèbe qui avait daté la publication des édits de persécution de la dix-neuvième année du règne de Dioclétien (*Histoire de l'Eglise*, livre 8, ch.2, p.372), reprise par Echard (*Histoire romaine*, livre 5, ch.6, t.6, p.377s.).

[19] Ville mésopotamienne fortifiée située près de la frontière des Perses, qui marquait alors l'extrémité orientale du *limes*.

163

même les îles Canaries. Tant de pays étaient tenus sous le joug par des corps d'armée moins considérables que l'Allemagne et la France n'en mettent aujourd'hui sur pied quand elles sont en guerre. 95

Cette grande puissance s'affermit et s'augmenta même depuis César jusqu'à Théodose, autant par les lois, par la police, et par les bienfaits, que par les armes et par la terreur. C'est encore un sujet d'étonnement, qu'aucun de ces peuples conquis n'ait pu, depuis 100 qu'ils se gouvernent par eux-mêmes, ni construire des grands chemins, ni élever des amphithéâtres et des bains publics, tels que leurs vainqueurs leur en donnèrent. Des contrées qui sont aujourd'hui presque barbares et désertes, étaient peuplées et policées: telles furent l'Epire, la Macédoine, la Thessalie, l'Illyrie, 105 la Pannonie, surtout l'Asie mineure, et les côtes de l'Afrique; mais aussi il s'en fallait beaucoup que l'Allemagne, la France et l'Angleterre fussent ce qu'elles sont aujourd'hui. Ces trois Etats sont ceux qui ont le plus gagné à se gouverner par eux-mêmes; encore a-t-il fallu près de douze siècles pour mettre ces royaumes 110 dans l'état florissant où nous les voyons; mais il faut avouer que tout le reste a beaucoup perdu à passer sous d'autres lois. Les ruines de l'Asie mineure et de la Grèce, la dépopulation de l'Egypte, et la barbarie de l'Afrique, attestent aujourd'hui la grandeur romaine. Le grand nombre des villes florissantes qui couvraient ces pays, est 115 changé en villages malheureux; et le terrain même est devenu stérile sous les mains des peuples abrutis. [20]

101   w72P: se gouvernaient par
101   w71P, w72P: construire de grands
106   w71P: côtes d'Afrique
116   w72P: même devenu
117-20 k84: abrutis. //

[20] Voltaire adhère de manière nuancée à la thèse de la dépopulation; cf. Montesquieu, *Lettres persanes*, lettre 108 (*OCM*, t.i, p.431-34) que Voltaire avait commentée dans le même sens dans les *Nouvelles Considérations sur l'histoire* (*OCV*, t.28B, p.181-82): 'Serait-il vrai ce qu'on dit dans les *Lettres persanes*, que les hommes manquent à la terre, et qu'elle est dépeuplée en comparaison de ce qu'elle était il y a

Il faut maintenant tâcher de vous donner quelques éclaircissements sur Dioclétien, qui fut un des plus puissants empereurs de
Rome, et dont on a dit tant de mal et tant de bien.   120

---

deux mille ans? Rome, il est vrai, avait alors plus de citoyens qu'aujourd'hui. [...] Il y
avait trois cents nations dans la Gaule; mais ces trois cents nations ne valaient la
nôtre, ni en nombre d'hommes, ni en industrie. L'Allemagne était une forêt: elle est
couverte de cent villes opulentes [...]. On a beau dire; l'Europe a plus d'hommes
qu'alors, et les hommes valent mieux.'

DE DIOCLÉTIEN

Après plusieurs règnes faibles, ou tyranniques, l'empire eut un bon empereur dans Probus; et les légions le massacrèrent. [1] Ils élurent Carus, qui fut tué d'un coup de tonnerre vers le Tigre, lorsqu'il faisait la guerre aux Perses. [2] Son fils Numérien fut proclamé par les soldats. Les historiens nous disent sérieusement, qu'à force de pleurer la mort de son père il en perdit presque la vue, et qu'il fut obligé en faisant la guerre de demeurer toujours entre quatre rideaux. Son beau-père, nommé Aper, le tua dans son lit pour se mettre sur le trône: [3] mais un druide avait prédit dans les Gaules à Dioclétien, l'un des généraux de l'armée, qu'il serait immédiatement empereur après avoir tué un sanglier; or un sanglier se nomme en latin *aper*. Dioclétien assembla l'armée, tua de sa main Aper en présence des soldats, et accomplit ainsi la prédiction du druide. [4] Les historiens qui rapportent cet oracle méritaient de se nourrir du fruit de l'arbre que les druides révéraient. Il est certain que Dioclétien tua le beau-père de son empereur: ce fut là son premier droit au trône: le second c'est que Numérien avait un frère nommé Carin, qui était aussi empereur, et qui s'étant opposé à

12   W70G, W72X: Dioclétien rassembla l'armée

[1] En 282 à la suite d'une révolte des soldats chargés d'assécher les marais de Sirmich en Illyrie. Voltaire suit l'*Histoire romaine* de Lawrence Echard qui livre une même appréciation positive de Probus (Paris, 1728, BV1200; livre 5, ch.6, t.6, p.345).

[2] En 282 encore, voir Echard, *Histoire romaine*, livre 5, ch. 6, t.6, p.350.

[3] Raccourci voltairien: chez Echard, Aper ne tue pas Numérien dans son lit mais fait 'mettre son corps dans la litière, comme auparavant, afin d'avoir le temps de former sa brigue et de se faire élire empereur' (*Histoire romaine*, livre 5, ch.6, t.6, p.351-52).

[4] Voltaire inverse l'ordre des faits: chez Echard (*Histoire romaine*, livre 5, ch.6, t.6, p.353) et chez Le Nain de Tillemont (*Histoire des empereurs*, Paris, Robustel, 1697, t.4, p.5), Dioclétien est élu empereur avant de tuer Aper.

l'élévation de Dioclétien, fut tué par un des tribuns de son armée.[5]
Voilà les droits de Dioclétien à l'empire. Depuis longtemps il n'y   20
en avait guère d'autres.

Il était originaire de Dalmatie, de la petite ville Dioclée dont il
avait pris le nom. S'il est vrai que son père ait été un laboureur, et
que lui-même dans sa jeunesse ait été l'esclave d'un sénateur
nommé Anulinus,[6] c'est là son plus bel éloge: il ne pouvait devoir   25
son élévation qu'à lui-même: il est bien clair qu'il s'était concilié
l'estime de son armée, puisqu'on oublia sa naissance pour lui
donner le diadème. Lactance, auteur chrétien, mais un peu partial,
prétend que Dioclétien était le plus grand poltron de l'empire.[7] Il
n'y a guère d'apparence que des soldats romains aient choisi un   30
poltron pour les gouverner; et que ce poltron eût passé par tous les
degrés de la milice. Le zèle de Lactance contre un empereur païen
est très louable, mais il n'est pas adroit.

Dioclétien contint en maître pendant vingt années ces fières
légions, qui défaisaient leurs empereurs avec autant de facilité   35
qu'elles les faisaient: c'est encore une preuve, malgré Lactance,
qu'il fut aussi grand prince que brave soldat. L'empire reprit
bientôt sous lui sa première splendeur. Les Gaulois, les Africains,
les Egyptiens, les Anglais soulevés en divers temps, furent tous

22   57P, S058, W64G, W64R, W70G, W71P, W72P, W72X, K84:   ville de Dioclée
23   K84: été laboureur
24   W64G, W70G, W72P, W72X, K84: été esclave

[5] En 284. Voltaire reprend mot à mot les manchettes du texte d'Echard (*Histoire romaine*, livre 5, ch.6, t.6, p.354-55) mais ne retient pas le motif anecdotique expliquant le geste du tribun, qui se venge ainsi d'un adultère.

[6] Décalque du portrait de Dioclétien présenté par Echard (*Histoire romaine*, livre 5, ch.6, t.6, p.355) mais celui-ci, comme Le Nain de Tillemont (*Histoire des empereurs*, t.4, p.2), rapporte une autre tradition selon laquelle Dioclétien était fils d'un greffier. Fleury indique seulement que Dioclétien était 'de basse naissance et [...] affranchi du sénateur Anullinus' (*Histoire ecclésiastique*, livre 8, §14, année 282). Aucun n'évoque une origine paysanne.

[7] Lactance, *De mortibus persecutorum*, ch.7, cité sans doute de seconde main d'après Le Nain de Tillemont: 'Lactance dit qu'il était timide, qu'il tremblait dans les dangers et craignait de s'y exposer' (*Histoire des empereurs*, t.4, p.3).

remis sous l'obéissance de l'empire:[8] les Perses mêmes furent   40
vaincus. Tant de succès au dehors, une administration encore plus
heureuse au dedans, des lois aussi humaines que sages qu'on voit
encore dans le Code Justinien,[9] Rome, Milan, Autun, Nicomédie,
Carthage, embellies par sa munificence; tout lui concilia le respect
et l'amour de l'Orient et de l'Occident, au point que deux cent   45
quarante ans après sa mort on comptait encore et on datait de la
première année de son règne, comme on comptait auparavant
depuis la fondation de Rome. C'est ce qu'on appelle l'ère de
Dioclétien; on l'a appelée aussi l'ère des martyrs: mais c'est se
tromper évidemment de dix-huit années; car il est certain qu'il ne   50
persécuta aucun chrétien pendant dix-huit ans.[10] Il en était si
éloigné, que la première chose qu'il fit étant empereur, ce fut de
donner une compagnie de gardes prétoriennes à un chrétien
nommé Sébastien, qui est au catalogue des saints.[11]

Il ne craignit point de se donner un collègue à l'empire dans la   55

40   w64R, w71P: Perses même furent
44   w64G, w70G, w71P, w72P, w72X: sa magnificence; tout

[8] Résumé d'Echard, *Histoire romaine*, livre 5, ch.6, t.6, p.359-60.

[9] D'après Echard, *Histoire romaine*, t.6, p.386 (*CN*, t.3, p.354: papillons),
notamment la loi annulant les contrats de vente en cas de lésion d'outremoitié et
celle protégeant les intérêts des pupilles signalées dans l'*Essai sur les mœurs* (ch.8,
OCV, t.22, p.179). Même Nonnotte reconnaîtra: 'Quelques lois qu'on a de cet
empereur, et qu'on trouve encore dans le code Théodosien, prouvent bien, qu'il
avait quelquefois de bonnes vues' (*Les Erreurs de Voltaire*, Avignon, 1762, p.15).

[10] Cf. Echard, *Histoire romaine* (livre 5, ch.6, t.6, p.356-75): 'de cette année-là [284
ap. J.-C.] il fit une ère ou époque, qui devint par ses ordres le commencement d'une
nouvelle manière de compter à l'avenir, au lieu de celle qui s'était toujours observée,
de marquer les années par celles de la fondation de Rome. Les chrétiens suivirent ce
nouveau calcul l'espace de deux cent quarante ans, c'est-à-dire jusqu'au temps de
Justinien, et l'appellèrent aussi l'ère des martyrs, à cause du grand nombre de
chrétiens que ce prince fit mourir'. Mais Echard (p.379), comme Eusèbe (*Histoire
ecclésiastique*, livre 8, ch.2, p.372), date bien de la 19e année du règne de Dioclétien
soit de 303 le début des persécutions.

[11] Cf. Nonnotte, *Les Erreurs de Voltaire*, p.18, pour qui ce martyre (287), avec le
massacre de la légion thébaine dans les Gaules (286), prouve l'absence de liberté de
culte avant même le début de la grande persécution.

personne d'un soldat de fortune comme lui; c'était Maximien Hercule son ami. La conformité de leurs fortunes avait fait leur amitié. Maximien Hercule était aussi né de parents obscurs et pauvres, et s'était élevé comme Dioclétien de grade en grade par son courage. [12] On n'a pas manqué de reprocher à ce Maximien 60 d'avoir pris le surnom d'Hercule, et à Dioclétien d'avoir accepté celui de Jovien. [13] On ne daigne pas s'apercevoir que nous avons tous les jours des gens d'église qui s'appellent Hercule, et des bourgeois qui s'appellent César et Auguste.

Dioclétien créa encore deux césars; le premier fut un autre 65 Maximien surnommé Galérius, qui avait commencé par être gardeur de troupeaux. [14] Il semblait que Dioclétien, le plus fier et le plus fastueux des hommes, lui qui le premier introduisit l'usage de se faire baiser les pieds, [15] mît sa grandeur à placer sur le trône des césars des hommes nés dans la condition la plus abjecte. Un 70 esclave et deux paysans étaient à la tête de l'empire, et jamais il ne fut plus florissant.

58   w57G: amitié. Maximilien Hercule
68   w68(71), w75G, w75P, k84: introduisit de se
69   β: pieds, mit sa

[12] Même origine obscure chez Echard (*Histoire romaine*, livre 5, ch.6, t.6, p.357-58) qui décrit Maximien Hercule comme 'grossier, incivil, dur, sauvage et brutal'.

[13] Surnoms présents chez Fleury (*Histoire ecclésiastique*, livre 8, §14, année 282) qu'Echard explique par référence aux 'exploits' militaires de Maximien contre les rebelles d'Afrique et par la volonté qu'avait Dioclétien 'd'être adoré comme un dieu' (*Histoire romaine*, livre 5, ch.6, t.6, p.365).

[14] D'après Echard qui donne le surnom *armentarius* ou *vacher* comme hérité du 'premier état' de Maximien (*Histoire romaine*, livre 5, ch.6, t.6, p.361).

[15] L'usage de ceux qui présentaient des requêtes était précédemment de baiser les mains 'ou quelquefois la joue' de l'empereur: il est aboli par Dioclétien qui ordonne 'qu'on ne baiserait plus que ses pieds et encore qu'il faudrait en même temps se prosterner à terre' (Echard, *Histoire romaine*, livre 5, ch.6, t.6, p.377). Dans le chapitre 17 des *Considérations sur les causes de la grandeur des Romains* de Montesquieu (Lausanne, 1750, BV2495), Voltaire a ultérieurement annoté des mots 'baisé/les pieds' le passage suivant: 'Le séjour de plusieurs empereurs en Asie, et leur perpétuelle rivalité avec les rois de Perse, firent qu'ils voulurent être adorés comme eux; et Dioclétien, d'autres disent Galère, l'ordonna par un édit' (*CN*, t.5, p.720).

Le second césar qu'il créa était d'une naissance distinguée; c'était Constance Chlore, petit-neveu par sa mère de l'empereur Claude II.[16] L'empire fut gouverné par ces quatre princes. Cette 75 association pouvait produire par année quatre guerres civiles; mais Dioclétien sut tellement être le maître de ses associés, qu'il les obligea toujours à le respecter, et même à vivre unis entre eux.[17] Ces princes avec le nom de césars n'étaient au fond que ses premiers sujets: on voit qu'il les traitait en maître absolu; car 80 lorsque le césar Galérius ayant été vaincu par les Perses vint en Mésopotamie lui rendre compte de sa défaite, il le laissa marcher l'espace d'un mille auprès de son char,[18] et ne le reçut en grâce que quand il eut réparé sa faute et son malheur.

Galère les répara en effet l'année d'après en 297 d'une manière 85 bien signalée. Il battit le roi de Perse en personne. Ces rois de Perse ne s'étaient pas corrigés depuis la bataille d'Arbelles, de mener dans leurs armées leurs femmes, leurs filles, et leurs eunuques. Galère prit comme Alexandre la femme et toute la famille du roi de Perse, et les traita avec le même respect.[19] La paix fut aussi 90 glorieuse que la victoire: les vaincus cédèrent cinq provinces aux Romains,[20] des sables de Palmyrène jusqu'à l'Arménie.

79   w72x: de césar n'étaient

[16] Selon Echard, *Histoire romaine* (livre 5, ch.6, t.6, p.361), Maximien Hercule et Dioclétien désignèrent chacun un césar: Constance Chlore, 'fils de Claudia, nièce de l'empereur Claude' est nommé par Maximien.

[17] Echard, *Histoire romaine*, livre 5, ch.6, t.6, p.361-62: 'Cette union paraissait admirable entre quatre princes presque égaux en autorité; aussi Dioclétien s'en glorifiait comme le chef d'œuvre de sa politique'.

[18] En 297 selon Echard (*Histoire romaine*, livre 5, ch.6, t.6, p.369-70) que Voltaire suit ici mot à mot.

[19] Voltaire s'éloigne du récit d'Echard chez qui Narses, roi de Perse, ne rejoint dans le camp des Perses 'la reine, les princes enfants [...] ses concubines, ses sœurs et la principale noblesse persane' qu'après avoir été mis en fuite par Galère (*Histoire romaine*, livre 5, ch.6, t.6, p.370-71). Il n'est pas fait mention d'eunuques.

[20] Chiffre emprunté à Echard: Galère prend alors les titres de 'Persique, d'Arménique, de Médique et d'Adiabenique' (*Histoire romaine*, livre 5, ch.6, t.6, p.373-74).

Dioclétien et Galère allèrent à Rome étaler un triomphe inouï jusqu'alors: c'était la première fois qu'on montrait au peuple romain la femme d'un roi de Perse et ses enfants enchaînés. Tout l'empire était dans l'abondance et dans la joie. [21] Dioclétien en parcourait toutes les provinces; il allait de Rome en Egypte, en Syrie, dans l'Asie mineure: sa demeure ordinaire n'était point à Rome; c'était à Nicomédie près du Pont-Euxin, soit pour veiller de plus près sur les Perses et sur les barbares, soit qu'il s'affectionnât à un séjour qu'il avait embelli. [22]

Ce fut au milieu de ces prospérités que Galère commença la persécution contre les chrétiens. [23] Pourquoi les avait-on laissés en repos jusque-là, et pourquoi furent-ils maltraités alors? Eusèbe dit qu'un centurion de la légion trajane nommé Marcel, qui servait dans la Mauritanie, assistant avec sa troupe à une fête qu'on donnait pour la victoire de Galère, jeta par terre sa ceinture militaire, ses armes et sa baguette de sarment qui était la marque de son office, disant tout haut qu'il était chrétien, et qu'il ne voulait plus servir des païens. Cette désertion fut punie de mort par le conseil de guerre. [24] C'est là le premier exemple avéré de cette persécution si fameuse. Il est certain qu'il y avait un grand nombre de chrétiens

112   w68(71), w75G, w75P: Il est qu'il

[21] Echard nuance ce triomphe: si la paix conclue alors garantit quarante ans de tranquillité sur le front perse, le Nord, assailli par les barbares, restait 'le théâtre perpétuel de la guerre' et 'le prix [...] des perpétuelles levées de troupes' était élevé (*Histoire romaine*, livre 5, ch.6, t.6, p.377).

[22] Fleury, *Histoire ecclésiastique*, livre 8, §21, année 282. En abordant les persécutions, Voltaire s'écarte du récit de Lawrence Echard.

[23] Cf. Echard, *Histoire romaine* (livre 5, ch.6, t.6, p.377-78) où loin d'être dédouané de toute responsabilité dans la persécution des chrétiens, Dioclétien forme, 'à la sollicitation de Galère', 'la résolution d'abolir le christianisme qui avait déjà fait de grands progrès'.

[24] Voltaire confond: Eusèbe évoque les martyrs de Mauritanie (*Histoire ecclésiastique*, livre 8, ch.6, p.378) mais c'est Ruinart qui rapporte le martyre de Marcel (298) dans *Les Véritables Actes des martyrs* (1708, t.1, p.443-450; BV3052). Voltaire résume son récit peut-être d'après Fleury, *Histoire ecclésiastique*, livre 8, §27, année 298.

dans les armées de l'empire;[25] et l'intérêt de l'Etat demandait qu'une telle désertion publique ne fût point autorisée. Le zèle de Marcel était très pieux, mais il n'était pas raisonnable. Si dans la fête qu'on donnait en Mauritanie on mangeait des viandes offertes aux dieux de l'empire, la loi n'ordonnait point à Marcel d'en manger; le christianisme ne lui ordonnait point de donner l'exemple de la sédition; et il n'y a point de pays au monde, où l'on ne punît une action si téméraire. 120

Cependant depuis l'aventure de Marcel, il ne paraît pas qu'on ait recherché les chrétiens jusqu'à l'an 303.[26] Ils avaient à Nicomédie une superbe église cathédrale vis-à-vis le palais, et même beaucoup plus élevée.[27] Les historiens ne nous disent point les raisons pour lesquelles Galère demanda instamment à Dioclétien qu'on abattît 125 cette église; mais ils nous apprennent que Dioclétien fut très longtemps à se déterminer: il résista près d'une année.[28] Il est bien étrange qu'après cela ce soit lui qu'on appelle persécuteur. Enfin, en 303 l'église fut abattue; et on afficha un édit par lequel les chrétiens seraient privés de tout honneur et de toute dignité. 130 Puisqu'on les en privait, il est évident qu'ils en avaient.[29] Un chrétien arracha et mit en pièces publiquement l'édit impérial:[30] ce

115

---

119   β: ne punit une
125-26   β: qu'on abattit cette

[25] Selon Eusèbe (*Histoire de l'Eglise*, livre 8, ch.4, p.374-75), on avait 'attaqu[é] d'abord ceux qui servaient dans les armées, afin d'abattre ensuite plus aisément les autres'.

[26] Date donnée en marge par Echard qui indique elle commença 'la 19ᵉ année du règne de Dioclétien' (*Histoire romaine*, livre 5, ch.6, t.6, p. 379).

[27] Fleury explique plus exactement que 'l'église était en un lieu élevé que l'on voyait du palais' (*Histoire ecclésiastique*, livre 8, §28, année 302).

[28] Voltaire emprunte le verbe 'résist[er]' à Fleury (*Histoire ecclésiastique*, livre 8, §28, année 302).

[29] C'est aussi l'avis de Fleury qui évoque les charges que possédaient les chrétiens et le succès de leurs assemblées avant 303 (*Histoire ecclésiastique*, livre 8, §21).

[30] Voltaire décalque Fleury qui parle de 'zèle excessif' (*Histoire ecclésiastique*, livre 8, §28, année 302). Eusèbe avait au contraire décrit cette action 'hardie' comme un acte de religion soutenu par le martyr avec 'une joie et une tranquillité d'esprit

n'était pas là un acte de religion; c'était un emportement de révolte. Il est donc très vraisemblable qu'un zèle indiscret, et qui n'était pas selon la science, attira cette persécution funeste. Quelque temps 135 après le palais de Galère brûla; il en accusa les chrétiens; et ceux-ci accusèrent Galère d'avoir mis lui-même le feu à son palais, pour avoir un prétexte de les calomnier. [31] L'accusation de Galère paraît fort injuste; celle qu'on intente contre lui ne l'est pas moins; car l'édit étant déjà porté, de quel nouveau prétexte avait-il besoin? S'il 140 lui avait fallu en effet une nouvelle raison pour engager Dioclétien à persécuter, ce serait seulement une nouvelle preuve de la peine qu'eut Dioclétien à abandonner les chrétiens qu'il avait toujours protégés; cela ferait voir évidemment qu'il avait fallu de nouveaux ressorts pour le déterminer à la violence. 145

Il paraît certain qu'il y eut beaucoup de chrétiens tourmentés dans l'empire. Mais il est difficile de concilier avec les lois romaines tous ces tourments recherchés, toutes ces mutilations, ces langues arrachées, ces membres coupés et grillés, et tous ces attentats à la pudeur faits publiquement contre l'honnêteté publique. [32] Aucune 150 loi romaine n'ordonna jamais de tels supplices. Il se peut que l'aversion des peuples contre les chrétiens les ait portés à des excès horribles; mais on ne trouve nulle part que ces excès aient été ordonnés par les empereurs ni par le sénat. [33]

140-41   K84: S'il avait

---

admirable' (*Histoire de l'Eglise*, livre 8, ch.5, p.375). L'argument de lèse-majesté fait mouche au dix-huitième siècle; voir Nonnotte, *Les Erreurs de Voltaire*, p.20: 'Il est certain que l'action de ce chrétien fut répréhensible dans un chrétien, parce qu'il n'est jamais permis aux sujets de manquer de respect aux puissances, quand même les puissances manqueraient à ce qu'elles doivent aux sujets.'

[31] Voltaire simplifie: chez Fleury (*Histoire ecclésiastique*, livre 8, §29) comme chez Echard (*Histoire romaine*, livre 5, ch.6, t.6, p.378-79), deux incendies se déclarent tour à tour dans le palais de Nicomédie.

[32] Notamment Fleury (*Histoire ecclésiastique*, livre 8, §29) qui mentionne des 'membres grillés' et décrit après Ruinart les tourments réservés aux chrétiens.

[33] Eusèbe affirme au contraire clairement que les supplices se déchaînèrent à

Il est bien vraisemblable que la juste douleur des chrétiens se   155
répandit en plaintes exagérées. *Les Actes sincères* nous racontent[34]
que l'empereur étant dans Antioche, le préteur condamna un petit
enfant chrétien nommé Romain à être brûlé; que des Juifs présents
à ce supplice se mirent méchamment à rire, en disant: 'Nous avons
eu autrefois trois petits enfants, Sidrac, Midrac, et Abdenago, qui   160
ne brûlèrent point dans la fournaise ardente, mais ceux-ci y
brûlent.' Dans l'instant, pour confondre les Juifs, une grande
pluie éteignit le bûcher; et le petit garçon en sortit sain et sauf, en
demandant: 'Où est donc le feu?' *Les Actes sincères* ajoutent que
l'empereur le fit délivrer, mais que le juge ordonna qu'on lui coupât   165
la langue. Il n'est guère possible de croire qu'un juge ait fait couper
la langue à un petit garçon à qui l'empereur avait pardonné.

Ce qui suit est plus singulier. On prétend qu'un vieux médecin
chrétien nommé Ariston, qui avait un bistouri tout prêt, coupa la
langue de l'enfant pour faire sa cour au préteur. Le petit Romain fut   170
aussitôt renvoyé en prison. Le geôlier lui demanda de ses
nouvelles. L'enfant raconta fort au long comment un vieux
médecin lui avait coupé la langue. Il faut noter que le petit avant
cette opération était extrêmement bègue, mais qu'alors il parlait
avec une volubilité merveilleuse. Le geôlier ne manqua pas d'aller   175

Nicomédie et 'dans les provinces, et principalement en Afrique, en Mauritanie, en
Egypte et dans la Thébaïde' suite à la publication d'un autre édit (*Histoire de l'Eglise*,
livre 8, ch.6, p.378).

[34] Ruinart rapporte bien le martyr de Romain (*Les Véritables Actes des martyrs*,
Paris, 1708, t.1, p.596-604) mais Voltaire travaille sans doute d'après Fleury (*Histoire
ecclésiastique*, livre 8, ch.31, t.2, p.434-35; BV1350, *CN*, t.3, p.488-89: signet portant
les mots 'petit/Romain/langue coupée' de la main de Wagnière): il a pu y trouver le
nom d'Ariston mais il confond Romain, martyr adulte condamné au feu et l'enfant
nommé Barulas condamné avec lui à perdre la tête. C'est à Romain martyr
qu'Ariston coupe la langue. Les noms des enfants juifs, qui font allusion à Daniel
3:12-94, ne se trouvent ni chez Ruinart ni chez Fleury. Dans les œuvres
alphabétiques, Voltaire reviendra à maintes reprises sur le martyre du 'petit
Romain', notamment dans les articles 'Christianisme' et 'Martyre' du *DP* (*OCV*,
t.35, p.577-78, et t.36, p.337) et dans les articles 'Eglise' et 'Martyrs' des *QE* sans
vraiment corriger son erreur.

raconter ce miracle à l'empereur. On fit venir le vieux médecin; il jura que l'opération avait été faite dans les règles de l'art, et montra la langue de l'enfant, qu'il avait conservée proprement dans une boîte comme une relique. 'Qu'on fasse venir', dit-il, 'le premier venu; je m'en vais lui couper la langue en présence de Votre Majesté, et vous verrez s'il pourra parler.' La proposition fut acceptée. On prit un pauvre homme, à qui le médecin coupa juste autant de langue qu'il en avait coupé au petit enfant; l'homme mourut sur le champ.

Je veux croire que les *Actes* qui rapportent ce fait, sont aussi *sincères* qu'ils en portent le titre: mais ils sont encore plus simples que sincères; et il est bien étrange que Fleury dans son *Histoire ecclésiastique* rapporte un si prodigieux nombre de faits semblables, bien plus propres au scandale qu'à l'édification.

Vous remarquerez encore, que dans cette année 303 où l'on prétend que Dioclétien était présent à toute cette belle aventure dans Antioche, il était à Rome, et qu'il passa toute l'année en Italie. On dit que ce fut à Rome en sa présence que Saint Genest comédien se convertit sur le théâtre, en jouant une comédie contre les chrétiens.[35] Cette comédie montre bien que le goût de Plaute et de Térence ne subsistait plus. Ce qu'on appelle aujourd'hui la comédie, ou la farce italienne, semble avoir pris naissance dans ce temps-là. Saint Genest représentait un malade: le médecin lui demandait ce qu'il avait: 'Je me sens tout pesant', dit Genest: 'Veux-tu que nous te rabotions pour te rendre plus léger?' lui dit le médecin: 'Non,' répond Genest, 'je veux mourir chrétien, pour ressusciter avec une belle taille.' Alors des acteurs habillés en prêtres et en exorcistes viennent pour le baptiser; dans le moment Genest devint en effet chrétien; et au lieu d'achever son rôle, il se

180

185

190

195

200

204   w75P: Genest devient en

[35] Le martyre de saint Genest est rapporté par Ruinart (*Les Véritables Actes des martyrs*, p.387-91) mais Voltaire suit sans doute à nouveau Fleury qu'il résume en reprenant fidèlement les dialogues (*Histoire ecclésiastique*, livre 8, §48).

mit à prêcher l'empereur et le peuple. Ce sont encore les *Actes*   205
sincères qui rapportent ce miracle.

Il est certain qu'il y eut beaucoup de vrais martyrs: mais aussi il
n'est pas vrai que les provinces fussent inondées de sang, comme
on se l'imagine. Il est fait mention d'environ deux cents martyres,
vers ces derniers temps de Dioclétien, dans toute l'étendue de   210
l'empire romain; [36] et il est avéré, par les lettres de Constantin
même, que Dioclétien eut bien moins de part à la persécution que
Galère. [37]

Dioclétien tomba malade cette année; et se sentant affaibli, il fut
le premier qui donna au monde l'exemple de l'abdication de   215
l'empire. Il n'est pas aisé de savoir si cette abdication fut forcée,
ou non. [38] Ce qui est certain, c'est qu'ayant recouvré sa santé, il
vécut encore neuf ans, aussi honoré que paisible dans sa retraite de
Salone au pays de sa naissance. Il disait qu'il n'avait commencé à
vivre que du jour de sa retraite; et lorsqu'on le pressa de remonter   220
sur le trône, il répondit que le trône ne valait pas la tranquillité de sa
vie, et qu'il prenait plus de plaisir à cultiver son jardin, qu'il n'en
avait eu à gouverner la terre. [39] Que conclurez-vous de tous ces

---

209-10   W71P, W72P, K84: cents martyrs, vers

[36] Voltaire minimise l'importance de la persécution, cf. Echard qui évoque le
'nombre incroyable des martyres' (*Histoire romaine*, livre 5, ch.6, t.6, p.381).

[37] Voltaire adopte la position d'Echard: 'S'il persécuta les chrétiens avec une
cruauté barbare, c'est principalement à Galère qu'il faut s'en prendre' (*Histoire
romaine*, t.6, p.386; *CN*, t.3, p.354: papillons). La responsabilité de Galère deviendra
une scie voltairienne, voir par ex. l'article 'Persécution' du *DP* (*OCV*, t.36, p.428).
Chez Fleury, Dioclétien apparaît manipulé par Galère (*Histoire ecclésiastique*, livre 8,
§28-29). Voltaire reviendra sur cette persécution dans l'*Essai sur les mœurs*, ch.8
(*OCV*, t.22, p.177s.), dans l'article 'Christianisme' du *DP* (*OCV*, t.35, p.576), dans le
Traité sur la tolérance (*OCV*, t.56c, p.178 et note 56, p.304) et dans l'*Examen
important de Milord Bolingbroke* (*OCV*, t.62, p.306).

[38] Voir Echard (*Histoire romaine*, livre 5, ch.6, t.6, p.384) et Fleury pour lequel
Galère prit prétexte de la maladie pour le contraindre à abdiquer (*Histoire
ecclésiastique*, livre 9, ch.10, t.2, p.537; *CN*, t.3, p.489: signet 'abdication/de
Diocletien').

[39] Décalque d'Echard chez qui on trouve l'expression 'cultiver son jardin': le

faits, sinon, qu'avec de très grands défauts il régna en grand empereur, et qu'il acheva sa vie en philosophe? [40]

---

discours de Dioclétien, cité mot pour mot dans sa dernière partie, est au style direct chez Echard (*Histoire romaine*, livre 5, ch.6, t.6, p.385). Voltaire élude la mort de Dioclétien, tourmenté et inquiet, qu'il annote dans l'*Histoire ecclésiastique* de Fleury (livre 9, ch.45, t.2, p.627-28: *CN*, t.3, p.491: 'mort de diocleti/en').

[40] Voltaire répond peut-être à Echard: 'On ne peut nier qu'il n'ait été un très grand prince, et un excellent politique' (*Histoire romaine*, livre 5, ch.6, t.6, p.386; *CN*, t.3, p.354: papillons).

DE CONSTANTIN

Je ne vous parlerai point ici de la confusion qui agita l'empire depuis l'abdication de Dioclétien. Il y eut après sa mort six empereurs à la fois.[1] Constantin triompha d'eux tous, changea la religion et l'empire, et fut l'auteur non seulement de cette grande révolution, mais de toutes celles qu'on a vues depuis dans l'Occident. Vous voudriez savoir quel était son caractère: demandez-le à Julien, à Zozime, à Sozomène, à Victor:[2] ils vous diront qu'il agit d'abord en grand prince, ensuite en voleur public, et que la dernière partie de sa vie fut d'un voluptueux, d'un efféminé, et d'un prodigue. Ils le peindront toujours ambitieux, cruel, et sanguinaire. Demandez-le à Eusèbe, à Grégoire de Nazianze, à Lactance: ils vous diront que c'était un homme parfait. Entre ces deux extrêmes il n'y a que les faits avérés qui puissent vous faire trouver la vérité. Il avait un beau-père, il l'obligea de se pendre; il avait un beau-frère, il le fit étrangler; il avait un neveu de douze à treize ans, il le fit égorger; il avait un fils aîné, il lui fit couper la tête; il avait une femme, il la fit étouffer dans un bain.[3]

5

10

15

---

1   K84: ne parlerai

[1] Lawrence Echard, *Histoire romaine*, livre 5, ch.7 (Paris, 1728; BV1200, t.6, p.391): les six empereurs sont alors, outre Constance Chlore et Galère, les deux césars Sévère et Maximien qu'ils s'étaient adjoints et Maxence et Constantin, respectivement fils de Maximien et de Constance proposés par Dioclétien.

[2] Sextus Aurelius Victor (env. 327-env. 390 ap. J.-C.), préfet de Pannonie, auteur d'une histoire des Césars d'Auguste à Constance II, était un proche de Julien. On est en revanche surpris de trouver ici Sozomène (env. 375-env. 450 ap. J.-C), auteur d'une *Histoire ecclésiastique* en 9 livres couvrant la période 324-439 et continuateur d'Eusèbe. Voltaire possédait l'*Histoire romaine écrite par Xiphilin, par Zonare et par Zozime* (Paris, 1678, BV3858) qu'il utilise plus loin.

[3] Cf. le *Saint-Fargeau notebook* (*OCV*, t.81, p.150). Le concentré polémique, repris dans le ch.10 de l'*Essai sur les mœurs* (*OCV*, t.22, p.202-203) a en outre ici valeur programmatique: le sort réservé à Maximien beau-père de Constantin (en 310), à Licinius son beau-frère (en 325) et à Licinien, fils de ce dernier (en 336), enfin à

Un vieil auteur gaulois dit, 'qu'il aimait à faire maison nette'.[4]

Si vous ajoutez à toutes ces affaires domestiques, qu'ayant été sur les bords du Rhin, à la chasse de quelque horde de Francs qui habitaient dans ces quartiers-là, et ayant pris leurs rois, qui probablement étaient de la famille de notre Pharamond et de notre Clodion le chevelu, il les exposa aux bêtes pour son divertissement;[5] vous pourrez inférer de tout cela, sans craindre de vous tromper, que ce n'était pas l'homme du monde le plus accommodant.

Examinons à présent les principaux événements de son règne. Son père Constance Chlore était au fond de l'Angleterre, où il avait pris pour quelques mois le titre d'empereur.[6] Constantin était à Nicomédie, auprès de l'empereur Galère; il lui demanda la

20

25

30

Crispus son fils aîné et à sa femme Fausta (en 326) est évoqué dans cet ordre aux l.46, 102-103 et 105. Il s'attirera les foudres de Nonnotte (*Les Erreurs de Voltaire*, ch.4, 'De Constantin le grand'). Sur cette scie voltairienne que constitue la liste des crimes 'domestiques' de Constantin pour lesquels Voltaire puise chez Zonare et Zozime (*Histoire romaine écrite par Xiphilin*, p.594 et 754), voir notamment plus tard les articles 'Baptême' et 'Christianisme' du *DP* (*OCV*, t.35, p.399 et 580) et l'*Examen important de Milord Bolingbroke* (*OCV*, t.62, p.309-11). Plus largement, sur le traitement réservé par Voltaire à Constantin, voir Roland Mortier, 'Une haine de Voltaire: l'empereur Constantin dit le Grand', in *Les Combats des Lumières. Recueil d'études sur le XVIIIᵉ siècle*, Ferney-Voltaire, 2000, p.183-93.

[4] L'expression ne semble pas attestée avant l'*Histoire de don Guzman d'Alfarache* (1732) de Lesage.

[5] Episode situé en 314 par Echard (*Histoire romaine*, livre 5, ch.7, t.6, p.440), repris dans l'*Essai sur les mœurs* (ch.10, *OCV*, t.22, p.204) puis dans l'article 'Franc' des *QE* (*M*, t.19 p.174-82). Voltaire y voit sans doute un argument efficace contre Constantin: l'anecdote est soulignée et commentée dans l'*Histoire du Bas-Empire* de Lebeau (Paris, 1757-1776, BV1960; *CN*, t.5, p.231: 'constan/tin 2/francs/aux be/ tes') et beaucoup plus tard encore en marge de *De la félicité publique* de Chastellux (Amsterdam, 1772, BV722; *CN*, t.2, p.561: 'il livra aux/betes les/ayeux de/clovis').

[6] A York en 304 d'après Echard, *Histoire romaine*, livre 5, ch.7, t.6, p.398. Eusèbe qui évoque seulement 'un long voyage auprès de Constance son père qu'il trouva proche de sa fin' (livre 1, ch.21) ne mentionne pas alors l'Angleterre où Constantin passe chez lui après la mort de Constance (livre 1, ch.25). Nonnotte corrigera Voltaire en rappelant que Constance avait été créé césar depuis treize ans et qu'il était empereur depuis un an et demi (*Les Erreurs de Voltaire*, Avignon, 1762, p.31).

permission d'aller trouver son père qui était malade; Galère n'en fit aucune difficulté: Constantin partit avec les relais de l'empire qu'on appelait *veredarii*. On pourrait dire qu'il était aussi dangereux d'être cheval de poste, que d'être de la famille de Constantin; car il faisait couper les jarrets à tous les chevaux après s'en être servi, de 35 peur que Galère ne révoquât sa permission, et ne le fît revenir à Nicomédie. [7] Il trouva son père mourant, et se fit reconnaitre empereur par le petit nombre de troupes romaines qui étaient alors en Angleterre. [8]

Une élection d'un empereur romain faite à York par cinq ou six 40 mille hommes, ne devait guère paraître légitime à Rome: il y manquait au moins la formule du *senatus populusque romanus*. Le sénat, le peuple, et les gardes prétoriennes élurent d'un consentement unanime [9] Maxence, fils du césar Maximien Hercule, déjà césar lui-même, et frère de cette Fausta que Constantin avait 45 épousée, et qu'il fit depuis étouffer. Ce Maxence est appelé tyran, usurpateur, par nos historiens, qui sont toujours pour les gens

36   β: le fit revenir
42   w72P: formule de *senatus*
44   w71P, w72P: fils de césar

[7] Récit démarqué d'Echard (*Histoire romaine*, livre 5, ch.7, t.6, p.399-400) lequel explique cependant le sort réservé aux chevaux de poste par le retard qu'avait pris Constantin et par les menaces que Galère avait proférées contre lui.

[8] Résumé tendancieux du récit pathétique proposé par Echard qui précise que c'est Constance qui désigna son successeur avant que celui-ci ne soit 'reconnu empereur d'Occident par toute l'armée qui joignait à l'amour qu'elle avait pour lui le respect qu'elle conservait à la mémoire de son père' (*Histoire romaine*, livre 5, ch.7, t.6, p.401-403). En s'appuyant sur Eutrope (livre 9), Nonnotte corrige à nouveau Voltaire en précisant que Maximien Galère refusa à Constantin le titre d'auguste, que celui-ci ne reçut qu'en 307 de Maximien Hercule (*Les Erreurs de Voltaire*, p.32).

[9] Cf. Echard qui insiste sur la médiocre naissance de Maxence et sur son caractère: son ambition et son manque de loyauté le poussèrent à profiter d'une absence de Sévère pour se faire proclamer empereur (*Histoire romaine*, livre 5, ch.7, t.6, p.404-405). Selon Nonnotte qui s'appuie sur Aurelius Victor et Eutrope, Maxence aurait été élu par la plus vile populace et par quelques soldats ou par un 'tumulte séditieux des prétoriens' (*Les Erreurs de Voltaire*, p.32-33).

heureux. [10] Il était le protecteur de la religion païenne, contre Constantin qui déjà commençait à se déclarer pour les chrétiens. Païen et vaincu, il fallait bien qu'il fût un homme abominable. [11]　50

Eusèbe nous dit que Constantin en allant à Rome combattre Maxence, vit dans les nuées, aussi bien que toute son armée, la grande enseigne des empereurs nommée le *labarum*, surmontée d'un P latin, ou d'un grand R grec, avec une croix en sautoir, et deux mots grecs qui signifiaient, 'Tu vaincras par ceci'. Quelques　55 auteurs prétendent que ce signe lui apparut à Besançon, d'autres disent à Cologne, quelques-uns à Trèves, d'autres à Troyes. Il est étrange que le ciel se soit expliqué en grec dans tous ces pays-là. Il eût paru plus naturel aux faibles lumières des hommes, que ce signe eût paru en Italie le jour de la bataille; mais alors il eût fallu que　60 l'inscription eût été en latin. Un savant antiquaire nommé Loisel a refusé cette antiquité; mais on l'a traité de scélérat. [12]

[10] Problème historiographique: Voltaire dénonce l'interprétation téléologique des événements de cette époque, voir par ex. Echard, *Histoire romaine*, livre 5, ch.7, t.6 p.420: 'Mais Dieu n'avait pas seulement dessein que Constantin délivrât Rome de la tyrannie de Maxence, il voulait encore que ce héros délivrât les chrétiens de l'oppression et fit triompher son église.'

[11] Même lien de cause à effet, dans le ch.8 de l'*Essai sur les mœurs* (*OCV*, t.22, p.183), entre l'échec de Maxence, héros du sénat et du peuple romain, et son infortune historiographique. Echard ne présente pas explicitement Maxence comme païen, contrairement à Eusèbe (*Vie de l'empereur Constantin*, livre 1, ch. 33-36) qui le montre s'adonnant à la débauche, aux massacres et à la magie (*Histoire de l'Eglise*, 1675, p.523-24).

[12] Sur le *labarum*, cf. le *Saint-Fargeau notebook*, *OCV*, t.81, p.149. Son apparition est rapportée par Fleury (*Histoire ecclésiastique*, livre 9, §43, année 312) et surtout par Echard, *Histoire romaine*, livre 5, ch.7, t.6, p.422-23 d'après Eusèbe, *Vie de l'empereur Constantin*, livre 1, ch.28 (*Histoire de l'Eglise*, Paris, 1675, BV1250, p.519-20, *CN*, t.3, p.444: signet marqué 'labarum'). Seul Echard mentionne les débats concernant le lieu de l'apparition: 'Ce fut dans les Gaules, et selon quelques-uns, proche de Besançon que cette apparition miraculeuse de la vraie croix arriva. Il est plus vraisemblable que ce fut proche de Trèves' (p.424); chez lui, Voltaire a également trouvé la mention de l'érudit Jacobus Oiselius, auteur d'un *Thesaurus selectorum numismatum* (Amsterdam, 1677, p.463 pour le passage cité) qui avait traité l'apparition de 'pieuse fiction'. Voltaire ne cessera de se moquer de ce prodige dans le ch.10 de l'*Essai sur les mœurs* (*OCV*, t.22, p.198), dans l'article 'Julien' du *DP* (*OCV*, t.36, p.268), dans le ch.17

On pourrait cependant considérer que cette guerre n'était pas
une guerre de religion, que Constantin n'était pas un saint, qu'il est
mort soupçonné d'être arien, après avoir persécuté les orthodoxes;   65
et qu'ainsi on n'a pas un intérêt bien évident à soutenir ce prodige.

Après sa victoire, le sénat s'empressa d'adorer le vainqueur et de
détester la mémoire du vaincu. [13] On se hâta de dépouiller l'arc de
triomphe de Marc-Aurèle, pour orner celui de Constantin; on lui
dressa une statue d'or, ce qu'on ne faisait que pour les dieux; il la   70
reçut malgré le *labarum*, et reçut encore le titre de grand-pontife,
qu'il garda toute sa vie. [14] Son premier soin, à ce que disent Nazaire
et Zozime, fut d'exterminer toute la race du tyran et ses principaux
amis; après quoi il assista très humainement aux spectacles et aux
jeux publics. [15]   75

Le vieux Dioclétien était mourant alors dans sa retraite de
Salone. Constantin aurait pu ne se pas tant presser d'abattre ses
images dans Rome; il eût pu se souvenir que cet empereur oublié
avait été le bienfaiteur de son père, et qu'il lui devait l'empire. [16]
Vainqueur de Maxence, il lui restait à se défaire de Licinius son   80
beau-frère, Auguste comme lui; et Licinius songeait à se défaire de

64   w72x: saint, qui est

---

de l'*Histoire de l'établissement du christianisme* (*M*, t.31, p.91-92) et dans l'article
'Vision' du fonds de Kehl (*M*, t.20, p.583-84).

[13] Raccourci d'après Echard, *Histoire romaine*, livre 5, ch.7, t.6, p.429. Voltaire
élude la conquête des villes italiennes et la prise de Rome, de même que la fin tragique
de Maxence qui se noie dans le Tibre et dont on promène la tête au bout d'une pique.

[14] Après Eusèbe (*Vie de l'empereur Constantin*, livre 1, ch.40, *Histoire de l'Eglise*,
p.528), Echard montre que Constantin toléra d'abord un temps les formes de
l'idolâtrie païenne (*Histoire romaine*, livre 5, ch.7, t.6, p.431-32).

[15] Echard dit exactement l'inverse: les jeux sont l'occasion pour le peuple
d'admirer son nouvel empereur et 'Constantin traita favorablement tous ceux qui
avaient suivi le parti de Maxence, il leur accorda ses bonnes grâces, leur conserva leurs
biens, leurs emplois, leurs dignités, et leur en donna même de nouvelles, selon leur
mérite et leur capacité. Quoique le peuple demandât la mort des principaux ministres
de Maxence, il voulut leur pardonner' (*Histoire romaine*, livre 5, ch.7, t.6, p.429-30).

[16] Détail absent chez Echard: on est alors en 321, un an avant la mort de
Dioclétien.

Constantin, s'il pouvait. Cependant leurs querelles n'éclatant pas encore, ils donnèrent conjointement en 313 à Milan le fameux édit de liberté de conscience. 'Nous donnons', disent-ils, 'à tout le monde la liberté de suivre telle religion que chacun voudra, afin   85
d'attirer la bénédiction du ciel sur nous et sur tous nos sujets; nous déclarons que nous avons donné aux chrétiens la faculté libre et absolue d'observer leur religion; bien entendu que tous les autres auront la même liberté, pour maintenir la tranquillité de notre règne.' [17] On pourrait faire un livre sur un tel édit; mais je ne veux   90
pas seulement y hasarder deux lignes.

Constantin n'était pas encore chrétien. Licinius son collègue ne l'était pas non plus. Il y avait encore un empereur ou un tyran à exterminer; c'était un païen déterminé, nommé Maximin. Licinius le combattit avant de combattre Constantin. [18] Le ciel lui fut encore   95
plus favorable qu'à Constantin même; car celui-ci n'avait eu que l'apparition d'un étendard, et Licinius eut celle d'un ange. Cet ange lui apprit une prière avec laquelle il vaincrait sûrement le barbare Maximin. Licinius la mit par écrit, la fit réciter trois fois à son armée, et remporta une victoire complète. [19] Si ce Licinius, beau-   100

[17] D'après Fleury, *Histoire ecclésiastique*, livre 9, §46, année 313, BV1350, t.2, p.627-28; *CN*, t.3, p.491, signet: 'edit de/tolerance/de constan/tin, et/de licinius/son beau frere'): 'Nous étant heureusement assemblés à Milan, moi Constantin auguste et moi Licinius auguste, et traitant de tout ce qui regarde la sûreté et l'utilité publique; nous avons cru qu'un de nos premiers soins devait être de régler ce qui regarde le culte de la divinité, et de donner aux chrétiens et à tous les autres la liberté de suivre telle religion que chacun voudrait; afin d'attirer la faveur du ciel sur nous et sur tous nos sujets [...]. Ce que nous avons cru devoir vous déclarer nettement, afin que vous sachiez, que nous avons donné aux chrétiens la faculté libre et absolue, d'observer leur religion. Bien entendu que les autres auront la même liberté, pour maintenir la tranquillité de notre règne.'

[18] Echard, *Histoire romaine*, livre 5, ch.7, t.6, p.434-35: Maximin, 'pour commencer l'exercice d'une juridiction absolue, [...] révoqua les privilèges accordés aux chrétiens'.

[19] Fleury, *Histoire ecclésiastique*, livre 9, §47, année 313: 'Alors Maximin fit vœu à Jupiter que s'il remportait la victoire, il abolirait entièrement le nom des chrétiens. La nuit suivante comme Licinius dormait, un ange lui apparut, et l'avertit de se lever promptement, et de prier le dieu souverain avec toute son armée; lui promettant la victoire s'il le faisait.'

frère de Constantin, avait régné heureusement, on n'aurait parlé que de son ange: mais Constantin l'ayant fait pendre, ayant égorgé son jeune fils, et devenu maître absolu de tout,[20] on ne parle que du *labarum* de Constantin.

On croit qu'il fit mourir son fils aîné Crispus, et sa femme   105
Fausta, la même année qu'il assembla le concile de Nicée.[21]
Zozime, et Sozomène prétendent que les prêtres des dieux lui ayant dit qu'il n'y avait pas d'expiations pour de si grands crimes, il fit alors profession ouverte du christianisme, et démolit plusieurs temples de l'Orient.[22] Il n'est guère vraisemblable que des pontifes   110
païens eussent manqué une si belle occasion d'amener à eux leur grand-pontife qui les abandonnait. Cependant il n'est pas impossible qu'il s'en fût trouvé quelques-uns de sévères; il y a partout des hommes difficiles. Ce qui est bien plus étrange, c'est que Constantin chrétien n'ait fait aucune pénitence de ses parricides. Ce fut   115
à Rome qu'il commit cette barbarie; et depuis ce temps le séjour de Rome lui devint odieux;[23] il la quitta pour jamais, et alla fonder

103   K84: fils, étant devenu
112-13   W72X: pas possible qu'il
115   W72X: de ces parricides

[20] Echard, ambivalent, justifie implicitement la fin de Licinius par son ambition et sa superstitition (*Histoire romaine*, livre 5, ch.7, t.6, p.443-45) tout en condamnant la perfidie de Constantin qui feint de lui accorder son pardon avant de donner l'ordre de l'étrangler (p.447). Il n'est pas fait mention du fils de Licinius mais en 323, Constantin demeure enfin 'seul empereur' (p.448).

[21] Voltaire simplifie: d'après Echard, le concile est convoqué en 325 ap. JC, Crispus et sa femme exécutés, suite à une fausse accusation d'inceste formulée par Fausta, en 326 (*Histoire romaine*, livre 5, ch.7, t.6, p.450-54).

[22] Sozomène (*Histoire de l'Eglise*, trad. Cousin, Paris, 1676, p.17) réfute au contraire ceux qui disent que Constantin se fit chrétien à l'occasion du meurtre de Crispus son fils (livre 1, ch.5).

[23] Interprétation voltairienne; cf. *Essai sur les mœurs*, ch.8 et 10 (*OCV*, t.22, p.183 et 202). Echard évoque d'autres hypothèses: le dépit des romains païens à son endroit d'après Zozime, le fait qu'il avait pris en haine cette ville 'depuis longtemps le théâtre de l'erreur et de l'idolâtrie, et qui fumait du sang des martyrs pour les chrétiens' selon les historiens chrétiens, des considérations géopolitiques selon d'autres encore (*Histoire romaine*, livre 5, ch.7, t.6, p.455). Montesquieu avait expliqué

Constantinople. Comment ose-t-il dire, dans un de ses rescrits, qu'il transporte le siège de l'empire à Constantinople 'par ordre de Dieu même'? [24] N'est-ce pas se jouer impudemment de la Divinité   120 et des hommes? Si Dieu lui avait donné quelque ordre, ne lui aurait-il pas donné celui de ne point assassiner sa femme et son fils?

Dioclétien avait déjà donné l'exemple de la translation de l'empire vers les côtes de l'Asie. Le faste, le despotisme et les mœurs asiatiques effarouchaient encore les Romains, tout cor-   125 rompus et tout esclaves qu'ils étaient. Les empereurs n'avaient osé se faire baiser les pieds dans Rome, et introduire une foule d'eunuques dans leurs palais; Dioclétien commença dans Nicomédie, et Constantin acheva dans Constantinople, de mettre la cour romaine sur le pied de celle des Perses. [25] Rome languit dès lors   130 dans la décadence. L'ancien esprit romain tomba avec elle. Ainsi Constantin fit à l'empire le plus grand mal qu'il pouvait lui faire. [26]

De tous les empereurs ce fut sans contredit le plus absolu. Auguste avait laissé une image de liberté: Tibère, Néron même, avaient ménagé le sénat, et le peuple romain. Constantin ne   135

---

120   W71P: jouer impunément de

---

cette translation par la vanité de Constantin désireux de fonder une ville nouvelle qui portât son nom (*Considérations*, *OCM*, t.2, p.225): en le (re)lisant après 1750, Voltaire maintient son explication: 'cest/quon/le/detes/tait a/rome' (*CN*, t.5, p.721).

[24] En 330. Echard n'évoque pas ce rescrit et attribue même le choix du site à une interprétation superstitieuse (*Histoire romaine*, livre 5, ch.7, t.6, p.456).

[25] Même idée chez Montesquieu, *Considérations*, ch.17: 'Le séjour de plusieurs Empereurs en Asie, et leur perpétuelle rivalité avec les Rois de Perse firent qu'ils voulurent être adorés comme eux, et Dioclétien, d'autres disent Galere, l'ordonna par un édit' (*OCM*, t.2, p.224; BV2495, Lausanne, 1750, p.206, *CN*, t.5, p.720: signet 'baisé/les pieds'). L'idée de l'influence perse est héritée de Lactance, *De mortibus persecutorum*, ch. 21.

[26] Affirmation similaire dans le ch.10 de l'*Essai sur les mœurs*: 'De savoir s'il fut cause de la ruine de l'empire, c'est une recherche digne de votre esprit. Il paraît évident qu'il fit la décadence de Rome' (*OCV*, t.22, p.204). Dans les *Considérations*, Montesquieu avait exprimé, en termes plus prudents, une position analogue (*OCM*, t.2, p.229, notes f et 27).

186

ménagea personne. Il avait affermi d'abord sa puissance dans Rome, en cassant ces fiers prétoriens, qui se croyaient les maîtres des empereurs. Il sépara entièrement la robe et l'épée. Les dépositaires des lois écrasés alors par le militaire, ne furent plus que des jurisconsultes esclaves. Les provinces de l'empire furent gouvernées sur un plan nouveau. [27] La grande vue de Constantin était d'être le maître en tout; il le fut dans l'Eglise comme dans l'Etat. On le voit convoquer et ouvrir le concile de Nicée, entrer au milieu des Pères tout couvert de pierreries, le diadème sur la tête, prendre la première place, exiler indifféremment, tantôt Arius, tantôt Saint Athanase. Il se mettait à la tête du christianisme sans être chrétien: car c'était ne pas l'être dans ce temps-là, que de n'être pas baptisé; il n'était que catéchumène. L'usage même d'attendre les approches de la mort pour se faire plonger dans l'eau de régénération, commençait à s'abolir pour les particuliers. [28] Si Constantin, en différant son baptême jusqu'à la mort, crut pouvoir tout faire impunément, dans l'espérance d'une expiation entière, il était triste pour le genre humain, qu'une telle opinion eût été mise dans la tête d'un homme tout-puissant.

[27] Echard détaille l'organisation nouvelle de l'empire en quatre parties gouvernées par quatre préfets du prétoire et quatorze diocèses (*Histoire romaine*, livre 5, ch.7, t.6, p.458-61) mais ne livre pas d'analyse politique analogue à celle proposée ici par Voltaire.

[28] Dans I Corinthiens 15:29, il est question d'un baptême pour les morts auquel Calmet avait consacré une dissertation. Constantin ne fut effectivement baptisé qu'à la veille de sa mort, en 337, alors qu'il était déjà malade mais Echard explique ce report par des considérations politiques ou par le désir de Constantin d'être baptisé sur les bords du Jourdain (*Histoire romaine*, livre 6, ch.1, t.7, p.16-18).

DE JULIEN

Qu'on suppose un moment que Julien a quitté les faux dieux pour la religion chrétienne, qu'alors on examine en lui l'homme, le philosophe, et l'empereur, et qu'on cherche le prince qu'on osera lui préférer. Il n'y a pas encore longtemps qu'on ne citait son nom qu'avec l'épithète d'apostat; et c'est peut-être le plus grand effort 5 de la raison, qu'on ait enfin cessé de le désigner de ce surnom injurieux. Les bonnes études ont amené l'esprit de tolérance chez les savants. Qui croirait que dans un Mercure de Paris de l'année 1741 l'auteur reprend vivement un écrivain d'avoir manqué aux bienséances les plus communes, en appelant cet empereur Julien 10 l'apostat?[1] Il y a cent ans que quiconque ne l'eût pas traité d'apostat, eût été traité d'athée.[2]

Ce qui est très singulier et très vrai, c'est que si vous faites abstraction de son malheureux changement, si vous ne suivez

---

[1] Aucun article du *Mercure de France* ne traite de Julien en 1741. Voltaire écrira beaucoup sur l'apostasie: l'article 'Julien' du *DP* vise à bannir le terme qui ne figure pas en 1767 mais est employé dans une addition de 1769 au *Discours de l'empereur Julien* (*OCV*, t.71B, p.253). Sur le fond, Voltaire présente encore la question comme ouverte dans l'article 'Apostat' des *QE* (*OCV*, t.38, p.491s): 'C'est encore une question parmi les savants, si l'empereur Julien était en effet apostat, et s'il avait jamais été chrétien véritablement.' Mais le substantif, surtout, horripile Voltaire qui le souligne d'un trait de plume dans le texte dans la *Vie de l'empereur Julien* de l'abbé de La Blétérie (Paris, 1746, BV1798, p.228; *CN*, t.5, p.44) qu'il vise sans doute ici. L'historien évoquait à plusieurs reprises ce motif dès l'avertissement (p.3, 12 et surtout p.20: *CN*, t.5, p.40). Nonnotte répondrai 'Malgré la décision de l'oracle des nouveaux philosophes [...] on dira toujours le grand Constantin, le pieux Théodose et Julien l'Apostat' (*Les Erreurs de Voltaire*, Avignon, 1762, p.54). Pour plus de détails sur Julien, voir l'annotation de J.-M. Moureaux au *Discours de l'empereur Julien*, *SVEC* 322 (1994) et sur les aspects historiographiques, J. S. Spink, 'Julian the "apostate" in the Enlightenment', *SVEC* 57 (1967), p.1399-1415.

[2] Voltaire pense peut-être à La Mothe Le Vayer dont il possède les *Œuvres*: il a annoté le discours 'De la vertu des païens' dont le dernier chapitre était consacré à Julien (Paris, 1662, BV1900; *CN*, t.5, p.179: 'lempereur / Julien / ses vertus', en haut du signet placé t.1, p.688-89).

cet empereur ni dans les églises chrétiennes, ni aux temples 15
idolâtres; si vous le suivez dans sa maison, dans les camps, dans
les batailles, dans ses mœurs, dans sa conduite, dans ses écrits; vous
le trouvez partout égal à Marc-Aurèle. [3] Ainsi cet homme qu'on a
peint abominable, est peut-être le premier des hommes, ou du
moins le second. Toujours sobre, toujours tempérant, n'ayant 20
jamais eu de maîtresses, couchant sur une peau d'ours, et y
donnant, à regret encore, peu d'heures au sommeil; partageant
son temps entre l'étude et les affaires; généreux, capable d'amitié,
ennemi du faste; [4] on l'eût admiré, s'il n'eût été que particulier.

Si on regarde en lui le héros, on le voit toujours à la tête des 25
troupes, rétablissant la discipline militaire sans rigueur, aimé des
soldats, et les contenant; [5] conduisant presque toujours à pied ses
armées, et leur donnant l'exemple de toutes les fatigues; toujours
victorieux dans toutes ses expéditions jusqu'au dernier moment de
sa vie, et mourant enfin en faisant fuir les Perses. [6] Sa mort fut d'un 30
héros, et ses dernières paroles d'un philosophe: 'Je me soumets',

---

[3] Rapprochement classique depuis Ammien (*Histoire*, XVI) et qui sera constamment repris dans les écrits postérieurs consacrés par Voltaire à Julien, voir par ex. La Blèterie, *Vie de l'empereur Julien*, livre 2, p.120 (les p.122-23 sont marquées d'un signet: *CN*, t.5, p.42).

[4] Cf. Montesquieu, *Considérations sur les causes de la grandeur et de la décadence des Romains*, ch.17 (Lausanne, 1750, BV2495; *CN*, t.5, p.720, signet 'stoiques'): 'Ce faste et cette pompe asiatique s'établissant, les yeux s'y accoutumèrent d'abord: et lorsque Julien voulut mettre de la simplicité et de la modestie dans ses manières, on appella oubli de la dignité, ce qui n'était que la mémoire des anciennes mœurs.' La frugalité et la tempérance étaient deux traits communément rapportés concernant Julien, voir par ex. l'*Histoire romaine écrite par Xiphilin, par Zonare et par Zozime* (Paris, 1678, BV3858, p.629), et surtout la *Vie de l'empereur Julien* que Voltaire décalque ici: 'il enchérit sur les leçons de frugalité que l'empereur [Marc Aurèle] avait données [...]. Il se contentait de la nourriture du simple soldat [...]. Il rougissait des besoins inséparables de l'humanité [...]. Il dormait peu [...] Son lit était un tapis, et sa couverture une simple peau' (livre 2, p.121).

[5] Echard indique que Julien 'commença par rétablir la discipline militaire dans sa première rigueur' (*Histoire romaine*, Paris, 1728, BV1200, livre 6, ch.3, t.7, p.195).

[6] En 363 d'après Echard, *Histoire romaine*, livre 6, ch.3, t.7, p.263-64. Les victoires successives remportées contre Sapor le long du Tigre sont rapportées au livre 6 de la *Vie de l'empereur Julien* de La Blèterie.

dit-il, 'avec joie aux décrets éternels du ciel, convaincu que celui qui est épris de la vie quand il faut mourir, est plus lâche que celui qui voudrait mourir quand il faut vivre.'[7] Il s'entretient à sa dernière heure de l'immortalité de l'âme; nuls regrets, nulle faiblesse; il ne parle que de sa soumission à la Providence.[8] Qu'on songe que c'est un empereur de trente-deux ans qui meurt ainsi, et qu'on voie s'il est permis d'insulter sa mémoire. 35

Si on le considère comme empereur, on le voit refuser le titre de *dominus* qu'affectait Constantin,[9] soulager les peuples, diminuer les impôts,[10] encourager les arts, réduire à soixante et dix onces ces présents de couronnes d'or de trois à quatre cents marcs, que ses prédécesseurs exigeaient de toutes les villes, faire observer les lois, contenir ses officiers et ses ministres, et prévenir toute corruption. 40

Dix soldats chrétiens complotent de l'assassiner; ils sont découverts, et Julien leur pardonne.[11] Le peuple d'Antioche qui 45

[7] La Bléterie, *Vie de l'empereur Julien*, p.491: 'Aussi je remercie le Dieu éternel [...]. J'adore sa bonté sur moi de ce qu'il m'enlève du monde par un glorieux trépas au milieu d'une course glorieuse; puisqu'à juger sainement des choses, c'est une lâcheté égale de souhaiter la mort, lorsqu'il serait à propos de vivre, et de regretter la vie lorsqu'il est temps de mourir.'

[8] Résumé du long discours rapporté par La Bléterie, *Vie de l'empereur Julien*, livre 6, p.487-92. L'âge et la soumission à la providence sont deux motifs présents dans le récit des derniers moments de Julien par Echard (*Histoire romaine*, livre 6, ch.3, t.7, p.268).

[9] La Bléterie, *Vie de l'empereur Julien*, livre 3, p.225: 'C'était lui faire sa cour, que de ne le point appeler *Seigneur*, quoiqu'il ne fût pas nouveau de donner ce nom aux empereurs.' Selon Ammien cité par Nonnotte (*Les Erreurs de Voltaire*, 1762, p.53), c'est pour se faire une réputation de prince populaire aimé du petit peuple qu'il affectait de parler avec des gens de peu, dédaignant le titre de *dominus*.

[10] Dans les Gaules où la capitation passa de vingt-cinq à sept pièces d'or ou dans la 'seconde Belgique' où Julien se charge lui-même de lever les impôts, ému par la pauvreté de la province (La Bléterie, *Vie de l'empereur Julien*, livre 2, p.138-40).

[11] La Bléterie, *Vie de l'empereur Julien*, livre 5, p.331: 'Dix de ses gardes ayant conspiré contre sa personne, et s'étant trahis dans le vin, il ne les punit qu'en leur reprochant leur perfidie' (*CN*, t.5, p.45-46: en marge 'malheureux/ils etaient/ chretiens/et/tu ne le dis/pas!' et sur un signet annoté déplacé entre les p.432-33: 'Dix chretiens/conspirent/contre luy et/il pardonn [*sic*]'). Dans le ch.16 de ses *Observations sur les savants incrédules et sur quelques-uns de leurs écrits* (Genève, 1762,

joignait l'insolence à la volupté, l'insulte; il ne s'en venge qu'en homme d'esprit, et pouvant lui faire sentir la puissance impériale, il ne fait sentir à ce peuple que la supériorité de son génie. [12] Comparez à cette conduite les supplices que Théodose (dont on a presque fait un saint) étale dans Antioche, tous les citoyens de Thessalonique égorgés pour un sujet à peu près semblable; et jugez entre ces deux hommes. [13]

Grégoire de Nazianze et Théodoret ont cru qu'il fallait le calomnier, parce qu'il avait quitté la religion chrétienne. Ils n'ont pas songé que le triomphe de cette religion était de l'emporter sur un grand homme, et même sur un sage, après avoir résisté aux tyrans. L'un dit qu'il remplit Antioche de sang, par une vengeance barbare. Comment un fait si public eût-il échappé à tous les autres historiens? On sait qu'il ne versa dans Antioche que le sang des victimes. [14] Un autre ose assurer qu'avant d'expirer il jeta son sang

BV975) De Luc accusera Voltaire d'avoir ajouté là un détail malveillant destiné à rehausser la clémence de Julien et à rendre les chrétiens antipathiques. Voltaire maintient sa version dans l'article 'Julien' du *DP* (*OCV*, t.36, p.270) et la développe encore dans l'*Histoire de l'établissement du christianisme* (*M*, t.31, p.100).

[12] Sur le séjour à Antioche 'toute chrétienne' et la haine que Julien en aurait pris, voir Echard, *Histoire romaine*, livre 6, ch.3, t.7, p.217s. (*CN*, t.3, p.354: signet p.216-17). Sur le caractère naturellement satirique des Antiochiens à l'égard de Julien traité de nain, de boucher et désigné par le surnom de *Misopogon* ('ennemi de la barbe') qui donnera son titre au célèbre discours de Julien, voir Echard, *Histoire romaine*, livre 6, ch.3, t.7, p.238-39, et La Blétérie, *Vie de l'empereur Julien*, livre 5, p.373.

[13] Voltaire développera la comparaison dans le 'Portrait de l'empereur Julien' placé en tête du *Discours de l'empereur Julien contre les chrétiens* (*OCV*, t.71B, p.254-55): après avoir feint de pardonner aux Thessaloniciens, Théodose les réunit dans le cirque où il les fit égorger, femmes et enfants compris, par des soldats chrétiens. L'épisode avait été rapporté par les continuateurs d'Echard que Voltaire ne tenait pas en grande estime mais qu'il reprendra beaucoup dans le contexte plus polémique de la fin des années 1760; cf. *Des conspirations contre les peuples* (1767; *M*, t.26, p.4) et *De la paix perpétuelle* (1769; *M* t.28, p.123).

[14] Le Nain de Tillemont avait rapporté le témoignage de Grégoire de Nazianze 'représent[ant]' l'Oronte presque comblé de corps' et celui de Théodoret évoquant des 'coffres pleins de têtes, et des puits remplis de corps morts' (*Histoire des empereurs*, t.4, p.522).

contre le ciel, et s'écria: 'Tu as vaincu, Galiléen.'[15] Comment un
conte aussi insipide a-t-il pu être accrédité? Etait-ce contre des
chrétiens qu'il combattait? Et une telle action, et de tels mots
étaient-ils dans son caractère?   65

Des esprits plus sensés que les détracteurs de Julien demande-
ront comment il se peut faire, qu'un homme d'Etat tel que lui, un
homme de tant d'esprit, un vrai philosophe, pût quitter le
christianisme dans lequel il avait été élevé, pour le paganisme
dont il devait sentir l'absurdité et le ridicule. Il semble que si Julien   70
écouta trop sa raison contre les mystères de la religion chrétienne, il
devait écouter bien davantage cette même raison plus éclairée
contre les fables des païens.

Peut-être en suivant le cours de sa vie, et en observant son
caractère, on verra ce qui lui inspira tant d'aversion contre le   75
christianisme. L'empereur Constantin son grand-oncle, qui avait
mis la nouvelle religion sur le trône, s'était souillé du meurtre de sa
femme, de son fils, de son beau-frère, de son neveu, et de son beau-
père. Les trois enfants de Constantin commencèrent leur funeste
règne par égorger leur oncle et leurs cousins. On ne vit ensuite que   80
des guerres civiles et des meurtres. Le père, le frère aîné de Julien,
tous ses parents, et lui-même encore enfant, furent condamnés à
périr par Constance son oncle. Il échappa à ce massacre général.[16]
Ses premières années se passèrent dans l'exil; et enfin il ne dut la
conservation de sa vie, sa fortune et le titre de césar qu'à   85
l'impératrice Eusébie femme de son oncle Constance, qui après

[15] La Bléterie, *Vie de l'empereur Julien*, p.495: 'On prétend que se sentant blessé, il
crut voir Jésus-Christ; qu'il remplit ses mains de son sang, et qu'il le jeta contre le ciel
en vomissant ces blasphèmes: "Tu as vaincu, Galiléen".' Les sources antiques sur la
mort de Julien étaient l'*Histoire romaine de Xiphilin* (p.629) et l'*Histoire de l'Eglise* de
Théodoret (livre 3, ch.25, Paris, Rocolet, 1676, p.204) qui la rapporte cependant
comme une rumeur: elle est remise en cause dès le seizième et le dix-septième siècle et
rejetée par La Bléterie même (*Vie de l'empereur Julien*, p.486-98).

[16] En 337: seuls Julien et son frère Gallus en réchappent, voir La Bléterie, *Vie de
l'empereur Julien*, livre 1, p.25, qui présente cependant le massacre comme un
soulèvement de l'armée et se montre moins catégorique quant à la responsabilité de
Constance.

avoir eu la cruauté de proscrire son enfance, eut l'imprudence de le faire césar, et ensuite l'imprudence plus grande de le persécuter. [17]

Il fut témoin d'abord de la hauteur singulière avec laquelle un évêque traita Eusébie sa bienfaitrice. C'était un nommé Léontius évêque de Tripoli. Il fit dire à l'impératrice, qu'il 'n'irait point la voir, à moins qu'elle ne le reçût d'une manière conforme à son caractère épiscopal, qu'elle vînt au devant de lui jusqu'à la porte, qu'elle reçût sa bénédiction en se courbant, et qu'elle se tînt debout jusqu'à ce qu'il lui permît de s'asseoir.' [18] Les pontifes païens n'en usaient point ainsi avec les impératrices. Cet orgueil si opposé au christianisme dut faire des impressions profondes dans l'esprit d'un jeune homme, amoureux déjà de la philosophie, et de la simplicité.

S'il se voyait dans une famille chrétienne, c'était dans une famille fameuse par des parricides; s'il voyait des évêques de cour, c'étaient des audacieux et des intrigants, qui tous s'anathématisaient les uns les autres; les partis d'Arius et d'Athanase remplissaient l'empire de confusion et de carnage. Les païens au contraire n'avaient jamais eu de querelles de religion. Il est donc naturel que

93   β: qu'elle vint au
94   w64G, w64R: qu'elle reçut sa
94   β: se tint debout
95   w64G, w64R: lui permit de
104   κ84: de querelle de

[17] Julien est nommé César par Constance en 355, avec l'appui de l'impératrice Eusébie (Echard, *Histoire romaine*, t.7, livre 6, ch.2, p.95).

[18] Le Nain de Tillemont, *Histoire des empereurs* (Paris, Robustel, 1697), t.4, p.381, d'après l'auteur grec Suidas, dont le récit est déformé selon Nonnotte: 'Il dit qu'un grand nombre d'évêques étant assemblés pour un concile, allèrent tous les uns après les autres rendre leurs devoirs à l'impératrice Eusébie qui les reçut avec beaucoup de hauteur et de fierté. Leontius évêque arien d'une assez mauvaise réputation, étant informé de l'accueil qu'on avait fait aux autres évêques ne voulut point y paraître à son tour. Eusébie s'en tint offensée, et fit demander à l'évêque, pourquoi il ne venait pas comme les autres la saluer. Leontius fit alors une partie de cette réponse que Voltaire a si bien amplifiée. Eusébie s'en plaignit à l'empereur, qui lui répondit, qu'elle ferait mieux de se tenir dans son palais à filer avec ses filles' (*Les Erreurs de Voltaire*, 1762, p.58-59).

Julien, élevé d'ailleurs par des philosophes païens,[19] fortifiât dans   105
son cœur par leurs discours l'aversion malheureuse que les abus de
la religion chrétienne lui inspirèrent pour elle. Les politiques ne
furent pas plus surpris de voir Julien quitter le christianisme pour
les faux dieux, que de voir Constantin quitter les faux dieux pour le
christianisme. Il est fort vraisemblable que tous les deux changè-   110
rent par intérêt d'Etat, et que cet intérêt se mêla dans l'esprit de
Julien à la fierté indocile d'une âme stoïque.[20]

Les prêtres païens n'avaient point de dogmes; ils ne demandaient
que des sacrifices; et ces sacrifices n'étaient point commandés
sous des peines rigoureuses. Les prêtres ne formaient point un   115
Etat dans l'Etat. Voilà bien des motifs pour engager un homme du
caractère de Julien dans un changement d'ailleurs si condamnable.
Il avait besoin d'un parti; et s'il ne se fût piqué que d'être stoïcien, il
aurait eu contre lui les prêtres des deux religions, et tous les faux
zélés de l'une et de l'autre. Le peuple n'aurait pu alors supporter   120
qu'un prince se contentât de l'adoration pure d'un Etre pur, et de
l'observation de la justice.[21] Il fallut opter entre deux partis qui se
combattaient. Il est donc à croire que Julien se soumit aux
cérémonies païennes, comme la plupart des princes et des grands
vont dans les temples: ils y sont menés par le peuple même, et sont   125

119   w70G, w72x: lui des prêtres

[19] La Bléterie, *Vie de l'empereur Julien*, livre 1, p.48: 'Tout ce que Julien estimait,
grammairiens, poètes, sophistes, philosophes, si l'on en excepte un petit nombre,
tenaient pour les vieilles superstitions.' Julien suit d'abord l'enseignement du
sophiste Libanius puis celui des platoniciens.

[20] Cf. La Bléterie, *Vie de l'empereur Julien*, livre 1, p.69: 'Si Julien n'adopta les
fables populaires qu'en partie, les choses merveilleuses, qu'il vit effectivement, ou
qu'il crut voir sous la direction de Maxime lui firent adopter le culte païen dans toute
son étendue. Son âme crédule et superstitieuse embrassa ce culte extravagant, comme
l'unique qui pût honorer la divinité.'

[21] C'était la religion des païens admirés du jeune Julien, qui 'faisaient profession
de reconnaître un seul Dieu suprême, source et principe de tous les êtres', selon La
Bléterie (*Vie de l'empereur Julien*, livre 1, p. 50).

forcés de paraître souvent ce qu'ils ne sont pas.[22] Le sultan des Turcs doit bénir Omar, le sophi de Perse doit bénir Ali: Marc-Aurèle lui-même s'était fait initier aux mystères d'Eleusine.

Il ne faut donc pas être surpris que Julien ait avili sa raison jusqu'à descendre à des pratiques superstitieuses: mais on ne peut concevoir que de l'indignation contre Théodoret, qui seul de tous les historiens rapporte qu'il sacrifia une femme dans le temple de la lune à Carrès.[23] Ce conte infâme doit être mis avec ce conte absurde d'Ammien, que le génie de l'empire apparut à Julien avant sa mort;[24] et avec cet autre conte non moins ridicule, que quand Julien voulut faire rebâtir le temple de Jérusalem, il sortit de terre des globes de feu qui consumèrent tous les ouvrages et les ouvriers:[25]

130

135

128-29   so58: d'Eleusine. Il
         k84 d'Eleusis.¶ Il

---

[22] Julien avait notamment accepté le titre de souverain pontife et 'l'estimait autant et peut-être plus que celui d'auguste' selon La Bléterie (*Vie de l'empereur Julien*, livre 3, p.233; *CN*, t.5, p.45, signet et en marge: 'oui/cest/Gregoire/qui le/dit'). L'idée que le peuple exigeait un tel culte est typiquement voltairienne mais Voltaire a pu s'inspirer de La Bléterie chez qui le peuple apparaît 'charmé de trouver dans le prince son propre goût pour les minuties et pour la superstition' (p.234).

[23] Anecdote empruntée à La Bléterie (*Vie de l'empereur Julien*, livre 5, p.349-50), même si celui-ci présente les accusations de magie portées contre Julien comme 'plus souvent hasardées que prouvées'. Voltaire la reprendra dans l'article 'Julien' du *DP* (*OCV*, t.36, p.272), en réponse à De Luc (*Observations sur les savants incrédules*, ch.19) qui avait jugé l'épisode très vraisemblable.

[24] Cf. La Bléterie, *Vie de l'empereur Julien*, livre 6, p.481, et Echard, *Histoire romaine*, livre 6, ch.3, t.7, p.262 d'après Ammien Marcellin: le génie qui lui était apparu quand il avait été proclamé auguste à Paris, avait cette fois l'air triste, la tête et la corne d'abondance couvertes d'un voile.

[25] Anecdote due à Ammien Marcellin (*Histoire*, livre 23, ch.1), peut-être interpolée, mais rapportée aussi bien par Echard (qui mentionne aussi un tremblement de terre, livre 6, ch.3, t.7, p.235) que par La Bléterie (*Vie de l'empereur Julien*, livre 5, p.396). Voltaire polémique surtout avec ce dernier qui, en se fondant sur les témoignages des historiens ecclésiastiques mais aussi de trois Pères de l'Eglise (Grégoire de Nazianze, Jean Chrysostome et Ambroise), avait soutenu qu'on ne pouvait 'contester le fait sans établir le pyrrhonisme historique le plus insensé'

Iliacos intra muros peccatur et extra. [26]

Les chrétiens et les païens débitaient également des fables sur   140
Julien: mais les fables des chrétiens ses ennemis étaient toutes
calomnieuses. Qui pourra jamais se persuader qu'un philosophe ait
immolé une femme à la lune, et déchiré de ses mains ses entrailles?
Une telle horreur est-elle dans le caractère d'un stoïcien rigide?

Il ne fit jamais mourir aucun chrétien: il ne leur accordait point   145
de faveurs, mais il ne les persécutait pas. [27] Il les laissait jouir de
leurs biens comme empereur juste, et écrivait contre eux comme
philosophe. Il leur défendait d'enseigner dans les écoles les auteurs
profanes, qu'eux-mêmes voulaient décrier: [28] ce n'était pas être
persécuteur. Il leur permettait l'exercice de leur religion, et les   150
empêchait de se déchirer par leurs querelles sanglantes: c'était les
protéger. Ils ne devaient donc lui faire d'autre reproche, que de les

---

(p.398). L'épisode restait polémique au début des années 1750, cf. William
Warburton, *Julian, or a discourse concerning the earthquake and fiery eruption which
defeated that attempt to rebuild the temple at Jerusalem, in which the reality of a divine
interposition is shown* (Londres, 1751) mais Voltaire ne mentionne pas le tremblement
de terre ici. Voltaire réfutera plus amplement la prétendue authenticité de cette
anecdote dans l'article 'Julien' du *DP* (1767; *OCV*, t.36, p.274-76) puis dans l'article
'Apostat' des *QE* (1769; *OCV*, t.38, p.498-502) qui fournira encore le ch.35 de
l'*Examen important de Milord Bolingbroke*.

[26] Horace, *Epîtres*, livre 1, épître 2, v.16: littéralement 'on pèche au-dedans des
murs comme en dehors'.

[27] Récit divergent chez Echard qui décrit comment, à partir de 363, Julien
persécuta ouvertement les chrétiens (*Histoire romaine*, livre 6, ch.3, t.7, p. 212-13).
Pour La Bléterie, avant d'user de la force, Julien aurait voulu 'tenter toutes les voies
imaginables, qui ne seraient pas incompatibles avec une apparence d'équité et des
grimaces de tolérance, faisant semblant de n'être pas persécuteur' (*Vie de l'empereur
Julien*, livre 3, p.228-29 marquées d'un signet 'n.m.'). Nonnotte s'appuie sur les
témoignages d'Eutrope (livre 10) et d'Ammien Marcellin (livre 25) pour prouver la
réalité de cette persécution (*Les Erreurs de Voltaire*, p.61).

[28] Selon La Bléterie (*Vie de l'empereur Julien*, livre 4, p.261-63), Julien 'sensible à
l'usage que faisaient les chrétiens de l'étude de l'antiquité, de l'éloquence et de la
dialectique, pour réfuter l'erreur et rétablir la vérité', aurait formé 'le dessein [...] de
condamner les chrétiens à l'ignorance, en les empêchant d'étudier ou d'enseigner les
sciences des Grecs'. Voir aussi le témoignage de Zonare dans l'*Histoire romaine de
Xiphilin*, p.625.

avoir quittés, de s'être trompé, de s'être fait tort à lui-même. Cependant ils trouvèrent le moyen de rendre exécrable à la postérité un prince dont le nom aurait été cher à l'univers, sans 155 son changement de religion, qui fut la seule tache de ce grand homme.

156   K84: de religion.//

Lettre sur le Dante

Critical edition

by

David Williams

TABLE DES MATIÈRES

INTRODUCTION   201

LETTRE SUR LE DANTE   213

INTRODUCTION

Voltaire's *Lettre sur le Dante*, containing a brief outline of the Italian poet's life, a commentary on the style and content of *La divina commedia* in which the status of this 'salmigondis' as a great epic poem is questioned (with the exception of a few immortal lines), and ending with a versified, burlesque translation of extracts from the twenty-seventh canto of the *Inferno*,[1] was first published in volume 5 of the 1756 Cramer edition of the collective works. The Kehl and Moland editions of Voltaire's works treated the text as being part of the *Dictionnaire philosophique* (see below, p.210-11). Moland attributed little significance to it.[2]

Voltaire almost certainly had sufficient knowledge of the Italian language to enable him to read Italian texts in the original at the time of his departure for England in 1727, and his easy familiarity with the *Gerusalemme liberata* in *La Henriade* would seem to confirm this. It was between 1740 and 1750, however, that he started to acquire real fluency in the language, although there is evidence to suggest that he had started to develop a serious interest in Italian language and culture as early as 1733.[3] On 18 December 1759 he wrote to Saverio Bettinelli of his regret at never having visited Italy, and for the fact that his ill-health prevented him from writing to Bettinelli in Italian, obliging him instead to dictate in French to his secretary, 'et mon secrétaire n'a pas comme moi le bonheur d'entendre cette belle langue italienne à laquelle vous prêtez de nouveaux charmes' (D8663). Voltaire possessed two éditions of the *Commedia*, one published in Venice in 1536 and the

---

[1] Voltaire refers erroneously to the twenty-third canto (see below p.216, l.75).

[2] See the editorial note to the last line of Voltaire's translated extract, *M*, vol.18, p.315, note 1.

[3] *OCV*, vol.2, p.153, note 374; *OCV*, vol.3B, p.163; R. Naves, *Le Goût de Voltaire* (Paris, 1938), p.161.

other in Paris in 1768, [4] the former being the edition he would have used at the time of composing the *Lettre sur le Dante*.

In his comparative study of what he considered to be the greatest examples of European epic poetry from Homer to Milton in the 1727 *Essay upon the epick poetry of the European nations* there is no reference to Dante, although Voltaire does mention his name subsequently in the fifth chapter on Trissino in the French version of the essay, first published in 1733 as the *Essai sur la poésie épique*. [5] In passing over Dante in virtual silence at this time Voltaire was reflecting the general lack of interest in Dante in late seventeenth and early eighteenth-century France, [6] and his continuing neglect of Dante reflected the low esteem in which Italian poetry in general would be held in contemporary literary circles in France, and to a lesser extent in England, prior to the revival of Italy's fortunes in the early nineteenth century. It is unlikely that Voltaire was even aware of the existence of the *Commedia* in 1727 at the time of composing the English essay on epic poetry. Whatever the reason for Voltaire's silence, in the years following publication of his two essays on epic poetry he would be sharply criticised throughout the eighteenth century for his omission of Dante from the ranks of the great epic poets by Italian commentators such as Paolo Antonio Rolli, Giuseppe Baretti, Vincenzio Martinelli, Gasparo Gozzi, Marco Antonio Pindemonte, Giuseppe Torelli and Carlo Giovanni Denina. [7]

---

[4] *Comedia del divina poeta Danthe Alighieri, con la dotta e leggiadra spositione di Christophoro Londino.* Vinegia: G. G. da Trino, 1536 (BV940) and *La divina commedia di Dante Alighieri. Colla vita di Dante Alighieri dal Marrini, li lettere sopra Dante di Vincenzio Martinelli e Della dottrina teologica contenuta nella Divina Commedia del P. Berti.* Paris: Prault, 1768. 2 vols (Ferney Catalogue B796).

[5] *OCV*, vol.3B, p.439, l.15-16.

[6] On this point see D. Williams, *Voltaire: literary critic, SVEC* 48 (1966), p.52-53, 214-15; *OCV*, vol.3B, p.163-65.

[7] Apart from Martinelli's essay printed in the Prault edition of the *Commedia*, no other work by these critics relevant to Dante is contained in Voltaire's library. He did, however, possess a copy of a theological work by Denina (BV982). For details of the debate arising from Voltaire's neglect of Dante in Italian literary circles in the

Possibly as an initial reaction to these criticisms, and especially those of Rolli,[8] Voltaire began to show more interest in Dante, although it should be remembered that his interest was not confined to literary matters.[9] The most substantial commentaries on Dante as a poet, prior to the publication of the *Lettre sur le Dante* itself, are to be found in chapters 65 and 82 of the 1741 *Essai sur les mœurs et l'esprit des nations*. In chapter 82 the *Commedia* is referred to specifically, and Dante's achievement as a poet is presented in a far more sympathetic light than would later be the case in the *Lettre*. For the first time Voltaire also offered his readers some biographical details about the Italian poet, and provides evidence that he is even starting to translate Dante's verse. Like Shakespeare, Milton and other foreign artists whose natural genius flourished in spite of their indifference to the rules of classical orthodoxy, Dante was brilliant but bizarre. He was a precursor of greater things to come, although for Voltaire he would never have as crucial a role to play in the evolution of epic poetry as Shakespeare had in the evolution of tragedy. Nevertheless, Dante transcended the limitations of his age:

---

eighteenth century, see *OCV*, vol.3B, p.237-48; N. Jonard, *Giuseppe Baretti (1719-1769): l'homme et l'œuvre* (Clermont-Ferrand, 1963), p.121, 163; A. Zardo, 'La censura e la difesa di Dante nel secolo XVIII', *Giornale dantesco* 24 (1906), p.145-67.

[8] Thomas Edlin published Rolli's *Remarks upon M. Voltaire's Essay upon the epick poetry of the European nations* in London in 1728. Two French translations appeared in the same year. Rolli was concerned not only with Voltaire's silence on Dante but also with his treatment of Ariosto, Trissino and Tasso; see *OCV*, vol.3B, p.237-44. Voltaire referred dismissively to Rolli in a letter to Vernet on 14 September 1733 (D653).

[9] In chapter 141 of the *Essai sur les mœurs* Voltaire drew attention to Dante's 'prophesy' in the first canto of the *Purgatorio* (l.22-24) of the discovery of the antarctic pole star, but dismissed its astronomical significance (*Essai*, vol.2, p.307-308). In his reference to Seneca's remarks in the *Medea* on the discovery of America in the commentary on Corneille's *Médée* (V.vi), he again noted Dante's allusion to the antarctic constellation: 'Il suffirait de ces deux exemples pour prouver que les poètes méritent en effet le nom de prophète, *vates*. Jamais, en effet, il n'y eut de prédiction mieux accomplie' (*OCV*, vol.54, p.37).

Déjà le Dante, Florentin, avait illustré la langue toscane par son poème bizarre, mais brillant de beautés naturelles, intitulé *Comédie*; ouvrage dans lequel l'auteur s'éleva dans les détails au-dessus du mauvais goût de son siècle et de son sujet, et rempli de morceaux écrits aussi purement que s'ils étaient du temps de l'Arioste et du Tasse. On ne doit pas s'étonner que l'auteur, l'un des principaux de la faction *gibeline*, persécuté par Boniface VIII et par Charles de Valois, ait dans son poème exhalé sa douleur sur les querelles de l'empire et du sacerdoce.

The commentary on Dante in the *Essai sur les mœurs* ends with 'une faible traduction' of fourteen lines from Canto 16 of the *Purgatorio* (*Essai*, vol.1, p.763).

Positive commentary also emerged in Voltaire's reception speech to the Académie française on 9 May 1746, where he contrasted the rigidity and narrowness of French aesthetic practice with the freedom that Italy owed to Dante (*M*, vol.23, p.208-209):

Nous nous sommes interdit nous-mêmes insensiblement presque tous les objets que d'autres nations ont osé peindre. Il n'est rien que le Dante n'exprimât, à l'exemple des anciens; il accoutuma les Italiens à tout dire [...] Et quand je dis ici, messieurs, que ce sont les grands poètes qui ont déterminé les génie des langues je n'avance rien qui ne soit connu de vous.

The positive note in Voltaire's Dante criticism was sustained as late as 1753 in a prefatory essay attached to the *Annales de l'empire* entitled *A M. D***, professeur en histoire* in which the sentiments expressed in the *Essai sur les mœurs* were reinforced. Dante's poetry represented a glorious triumph over historical circumstances and personal adversity (*M*, vol.24, p.30-31):

Les vers du Dante faisaient déjà la gloire de l'Italie, quand il n'y avait aucun bon auteur prosaïque chez nos nations modernes. Il était né dans un temps où les querelles de l'empire et du sacerdoce avaient laissé dans les Etats et dans les esprits des plaies profondes. Il était gibelin, et persécuté par les guelfes; aussi il ne faut pas s'étonner s'il exhale à peu près ainsi ses chagrins dans son poème en cette manière.

In 1753, however, the controversy over Voltaire's silence on Dante in the English and French essays on epic poetry, published

more than two decades earlier, was re-ignited with the publication
of two works in English by Giuseppe Baretti, an Italian resident in
London: the *Remarks on the Italian language and writers* and *A
dissertation upon the Italian poetry, in which are interspersed some
remarks on Mr Voltaire's Essay on the epic poets*. [10] In the *Dissertation* Baretti rejected what Voltaire had to say in the *Essay* about
Italian epic poetry in general, and sought to break in particular
what he called Voltaire's 'contemptuous silence' on Dante. [11] After
a detailed analysis of the *Inferno*, Baretti concluded that only
Milton, of all the modern European epic poets, could rival Dante
and 'write verses in his manner'. [12] Baretti's long and detailed
analysis of Dante, and his criticism of Voltaire's indifference,
might well have influenced Voltaire's position subsequently,
particularly with regard to the *Lettre sur le Dante*. After 1753,
however, Voltaire's delicate tolerance of Dante's faults began to
fade, and historical relativism gave way to a more uncompromising
approach. Dante had not featured at all in chapter 22 of the 1733
Letters concerning the English nation, and had received only passing
reference in the corresponding chapter in first edition of the *Lettres
philosophiques* in 1734. In 1756, however, Voltaire decided to
expand this chapter considerably with a long deliberation on
Samuel Butler's *Hudibras*. At the same time, he introduced a
comment on Dante which would be partly echoed in lines 4-5 of the
Lettre, published in the same year. Dante was no longer read

[10] See L. Collison-Morley, *Giuseppe Baretti, with an account of his literary
friendships and friends in Italy and in England in the days of Dr Johnson* (London,
1909), p.60, *OCV*, vol.3B, p.244, n.288.

[11] On Baretti's stance see *OCV*, vol.3B, p.244-47; Jonard, p.216-23. Baretti
published a number of works in English and in French. He is perhaps best known for
his *Lettere familiari* [...] *a' suoi tre fratelli* (Venetia, 1763) and for the *Discours sur
Shakespeare et sur monsieur de Voltaire* (Londres, 1777). Voltaire was familiar with
Baretti's work; see his 1764 correspondence with Francesco Capacelli (D12169,
D12252) and BV264.

[12] *Dissertation*, p.67. Baretti also rejected Voltaire's 'extravagant anecdote' about
Andreini's *L'Adamo* being the source for *Paradise lost* (*Dissertation*, p.66-67; cf.
OCV, vol.3B, p.371, 479).

because of the narrow historical specificity of his allusions: 'On ne lit plus le Dante dans l'Europe, parce que tout y est allusion à des faits ignorés' (*Lettres philosophiques*, vol.2, p.152).

The *Lettre sur le Dante* should be read in the context of the long eighteenth-century debate in England and France over Dante's reputation as an epic poet, a debate triggered initially by Voltaire's decision not to include Dante in the pantheon of great European poets in his two essays on epic poetry, and the defence of that position subsequently. The debate intensified in the years following Baretti's intervention with, for example, the publication in 1758 of Vincenzio Martinelli's *Lettere familiari e critiche*[13] and the signficance of the *Lettre sur le Dante* becomes clearer in the light of that debate. The *Lettre sur le Dante* was certainly not written to appease his Italian critics, and after 1756 Voltaire did not change his views on 'cet étrange poète le Dante' (D20099) although, as can be seen from his 1759 letter to Bettinelli, the problematic paradox of Dante's stature as a poet/monster would never be entirely resolved: 'Je fais grand cas du courage avec lequel vous avez osé dire que Dante était un fou, et son ouvrage un monstre; j'aime encore mieux pourtant ce monstre que tous les vermisseaux appellés Sonetti qui naissent et qui meurent par milliers dans l'Italie, de Milan jusqu'à Ottrente' (D8663).[14]

Voltaire returned to the Dante problem for the last time in 1775 in Letter 12 (*Sur le Dante, et le pauvre homme nommé Martinelli*) of the *Lettres chinoises, indiennes et tartares à M. Pauw, par un Bénédictin*. Martinelli's *Lettere familiari* had been reprinted in the

---

[13] See particularly *Lettere*, p.216-37, 290-308.

[14] See *OCV*, vol.3B, p.247, n.293. One of the few Italian critics of Dante, Bettinelli was the author of the much commented *Dieci lettere di Publio Virgilio Marone, scritti dagli Elisj all'Arcadia di Roma sopra gli abusi introdotti nella poesia italiana*, translated into French in 1759 as the *Lettres critiques aux Arcades de Rome, datées des Champs-Elysées, traduites de l'italien* (Paris: Pissot, 1759). Bettinelli visited Les Délices on 20 November 1758. According to Suard's account, Tasso and Ariosto were discussed, but not Dante (*Mélanges de littérature*, Paris, 1803, vol.1, p.17). See also *M*, vol.1, p.339.

edition of the *Commedia* issued in Paris by Prault in 1768. [15] In the *Lettres chinoises* Voltaire defended himself against Martinelli's strictures in a set-piece conversation between the authorial 'Bénédictin', a 'cabaretier-libraire' named 'M. Gervais', and a caricatured Martinelli. The conversation is initiated by 'M. Gervais' with the blunt question: 'Qu'est-ce donc que ce Dante?' (*M*, vol.29, p.495). The extravagant claims for Dante then made by the Martinelli persona, reflecting 'le stupide orgueil d'un mercenaire', provoke the indignant intervention of the 'Bénédictin' who recapitulates, as Voltaire's *porte-parole*, the points already made in the *Lettre sur le Dante*: the poetic language of the *Commedia* had a certain beauty for its time; a few lines were even worthy of Ariosto, but the subject was not suitable for epic treatment. A summary of the opening canto of the *Inferno* is then given with a view to illuminating the grotesque nature of the events it portrays (*M*, vol.29, p.496). [16] The point made in the *Lettre sur le Dante* concerning the reasons why Dante was no longer read was now extended to include other flaws in Dante's treatment of his subject relating to the poem's contravention of standards of good taste and *vraisemblance*, lack of heroic qualities, the bizarre mixture of pagan and Christian themes and characters, and above all its lack of relevance to readers not living in thirteenth-century Tuscany: 'M. Gervais sentit la vérité de ce que je lui disais, et renvoya M. Martinelli avec ses commentaires' (*M*, vol.29, p.497).

With the unceremonious dismissal of Martinelli in the *Lettres chinoises, indiennes et tartares* Voltaire closed his own brief, intermittent but influential contribution to the critical debate on the merits of Dante, a contribution which started in provocative

[15] See note 4. Cf. R. Pomeau *et al.*, *VST*, vol.2 (section 5: *On a voulu l'enterrer 1770-1791*), p.499. On Martinelli's defence of Dante, see C. Rosso, 'Montesquieu, Voltaire et Rousseau dans la critique d'un Italien à Londres (Vincenzo Martinelli)', *Cahiers de philosophie politique et juridique* 7 (1985), p.93-94.

[16] Voltaire does not offer a burlesque approximation in French this time, but quotes directly from the first canto of the *Inferno* in the original Italian (*M*, vol.29, p.496).

silence in the English and French essays on epic poetry nearly half a century earlier, and found its most cogent expression in the 1756 *Lettre sur le Dante*. After the publication of the first edition (w56), the *Lettre* was reprinted with few changes in 1757 (w57G1, w57G2, w57P), 1758 (so58), 1764 (w64G, w64R), 1770 (w70G), 1771 (w68, w71L), 1772 (w72X), 1773 (w70L, w72P), and 1775 (w75G).

Manuscript and editions

Manuscript

MS1

[*Lettres et diverses pièces 1720-1769*] in Voltaire's library at St Petersburg, BV Annexes manuscrites 50 (p.1022). This collection assembled by H. Rieu gives the translation of the passage from Dante on p.42-44. There are several variants.

Editions

w56

Volume 5, p.201-206: Lettre sur le Dante. [17]

w52 (1756)

Volume 8 (1756), p.94-99: Lettre sur le Dante. The text follows w56.

w57G1, w57G2

Volume 5, p.201-206: Lettre sur le Dante.
The text follows w56.

---

[17] Volume 5 has *Tome Quatrième* on the titlepage of the BnF copy. A version of volume 5 of this edition was issued in 1761 as the *Troisième suite des mélanges de poésie, de littérature, d'histoire et de philosophie* (Trapnell 61G; see also Trapnell 61P). The edition listed by Trapnell as 61G is in fact a copy of w57G1 with the titlepage of TS61.

w57p

Volume 7, p.376-83: Sur le Dante.

The text follows w56, apart from the title.

so58

Volume 1, p.386-92: Sur le Dante.

The modified title of the *Lettre sur le Dante* in w57p is retained in the second Lambert edition. There are three minor variants in the text at lines [16, 25 and 62].

w64g

Volume 5 (Part 1), p.201-206: Lettre sur le Dante.

The text of the *Lettre sur le Dante* follows w56, except for one minor variant at line 5.

w64r

Volume 17 (Part 1), p.121-25: Sur le Dante:

The title and text of the *Lettre sur le Dante* follow w57p.

w68 (1771)

Volume 15 (1771), p.314-18: Lettre sur le Dante.

The text follows w57g1.

w70g

Volume 5 (Part 1), p.201-206: Lettre sur le Dante.

w71l

Volume 14, p.345-59: Lettre sur le Dante.

w72x

Volume 5 (Part 1), p.201-206: Lettre sur le Dante.

The text follows w56, except for three variants at lines 5 and 112.

W70L (1773)

Volume 34 (1773), p.12-17: Lettre sur le Dante.

The text follows w56.

W72P (1773)

Volume 18 (1773), p.285-91: Lettre sur le Dante.

The text follows w56, except for two variants at lines 16 and 118.

W75G

Volume 33, p.384-88: Lettre sur le Dante.

The text follows that of the first edition (w56).

K84

Volume 39, p.224-29: Le Dante.

The text of the *Lettre sur le Dante* is printed as an entry in the *Dictionnaire philosophique*, and follows w75G, with the exception of the title.

English translation

The Works of M. de Voltaire, tr. Smollett *et al.* (London, 1761-1764), vol.12, p.78-83: Letter on Dante.

Editorial principles

There is no separate edition of the *Lettre sur le Dante*, and the text remained almost unchanged in all the editions of the collective works issued during Voltaire's lifetime. Three editions (w57P, so58, w64R) printed the text with a slightly modified title. The Kehl editors included this work as an entry under the title *Le Dante* in the *Dictionnaire philosophique*, and this was followed by Moland ('Dante, Le', *M*, vol.18, p.312-15). The following editions have been collated: w56, w52 w57G1, w57G2, w57P, so58, w64G, w64R, w68, w70G, w71L, w72X, w70L, w72P, and w75G. Variants from MS1 (translation of the Dante passage, lines 77-135) have also been included in the collation. The base text is w75G.

Modernisation of the base text

The spelling of names and places has been retained, but not the italicisation of names. The original punctuation has been respected.

Orthography and grammar have been modified to conform to modern usage.

1. Consonants

— the consonent *f* was not used in: Guelphes
— the consonant *p* was not used in: tems, longems
— the consonant *t* was not used in: raisonnemens
— the consonant *s* was used in: guères
— the single consonant *r* was used in: poura
— the double consonant *ll* was used in: appellais, enrollai
— the consonant *t* was used in place of *d* in: penaut

2. Vowels

— the final *e* was not used in: encor
— *i* was used in place of *y* in: stile
— *o* was used in place of *a* in: roide

3. Accents

The acute accent

— was used in place of the grave in: légéreté, siécles, troisiéme

The circumflex accent

— was used in: toûjours, plûpart
— was not used in: ame, grace, reconnait

The diaresis

— was used in: poëme,

The grave accent

— was used in place of the acute in: précisèment

4. Capitalisation

— the intitial capital was not used in: inquisition
— the initial capital was used in: Parti

5. Various

— the abbreviation *St.* was used in: St. Pierre
— the ampersand was used
— the hyphen was not used in: Saint Père
— the hyphen was used in: de-là, tout-d'un-coup
— the cardinal number *cent* was not pluralised in: quatre cent

LETTRE SUR LE DANTE

Vous voulez connaître le Dante.[1] Les Italiens l'appellent *divin*, mais c'est une divinité cachée; peu de gens entendent ses oracles; il a des commentateurs; c'est peut-être encore une raison de plus pour n'être pas compris. Sa réputation s'affermira toujours, parce qu'on ne le lit guère. Il y a de lui une vingtaine de traits qu'on sait 5 par cœur: cela suffit pour s'épargner la peine d'examiner le reste.[2]

Ce divin Dante fut, dit-on, un homme assez malheureux. Ne croyez pas qu'il fût divin de son temps, ni qu'il fût prophète chez lui. Il est vrai qu'il fut prieur, non pas prieur de moines, mais prieur de Florence, c'est à dire, l'un des sénateurs. 10

Il était né en 1260, à ce que disent ses compatriotes: Bayle qui écrivait à Roterdam, *currente calamo*, pour son libraire, environ quatre siècles entiers après le Dante, le fait naître en 1265, et je n'en estime Bayle ni plus ni moins pour s'être trompé de cinq ans: la grande affaire est de ne se tromper ni en fait de goût, ni en fait 15 de raisonnements.[3]

a   w57P, s058, w64R: SUR LE DANTE
     k84: LE DANTE
5   w64G, w72X: ne lit
5   w72X: Il n'y a
16   s058, w72P: de raisonnement

[1] 'Les Italiens sont le seul peuple de la terre chez qui on accorde l'article *Le* aux auteurs, Le Dante, Le Pulci, Le Boyardo, L'Arioste, Le Tasse; mais on n'a jamais dit chez les Latins Le Virgile, ni chez les Grecs L'Homere, ni chez les Asiatiques L'Esope; ni chez les Indiens Le Brama; ni chez les Persans Le Zoroastre; ni chez les Chinois Le Confutzé' (D15616 to Foucher, 30 April 1769).

[2] The opening paragraph of the *Lettre sur le Dante* is also to be found in Voltaire's *Notebooks* (Houssaye fragments), *OCV*, vol.82, p.568.

[3] Pierre Bayle, *Dictionnaire historique et critique. Nouvelle édition augmentée des notes extraites de Chaufepié, Joly, La Monnoie, Leduchat, L.-J. Leclerc, Prosper Marchand, etc.* (Paris, 1824 [Genève: Slatkine, 1969]), vol.5, p.370. Bayle was probably correct. It is now generally accepted that Dante was born in Florence in 1265.

Les arts commençaient alors à naître dans la patrie du Dante. Florence était comme Athènes pleine d'esprit, de grandeur, de légèreté, d'inconstance, et de factions. La faction blanche avait un grand crédit: elle se nommait ainsi du nom de la Signora Bianca. Le parti opposé s'intitulait le parti des Noirs, pour mieux se distinguer des Blancs. Ces deux partis ne suffisaient pas aux Florentins. Ils avaient encore les Guelfes, et les Gibelins. [4] La plupart des blancs étaient Gibelins du parti des empereurs, et les noirs penchaient pour les Guelfes attachés aux papes.

Toutes ces factions aimaient la liberté, et faisaient pourtant ce qu'elles pouvaient pour la détruire. Le pape Boniface VIII voulut profiter de ces divisions pour anéantir le pouvoir des empereurs en Italie. Il déclara Charles de Valois, frère du roi de France Philippe le bel, son vicaire en Toscane. [5] Le vicaire vint bien armé, chassa les Blancs et les Gibelins, et se fit détester des Noirs et des Guelfes. Le Dante était Blanc et Gibelin: il fut chassé des premiers, et sa maison rasée. On peut juger de là s'il fut le reste de sa vie affectionné à la maison de France, et aux papes; on prétend pourtant qu'il alla faire un voyage à Paris, et que pour se désennuyer il se fit théologien, et disputa vigoureusement dans les écoles. On ajoute que l'empereur Henri VII ne fit rien pour lui, tout Gibelin qu'il était; qu'il alla chez Fréderic d'Arragon roi de Sicile, et qu'il en revint aussi pauvre qu'il y était allé. Il fut réduit au marquis de Malaspina, [6] et au grand

20

25

30

35

---

25   so58: attachés au pape.

[4] These terms arose originally from the traditional rivalry between the *Welf* and the *Weiblingen* families in the struggle for the imperial crown. Voltaire commented further on these factions in ch.52 of the *Essai sur les mœurs et l'esprit des nations* (*M*, vol.11, p.428-29) and in the *Annales de l'empire* (*M*, vol.13, p.302, 349, 359).

[5] 'Boniface fut longtemps *Gibelin* quand il fut particulier, et on peut bien juger qu'il fut *Guelfe* quand il devint pape', *Essai sur les mœurs et l'esprit des nations*, ch.65 (*M*, vol.11, p.515). On the nomination of Charles de Valois and the subsequent persecution of the *Gibelins*, see *M*, vol.11, p.516.

[6] Voltaire's turn of phrase might be explained by the fact that Bernabò Malaspina was suspected of having poisoned Pope Leo X, see *Annales de l'empire* (*M*, vol.13, p.485).

can de Vérone. [7] Le marquis et le grand Can ne le dédommagèrent   40
pas: il mourut pauvre à Ravenne à l'âge de cinquante-six ans. Ce fut
dans ces divers lieux qu'il composa sa comédie de l'*Enfer*, du
Purgatoire et du *Paradis*: on a regardé ce salmigondis comme un
beau poème épique.

Il trouva d'abord à l'entrée de l'enfer un lion et une louve. [8] Tout   45
d'un coup Virgile se présente à lui pour l'encourager; Virgile lui dit
qu'il est né Lombard; [9] c'est précisément comme si Homère disait
qu'il est né Turc. Virgile offre de faire au Dante les honneurs de
l'enfer et du purgatoire, et de le mener jusqu'à la porte de Saint
Pierre; mais il avoue qu'il ne pourra pas entrer avec lui. [10]   50

Cependant Caron les passe tous deux dans sa barque. [11] Virgile
lui raconte que peu de temps après son arrivée en enfer, il y vit un
être puissant qui vint chercher les âmes d'Abel, de Noé, d'Abraham, de Moïse, de David; en avançant chemin ils découvrent dans
l'enfer des demeures très agréables: dans l'une sont Homère,   55
Horace, Ovide, et Lucain; dans une autre on voit Electre,
Hector, Enée, Lucrèce, Brutus, et le Turc Saladin; dans une
troisième, Socrate, Platon, Hippocrate, et l'Arabe Averroës. [12]

[7] Can Grande [or more commonly 'Cangrande'] della Scala, Imperial Vicar of
Verona, was the younger brother of Dante's earlier patron Bartolomeo della Scala.
Dante would subsequently dedicate the *Paradiso* to him. He was baptised Can
Francesco and may have adopted the form Can Grande in imitation of Kublai Khan,
the 'Grand Khan' known to Marco Polo, but it appears that Can was already a family
name, a dog appearing on their crest, and his uncle was called Mastino (mastiff).
Number 13 of Dante's *Epistulae* begins: 'Magnifico atque victoriosissimo Domino,
Domino Kani Grandi de la Scala, sacratissimi Cesarei Principatus in urbe Verona et
civitate Vicentie Vicario Generali, devotissimus suus Dantes Alagherii ...' (electro-
nic version produced by Roberto Gagliardi). All authorised editions of Voltaire's
text print 'grand can'. The context suggests that either Voltaire mistook the name
'Cangrande' for the title 'Grand Can/Kan', or is indulging in word-play. On the
Scala family governance of Verona, see ch.74 of the *Essai sur les mœurs et l'esprit des
nations* (*M*, vol.12, p.8).
[8] Canto 1, l.45-49.
[9] Canto 1, l.67-68.
[10] Canto 1, l.112-29.
[11] Canto 3, l.83.
[12] Canto 4, l.53-143.

Enfin paraît le véritable enfer, où Pluton juge les condamnés. [13]
Le voyageur y reconnaît quelques cardinaux, quelques papes, et   60
beaucoup de Florentins. [14] Tout cela est-il dans le style comique?
Non. Tout est-il dans le genre héroïque? Non. Dans quel goût est
donc ce poème? Dans un goût bizarre.

Mais il y a des vers si heureux et si naïfs, qu'ils n'ont point vieilli
depuis quatre cents ans, et qu'ils ne vieilliront jamais. Un poème   65
d'ailleurs où l'on met des papes en enfer, réveille beaucoup
l'attention; et les commentateurs épuisent toute la sagacité de
leur esprit à déterminer au juste qui sont ceux que le Dante a
damnés, et à ne se pas tromper dans une matière si grave.

On a fondé une chaire, une lecture pour expliquer cet auteur   70
classique. Vous me demanderez comment l'Inquisition ne s'y
oppose pas? Je vous répondrai que l'Inquisition entend raillerie
en Italie; elle sait bien que des plaisanteries en vers ne peuvent faire
de mal: vous en allez juger par cette petite traduction très libre d'un
morceau du chant vingt-troisième; [15] il s'agit d'un damné de la   75
connaissance de l'auteur. Le damné parle ainsi:

> Je m'appelais le comte de Guidon;
> Je fus sur terre et soldat et poltron;
> Puis m'enrôlai sous Saint François d'Assise,
> Afin qu'un jour le bout de son cordon   80
> Me donnât place en la céleste église;
> Et j'y serais sans ce pape félon,
> Qui m'ordonna de servir sa feintise,
> Et me rendit aux griffes du démon.
> Voici le fait. Quand j'étais sur la terre,   85

62 SO58: Non. Tout cela est-il
78 MSI: Je fus d'abord et
80 MSI: cordon / Guinda mon âme sur la céleste

[13] Canto 7, l.1-2.
[14] Canto 7, l.45-67.
[15] The story of Guido da Montefeltro, commander of the Gibelins, is related in
canto 27, l.67-129. Voltaire's 'translation' of these lines bears only a passing
resemblance to Dante's text.

Vers Rimini je fis longtemps la guerre,
Moins, je l'avoue, en héros qu'en fripon.
L'art de fourber me fit un grand renom.
Mais quand mon chef eut porté poil grison,
Temps de retraite où convient la sagesse,   90
Le repentir vint ronger ma vieillesse,
Et j'eus recours à la confession.
O repentir tardif et peu durable!
Le bon Saint-Père en ce temps guerroyait,
Non le Soudan, non le Turc intraitable,   95
Mais les chrétiens, qu'en vrai Turc il pillait.
Or sans respect pour tiare et tonsure,
Pour Saint François, son froc, et sa ceinture;
Frère, dit-il, il me convient d'avoir
Incessamment Préneste en mon pouvoir.   100
Conseille-moi, cherche sous ton capuce
Quelque beau tour, quelque gentille astuce,
Pour ajouter en bref à mes états
Ce qui me tente, et ne m'appartient pas.
J'ai les deux clefs du ciel en ma puissance.   105
De Célestin la dévote imprudence
S'en servit mal, et moi je sais ouvrir
Et refermer le ciel à mon plaisir.
Si tu me sers, ce ciel est ton partage.
Je le servis, et trop bien, dont j'enrage.   110
Il eut Préneste, et la mort me saisit.
Lors devers moi Saint François descendit,
Comptant au ciel amener ma bonne âme;

---

86   MSI: A Rimini
91   MSI: Le remords vint qui rongea ma
93   MSI: Beau sacrement pour moi peu profitable
95   MSI: Non les Soudans, non les Turcs intraitables,
99   MSI: convient avoir
100 MSI: sans nul delai, Préneste
108 MSI: refermer la porte à
112 W72X: descendit / Mais
     MSI: Comptant là-haut conduire ma

Mais Belzébut vint en poste, et lui dit:
Monsieur d'Assise, arrêtez: je réclame 115
Ce conseiller du Saint-Père, il est mien;
Bon Saint François, que chacun ait le sien.
Lors tout penaud le bon homme d'Assise
M'abandonnait au grand diable d'enfer.
Je lui crai; Monsieur de Lucifer, 120
Je suis un saint, voyez ma robe grise;
Je fus absous par le chef de l'église.
J'aurai toujours, répondit le démon,
Un grand respect pour l'absolution:
On est lavé de ses vieilles sottises, 125
Pourvu qu'après, autres ne soient commises.
J'ai fait souvent cette distinction
A tes pareils, et grâce à l'Italie,
Le diable sait de la théologie.
Il dit, et rit, je ne repliquai rien 130
A Belzébut; il raisonnait trop bien.
Lors il m'empoigne, et d'un bras raide et ferme
Il appliqua sur ma triste épiderme
Vingt coups de fouet, dont bien fort il me cuit;
Que DIEU le rende à Boniface huit! 135

114 MS1: Belzebut accourut et lui dit: / il est à moi, c'est mon bien, je
116 MS1: mien / ami françois
117 MS1: sien / saisi d'effroy le
118 W72P: bon-homme
122 MS1: je suis absous par le Roy de
124 MS1: pour la confession
125 MS1: lavé pour ses
134 MS1: Cent coups

De la chimère du souverain bien

Edition critique

par

Christophe Paillard

TABLE DES MATIÈRES

INTRODUCTION   221

DE LA CHIMÈRE DU SOUVERAIN BIEN   239

INTRODUCTION

'je mets une partie du souverain bien à ne demander rien à personne, à n'avoir besoin de personne, à ne courtiser personne.' [1]

Dates et circonstances de composition

Nous ignorons les dates et circonstances de rédaction de *De la chimère du souverain bien* que Voltaire n'évoque jamais dans sa correspondance. Ce bref essai parut pour la première fois en 1756 dans un volume de *Mélanges* de la première édition des *Œuvres complètes* donnée à Genève par les frères Cramer. [2] L'intégralité du neuvième paragraphe (l.57-72) figure, mot pour mot, dans les 'fragments Houssaye' des *Carnets* [3] après un bref passage repris de la *Lettre sur le Dante* qui fut également éditée pour la première fois en 1756 dans le chapitre précédant *De la chimère du souverain bien*. Si ces fragments pourraient constituer le brouillon ou l'état initial des deux textes, nulle particularité de graphie ne permet de les dater. [4] On ne leur accordera d'ailleurs pas une confiance excessive, étant donné les fraudes avérées d'Houssaye dont les prétendus manuscrits n'ont pas été retrouvés. [5] Il n'est pas impossible qu'il se

---

[1] A Mme Du Deffand, 15 janvier 1761, D9542.

[2] L'*Avis sur la première édition du Recueil complet des Œuvres de Monsieur de Voltaire* [Genève, 1756] publié par les frères Cramer cite *De la chimère du souverain bien* comme un 'des morceaux neufs qui enrichissent notre édition' (p.4).

[3] *Notebooks* dans *OCV*, t.02, p.560-69.

[4] Ils ne comportent pas de verbes à la forme imparfaite ou subjonctive dont on sait l'importance pour la datation des autographes de Voltaire. A partir des années 1750, cet auteur insista auprès de ses éditeurs pour que les désinences archaïques en 'oi' soient notées 'ai'. Voir C. Mervaud et C. Paillard, 'A la découverte d'un faux voltairien: *marginalia* apocryphes sur les *Observations critiques*', *Revue Voltaire* (2008, 8), p.279-328 (ici, p.287-88).

[5] Joseph Patrick Lee, 'The apocryphal Voltaire: problems in the Voltairean canon', in *The Enterprise of Enlightenment: a tribute to David Williams from his friends*, éd. T. Pratt et D. McCallam (Berne, 2004), p.265-73 (ici, p.269).

soit contenté de recopier un texte imprimé... Le *terminus a quo* de la composition de *De la chimère du souverain bien* est 1752 puisque ce texte n'apparaît pas dans l'édition des *Œuvres de M. de Voltaire* donnée par Walther à Dresde la même année et son *terminus ad quem* l'année 1756, date de sa première édition. Certains indices suggèrent que le texte aurait été écrit en 1756. Dans la plupart des éditions, il précède immédiatement *De la population de l'Amérique* dont le manuscrit comporte des corrections que tout porte 'à dater de 1756'.[6] Son approche relativement critique du bonheur le rattacherait à l'épisode pessimiste ouvert par le tremblement de terre de Lisbonne du 1er novembre 1755.[7] Cette pièce entretient de surcroît maints rapports avec l'article 'Heureux' commandé à Voltaire par les rédacteurs de l'*Encyclopédie* pour le 7e volume paru en 1757: on y trouve la même réduction du bonheur à une 'idée abstraite', la même critique du mot de Solon et la même affirmation de la difficulté à juger quel est le plus heureux des hommes. Si nous ignorons quand Voltaire adressa cet article à D'Alembert, nous savons qu'il lui communiquait ses contributions dans l'ordre alphabétique. Or s'il lui envoya le 29 novembre 1756 divers articles dont l'initiale est la lettre 'G' (D7067), il lui adressa l'article 'Histoire' le 28 décembre.[8] L'article 'Heureux', dont *De la chimère du souverain bien* semble avoir été le prototype, aurait donc été composé entre ces deux dates. Tout porte à croire que ce texte a été écrit en 1756.

De la chimère du souverain bien est le premier texte philosophique consacré par Voltaire à l'élucidation de la notion de *summum bonum*, sur laquelle il reviendra dans l'article 'Bien (souverain)' du *Dictionnaire philosophique*[9] repris, avec quelques modifications, dans les *Questions sur l'Encyclopédie*.[10] Voltaire avait certes évoqué

[6] R. Pomeau (éd.), *Voltaire en son temps* (Paris et Oxford, 1995), 2 vol., t.1, p.829.
[7] Voir R. Pomeau, *La Religion de Voltaire* (Paris, 1969), p.285-90.
[8] Voltaire à D'Alembert, 28 décembre 1756, D7098; voir C. Wirz, 'L'Institut et Musée Voltaire en 1980' dans *Genava* (29, 1981), p.212-13.
[9] *OCV*, t.35, p.416-18.
[10] Article 'Souverain bien', *OCV*, t.39, p.365-66.

cette notion dès 1734 mais sur un mode érotique et badin. Son huitain 'A Madame la marquise Du Châtelet sur les anciens philosophes' érigeait galamment 'Emilie' en figure du souverain bien:

> Vieux rêvasseurs, vous qui ne sentez rien,
> Vous qui cherchez dans la philosophie
> L'Etre suprême et le souverain bien,
> Ne cherchez plus, il est dans Emilie. [11]

La notion de 'souverain bien' est fondamentale dans la philosophie antique et médiévale depuis Platon. Sa problématique repose sur un postulat contestable: il existe un bien en soi supérieur à tous les autres biens et par rapport auquel ceux-ci joueraient tout au plus le rôle de moyens. Divergeant par leur caractérisation du *summum bonum*, les différentes écoles philosophiques de l'Antiquité s'accordaient à affirmer qu'il constitue la finalité de l'existence en tant que source d'un bonheur absolu et constant. Pour le platonisme, le souverain bien est l'*homoiosis theoï* ou 'l'assimilation la plus complète possible à Dieu'; [12] pour l'aristotélisme et le stoïcisme, c'est la vertu; [13] et pour l'épicurisme, le plaisir. [14] Cette différence des conceptions du bonheur est celle du théisme, du moralisme et de l'hédonisme. Se rattachant au théisme, la tradition scolastique identifie le *summum bonum* à Dieu et la béatitude à la vision de l'essence divine. [15]

---

[11] 'A Madame la marquise Du Châtelet sur les anciens philosophes', *OCV*, t.14, p.523.

[12] Platon, *Théétète* 176 b-e; *Phèdre* 248 a et 253 a; *République* livre 10, 613 a; *Timée* 90 d (BV1750-52 et 2754-55; *CN*, t.6, p.337-445). Cf. Diogène Laërce, *Vies et opinions des philosophes illustres*, livre 3, ch.78, trad. M.-O. Goulet-Cazé (Paris, 1999), p.446 (BV1042 et *CN*, t.3, p.145).

[13] Diogène Laërce, *Vies et opinions des philosophes illustres*, livre 5, ch.30, p.588; livre 7, ch.87, p.847.

[14] Diogène Laërce, *Vies et doctrines des philosophes illustres*, livre 10, ch.6, p.1242; ch.128-31, p.1311-12; ch.137-8, p.1315-16, etc.

[15] Thomas d'Aquin, *Somme théologique*, livre 1, q.6, art.2 et livre 1-2, q.3, art.8 (BV3292).

La philosophie des Lumières s'est approprié cette thématique en lui faisant subir une triple inflexion, dont la première a trait à l'hédonisme. Identifiant généralement le 'bonheur' au 'plaisir', le dix-huitième siècle s'inscrit dans la filiation de l'épicurisme. 'Le bonheur pris dans toute son étendue est le plus grand plaisir dont nous soyons capables', juge Locke. [16] Selon l'article 'Bonheur' de l'*Encyclopédie* paru en 1751:

Les hommes se réunissent encore sur la nature du *bonheur*. Ils conviennent tous qu'il est le même que le plaisir ou du moins qu'il doit au plaisir ce qu'il a de plus piquant et de plus délicieux. Un bonheur que le plaisir n'anime point par intervalles, et sur lequel il ne verse pas ses faveurs, est moins un vrai bonheur qu'un état et une situation tranquille: c'est un triste bonheur que celui-là [...]. [17]

Selon l'article 'Bien' de l'*Encyclopédie* également paru en 1751, ce concept 'est équivoque: il signifie ou *le plaisir* qui nous rend heureux, ou *la cause du plaisir*'. [18] Tous les développements de *De la chimère du souverain bien* identifient bonheur et plaisir: 'Si on donne le nom de bonheur à quelques plaisirs répandus dans cette vie, il y a du bonheur en effet' (l.28-29). L'hédonisme des Lumières exclut par là-même l'identification scolastique du 'souverain bien' à Dieu et de la béatitude à la contemplation, dont il n'est jamais question chez Voltaire. [19] Préfigurant la philosophie morale de Kant, [20] Voltaire disjoint la doctrine de la vertu de celle du bonheur:

La vertu n'est pas un bien: c'est un devoir; elle est d'un genre différent, d'un ordre supérieur. Elle n'a rien à voir aux sensations douloureuses ou agréables. Un homme vertueux avec la pierre et la goutte, sans appui, sans amis, privé du nécessaire, persécuté, enchaîné par un tyran

---

[16] J. Locke, *Essai philosophique sur l'entendement humain* (Amsterdam, 1758), livre 2, ch.21, §42 (BV2149-50; *CN*, t.5, p.427-31). Ce chapitre comporte un signet marqué 'N. M.' par Wagnière.

[17] *Encyclopédie*, t.2, p.322 (BV1216; *CN*, t.3, p.360-417).

[18] *Encyclopédie*, t.2, p.243.

[19] *Dictionnaire philosophique*, art. 'Souverain bien', *OCV*, t.35, p.416, n.2.

[20] Voir R. Mauzi, *L'Idée du bonheur dans la littérature et la pensée françaises au XVIIIe siècle* (Paris, 1960), p.613.

voluptueux qui se porte bien, est très malheureux; et le persécuteur insolent qui caresse une nouvelle maîtresse sur son lit de pourpre est très heureux.[21]

Aussi le vil Nomentanus peut-il être plus heureux que le vertueux Archimède: tel est un des enseignements de *De la chimère du souverain bien* (l.57-72).

La deuxième inflexion est plus fondamentale encore. Les Lumières dissolvent la notion de souverain bien en niant qu'une réalité unique puisse constituer la source exclusive et uniforme du bonheur. Voltaire résume cette opinion d'une formule vigoureuse: 'Chacun met son bien où il peut.'[22] On connaît l'anecdote de Diderot croyant que l'abbé Galiani se réjouirait comme lui de séjourner à la campagne. Quand Galiani fit ses bagages, annonçant qu'il ne supportait la vie rurale, 'il n'en fallut pas davantage', écrit Diderot, 'pour me faire sentir combien le bonheur d'un homme différait du bonheur d'un autre'.[23] Dans l'*Essai philosophique sur l'entendement humain*, Locke déduit de la diversité des goûts la diversité des conceptions du bonheur:

C'était là, je crois, la raison pour laquelle les anciens philosophes cherchaient inutilement si le souverain bien consistait dans les richesses, ou dans les voluptés du corps, ou dans la vertu, ou dans la contemplation. Ils auraient pu discuter avec autant de raison, s'il fallait chercher le goût le plus délicieux dans les pommes, les prunes, ou les abricots, et se partager sur cela en différentes sectes.[24]

L'*Essai philosophique* affirme de même: 'Avec quelque ardeur et

---

[21] Voltaire, *Questions sur l'Encyclopédie*, art. 'Souverain bien', *OCV*, t.39, p.366. Voltaire s'oppose sur ce point à Mme Du Châtelet qui écrivait dans son *Discours sur le bonheur*: 'Je dis qu'on ne peut être heureux et vicieux' (R. Mauzi, éd., *L'Art de vivre d'une femme au XVIIIe siècle suivi du 'Discours sur le bonheur' de Madame Du Châtelet*, Paris, 2008, p.99).

[22] Article 'Souverain bien', *Questions sur l'Encyclopédie*, *OCV*, t.39, p.365.

[23] Diderot, *Le Temple du bonheur* dans *Œuvres complètes*, édition Hermann (Paris, 1975-2004), t.18, p.343.

[24] J. Locke, *Essai philosophique concernant l'entendement humain* tr. P. Coste (Amsterdam, 1735), livre 2, ch.21, §55, p.208.

quelque persévérance que les hommes courent après le bonheur, ils peuvent avoir une idée claire d'un bien, excellent en soi-même, et qu'ils reconnaissent pour tel, sans s'y intéresser, ou y être aucunement sensibles, s'ils croient pouvoir être heureux sans lui.'[25] Voltaire souscrit à cette opinion. Dans les *Questions sur l'Encyclopédie*, il critique la 'belle fable de Crantor' qui 'fait 'comparaître aux jeux olympiques la Richesse, la Volupté, la Santé, la Vertu', chacune concourant pour obtenir le titre de 'Souverain Bien'. Selon Crantor, la vertu fut primée. Voltaire s'oppose à ce jugement: 'le souverain bien est l'assemblage des quatre rivales réunies, vertu, santé, richesse, volupté'.[26] La source du bonheur est composite et variable selon les sujets. L'objet de *De la chimère du souverain bien* est de nier l'existence du souverain bien: 'il n'y a point d'être général qui s'appelle ainsi' (l.11). Il n'existe pas de bien unique comblant les aspirations multiformes des hommes au bonheur. Pour reprendre la distinction établie par l'article 'Bien' de l'*Encyclopédie* cité plus haut, Voltaire n'entend donc pas par souverain bien la 'cause' du bonheur mais le bonheur lui-même.

Troisième inflexion, la conséquence de la dissolution du concept de souverain bien est le rejet de toute absolutisation du bonheur en tant qu'état constant et inaliénable. Quelles que fussent leurs divergences sur son origine, les différents systèmes philosophiques de l'Antiquité s'accordaient à affirmer l'indifférence du bonheur à la fortune (les circonstances extérieures). Le sage jouirait d'un bonheur parfaitement stable et inébranlable. Il serait heureux quand bien même il subirait les plus atroces supplices, affirme Epicure,[27] rejoint sur ce point par les

---

[25] Livre 2, ch.21, §44, p.201.

[26] Article 'Souverain bien', *Questions sur l'Encyclopédie*, *OCV*, t.39, p.366.

[27] Diogène Laërce, *Vies et opinions des illustres philosophes*, livre 10, ch.118, p.1305. Cf. *Sentences vaticanes*, 56 dans Epicure, *Lettres et Maximes*, éd. M. Conche (Paris, 1987), p.261. Voir aussi Sénèque, *Lettres à Lucilius*, lettre 66, paragraphe 18: 'au témoignage d'Epicure lui-même, le sage dans le taureau brûlant de Phalaris s'écrierait: "C'est chose douce. Je ne ressens rien"' (trad. H. Noblot, Paris, 1945).

Stoïciens,[28] les Aristotéliciens et les Platoniciens.[29] Rien n'est plus étranger aux Lumières que cette thèse, contredisant la nature sensible de l'homme. Voltaire l'établit clairement dans l'article 'Souverain bien' du *Dictionnaire philosophique*: 'avouez que le sage dans les fers enrage'.[30] Le bonheur n'a rien d'absolu: c'est un état précaire et instable que les vicissitudes de l'existence menacent à tout moment.[31] Comme l'écrit Voltaire dans *De la chimère du souverain bien*, 'si on ne donne ce nom qu'à un plaisir toujours permanent, ou à une file continue et variée de sensations délicieuses, le bonheur n'est pas fait pour ce globe terraqué: cherchez ailleurs' (l.28-32).

'Mais si le bonheur est relatif, cela ne signifie pas qu'il soit mesurable, et ce n'est pas le moindre des ses paradoxes. Inapte à être évalué selon la quantité, il ne se distingue pas de la substance, de la qualité d'une vie. Il est donc impossible d'établir des comparaisons entre les destins', écrit R. Mauzi en se référant, sans le dire, à un passage *De la chimère du souverain bien*.[32] Telle est en effet la thèse de Voltaire: 'on ne peut évaluer l'être d'un homme avec celui d'un autre; on n'a point de balance pour peser les désirs et les sensations' (l.80-81). La séparation des consciences empêche toute comparaison des sentiments éprouvés par des sujets différents. Faut-il cependant voir là l'indice d'un paradoxe? Dès lors qu'il n'est point de souverain bien ni, par conséquent, de recette

[28] 'Le bonheur du sage résistera aux supplices': Cicéron, *Tusculanes*, livre 5, ch.28, section 80-82 (trad. E. Bréhier, *Les Stoïciens*, Paris, 1962, p.390-91; cf. aussi livre 2, ch.7, section 17; BV778; CN, t.2, p.632-37). 'La vie du sage se maintient heureuse dans toutes les tortures': Cicéron, *Des biens et des maux*, livre 3, ch.42 (p.277), BV771, *CN*, t.2, p.631.

[29] Cicéron, *Tusculanes*, livre 5, ch.31, section 87 (p.393): suivant les Péripatéticiens et les Académiciens, 'le bonheur accompagnera la vertu même jusqu'au supplice; il descendra avec elle dans le taureau' de Phalaris.

[30] *OCV*, t.35, p.418.

[31] 'La critique des Philosophes [...] établit, contre Platon et les Stoïciens, que le bonheur humain est le contraire d'un absolu' (R. Mauzi, *L'Idée du bonheur dans la littérature et la pensée françaises au XVIIIe siècle*, p.97).

[32] R. Mauzi, *L'Idée du bonheur dans la littérature et la pensée françaises au XVIIIe siècle*, p.98.

uniforme du bonheur, il devient impossible de juger du bonheur d'un homme d'après sa conduite ou son mode de vie. Il est tout au plus 'probable' qu'un 'muletier' vigoureux soit plus heureux qu'un 'Charles Quint' perclus de rhumatismes mais cela n'a rien de certain et cette connaissance nous est de toute manière interdite. 'Il n'appartient certainement qu'à Dieu, à un Etre qui verrait dans tous les cœurs, de décider quel est l'homme le plus heureux' (l.152-54).

La réprobation de l'idéalisation du bonheur par la philosophie antique est évidente dans *De la chimère du souverain bien*: Voltaire y critique Platon dès l'introduction et Solon dans la conclusion. La première critique est classique sous sa plume. Platon est réprouvé pour deux raisons principales: non seulement il est le père du rationalisme dogmatique dont le scepticisme voltairien s'est toujours méfié mais son spiritualisme aurait été 'le véritable fondateur du christianisme'.[33] Voltaire le prend justement à partie ici puisque Platon, repris par Aristote, fut l'instituteur de la problématique philosophique du souverain bien. La conclusion de *De la chimère du souverain bien* critique le célèbre mot de Solon rapporté par Hérodote. Au sommet de sa gloire, Crésus demanda à Solon, un des sept 'Sages de la Grèce',[34] s'il avait 'déjà vu quelqu'un qui fût le plus heureux des hommes'. Solon lui rétorqua que

l'homme n'est qu'incertitude. Tu es, je le vois bien, fort riche, tu règnes sur de nombreux sujets; mais [...] je ne puis te répondre avant d'avoir appris que ta mort a été belle. Car l'homme très riche n'est nullement plus heureux que l'homme qui vit au jour le jour, si la faveur du sort ne lui reste pas assez fidèle pour qu'il termine sa carrière comme en pleine prospérité.[35]

[33] *Dieu et les hommes*, *OCV*, t.69, p.504. Cf. *CN*, t.2, p.556: 'Platon fonda le christianisme'.

[34] Platon, *Protagoras*, 343 a (CN, t.6, p.422-31).

[35] Hérodote, *L'Enquête*, livre 1, ch.29-32 (trad. A. Barguet, Paris, 1964, p.61-64, BV1631 et *CN*, t.4, p.380-84) et ch.86 (p.87).

Après sa défaite par Cyrus, Crésus, condamné au bûcher, s'exclama par trois fois: 'Solon!' Le roi de Perse lui fit grâce après qu'il lui eût expliqué le sens de ce mot. [36] Les vicissitudes de l'existence nous interdiraient de juger du bonheur d'un homme avant qu'il ait connu sa dernière heure. Dans la *Vie de Solon*, Plutarque rapporte également cette 'histoire si renommée'. [37] Le mot était devenu tellement proverbial dans l'Antiquité qu'on pouvait le mentionner sans l'attribuer à Solon. Dans l'article 'Heureux' de l'*Encyclopédie*, Voltaire l'avait évoqué d'après une citation approximative des *Métamorphoses* d'Ovide: 'Dicique beatus ante obitum nemo supremaque funera debet' (Nul ne doit être appelé heureux avant le trépas et les suprêmes honneurs funèbres). [38] Aristote commenta ce mot dans l'*Ethique à Nicomaque* pour en questionner la pertinence: les infortunes posthumes de la mémoire d'un homme font qu'on ne pourrait peut-être pas même se prononcer sur son bonheur au moment de sa mort. [39] Ce mot a également inspiré à Montaigne un chapitre de ses *Essais*, 'Qu'il ne faut juger de notre heur qu'après la mort', marqué par Voltaire d'un signet. [40] Contrairement à Montaigne, Voltaire critique cet apophtegme qui lui semble constituer un vulgaire truisme. 'Il est très possible et très ordinaire, qu'un homme heureux cesse de l'être' (l.89-90).

Ainsi le triple objet de cet opuscule est de nier la réalité du souverain bien, de relativiser la notion de bonheur et d'interdire toute comparaison entre les hommes sous ce rapport. L'œuvre semble s'inscrire dans le prolongement des *Discours en vers sur l'homme* parus en 1738 sous le titre d'*Epîtres sur le bonheur*. Voltaire y affirmait l'égalité des conditions au regard de ce problème ainsi que l'impossibilité pour l'homme de connaître un 'bonheur parfait':

[36] Hérodote, *Enquête*, livre 1, ch.86, p.87.
[37] Plutarque, *Vies parallèles*, 'Vie de Solon', ch.55-58 de la traduction d'Amyot (BV1308-10, *CN*, t.7, p.119-22).
[38] Ovide, *Métamorphoses*, livre 3, v.136-37 (BV2628-30; *CN*, t.6, p.204-209).
[39] Aristote, *Ethique à Nicomaque*, livre 1, ch.11, 1100 a 11-1101 b 9.
[40] Montaigne, *Essais* I, ch.19 (BV2488, *CN*, t.5, p.703).

ici-bas la félicité pure
Ne fut jamais permise à l'humaine nature. [41]

De la chimère du souverain bien est cependant plus sombre et pessimiste que ne l'étaient les *Discours en vers sur l'homme*. Le bonheur devient un état précaire et difficile à obtenir: il 'ressemble à l'île d'Ithaque, qui fuyait toujours devant Ulysse'. [42] Le désastre de Lisbonne étant passé par là, l'optimisme juvénile de Voltaire cède le pas à un certain pessimisme reconnaissant la présence du mal et de la souffrance au cœur de l'univers:

Sur un ton moins lugubre on me vit autrefois
Chanter des doux plaisirs les séduisantes lois. [43]

Le public ne s'y est pas trompé. Dans une lettre inédite conservée à l'Institut et musée Voltaire, le jeune marquis de Pezay écrira en 1759 à Voltaire en se référant implicitement au *De la chimère du souverain bien*: 'ce n'est qu'à vous enfin que je dois l'amour des hommes. Ce n'est que par vous que j'ai appris qu'il n'y a point de bonheur parfait pour eux dans ce monde, et que par là je me suis mis en état de jouir au moins de celui dont ils sont susceptibles'. [44] *De la chimère du souverain bien* se rattache clairement à la période ouverte par le tremblement de terre du 1er novembre 1755.

Principes de cette édition

L'histoire textuelle de *De la chimère du souverain bien* est des plus brèves. Hormis les hypothétiques 'fragments Houssaye' déjà mentionnés, nous ne connaissons aucun manuscrit. Ayant paru pour la première fois en 1756 dans la première édition Cramer des *Œuvres complètes*, ce texte n'a jamais fait l'objet d'une édition séparée. Du vivant de Voltaire, son statut

[41] *OCV*, t.17, p.456 et p.521.
[42] *Notebooks*, *OCV*, t.82, p.463.
[43] *Poème sur le désastre de Lisbonne*, *OCV*, t.45A, p.348.
[44] ImV, MS CB-02. Nous remercions le directeur de l'ImV, M. François Jacob, d'avoir attiré notre attention sur cette lettre qui sera prochainement éditée par ses soins.

au sein du dispositif des *Œuvres complètes* est resté identique: il constitue un élément des *Mélanges de littérature et de philosophie*. Voltaire n'a en effet pas choisi de le recycler en l'intégrant aux *Questions sur l'Encyclopédie*. Sa place au sein des *Mélanges* a cependant pu évoluer; généralement encadré par la *Lettre sur le Dante*, qui le précède, et *De la population de l'Amérique* qui le suit, il a parfois été associé à d'autres textes comme on le verra ci-dessous. Après la mort de Voltaire, les rédacteurs de l'édition de Kehl, suivis par Beuchot, Moland et tous les éditeurs des *Œuvres complètes*, choisirent de dépecer certains textes philosophiques des *Mélanges* pour les intégrer au *Dictionnaire philosophique*, créant ainsi un 'monstre bibliographique' regroupant le *Dictionnaire philosophique portatif*, les *Questions sur l'Encyclopédie*, les articles alphabétiques et d'autres textes. Ce déplacement est significatif: le texte qui était conçu comme une interrogation sur la nature et la possibilité du bonheur s'est transformé en élément constitutif de la réflexion voltairienne sur le bien. Cet opuscule peu connu n'a fait l'objet d'aucune réédition depuis les dernières éditions des *Œuvres complètes* de Voltaire.

Le choix du texte de base pourra étonner: nous avons retenu celui de la seconde édition Cramer, celle parue dans la *Collection complette des œuvres* de Voltaire en 1757. Cette décision s'explique par l'infortune éditoriale de *De la chimère du souverain bien*. Dans la première édition, une malencontreuse coquille avait rendu la conclusion inintelligible en transformant 'le mot' en 'la mort' de Solon. Comme la première édition a servi de modèle à bien d'autres, cette coquille a trompé la vigilance de nombreux éditeurs. Voltaire l'a lui-même rectifiée dans un exemplaire de l'édition de 1756 conservé à l'Institut et Musée Voltaire de Genève. On peut donc considérer que l'édition de 1757 est la première qui ait eu l'heur de lui convenir.

Editions

w56

T.5, p.207-11.

Edition originale de *De la chimère et du souverain bien*. Ce texte constitue le 66ᵉ chapitre des *Mélanges*, étant édité entre la *Lettre sur le Dante*, dont c'était également la première édition, et *De la population de l'Amérique*, paru pour la première fois en 1753 mais revu en 1756 comme nous l'avons vu. Le dernier paragraphe comporte une malencontreuse coquille, reprise par w52, 57P, so58, w64R, w68, w70L, w71L, w75G et w75X ci-dessous, ce qui prouve que w56 a constitué la source de nombreuses éditions pirates ou autorisées. Au lieu de 'Que veut donc dire le mot de Solon?', les typographes des Cramer ont laissé passer la formule: 'Que veut donc dire la mort de Solon?' Dans un exemplaire de cette édition conservé à l'ImV et donné par Voltaire à son procureur Balleidier,[45] le patriarche a corrigé de sa main la coquille.[46]

Genève, ImV: A1756/1; A1761/1(4) pour la correction manuscrite.

w52 (1756)

T.8, p.100-103.

Parue en 1752 à Dresde, la seconde édition Walther des *Œuvres complètes* de Voltaire fut complétée en 1756 d'un huitième tome, comportant l'adresse 'Dresde' et 'Leipzig' et reprenant les pièces publiées dans la première *Collection complette des œuvres* éditée par les frères Cramer. *De la chimère du souverain bien* forme le 16e chapitre de ce volume, avec la même disposition entre les chapitre consacrés à 'Dante' et à la 'population américaine' et la même coquille typographique. Elle a donc été donnée sur la base de w56 ci-dessus.

Genève, ImV: 1752/1.

w57G

T.5, p.207-11.

Cette édition des frères Cramer est la première à corriger la coquille de w56 ci-dessus. Elle constitue, pour cette raison, le texte de base de la présente édition. Comme le prouve l'exemplaire de w56 corrigé de la

---

[45] ImV, A1761/1(4). Voltaire a donné cet exemplaire à Joseph Marie Balleidier le 8 juillet 1769 (D.app.316) avec d'autres livres formant une collection composite de ces *Œuvres complètes*: voir C. Paillard, 'De la plume de Voltaire aux presses des Cramer. Le problème de l'auto-annotation', *Revue Voltaire* 7 (2007), p.341-55 (p.344-47).

[46] La correction manuscrite revêt la forme: 'Que veut donc dire l<a>↑ᵛe+ mo<r>t de Solon?'

main de Voltaire, celui-ci a personnellement révisé l'édition originale. Si la pagination et la disposition de *De la chimère du souverain bien* entre 'Dante' et la 'population' reste identique, la pièce forme désormais le 57ᵉ chapitre des *Mélanges*.

Genève, ImV: A1757/1 et A1757/2. Oxford, Taylor V.1.1757 (5i).

w57p

T.7, p.81-87.

Encadré par *Des possédés* et *De la population de l'Amérique*, le texte constitue le huitième chapitre de ce volume de ces *Mélanges* édité par Lambert. Il suit w56 dont il reproduit la coquille.

Genève, ImV: A 1757/3. Paris, BnF: Z 24648.

so58

T.2, p.211-16.

Le texte forme le 8ᵉ chapitre de la seconde partie de ce *Supplément*, où il est encadré entre *Des possédés* et *De la population de l'Amérique*. Il suit w57p dont il reproduit la coquille.

Paris, BnF: Rés. Z. Beuchot 16 bis, t.2.

w64g

T.5, p.207-11.

Le texte forme le 67ᵉ chapitre des *Mélanges*, avec la même disposition que dans w56. Cette édition donnée par les Cramer corrige la coquille relative à Solon. Elle suit w57g.

Oxford, Taylor: V1 1764. Paris, BnF: Z 24688.

w64r

T.17, p.47-50.

Le texte forme le 8ᵉ chapitre de ces *Mélanges*, encadré par *Des possédés* et *De la population de l'Amérique*. Il suit w57p dont il reproduit la coquille.

Paris, BnF: Rés.Z.Beuchot 26 (17-1).

w68

T.15, p.318-20.

Dans l'édition in-4°, la disposition de *De la chimère du souverain bien* au sein des *Mélanges* reste identique: ce texte apparaît, sans indication de chapitre, entre la *Lettre sur le Dante* et *De la population de l'Amérique*. L'éditeur semble avoir suivi w56 pour l'établissement du texte puisque la coquille typographique est reproduite.

Genève, ImV: A 1768/1, A 1768/2 et A 1768/3.

w70L (1772)

T.27, p.273-77.

Cette édition donnée par François Grasset perpétue la coquille de w56. *De la chimère du souverain bien* figure au tome 27 de cette édition (tome 28 dans certains exemplaires), encadré par le *Fragment d'une lettre sur un usage très utile établi en Hollande* et *De la population de l'Amérique*.

Genève, ImV: 1770/3 (t.27) et 1770/4 (t.28). Oxford, Taylor: V1 1770L (27) (tome 27).

w70G

T.5, p.207-11.

Cette édition est une réimpression de w57G ci-dessus, avec la même pagination, la même disposition (chapitre 67) et les mêmes signatures mais avec des ornements différents. Elle corrige la coquille de w56.

Genève, ImV: A 1770/1.

w71P (1773)

T.5, p.372-77.

Les différents chapitres de ces *Mélanges* ne portent pas de numéros. Encadré par *Les Deux Consolés* et *De la population de l'Amérique*, *De la chimère du souverain bien* a convenablement corrigé la coquille de w56 ci-dessus.

BnF: Z 24648.

w71L (1773)

T.15, p.349-52.

D'après Bengesco (2139, t.4, p.89-91), cette édition suivrait l'in-4° (w68 ci-dessus). *De la chimère du souverain bien* y apparaît avec la même coquille et la même disposition au sein des *Mélanges*.

Genève, ImV: A 1771/1.

w72P (1773)

T.3, p.383-88.

De la chimère du souverain apparaît au 29e tome de cette édition neuchâteloise. Ayant corrigé la coquille de w56 ci-dessus, elle ne suit ni celle-ci, ni, contrairement à son titre ('d'après l'édition in-4°'), w68 ci-dessus. L'article est inséré entre *Jusqu'à quel point on doit tromper le peuple* et *De l'histoire*.

Genève, ImV: A 1772/1.

w72X

T.5, 1ère partie, p.207-11.

La coquille de w56 a été corrigée; la disposition du texte dans les *Mélanges* est comme dans w56.

Paris, BnF: 16 Z 15081.

w75G

T.33, p.388-92.

Cette édition semble avoir suivi w68 puisque le texte y apparaît avec la même coquille et la même disposition au sein des *Mélanges*.

Genève, ImV: A 1775/2.

w75X

T.33, p.391-94.

Cette contrefaçon de w75G ci-dessus obéit à une pagination légèrement différente. Elle en reproduit la coquille et la disposition de *De la chimère du souverain bien* au sein des *Mélanges*.

Genève, ImV: A1775/3.

K84

T.38, p.268-71.

Comme nous l'avons dit, les rédacteurs de l'édition de Kehl ont extrait *De la chimère du souverain bien* du dispositif des *Mélanges* pour l'intégrer à un vaste ensemble d'articles alphabétiques baptisé *Dictionnaire philosophique*. Le texte y apparaît sous le titre 'Chimère' comme la 'section première' de l'entrée 'Bien, souverain bien' dont la 'section II' est tirée de l'article 'Tout est bien' du *Dictionnaire philosophique*. Les rédacteurs avaient donc perçu la parenté des deux textes. Dûment corrigée de la coquille de w56, ce texte a paru dans la seconde livraison de l'édition de Kehl.

Genève, ImV: A 1784/1; A 1784/2.

Traduction anglaise

The Works of M. de Voltaire, tr. Smollett *et al.* (London, 1761-1764), t.12, p.84-87: Of the chimera of the sovereign good.

Traitement du texte de base

I. *Particularités de la graphie*

1. Consonnes

— Absence de la consonne *p*: longtems, tems
— Absence de la consonne *t*: momens.
— Redoublement de consonnes: appeller.

2. Voyelles

— emploi de *y* à la place de *i* dans: Chymistes.
— le *e* manque dans encor.

3. Divers

— Les noms propres sont en italiques.

4. Graphies particulières

— emploi d'une orthographe contraire à l'usage actuel: ètre pour être, maitresse, quarré, quarrés, jusques-là
— le pluriel est employé dans goutte.
— le féminin est employé dans 'Globe terraqué'.
— présence du trait d'union dans 'Charles-Quint'.

5. Emploi de la majuscule

— attribuée dans: Antiquité, Bourgeoises, Catin, Chimistes, Cylindre, Genre humain, Globe Terraqué, Nature humaine, Pape, Philosophes, Philosophie, Pierre Philosophale, Princesse, Roi, Souverain (pour désigner un monarque), Souverain Bien, Souverain Carré, Souverain Cramoisi, Sphère, Tyrannie.
— généralisée dans le nom de: DIEU

II. *Particularités d'accentuation.*

1. L'accent circonflexe

— il est absent dans: ame, Cléopatre, infame, parait, sureté

2. L'accent aigu

— il est absent dans: bequilles

3. Le tréma

— il est présent dans: interrompuë, jouïssance, jouït

III. *Divers*

— l'esperluette est systématiquement utilisée.
— &c au lieu d'etc.

DE LA CHIMÈRE DU SOUVERAIN BIEN

Le bonheur est une idée abstraite, composée de quelques sensations de plaisir.[1] Platon, qui écrivait mieux qu'il ne raisonnait, imagina son *Monde archétype*,[2] c'est-à-dire, son Monde original, ses idées générales du beau, du bien, de l'ordre, du juste, comme s'il y avait des êtres éternels appelés *ordre, bien, beau, juste*, dont dérivassent les faibles copies de ce qui nous paraît ici-bas juste, beau, et bon.[3]

C'est donc d'après lui que les philosophes ont recherché le souverain bien,[4] comme les chimistes cherchent la pierre philosophale:[5] mais le souverain bien n'existe pas plus que le souverain carré ou le souverain cramoisi; il y a des couleurs cramoisies, il y a des carrés:[6] mais il n'y a point d'être général qui s'appelle ainsi. Cette chimérique manière de raisonner a gâté longtemps la philosophie.

Les animaux ressentent du plaisir à faire toutes les fonctions auxquelles ils sont destinés. Le bonheur qu'on imagine serait une

[1] Cf. l'article 'Heureux' rédigé par Voltaire pour l'*Encyclopédie*: 'Ce qu'on appelle bonheur, est une idée abstraite, composée de quelques idées de plaisir; car qui n'a qu'un moment de plaisir n'est point un homme heureux' (*OCV*, t.33, p.158). Voltaire assimile fréquemment dans ses *Carnets* le bonheur à une abstraction: *OCV*, t.82, p.452, p.463, p.501, p.705.

[2] Voltaire critique dans ses *Carnets* les 'idées archétypes' de Platon dont 'Locke a démontré la fausseté' (*OCV*, t.81-2, p.510 et p.594).

[3] Contre le réalisme platonicien, Voltaire se rattache à la tradition nominaliste qui conteste la notion d'essence, réduite à n'être qu'un simple nom ou une manière de parler. Voir les *Dialogues d'Évhémère*, *OCV*, t.80o, p.146, n.8 et n.9.

[4] Platon est en effet l'instaurateur de la problématique du 'souverain bien' dans la philosophie antique.

[5] Même rapprochement du 'souverain bien' et de la 'pierre philosophale' dans les articles 'Heureux' de l'*Encyclopédie* et 'Souverain bien' des *Questions sur l'Encyclopédie* (*OCV*, t.33, p.159, et t.39, p.365).

[6] Comparer à l'article 'Bien (souverain)' des *Questions sur l'Encyclopédie*, *OCV*, t.39, p.365 (cf. *OCV*, t.35, p.416): 'Le souverain bien! quel mot! autant aurait-il valu demander ce que c'est que le souverain bleu, ou le souverain ragoût, le souverain marcher, le souverain lire, etc.'

suite non interrompue de plaisirs: [7] une telle série est incompatible avec nos organes, et avec notre destination. Il y a un grand plaisir à manger et à boire, un plus grand plaisir [8] dans l'union des deux sexes: mais il est clair que si l'homme mangeait toujours, ou était toujours dans l'extase de la jouissance, ses organes n'y pourraient 20 suffire: il est encore évident qu'il ne pourrait remplir les destinations de la vie, et que le genre humain en ce cas périrait par le plaisir.

Passer continuellement, sans interruption, d'un plaisir à un autre, est encore une autre chimère. Il faut que la femme qui a 25 conçu accouche, ce qui est une peine; il faut que l'homme fende le bois, et taille la pierre; ce qui n'est pas un plaisir.

Si on donne le nom de bonheur à quelques plaisirs répandus dans cette vie, il y a du bonheur en effet. Si on ne donne ce nom qu'à un plaisir toujours permanent, ou à une file continue et variée de 30 sensations délicieuses, le bonheur n'est pas fait pour ce globe terraqué: [9] cherchez ailleurs.

Si on appelle bonheur une situation de l'homme, comme des richesses, de la puissance, de la réputation etc., on ne se trompe pas moins. [10] Il y a tel charbonnier plus heureux que tel souverain. [11] 35 Qu'on demande à Cromwell s'il a été plus content quand il était

[7] L'état permanent de plaisir ou le comble du bonheur désigne en toute rigueur la 'Félicité' à laquelle Voltaire a consacré l'article de l'*Encyclopédie* (*OCV*, t.33, p.75-76): 'c'est l'état permanent, du moins pour quelque temps, d'une âme contente, et cet état est bien rare'; 'la félicité est un état dont on parle plus qu'on ne l'éprouve'. On sait qu'Aristote faisait dépendre la 'félicité' de la fortune pour affirmer au contraire que le 'bonheur' dépend de nous (*Ethique à Nicomaque*, livre 1, 1100 b 18-33).

[8] Kehl et Moland ajoutent le verbe 'est' après ce mot.

[9] Adjectif admis pour la première fois dans la cinquième édition du *Dictionnaire de l'Académie française* (1798): 'Composé de terre et d'eau. Il n'est guère d'usage que dans cette phrase, *Le globe terraqué*'. Sous la plume de Voltaire, l'expression est immanquablement au féminin.

[10] Dans ses *Discours en vers sur l'homme* dont les deux premiers parurent en 1738 sous le titre d'*Epîtres sur le bonheur*, Voltaire affirmait 'l'égalité des conditions sociales' au regard du bonheur (*OCV*, t.17, p.457-70).

[11] Plutôt qu'un 'charbonnier', l'article 'Heureux' de l'*Encyclopédie* évoque le 'savetier' des *Fables* (VIII, 2) de La Fontaine: *OCV*, t.33, p.160.

Protecteur, que quand il allait au cabaret dans sa jeunesse; il répondra probablement que le temps de sa tyrannie n'a pas été le plus rempli de plaisirs. [12] Combien de laides bourgeoises sont plus satisfaites qu'Hélène et que [13] Cléopâtre!   40

Mais il y a une petite observation à faire ici; c'est que quand nous disons, il est probable qu'un tel homme est plus heureux qu'un tel autre, qu'un jeune muletier a de grands avantages sur Charles Quint, qu'une marchande de modes est plus satisfaite qu'une princesse, nous devons nous en tenir à ce probable. Il y a grande   45 apparence qu'un muletier se portant bien a plus de plaisir que Charles Quint mangé de goutte; mais il se peut bien faire aussi que Charles Quint avec des béquilles repasse dans sa tête avec tant de plaisir qu'il a tenu un roi de France et un pape prisonniers, [14] que son sort vaille encore mieux à toute force que celui d'un jeune   50 muletier vigoureux.

Il n'appartient certainement qu'à Dieu, à un Etre qui verrait dans tous les cœurs, de décider [15] quel est l'homme le plus heureux. [16] Il n'y a qu'un seul cas où un homme puisse affirmer que son état actuel est pire ou meilleur que celui de son voisin; ce   55 cas est celui de la rivalité, et le moment de la victoire.

Je suppose qu'Archimède a un rendez-vous la nuit avec sa

[12] Dans *De Cromwell*, Voltaire opposait déjà l'existence inquiète de cet homme à la tranquille félicité dont jouissait Newton (*OCV*, t.30C, p.73-86).

[13] Beuchot (t.27, p.340) respecte cette conjonction de subordination que supprime Moland (t.17, p.573).

[14] Soit respectivement François Ier emprisonné un an à Madrid après sa défaite à Pavie (24 février 1525) et Clément VII enfermé sept mois dans la forteresse Saint-Ange après le sac de Rome le 6 mai 1527. Il parvint à s'en enfuir le 9 décembre. Voltaire évoque ces événements dans le 124e chapitre de l'*Essai sur les mœurs* (*EM*, t.2, p.187-90).

[15] Voltairien en diable, Eugène Delacroix a recopié dans son cahier 'Voltaire en extraits' tout le début de ce paragraphe: voir M. Florisone, 'A la recherche de Delacroix, homme et âme', *Etudes* (juillet-août 1963), p.102-13 (p.108).

[16] Dans l'article 'Heureux' de l'*Encyclopédie* (*OCV*, t.33, p.159-60), Voltaire prenait l'exemple de la différence sexuelle pour illustrer l'impossibilité de comparer les sentiments de deux êtres.

maîtresse, Nomentanus [17] a le même rendez-vous à la même heure. Archimède se présente à la porte; on la lui ferme au nez; et on l'ouvre à son rival, qui fait un excellent souper, pendant lequel il ne manque pas de se moquer d'Archimède, et jouit ensuite de sa maîtresse, tandis que l'autre reste dans la rue exposé au froid, à la pluie et à la grêle. Il est certain que Nomentanus est en droit de dire, je suis plus heureux cette nuit qu'Archimède, j'ai plus de plaisir que lui; mais il faut qu'il ajoute; supposé qu'Archimède ne soit occupé que du chagrin de ne point faire un bon souper, d'être méprisé et trompé par une belle femme, d'être supplanté par son rival, et du mal que lui font la pluie, la grêle, et le froid. Car si le philosophe de la rue fait réflexion, que ni une catin ni la pluie ne doivent troubler son âme, s'il s'occupe d'un beau problème, et s'il découvre la proportion du cylindre et de la sphère, [18] il peut éprouver un plaisir cent fois au-dessus de celui de Nomentanus.

Il n'y a donc que le seul cas du plaisir actuel et de la douleur actuelle, où l'on puisse comparer le sort de deux hommes, en faisant abstraction de tout le reste. Il est indubitable que celui qui jouit de sa maîtresse est plus heureux dans ce moment que son rival méprisé qui gémit. Un homme sain qui mange une bonne perdrix, a sans doute un moment préférable à celui d'un homme tourmenté de la colique; mais on ne peut aller au-delà avec sûreté; on ne peut évaluer l'être d'un homme avec celui d'un autre; on n'a point de balance pour peser les désirs et les sensations.

Nous avons commencé cet article par Platon et son souverain bien; nous le finirons par Solon, et par ce grand mot qui a fait tant de fortune; *il ne faut appeler personne heureux avant sa mort*. [19] Cet axiome n'est au fond qu'une puérilité, comme tant d'apophtegmes consacrés dans l'antiquité. Le moment de la mort n'a rien de commun avec le sort qu'on a éprouvé dans la vie; on peut périr

---

[17] Personnage odieux raillé par Horace, *Satire* VIII, 1, 10 (BV1678, *CN*, t.4, p.498-500).

[18] Dans son *Discours sur le bonheur*, Mme Du Châtelet jugeait que 'l'amour de l'étude était la passion la plus nécessaire à notre bonheur' (p.106).

[19] Voir l'*Introduction*, p.228-29.

d'une mort violente et infâme, et avoir goûté jusque-là tous les plaisirs dont la nature humaine est susceptible. Il est très possible et très ordinaire, qu'un homme heureux cesse de l'être: qui en doute? 90 Mais il n'a pas moins eu ses moments heureux.

Que veut donc dire le mot de Solon? qu'il n'est pas sûr qu'un homme qui a du plaisir aujourd'hui, en ait demain; en ce cas c'est une vérité si incontestable et si triviale, qu'elle ne valait pas la peine d'être dite. 95

De la population de l'Amérique

Edition critique

par

Jacqueline Hellegouarc'h

TABLE DES MATIÈRES

INTRODUCTION   247

DE LA POPULATION DE L'AMÉRIQUE   265

INTRODUCTION

Le thème n'était pas original: 'Il y a environ deux siècles que les savants ont travaillé à trouver comment le nouveau Monde, ou l'immense continent appelé *Amérique*, a été peuplé.'[1] Pour avoir un aperçu des nombreuses hypothèses formulées, il suffit de lire l'argument[2] du deuxième chapitre de l'ouvrage de Georg Horn, *De originibus Americanis* (1652); encore n'indique-t-il que celles qui se conforment à une certaine tradition.

Voltaire lui-même pose déjà ce problème dans les *Leningrad notebooks*,[3] et il en reparlera souvent, à différentes époques et dans des œuvres de genres différents: non seulement dans les chapitres de l'*Essai sur les mœurs* qui traitent de l'histoire des Américains,[4] des Lapons,[5] ou des différentes races d'hommes,[6] mais dans la *Défense de mon oncle*,[7] dans diverses 'œuvres alphabétiques'[8] incluses ou non dans le *Dictionnaire philosophique* et les *Questions sur l'Encyclopédie*, dans sa correspondance,[9] etc.

C'est que la question avait, outre un intérêt historique et géographique incontestable, d'importantes résonances religieuses. Les chrétiens se devaient de croire que tous les hommes, ceux du

---

[1] *Histoire universelle*, traduite de l'anglais (Amsterdam, Leipzig et Paris, 1742-1802), t.13: *Dissertation sur la manière dont l'Amérique a été peuplée* (1752), p.116.

[2] Il est reproduit ci-dessous, note 1.

[3] Voir *OCV*, t.82, *Notebooks*, p.440. Les *Leningrad notebooks* dateraient de 1735-1750.

[4] Chapitres 145 (1756), 146 (1761), ébauche manuscrite du chapitre 150 (antérieure à 1756), §8 de la *Philosophie de l'histoire* (1765), *OCV*, t.59, p.115s.

[5] Chapitre 119, 'Digression sur la Laponie' (1756).

[6] §2 de la *Philosophie de l'histoire* (1765), *OCV*, t.59, p.92s. Allusion aussi dans le chapitre 3, 'Des Indes'.

[7] Chapitre 18 (1767).

[8] Par exemple dans les articles 'Adam', 'Amérique'.

[9] Par exemple les lettres à J. J. Mairan du 9 août 1760 (D9126) et à Ch. Bordes du 3 septembre 1773 (D18536).

Nouveau Monde comme ceux de l'Ancien, descendent d'Adam: 'Alors, comme aujourd'hui, un chrétien ne pouvait se dispenser de regarder tous les hommes de l'univers comme des descendants d'Adam. C'est un fait expressément relevé dans les Actes des Apôtres *ex uno omnes*, dans l'Epître première de St Paul aux Corinthiens, etc.', écrit l'auteur de la *Lettre sur les antipodes* dans les *Mémoires de Trévoux* d'août 1737. L'*Histoire universelle* que Voltaire prend à partie se loue, à la fin de sa *Dissertation*, [10] d'avoir 'tâché de prouver que les Américains sont les descendants de Noé aussi bien que tous les peuples de l'ancien monde'. Pour atteindre ce but, on cherche des rapports entre les langues, les coutumes, les croyances, et la possibilité d'un passage entre les deux continents. Les 'incrédules' au contraire 'supposent toute communication avec l'Amérique impossible', et cherchent à 'détruire indirectement par ce moyen l'autorité de l'Ecriture'. [11]

C'est à cette destruction que s'emploie insidieusement Voltaire dans ces pages. Il attaque certains écrivains qui ont exposé des théories conformes à l'interprétation traditionnelle de la Bible: en particulier les auteurs de cette *Histoire universelle*, traduite de l'anglais, qu'à plusieurs reprises il se fait envoyer ou rachète [12] et dont il semble tirer à peu près tous les éléments de ce texte, y compris ce qui concerne 'Hornius' [13] et peut-être même le père Lafitau. [14] Pour les rendre inopérants, il fausse, caricature; il refuse de prendre en considération certaines découvertes scientifiques.

Il prête à l'*Histoire universelle* une erreur historique qu'elle ne paraît pas avoir commise. [15] Il amalgame: un propos rapporté par l'*Histoire* et une réflexion ultérieure, pour attribuer un syllogisme

[10] Tome 13, p.141.

[11] Tome 13, p.128.

[12] Dès le 20 octobre 1742 (à César de Missy, D2676); le 6 septembre 1752 (à Walther, D5009), plus tard encore: le 29 septembre [1754] (à Lambert, D5935).

[13] Voir ci-dessous note 11.

[14] Il n'est pas sûr que Voltaire, qui était en Prusse comme on verra, ait eu alors sous les yeux les ouvrages du Père. Voir ci-dessous note 13.

[15] A propos du ginseng et des chinois: voir note 25.

absurde au père Lafitau [16] ou une affirmation hasardeuse à Georg Horn. [17] Il ignore ou feint d'ignorer les réserves prudentes faites par ceux qu'il critique. [18] Il détache les propos du contexte et fait une sélection désavantageuse: il donne les affirmations de l'*Histoire universelle* sans les explications et les arguments qui les justifient; d'une convergence de faits il ne garde qu'un des moins importants, [19] ou les moins fondés: comme les filiations des noms propres. Il les présente de plus sous une forme qui les ridiculise: il prête une apparence de logique rigoureuse à ce qui n'en a pas, [20] extrapole, [21] parodie, exagère, ironise: 'Quelque descendant de Noé n'eut rien de plus pressé que d'aller s'établir dans le délicieux pays de Kamshatka [...]. Sa famille, n'ayant rien à faire, alla visiter le Canada [...] en marchant par plaisir au milieu des glaces', etc.

D'autre part, Voltaire qui a souvent et sévèrement critiqué le refus des découvertes scientifiques modernes [22] refuse ici, à son tour, d'admettre les découvertes géographiques dont parle l'*Histoire universelle*: [23] les explorateurs envoyés par les Russes entre

[16] Voir note 13 fin.

[17] Voir note 11 fin.

[18] Voir note 11 pour Hornius, 12 et 13 pour le père Lafitau; notes 15, 23 et 26 pour l'*Histoire universelle* qu'il a pourtant à sa disposition.

[19] Voir note 13.

[20] Voir le syllogisme des lignes 29 à 31.

[21] Voir lignes 31s.

[22] Les théories de Newton et l'inoculation par exemple.

[23] Voir ci-dessous note 19 un passage de l'*Histoire universelle* (t.13, p.120-21) et les références qu'elle fait à Strahlenberg. Voir aussi par exemple dans les *Mémoires de Trévoux* en juillet 1737 la *Dissertation sur la célèbre terre de Kamtschatka [...] sur la communication ou la non communication des continens de l'Asie et de l'Amérique* (p.1163, 1187, 1195 et 1218 en particulier), qui fait référence à la relation et à la carte faites par le père Du Halde 'd'un voyage fait par l'ordre du Czar Pierre I en 1725, et fini en 1730, par le capitaine Beerings, depuis Petersbourg, jusqu'à Kamtschatka et au-delà, au travers de la Sibérie' (p.1187); en août 1737 la *Lettre sur les antipodes* (p.1451 en particulier). Voir dans l'*Encyclopédie* l'article 'Kamtschatka', paru plus tard, il est vrai, qui fait le point de la question. On peut remarquer également que dans son *Histoire [...] de Russie sous Pierre le Grand*, Voltaire mentionne à peine ces expéditions et les limite au Kamtschatka (2e partie, ch.11, *OCV*, t.47, p.875).

1725 et 1740 avaient découvert des îles à l'est du Kamtschatka et du Japon, des terres inconnues en 'Tartarie orientale' et le détroit dit de Behring. Les résultats, connus à partir de 1737, permettaient de supposer avec beaucoup de vraisemblance, comme le fait l'*Histoire*, qu'on avait pu passer d'Asie orientale en Amérique. Il est d'ailleurs admis de nos jours que l'Amérique a été peuplée par migrations successives à partir de l'Asie septentrionale à travers les glaces du détroit de Behring. [24]

En voulant couper le Nouveau Monde de l'Ancien, Voltaire se range plutôt parmi les Anciens que parmi les Modernes, si l'on en croit le père Castel: 'Autrefois le merveilleux était à faire de l'Amérique un monde à part et tout à fait isolé, tout à fait détaché, et comme à cent mille lieues du monde ancien. Ce merveilleux est usé, et a comme passé dans le parti contraire, surtout dans celui des Russiens' (*Mémoires de Trévoux*, juillet 1737, p.1218). Il est intéressant de le voir ainsi, poussé par l'esprit de système qu'il reproche aux autres, adopter des positions d'arrière-garde qui lui sont inhabituelles.

Toutefois le principal intérêt de ces pages réside dans l'histoire du texte et dans ses interférences avec celle de certains chapitres de l'*Essai sur les mœurs* qui s'en trouve éclairée.

Histoire du texte

Il a été imprimé pour la première fois dans les *Mélanges* de 1756. Mais le recueil F12940 de la Bibliothèque nationale contient (p.403-408) une copie antérieure et que des corrections autographes conduisent, à deux détails près, à l'état du texte publié.

Avant correction, elle est simplement intitulée 'Amérique'. Au lieu des quelques lignes du premier paragraphe, elle comporte une page qui s'intercale entre 'objet de la philosophie' et 'que le même pouvoir qui fait croître l'herbe'; en revanche elle ne contient pas

---

[24] Cf. aussi Buffon, *Histoire naturelle*, t.3: *Variétés dans l'espèce humaine* (Paris, 1749), p.515.

l'allusion au 'système nu et simple' des 'métaphysiciens modestes'. Les pages suivantes ne diffèrent de la version imprimée que par quelques détails de texte ou de graphie. [25]

Une correction faite au fil de la plume pourrait faire penser que le texte a été dicté par l'auteur: *Roy* (ligne 22 du texte imprimé) est barré [26] et remplacé à la suite par *prince*. Mais l'autre correction de la main du copiste a été faite après coup: *d'Adam* (p.1 non imprimée), dont on aperçoit encore l'apostrophe, ayant été remplacé par *de cet Adam*, *cet* est au-dessus de la ligne. De plus, deux des six pages ne portent aucune correction, même minime, ni de la part du copiste, ne de la part de Voltaire. On a donc sans doute affaire non à une première rédaction, mais à la copie d'un texte préexistant. Celui-ci toutefois, contenant déjà à coup sûr le passage dirigé contre l'*Histoire universelle* qui ne porte précisément aucune correction, ne peut être très antérieur au nôtre.

Cette critique est en effet un des points de repère qui permettent de dater la rédaction. Le tome 13 où se trouve la *Dissertation* attaquée a paru en 1752. Une lettre de Voltaire apporte une précision supplémentaire: le 6 septembre, il demande à Walther 'de me fournir [...] l'histoire universelle imprimée en Angleterre dont on a déjà treize ou quatorze volumes' (D5009). La rédaction ne peut être antérieure à la réception de l'ouvrage, en ce début d'automne 1752. [27]

D'autre part, la critique est d'une ironie si cinglante qu'elle semble avoir jailli peu après la lecture. Cette impression est confirmée par un fait: la copie F12940 est de la main de Francheville, qui quitta le service de Voltaire le 2 mars 1753. [28]

[25] Voir ci-dessous les variantes.

[26] Et rebarré par la plume épaisse de Voltaire.

[27] La réception a dû suivre de peu la demande, car on ne trouve dans la correspondance conservée aucune trace de nouvelle demande.

[28] Les précisions concernant Francheville nous ont été fournies par André Magnan. On peut comparer l'écriture de la copie par exemple avec celle d'une lettre écrite par Francheville à Voltaire le 5 février 1762, f.54-55 du recueil de la Bibliothèque nationale F12901. Le départ de Francheville est daté par une lettre de la comtesse Bentinck qui se félicite le 3 mars de cette 'acquisition' faite 'hier' (Rijksarchief in Gelderland, liasse 453, letre à un correspondant non identifié).

Qu'elle soit ou non la première rédaction du texte – qui ne saurait remonter elle-même au-delà de septembre 1752 – notre copie a donc été faite entre septembre-octobre 1752 et les premiers jours de mars 1753.

Avant correction, le passage n'a pas de titre à proprement parler, comparable à ceux des autres pièces des *Mélanges*. Comme sur les notes rassemblées pour l'*Essai* et reproduites par Caussy,[29] en tête se trouve simplement un mot: *Amérique*.[30] On remarque aussi que l'introduction est plus hardiment explicite et catégorique que celle de la version imprimée.

Le texte peut ainsi apparaître comme une note rédigée par l'auteur pour lui-même, sous la rubrique générale *Amérique*, en vue d'une utilisation ultérieure. Or Voltaire avait réclamé à Walther l'*Histoire universelle* pour travailler à la sienne, voire pour l'achever: 'Je suis obligé de donner enfin moi-même une édition de cette histoire universelle depuis Charlemagne, jusqu'au siècle de Louis 14 [...]. Mais pour achever tous ces travaux, il me faut des livres, et j'en manque' (D5009). On peut donc se demander si en écrivant ces pages il ne songeait pas à les inclure dans son *Histoire*, dans les chapitres sur l'Amérique, qu'il annonce dès l'édition de 1754 et auxquels il semble déjà alors avoir travaillé.[31] De telles insertions sont nombreuses dans l'*Essai*; certaines sont même prévues dans l'ébauche manuscrite et indiquées par des mots-repères qui font référence à un développement écrit ou à écrire.[32]

---

[29] F. Caussy, *Œuvres inédites de Voltaire* (Paris, 1914).

[30] Il est déporté sur la gauche, assez pour que Voltaire n'ait pas la place d'écrire devant, par la suite, *De la population de l'* en entier.

[31] Le chapitre 'Etat de l'Europe à la fin du XVe siècle' contient en effet dans l'édition Walther de 1754 (cote B.N.G. 11890, in-12, p.157-58) cette réflexion anticipée: 'Elle [la nation portugaise] n'a dû qu'à elle seule le passage du cap de bonne espérance au lieu que les Espagnols durent à des étrangers la découverte de l'Amérique. C'est ce qui sera traité à part.'

[32] Voir par exemple dans les *Œuvres inédites de Voltaire* publiées par F. Caussy (p.239-40) la suite du manuscrit reproduit par M. Pomeau (*Essai*, t.2, p.967-68). On

On pourrait penser aussi que, portant sur 'un objet de la philosophie', elles ont été d'abord destinées à constituer l'article 'Amérique' de ce dictionnaire philosophique commencé à la cour de Potsdam précisément à l'automne de 1752.[33]

Par la suite Voltaire les corrige de sa main. Il leur donne un véritable titre, celui qu'elles porteront dans les *Mélanges*. Il barre presque toute la première page, fait le raccord, introduit au début l'allusion aux 'métaphysiciens modestes', à la fin la distance entre le Japon et l'Amérique, et fait quelques modifications de détail qui passeront dans la version imprimée. On arrive ainsi presque au texte de 1756.

En remaniant l'introduction, il a supprimé l'accusation de 'superstitieuse folie' à l'égard des écrivains qui ont voulu 'prouver que les Américains étaient des colonies de l'ancien monde', et l'affirmation explicite que tous les peuples ne sont pas descendus d'Adam: il a voilé la hardiesse de sa pensée, comme il lui arrive de le faire au moment de la rendre publique; comme il l'aurait fait par exemple pour l'article 'Ame', commencé à Potsdam également, s'il l'avait envoyé à l'*Encyclopédie*.[34]

Il retranche aussi les arguments tirés des ressemblances ou différences entre les êtres animés des deux mondes pour ne garder que celui de l'herbe. Cette modification va dans le même sens que

---

y trouve successivement deux repères: 'On ne sait...' (la réclame *on* est visible sur le facsimile donné par M. Pomeau, p.967*v*), et 'Démarcation...'. 'On ne sait' est certainement l'amorce du paragraphe 'On ne sait si on doit plus admirer...' du chapitre 148, et 'Démarcation' l'annonce du petit développement 'Lorsque les Espagnols [...] qu'on appela *de démarcation*' du chapitre 149 (*Essai*, éd. Pomeau, t.2, respectivement p.358 et 364): deux chapitres publiés également en 1756.

[33] Voir en particulier D5056, où Frédéric II accuse réception d'articles commençant par A ou B: 'Si vous continuez du train dont vous allez, le dictionnaire sera fait en peu de temps. L'article de l'*âme*, que je reçois est bien fait; celui du *baptême* y est supérieur' (vers septembre/octobre 1752).

[34] 'J'y joins un autre article sur l'*Ame* que j'avais fait il y a deux ou trois ans, et qui n'est qu'un canevas d'un article étendu *que j'aurais pu rendre orthodoxe* et cependant utile, mais je n'osai l'envoyer' (à M. L. Denis, 21 mai [1754], D5824).

celle qu'il demande aux Cramer pour le chapitre 119 de l'*Essai* en cours d'impression en 1756: 'Je dis qu'il vaut autant faire descendre les rennes laponnes, des cerfs de Finlande que les Lapons des Finlandais. Mail il y a des gens qui me soutiendront que la chose est vraisemblable [...]. Tranchons toute dispute, et mettons: Il serait aussi convenable de dire que l'herbe qui croît en Laponie vient de l'herbe du Dannemarc ou de la Suède';[35] elle pourrait dater de la même époque.

Il est donc vraisemblable que les corrections ont été faites quand Voltaire préparait l'article pour le publier, fin 1755, début 1756.[36]

Elles n'aboutissent toutefois pas encore exactement au texte imprimé. On lit encore en particulier ligne 22 'pour le serrail de ce prince [Salomon]' au lieu de l'anodin 'pour ce prince'.[37] Ces dernières rectifications, minimes, ont dû être faites lors de la mise au net de la copie destinée aux Cramer, ou même sur ces épreuves dont Voltaire disait parfois avoir 'changé le quart ou la moitié'.[38]

De la première impression à celle de Kehl, aucun changement notable. L'auteur a repris la question par ailleurs, il a réutilisé des éléments du passage, mais il n'est pas revenu sur le texte lui-même.

L'édition de Kehl en revanche modifie le cinquième paragraphe. Pour tenir compte sans doute de la distinction, bien connue depuis les travaux de Buffon, entre le lion d'Afrique ou d'Asie et le puma

---

[35] D7013. La correction n'a pas été faite.

[36] Le 22 octobre 1755, il écrit à Lambert (D6546): 'Les libraires de Genève se flattent que dans trois mois ils auront fini mes *Œuvres mêlées*, mais c'est ce qui me paraît bien difficile, puisqu'elles ne sont pas encore corrigées. Il ne me vient pas une feuille de l'imprimerie dont je ne change le quart ou la moitié. [...] Je vous conseille d'attendre [...] que vous ayez les volumes imprimés par les Cramer, ce qui sera pour vous l'affaire de deux mois tout au plus. Ces volumes comprennent les *Mélanges de littérature et d'histoire*'. Le 21 mars 1756, Collini écrit à S. Dupont (D6797): 'L'édition des œuvres mêlées va être finie, et je pense que Mrs Cramer la mettront bientôt en vente.' Le 12 avril 1756, Voltaire écrit à Thiriot (D6824): 'L'édition est finie depuis quelques jours.'

[37] Voir aussi la variante ligne 70.

[38] Voir D6546 citée en note ci-dessus.

d'Amérique, elle remplace 'lions' per le terme plus générique d''animaux féroces'. Elle ajoute aussi l'objection corollaire: si la population humaine et animale d'Amérique est venue des autres continents, pourquoi y trouve-t-on une faune spécifique?, et elle prête aux auteurs de l'*Histoire universelle* une explication absurde, entièrement inventée: 'les Christophes Colombs de Kamshatka [...] avaient eu la précaution de prendre tous les individus de ces espèces qui ne se trouvent plus dans notre continent'.

*Interférences avec l'*Essai sur les mœurs

L'*Essai sur les mœurs* interfère souvent avec les articles philoso-phiques, en particulier avec ceux qui ont paru dans les *Mélanges* de 1756, les faits rassemblés pour l'*Essai* servant de point de départ aux réflexions et les illustrant. Mais ici les interférences présentent un intérêt particulier: elles renseignent sur la genèse de certains chapitres de l'*Essai* et sur la manière de travailler de Voltaire.

On retrouve certains thèmes de notre manuscrit dans la digression sur les Lapons insérée en 1756 dans le chapitre 119, 'Etat de l'Europe du temps de Charles-Quint':

Ch.119 (1756)	Ms Population Amér. (1752-1753)
	passages non imprimés
Ils [les Lapons] paraissent une espèce particulière faite pour le climat qu'ils habitent. [...] C'était donc une nouvelle espèce d'hommes qui se présentait à nous, tandis que l'Amérique et l'Asie nous en faisaient voir tant d'autres. *A supprimer en 1756 selon Voltaire:* Comme leurs rennes ne sont point venus d'ailleurs, ce n'est pas non plus d'un autre pays que les Lapons y paraissent venus.	si nous sommes la postérité de cet Adam, les peuples du Brézil et d'autres ont bien l'air d'avoir une autre origine.
	ces animaux et ces arbres ne sont pas venus du jardin d'Eden.

	passage imprimé
	(sans correction préalable)
Il n'est pas vraisemblable que les habitants d'une terre moins sauvage aient franchi les glaces et les déserts pour se transplanter dans des terres si stériles.	Selon eux, quelque descendant de Noé n'eut rien de plus pressé que d'aller s'établir dans le délicieux pays de Kamskatska [...]. Sa famille [...] alla visiter le Canada [...] en marchant par plaisir au milieu des glaces.

Mais c'est avec les chapitres 145 et 150, dont on connaît aussi une version manuscrite antérieure à l'impression, que les interférences sont les plus complexes et les plus intéressantes. [39]

Les manuscrits présentent déjà des points communs:

Ms du ch.150 (antérieur à 1756)	Ms Population Amér. (1752-1753)
passage non imprimé en 1756	*passage non imprimé en 1756*
Mais quelle était l'espèce d'hommes qui habitait cette contrée pour laquelle la nature a tout fait? Vespucce raconte [...] que les Braziliens sont d'une *couleur bronzée*; peut-être, si on disséquait un Brazilien avec le même soin qu'on a disséqué *des nègres*, trouverait-on dans *leur membrane* muqueuse la raison de cette couleur.	les peuples du Brézil [...] ont bien l'air d'avoir une autre origine. Ils sont de *couleur de Bronze*, et cette couleur est l'effet nécessaire de *leur membrane* adipeuse qui étant d'un jaune foncé donne cette nuance à la peau, comme la membrane *noire des Nègres* donne à leur peau leur couleur noire et luisante.

[39] Dans toutes les citations qui suivent, nous soulignons les expressions semblables.

Ms du ch.145 (antérieur à 1756)
passage imprimé en 1756
Les naturels du Brésil sont *de*
couleur de bronze. [...] La *membrane*
muqueuse *des nègres*, reconnue
noire, et qui est la cause de leur
couleur, est une preuve manifeste
qu'il y a dans chaque espèce
d'hommes, comme dans les
plantes, un principe qui les
différencie.

	passage imprimé en 1756
	(sans correction préalable)
Gênes [...] le traita de *visionnaire*.	on prit Colombo pour un *visionnaire*.

D'autre part, un paragraphe ajouté au manuscrit du chapitre 145 avant l'impression est très proche de certains passages de notre manuscrit, imprimés en 1756 également:

Addition au ms du ch.145 avant l'impression de 1756	Ms Population Amér. (1752-1753)
	passage imprimé en 1756
	(sans correction préalable)
Lorsque Colombo avait promis un *nouvel* hémisphère, on lui avait *soutenu que* cet hémisphère ne pouvait *exister*;	Quand le grand Colombo soupçonna l'existence de ce *nouvel* univers, on lui *soutint* qu'*il n'existait pas* [corr: que la chose était impossible].
et *quand il l'eut découvert, on* prétendit qu'il avait *été connu depuis longtemps*.	*Quand il en eut fait la découverte, on* dit que ce nouveau monde était *connu longtemps* auparavant.
Je ne parle pas ici d'un *Martin Behem de Nuremberg*, qui, dit-on, alla de Nuremberg *au détroit de Magellan*, en 1460 [...]. Je ne parle pas des prétendues *cartes* qu'on montre de ce Martin [...]	On a prétendu que *Martin Beheim*, natif *de Nuremberg*, était parti de Flandres vers l'an 1460 [...] et qu'il poussa jusqu'*au détroit de Magellan*, dont il laissa des *cartes* incognito.

mais enfin ce *Martin Beheim* *n'avait pas peuplé l'Amérique* *On en faisait honneur aux Carthaginois, et on citait un livre d'Aristote qu'il n'a pas composé.* Quelques-uns ont cru *trouver de la conformité entre* des paroles *caraïbes* et des mots *hébreux,* et n'ont *pas manqué de suivre une si belle ouverture.*	*mais* comme *Martin Beheim* *n'avait pas peuplé l'Amérique* *On en fit honneur aux Carthaginois et on cita* [...] *un livre d'Aristote qu'il n'a pas composé.* Hornius prétendit *trouver quelque conformité entre* la langue des *Hébreux* et celle des *Caraïbes.* Le père Laffiteau jésuite n'a *pas manqué de suivre une si belle ouverture.*
D'autres ont su que les enfants *de Noé*, s'étant *établis* en *Sibérie*, passèrent de là en *Canada* sur la *glace.*	Selon eux, quelque descendant *de Noé* n'eut rien de plus pressé que d'aller *s'établir* dans le [...] Kamtskatska au nord de la *Sibérie.* Sa famille [...] alla visiter le *Canada* [...] en marchant [...] au milieu des *glaces* [...]
et qu'*ensuite* leurs *enfants* nés *au Canada allèrent peupler de Pérou.*	On se mit *ensuite* à faire des *enfants dans le Canada* [...] ils *allèrent peupler* le Mexique, *le Pérou*, le Chili;
Les Chinois et *les Japonais*, selon d'autres, envoyèrent des *colonies* en Amérique. et y firent passer *des lions pour leur divertissement*, quoique [...]	ils ont été [...] aidés par [...], par les Chinois, par *les Japonais* [...] *les Chinois* [...] leurs *colonies* [...] les Christophes Colombs de Kamskatska avaient amené *des lions* en Canada *pour leur divertissement.*
qui *a mis des hommes en Amérique*: ne pourrait-on pas répondre que c'est celui *qui y fait croître* des arbres et de *l'herbe?*	le même pouvoir *qui fait croître* cette *herbe, en Amérique* y *a mis des hommes* [corr: a fait [...] dans les campagnes de l'Amérique y a pu mettre aussi.).

Ici, mêmes thèmes, mêmes structures, mêmes expressions. Toutefois les phrases ajoutées au chapitre 145 sont plus vagues: au lieu de références nominatives à Hornius, Lafitau, l'*Histoire universelle* – dont Voltaire ne se prive pas par ailleurs dans l'*Essai* – de simples allusions plurielles: 'quelques-uns', 'd'autres'. Deux idées sont amalgamées: la venue de Chinois et de Japonais et l'introduction de lions. Certaines formules, qui ont un sens évident et une place naturelle dans la 'Population', étonnent quelque peu, employées comme elles le sont dans le paragraphe: 'avait été connu depuis longtemps' par suite d'une différence de temps qui crée une disparate entre la forme verbale et son complément 'depuis...'; 'n'ont pas manqué de suivre une si belle ouverture' faute de mention préalable à quelqu'un – au père Lafitau en l'occurence – qui ait fait l'ouverture et qu'on puisse suivre; on ne comprend vraiment la raison d'être de ces expressions qu'en se référant aux phrases correspondantes de la 'Population'. La page ajoutée au manuscrit de l'*Essai* apparaît comme une sorte de contraction du texte de la 'Population', faite de mémoire et rapidement. [40]

Comme on sait qu'en 1755-1756 Voltaire préparait à la fois l'édition de son *Histoire* et celle des *Mélanges*, on peut penser que le paragraphe a été inséré à cette époque. [41] On comprend le processus: l'auteur met au point les chapitres de l'*Histoire* sur l'Amérique; le nom de Colombo et la pensée de sa découverte déclenchent le mécanisme des associations d'idées et de mots déjà faites, et récemment revues dans cet ancien article qu'il vient de reprendre pour le publier dans les *Œuvres mêlées*. Il est difficile de dire s'il l'avait déjà complètement corrigé: on a remarqué que, dans la première et la dernière phrase mises en parallèle, l'addition se

[40] Cette impression de rapidité est confirmée au moins par une négligence dans la suite de l'addition. 'Il *vient* de paraître *depuis peu*' (éd. de 1756) corrigé par la suite en: 'Il *a paru* depuis peu'.

[41] L'examen des paragraphes suivants de l'addition – qui ne sont pas empruntés à notre texte – confirment ce point de vue: ils sont presque entièrement consacrés à Amerigo Vespucci qui a découvert le Brésil, alors qu'une seule phrase faisait allusion à lui dans le chapitre du manuscrit; celui-ci comportait en revanche une ébauche de chapitre sur le Brésil que ne comporte pas l'édition de 1756. On peut donc supposer que ces paragraphes ont été ajoutés quand l'auteur a renoncé à publier un chapitre sur le Brésil, c'est-à-dire quand il a décidé du contenu définitif de l'édition, au moment de la mise au point.

rapproche encore plus du texte non corrigé que du texte corrigé; mais on ne tire pas de conclusion de détails aussi minimes. Peu importe d'ailleurs; c'est le transfert en soi qui est intéressant, par ce qu'il montre du fonctionnement de l'esprit de Voltaire et de sa méthode de travail.

Le manuscrit de la 'Population' datant au plus tard des premiers jours de mars 1753, on se demande pourquoi l'auteur ne l'a pas utilisé plus tôt, dès la première version du chapitre 145. Est-ce parce qu'il le réservait pour une publication de type différent, pour en faire un article d'un dictionnaire philosophique? Mais en 1756 il le publie bien dans les *Mélanges* presque en même temps que son résumé dans une œuvre historique; il n'a d'ailleurs jamais reculé devant les réemplois. Ou bien la rédaction du chapitre de l'*Essai* serait-elle assez postérieure pour qu'il ait oublié entre temps sa dissertation et celle qu'il attaque? Mais on a relevé ci-dessus entre les deux manuscrits des ressemblances assez frappantes pour hésiter à les croire séparés par un long laps de temps. Et surtout il est peu probable que Voltaire ait perdu de vue cette *Dissertation* de l'*Histoire universelle* [...] *traduite de l'anglais* sur un sujet qui l'intéresse et auquel il reviendra à plusieurs reprises, ou qu'il n'ait pas saisi cette occasion de la discuter. On penserait plutôt qu'il ne la connaissait pas encore. C'est alors avant l'automne 1752 qu'il aurait rédigé ce futur chapitre 145, et par conséquent celui qui le précède dans le manuscrit retrouvé à Léningrad: le futur chapitre 141 'Des découvertes des Portugais', et vraisemblablement aussi ceux qui l'y suivent sans interruption: les futurs chapitres 157 'De Fernand Cortez', 158 'De la conquête du Pérou' et l'ébauche du chapitre 150 'Du Brésil'. Le manuscrit de Léningrad aurait-il fait partie de ces suites manuscrites de l'*Histoire* que Voltaire réclame à Collini ou que celui-ci lui décrit dans sa lettre du 30 mars 1752? Que ces chapitres n'aient pas été publiés dès 1754 ne constitue pas une objection convaincante: non seulement Voltaire ne fait pas toujours imprimer tout ce qu'il a déjà écrit, mais dans son *Histoire* il se conforme à un certain plan; on a vu aussi que dès l'édition de 1754 il amorçait et annonçait ces chapitres.

Une fois introduite dans l'*Essai* en 1756, la question de l'origine des Américains sera abordée à nouveau dans les éditions suivantes. En 1761, gardant un premier paragraphe et un sous-titre comparables à ceux de notre article, Voltaire la reprendra entièrement avec une documentation plus précise, et plus de vigueur encore, considérant ces discussions comme de 'vaines disputes' indignes 'd'un effort de la philosophie'. Il la traitera encore en 1765 dans *La Philosophie de l'histoire*, où il s'attaque plus particulièrement au père Lafitau dont il a alors l'ouvrage à sa disposition. Ne peut-on trouver là une raison de plus pour penser qu'il n'avait pas encore la *Dissertation* de l'*Histoire universelle* lors de la première rédaction des chapitres sur l'Amérique?

Ce problème de chronologie, qui concerne la genèse d'une partie non négligeable de l'*Essai sur les mœurs*, dépasse de beaucoup le cadre de cette introduction, qui visait seulement à décrire l'histoire d'un petit texte peu connu et sa place dans le réseau de l'œuvre.

Etablissement du texte

Le manuscrit ne représentant pas le dernier état du texte, nous adoptons le texte de la dernière édition imprimée du vivant de Voltaire, w75G; il ne diffère de celui de la première impression que par l'orthographe de Kamtschat.

Manuscrit et éditions

Manuscrit

Paris, BnF, f.fr., no.12940, p.403-408.

Pour les variantes du manuscrit, MS désigne le texte du copiste, MS *corr* les corrections manuscrites de Voltaire. Dans le cas où le copiste s'est corrigé, les deux états successifs sont désignés par MS1 et MS2. Dans ceux où Voltaire a corrigé sa propre correction, par MS *corr1* et MS *corr2*.

Editions

w56

Tome 5, p.212-15.

w52 (1756)

Tome 8, p.104-106.

w57G

Tome 5, p.212-15.

w57P

Tome 7, p.87-91.

so58

Tome 2, p.216-19.

w64G

Tome 5, p.212-15.

w64R

Tome 17, 1ère partie, p.50-53.

w70G

Tome 5, p.212-15.

w68 (1771)

Tome 15, p.321-23.

W71L

Tome 14, p.352-54.

W71P

Tome 5, p.377-81.

W70L (1772)

Tome 27, p.278-81.

W72X

Tome 5, p.212-15.

W72P (1773)

Tome 17, p.299-303.

W75G

Tome 33, p.392-94.

K84

Tome 42, p.373-76.

Editions collationnées: W56, W52, W57G, W57P, S058, W64G, W64R, W70G, W68, W71P, W75G, K.

Traduction anglaise

The Works of M. de Voltaire, tr. Smollett *et al.* (London, 1761-1764), t.12, p.88-91: Of the peopling of America.

Traitement du texte de base

On a conservé les italiques du texte de base, sauf dans les cas suivants: on imprime en romain les noms propres de personnes, et les noms de famille, les citations en langues modernes, et le discours direct. On a également respecté la ponctuation du texte de base. Ailleurs le texte de base a fait l'objet d'une modernisation portant sur la graphie, l'accentuation et la grammaire. Les particularités du texte de base dans ces trois domaines étaient les suivantes:

I. Consonnes

— absence de *p* dans: longtems
— absence de *t* dans: habitans, savans
— redoublement de consonnes contraire à l'usage actuel dans: appellait
— présence d'une seule consonne là où l'usage actuel prescrit son doublement: falait
— emploi de *d* dans: nud

II. Voyelles

—emploi de *o* au lieu de *a* dans: Japonois

III. Particularités d'accentuation

1. L'accent aigu
— il est employé au lieu de l'accent grave dans: quatriéme
2. L'accent circonflexe
— il est employé au lieu de l'accent grave dans: systême

IV. Divers

— le trait d'union a été supprimé dans: de-là

DE LA POPULATION DE L'AMÉRIQUE

La découverte de l'Amérique, cet objet de tant d'avarice, de tant d'ambition, est devenue aussi un objet de la philosophie. Un nombre prodigieux d'écrivains[1] s'est efforcé de prouver que les Américains étaient une colonie de l'ancien monde. Quelques

a MS: Amérique

    MS *corr*: de la population ↑de L'+Amérique

1 MS: Amérique <est devenu un objet de la> ↑Vcet objet d'un si grand commerce+

    MS *corr2*: <d'un si grand com> ↑de tant d'avarice+

2-4 MS: philosophie par la superstitieuse folie qu'ont eu tant d'écrivains de prouver que les Americains étaient des colonies de l'ancien monde

    MS *corr*: <par la superstitieuse ... de l'an> ↑de tant d'ambition est devenu aussi un objet de la philosofie. un nombre prodigieux d'écrivains sest efforcé de prouver que les χ [*une autre croix devant le mot barré* Américains] Americains étoient une colonie de l'ancien monde+

4-5 MS: et cela dans la crainte où ils étaient que les Topinamboux et les Chicachas ne fussent pas descendus d'Adam. Ils n'ont pas considéré que si nous sommes la postérité [MS1:] d'Adam [MS2: de ↑cet+ Adam]

    MS: les peuples du Brezil et d'autres ont bien l'air d'avoir une autre origine. Ils sont de couleur de Bronze, et cette couleur est l'effet nécessaire de leur membrane

[1] Il suffit de lire l'argument du chapitre 2, livre 1 de 'Hornius' (Georgi Horni, *De originibus Americanis libri quatuor*, 1 vol. in-12, La Haye, 1652): 'Varia de Originibus Americanis opiniones. Columbi, Vatabli, Stephani, *America pro India Orientali habita. Hispanos à Mauris fugatos in Americam venisse.* Theoph. Paracelsi. Ariae Montani. *Ophir an Parvajim. Iucatan an à Ioktan. Nomen Peru unde.* Postelli. *Origines ad Isthmum divisas.* Lerii. *Chananai in America.* Genebrardi. *Decem tribus Israelitarum in Tataria et America.* Tornielli. Acostae. Goropii Becani. Marinaei Siculi. *Romanos in Americam venisse.* Pauli Jovii. *Mexicanos in Galliam venisse...* Suffridi Petri et Hamconii. *Americanos à Frisiis.* Fr. Bivarii. Jacobi Charron. *Americanos à Gallis.* Abrahami Mylii *Americanos à Celtis. Priscis nota Borealis America.* Nicolai Fulleri. *Americanos à Cusbi posteris.* Athanasii Kircheri. *Americanos ab Aegyptiis.* Emmanuëlis de Moraes. *A Carthaginensibus.* Edoardi Brerewoodi. *A Tataris Aliis ab Islandis.* Marci Lescarboti. *A Chananais. Noacho nota America.* Hugonis Grotii. *A Norwagis. Abissinis, Indis Oriental. et Sinensibus.* Johannis Latii. *A Tataris et Australibus.* Roberti Comtaei. *A Phoenicibus.* Roderici à Castro. *A Poenis...*'

métaphysiciens modestes[2] ont dit, que le même pouvoir qui a fait   5
croître l'herbe dans les campagnes de l'Amérique, y a pu mettre
aussi des hommes; mais ce système nu et simple n'a pas été écouté.

Quand le grand Colombo soupçonna l'existence de ce
nouvel univers,[3] on lui soutint que la chose était impossible; on
prit Colombo pour un visionnaire.[4] Quand il en eut fait la   10

---

adipeuse qui étant d'un jaune foncé donne cette nuance à la peau, comme la
membrane noire des Négres donne à leur peau leur couleur noire et luisante. Ils n'ont
pas songé qu'il y a aussi des nègres en amérique. Ils n'ont pas fait attention qu'il y a
des animaux et des arbres pareils aux animaux et aux arbres de notre continent, et que
probablement ces animaux et ces arbres ne viennent pas du jardin d'Eden. Enfin il
suffisait de savoir qu'il y a de l'herbe pour penser que
       MS *corr*: <et cela ... penser que> ↑quelques metaphysiciens modestes ont dit
que+
    5 MS: qui <fait> ↑Va fait+
    6-7 MS: croître cet herbe en amérique y a mis aussi des hommes
       MS *corr*: <croître ... des hom> ↑croitre lherbe dans les campagnes de
l'amerique y a pu mettre aussi des hommes+
       MS *corr* [*entre les lignes*]: mais ce système nud et simple n'a pas eté écouté
    9 MS: <qu'il n'existait pas; on> ↑Vque la chose etoit impossible+

[2] Les auteurs de l'*Histoire universelle*, que critiquera plus loin Voltaire, les jugent
ainsi: 'Et c'est une peine bien inutile que se donnent les incrédules de nos jours pour
supposer toute communication avec l'Amérique impossible, et détruire indirectement par ce moyen l'autorité de l'Ecriture.' Ils s'étonnent d'autre part 'de
l'empressement que témoignent des auteurs chrétiens à leur fournir des arguments.
Nous les appelons Chrétiens, quoiqu'assez gratuitement; car il leur arrive [...] non
seulement de nier [...] mais [...] de déguiser [...] divers passages de nos livres sacrés'
(t.12, p.128). Après quoi ils réfutent les objections formulées par Whiston dans son
'Exposit. of the Curse upon Cain and Lamech: shewing that the present Africans and
Indians are their Posterity. London, 1725.' Ils signalent aussi que Pereira 'donne aux
Américains des ancêtres antérieurs à Adam' (t.12, p.141).

[3] Le père Lafitau raconte ainsi comment Christophe Colomb soupçonna l'existence de l'Amérique: 'Christophe Colomb [...] voulut aller tenter fortune sur la mer
Atlantique [...]. On prétend qu'il alla s'établir à Madère où ayant recueilli chez lui les
débris d'un naufrage d'un vaisseau français, il eut par le pilote la connaissance de
l'Amérique; connaissance dont il n'eut garde de découvrir la source' (*Histoire des
découvertes et conquestes des Portugais dans le nouveau monde*, Paris, 1733, t.1, p.66).

[4] Le père Lafitau emploie le même terme: 'Colomb passa en Portugal, et vint se

découverte, on dit que ce nouveau monde était connu longtemps auparavant. [5]

On a prétendu que Martin Beheim, natif de Nuremberg, était parti de Flandres vers l'an 1460 pour chercher ce monde inconnu, et qu'il poussa jusqu'au détroit de Magellan, [6] dont il laissa des   15
cartes incognito; mais comme Martin Beheim n'avait pas peuplé l'Amérique, et qu'il fallait absolument qu'un des arrière-petits-fils de Noé eût pris cette peine, on chercha dans l'antiquité tout ce qui pouvait avoir rapport à quelque long voyage, et on l'appliqua à la découverte de cette quatrième partie de notre globe. [7] On fit aller   20

---

11 w58p: on crut que
    w64r: on lui soutint que [*faute par analogie*]
14 k84: Flandre

---

présenter au Roi avec de magnifiques promesses [...] Don Juan qui crut apercevoir peu de solidité dans cet homme, le regarda comme un *visionnaire* et en fit peu d'état. Toutes les autres puissances maritimes de l'Europe en firent autant' (*Histoire des découvertes*, t.1, p.66).

[5] Même idée dans le *Chapitre des arts* par exemple sous une forme plus générale: 'Toutes ces vérités furent combattues dans leur naissance, et lorsqu'elles furent reconnues, on prétendit qu'elles n'étaient point nouvelles' (*Essai sur les mœurs*, éd. R. Pomeau, t.2, p.845).

[6] 'On a prétendu': c'est-à-dire les Allemands par chauvinisme selon les auteurs de l'*Histoire universelle*: 'Le Docteur Lochner a osé affirmer qu'un Bohémien d'une famille distinguée, appelé Martin, découvrit la côte du Brésil, et le détroit de Magellan, avant que Colomb mît à la voile pour le nouveau Monde. Ce sentiment a été adopté par d'autres écrivains allemands, qui, apparemment bien aises de contribuer à la gloire de leur patrie, aimeraient mieux que le nouveau Monde portât le nom de Bohême que celui d'Amérique, qu'il a reçu d'Americ Vespuce. Mais ce dernier nom lui restera apparemment, quand même nous aurions autant sujet de croire la réalité des découvertes de Martin que nous avons lieu de les révoquer en doute.' Les auteurs indiquent leurs sources: 'Mich. Fred. Lochner... *Comment. de Ananasa, sive Nuce Pinea Indica, vulgo Pinhas*, ... Norimbergae, 1716 et: *Acta Eruditorum Lips*. Supplément, Tom.VI, s. 9, p.436. Lipsiae, 1717' (t.13, p.141).

[7] Outre Platon, le père Lafitau mentionne – sans être toujours convaincu – le discours de Silène à Midas dans le livre 3 d'Elien, 'la prophétie si vantée de Sénèque le Tragique' dans *Médée*, un passage du livre 5 de Diodore de Sicile et un de 'Pausanias in *Atticis*', p.419 (*Mœurs des sauvages américains, comparées aux mœurs des premiers temps*, Paris, 1724, t.1, p.29-31).

les vaisseaux de Salomon au Mexique, et c'est de là qu'on tira l'or d'Ophir pour ce prince,[8] qui était obligé d'en emprunter du roi Hiram. On trouva l'Amérique dans Platon. [9] On en fit honneur aux Carthaginois; et on cita sur cette anecdote un livre d'Aristote qu'il n'a pas composé. [10]

22 MS: Ophir pour le serrail de ce <roy> prince
23 w52: On trouve l'Amérique
23 MS: Platon¶ MS corr [à la suite de Platon]: on en fit

[8] 'Hornius', De originibus americanis (Hagae Comitis, 1652), livre 2, cap.8, cité lui-même par l'Histoire universelle (t.13, p.117), signale que Christophe Colomb, Vatable, et Arias entre autres pensaient que les navires demandés par Salomon au roi de Tyr Hiram avaient pu aborder en Amérique et y trouver l'or qu'on disait rapporté d'Ophir. Il cite à ce propos cette relation de Colomb: 'Bartholom. Colomb trouva à Hispaniola les grottes très profondes et très anciennes d'où, dit-on, Salomon tira son or.' Hispaniola est le nom donné par Christophe Colomb à Saint-Domingue ou Haïti qui est située à l'entrée du golfe du Mexique. Christophe Colomb s'était d'abord cru lui-même arrivé en Extrême-Orient, où on situe en général la ville d'Ophir mentionnée par la Bible.

[9] Il s'agit des passages du Critias et du Timée où il est question de l'Atlantide. Elle est ainsi décrite et située, dans le §25 du Timée: 'en ce temps-là, on pouvait traverser cette mer [la mer Atlantique]. Elle avait une Ile, devant ce passage que vous appelez, dites-vous, les colonnes d'Hercule. Cette île était plus grande que la Libye et l'Asie réunies. Et les voyageurs de ce temps-là pouvaient passer de cette île sur les autres îles, et de ces îles, ils pouvaient gagner tout le continent, sur le rivage opposé de cette mer qui méritait vraiment son nom. Car, d'un côté, en dedans de ce détroit dont nous parlons, il semble qu'il n'y ait qu'un hâvre au goulet resserré et, de l'autre, au dehors, il y a cette mer véritable et la terre qui l'entoure et que l'on peut appeler véritablement, au sens propre du terme, un continent.' Comme beaucoup d'autres, Hornius (livre 2, cap.6), Lafitau (ch.2) et les auteurs de l'Histoire universelle parlent – avec plus ou moins de conviction – de l'hypothèse suivant laquelle l'Atlantide aurait été véritablement connue des Anciens et serait plus ou moins assimilable à l'Amérique. Selon l'Histoire universelle, 'on ne saurait révoquer en doute que [les Phéniciens] n'y aient été [dans le nouveau monde] si l'on a quelque égard pour l'opinion de Platon, aussi bien que pour celle de Crantor, son premier interprète, et dans l'historien éthiopien Marcel' (t.13, p.117).

[10] Il s'agit du De mirabilibus auditu, qui effectivement n'a pas été écrit par Aristote. C'est une compilation faite tout au plus d'après des récits d'Aristote (et d'autres auteurs). L'Histoire universelle (t.13, p.117) dit d'abord prudemment qu''on suppose [l'auteur] être Aristote', puis que 'L'auteur affirme en termes exprès que les Carthaginois découvrirent une île au-delà des Colonnes d'Hercule, et que plusieurs

Hornius prétendit trouver quelque conformité entre la langue des Hébreux, et celle des Caraïbes. [11] Le père Laffitau jésuite n'a pas manqué de suivre une si belle ouverture. [12] Les Mexicains dans

---

d'eux, charmés de la fertilité du pays, y fixèrent leur demeure. Mais le Sénat, ajoute-t-il, ne voulut point permettre que d'autres Carthaginois y allassent, pour ne point dépeupler la République.'

[11] 'Hornius' signale effectivement quelques rapprochements entre mots américains et mots chananéens ou hébreux (voir la préface; livre 2, ch.10, p.110s; livre 3, ch.14). L'un d'eux concerne indirectement la langue des Caraïbes: '*Cajana* Caribanae vicina nomen Chananaeorum refert'. D'autres concernent par exemple la Nouvelle-Angleterre, les Souriquois, les Hurons, chez qui on a retrouvé le nom de *Joseph* ou le mot *Alleluia*. Par ailleurs, 'Hornius' mentionne des similitudes entre noms propres américains et noms puniques ou phéniciens. Mais il fait des réserves non seulement sur le nombre des Juifs qui ont pu aller en Amérique (livre 3, ch.14), mais sur la valeur des rapprochements linguistiques en général: 'La langue est une solide preuve pour l'origine. Mais quelques mots ne suffisent pas [...]. Il est difficile de tirer argument de la langue pour les origins des Américains' (Argument du ch.7 du livre 1). Voltaire ne mentionne pas ces restrictions prudentes. Peut-être n'a-t-il pas lu le texte même d''Hornius', mais seulement l'*Histoire universelle*, qui écrit (t.13, p.118): 'Les langues hébraïque et phénicienne étaient à peu près la même, et ne différaient guère de l'égyptien et de l'arabe. Mais il paraît clairement que plusieurs des mots primitifs de la langue des Américains peuvent se déduire de l'hébreu ou du phénicien, et par cela même ont quelque affinité avec l'égyptien. C'est ce qu'on peut démontrer par les mots caraïbes *Neketali*, un homme mort, *hilaali*, il est mort, *kaniche*, une canne qui porte le sucre, *eneka*, un collier, ou une chaîne: mots dérivés de l'hébreu'; et qui ensuite renvoie à 'Hornius' pour d'autres rapprochements touchant noms propres et coutumes en général.

[12] Dans les *Mœurs des sauvages américains* le père Lafitau prend au contraire ses distances par rapport à 'Hornius' lui-même. Il dénonce sa hâte à tirer des conclusions de rapprochements incertains entre les mots ou les coutumes: 'Hornius a cru [...] pouvoir faire descendre les Iroquois et les Souriquois des Turcs, et les Hurons d'un peuple des Etats du Mogol qui a un nom approchant; mais comme ces conjectures n'appuient que sur la confrontation de ces mots qu'il croit être propres des langues barbares, pour confondre sa preuve et pour donner en même temps une idée du fonds qu'il y a à faire sur des preuves qui ne sont établies que sur des étymologies incertaines, il suffit de dire que ce sont des noms bizarres que les Français eux-mêmes leur ont imposés' (t.1, p.69). Voir aussi livre 1, ch.18.

Il ne croit pas au rapport entre hébreu et langues de l'Amérique: 'il est très certain que les langues de l'Amérique n'ont aucune analogie avec [la langue hébraïque], ni avec celles qui s'y rapportent ou qui en sont dérivées, ainsi que l'assurent ceux qui

leurs grandes afflictions déchiraient leurs vêtements; quelques peuples de l'Asie en usaient autrefois ainsi; donc ils sont les ancêtres des Mexicains. [13] On pouvait ajouter qu'on danse beau- 30

---

entendent les langues savantes, et qui ont fait la comparaison des unes avec les autres' (t.2, p.463).

Lui-même se méfiera du rapprochement entre les langues, nos connaissances étant fragmentaires et les mots altérés (t.1, p.46s) et restera prudent dans la comparaison des coutumes: 'Aussi dans la comparaison que je dois faire, ne ferai-je point de difficulté de citer les coutumes de quelque peuple que ce soit, sans prétendre en tirer d'autre conséquence que le seul rapport de ces coutumes avec celles de la première antiquité' (t.1, p.49).

[13] Le père Lafitau décrit effectivement les manifestations du deuil chez les 'sauvages américains' et trouve des analogies. Mais, conformément au principe énoncé précédemment (voir n.12), il constate simplement qu'elles sont semblables à celles des peuple de l'antiquité en général: 'Non seulement les Amériquains conviennent avec tous les autres peuples plus connus dans les honneurs qu'ils rendent aux morts et dans les motifs qui les leur font rendre, mais ils sont encore si conformes en ce point aux usages des Anciens' (t.2, p.388). 'L'Ecriture Sainte marque que les Gentils se coupaient les cheveux en signe de deuil pour les morts [...]. On couvrait aussi sa tête de cendres, et sa chair du sac et du cilice, c'est-à-dire d'un vêtement usé, déchiré, et d'une couleur lugubre [...]. Le deuil chez les sauvages a aussi ses lois [...]; après s'être fait couper les cheveux, s'être barbouillé le visage de terre ou de charbon, et s'être mis dans le plus affreux négligé, ils se tiennent [...] la face contre terre [...], ayant la tête enveloppée de leur couverture, qui est le haillon le plus sale et le plus malpropre qu'ils aient' (t.2, p.436s); et il finit la cérémonie de l'enterrement 'par une ressemblance plus entière avec les coutumes des Anciens' (t.2, p.417). Ce n'est évidemment pas du simple fait que les 'sauvages américains' comme les Anciens s'entouraient la tête d'un haillon en signe de deuil qu'il tire sa conclusion: 'Mon sentiment est [...] que la plus grande partie des peuples de l'Amérique viennent originairement de ces Barbares qui occupèrent le continent de la Grèce et ses îles d'où ayant envoyé plusieurs colonies de tous côtés pendant plusieurs siècles, ils furent obligés d'en sortir enfin tous, ou presque tous' (t.1, p.89).

L'idée du syllogisme caricatural a dû être inspirée à Voltaire non par le texte du Père, mais par un passage de l'*Histoire universelle* qui voisine avec des références à Lafitau: 'Les Mexicains, et autres peuples de l'Amérique, déchiraient leurs vêtements pour mieux exprimer leur douleur dans certaines occasions. Les Hébreux, les Perses, les Grecs, les Sabins, et les Latins faisaient la même chose, suivant divers auteurs. On pourrait peut-être inférer de là que les Américains tirent leur origine de quelqu'un de ces peuples. Mais cette conséquence serait très mal fondée. De sorte que Manasseh ben Israël a eu tort de conclure de là que les Israélites ont été les ancêtres des Américains. Mais il serait inutile d'insister davantage sur cette chimère, qui a été

coup en Languedoc, que les Hurons dansent aussi dans leurs réjouissances, et qu'ainsi les Languedociens viennent des Hurons, ou les Hurons des Languedociens. [14]

Les auteurs d'une terrible Histoire universelle prétendent, [15] que 35 tous les Américains sont une colonie de Tartares. Ils assurent que c'est l'opinion la plus généralement reçue parmi les savants; [16] mais

33   MS: Langudoc^V<h>iens

---

amplement réfutée par le savant Théophilus Spizelius. Le père Lafitau a entrepris de découvrir des vestiges de l'antiquité la plus reculée dans quelques coutumes des sauvages Américains de nos jours. Il ne doute pas que l'Amérique n'ait été connue des Anciens' (t.13, p.119).

[14] Voltaire ne prête tout de même pas au père Lafitau cette affirmation absurde. Elle pourrait pourtant lui avoir été suggérée par un souvenir de lecture. Le Père parle en effet beaucoup de la danse et de son importance chez 'les sauvages américains' (t.1, p.194, 199s; p.508, 517s), et en particulier chez les Hurons (t.1, p.517). Il compare de plus ces danses, sinon avec celles des Languedociens, du moins avec celles des anciens.

[15] Il s'agit de l'ouvrage mentionné dans l'introduction et ci-dessus: l'*Histoire universelle depuis le commencement du monde jusqu'à présent*, traduite de l'anglais d'une société de gens de lettres... (Amsterdam et Leipzig, 1742-1802), 46 vols in-4. Les passages auxquels Voltaire fait allusion ici font partie de la *Dissertation sur la manière dont l'Amérique a été peuplée* qui occupe les pages 116 à 142 du tome 13 publié en 1752.

Comme 'Hornius' et le père Lafitau, les auteurs de l'*Histoire universelle* ne 'prétendent' pas aussi facilement que le dit Voltaire. Comme Lafitau trouvait hâtives certaines déductions de 'Hornius', ils trouvent Lafitau téméraire: 'Il [Lafitau] croit que la plupart des nations américaines tirent leur origine de ces Barbares qui possèdent la Grèce et ses Iles [...]. Tout ce qu'on a droit d'affirmer sur le sujet en question est que les Pélasges, qui ont peuplé les premiers divers endroits de la Grèce, ont ou probablement la même origine que les Phéniciens; comme aussi que les Egyptiens et les Phéniciens ont envoyé des colonies en Amérique.'

Eux-mêmes ne feront, disent-ils au début de leur *Dissertation* (p.116), que rapporter les conjectures proposées: 'Il y a environ deux siècles que les savants ont travaillé à trouver comment le nouveau Monde, ou l'immense continent appelé Amérique, a été peuplé. Cependant la chose n'est point décidée encore; et tout ce qui nous reste à faire est de rapporter fidèlement les conjectures qui nous ont été proposées sur cet article.'

[16] Ils disent effectivement que 'les Américains [...] descendent d'un peuple qui habitait un pays moins éloigné d'eux que l'Egypte et la Phénicie. Or un pareil pays

ils ne disent pas que ce soit parmi les savants qui pensent. Selon eux, quelque descendant de Noé [17] n'eut rien de plus pressé que d'aller s'établir dans le délicieux pays de Kamshatka, au nord de la   40 Sibérie. [18] Sa famille n'ayant rien à faire, alla visiter le Canada, soit en équipant des flottes, soit en marchant par plaisir au milieu

40   MS, W56, W52, W57P, OS58: Kamskatska
     W57G, W64G, W70G, W71P: Kamtschatka
     W64R: Kamskarska

---

doit naturellement avoir été au Nord-Est de l'Asie, comme par exemple la Grande Tartarie, la Sibérie, et plus particulièrement la Presqu'île de Kamtschatka. Ce fut apparemment par là que plusieurs colonies de Tartares passèrent pour se rendre en Amérique. Cette opinion est à présent la plus généralement reçue parmi les savants' (p.119-20). Ils renvoient alors en particulier à Strahlenberg: *Introduction*, p.80, et *Description historique et géographique des parties septentrionales et orientales de l'Europe et de l'Asie*), p.392. Notons que cette hypothèse est reçue également par les savants modernes.

[17] Les auteurs de l'*Histoire universelle* veulent effectivement montrer que les Américains, et, par suite, tous les hommes descendent de Noé: 'Nous venons de produire les conjectures les plus vraisemblables [...]. Nous avons aussi tâché de prouver que les Américains sont les descendants de Noé, aussi bien que tous les peuples de l'ancien Monde. Et ce dernier article est puissamment confirmé par quelques traditions reçues, suivant Gemelli, et autres voyageurs, parmi les Américains, concernant le Déluge' (t.13, p.141-42).

[18] L'*Histoire universelle* répond à cette objection, qui avait été avancée par Whiston (et explique en même temps la progression à travers l'Amérique): 'Il [Whiston] nous demande qui aurait voulu faire 12 à 1500 lieues à travers les glaces du Nord? [...] comme les colonies tartares qui voulaient passer en Amérique étaient probablement nées dans un pays froid, pourquoi n'auraient-elles point, par degrés, et dans l'espace de plusieurs siècles, fait 12 à 1500 lieues, à travers d'autres régions froides? Et cette lenteur avec laquelle ces Tartares et leurs descendants ont avancé depuis l'extrémité de l'Amérique Septentrionale jusques bien avant dans l'Amérique Méridionale doit avoir insensiblement accoutumé leurs corps aux climats où ils se fixèrent à la fin. Il n'y a dans tout ceci rien que de naturel, puisqu'on n'y attribue aux habitants de l'Amérique que ce qui a réellement lieu à l'égard des habitants de l'Ancien Monde. Car si cela n'était pas, comment un pays aussi froid que la Scythie ou la Tartarie aurait-il pu être peuplé par des hommes venus de Babylonie et d'Assyrie? et comment des colonies se seraient-elles rendues de là dans la presqu'île de Kamtschatka, et dans la pays que Behring a découvert à l'orient de cette presqu'île?' (t.13, p.131-32). Cf. Buffon, t.3 (1749), p.515.

des glaces, par quelque langue de terre qui ne s'est pas retrouvée jusqu'à nos jours. [19] On se mit ensuite à faire des enfants dans le Canada, et bientôt ce beau pays ne pouvant plus nourrir la multitude prodigieuse de ses habitants, ils allèrent peupler le Mexique, le Pérou, le Chili; et leurs arrière-petites-filles accouchèrent de géants vers le détroit de Magellan. [20]

45

43   K84: glaces, soit par

[19] L'*Histoire universelle* (t.13, p.120-21) explique ce passage d'Asie en Amérique, et fait le point des connaissances de l'époque (1752): 'Vraisemblablement quelques-unes des provinces occidentales de l'Amérique septentrionale doivent avoir été contigües à l'Asie, ou du moins à une petite distance de cette partie du monde, sans que nous puissions déterminer au juste quelle de ces deux suppositions est la véritable [...]. [Il] est très probable qu'à l'orient de Kamtschatka ou, comme les Chinois l'appellent, Jecco, il y a un pays qui avance vers l'Amérique septentrionale et que, même jusqu'à ce jour, il y a entre ces contrées une espèce de communication par le moyen d'une chaîne de plusieurs îles. On peut supposer aussi que l'Asie et l'Amérique ont été autrefois jointes ensemble par un isthme, qu'un tremblement de terre peut avoir détruit. Une pareille supposition n'est pas sans exemple. La Grande-Bretagne, à ce que prétendent des auteurs dignes de foi, a tenu autrefois à la France et l'Espagne au continent de l'Afrique. Pour ce qui est de la communication entre l'Asie et l'Amérique, elle nous paraît très vraisemblable, non seulement en vertu de ce que Reland a avancé, mais aussi des découvertes faites par les Russiens, et dont le détail a été publié vers la fin de l'an 1737. Suivant ces relations, quelques-uns des sujets de l'impératrice de Russie touchèrent, un peu avant le temps que nous venons de marquer, à différentes îles situées dans une direction orientale, à une assez bonne distance du Japon et de Kamtschatka, et par conséquent entre ces contrées et l'Amérique [...]. Le savant Euler [...] assure que le promontoire d'Asie, découvert par le capitaine Behring, n'est pas à 30° de la Californie; mais, suivant Mr. Dobbs, cette distance est plus considérable. Quoi qu'il en soit [...] il y a plus, et si l'on doit ajouter foi aux avis venus depuis peu de Pétersbourg, on a découvert que l'Asie tient à l'Amérique, ou du moins qu'il y a communication entre elles par le moyen des îles dont nous venons de parler. Ainsi nous attendrons à revenir à cet article que les Russiens aient jugé à propos de communiquer au public les découvertes qu'ils prétendent avoir faites.' L'auteur renvoie alors à Strahlenberg, p.392; à Adrien Reland in *Dissertatione de linguis Americanis, Transact. Philos.* pour les mois de janv. et fév. 1747, p.421-24; pour les mois de mars, avril et mai 1747, p.471-76.

Les auteurs de l'*Histoire* discutent aussi (p.127) l'hypothèse du capitaine W. Rogers, qui déduisait de l'existence de bas-fonds celle d'un continent reliant le Japon à la Californie (voir ci-dessous note 27).

Pour l'année 1737, voir deux articles des *Mémoires de Trévoux*: en juillet, la

Comme on trouve des lions dans quelques pays chauds de
l'Amérique, [21] ces auteurs supposent que les Christophes Colombs   50

49   K84: des animaux féroces dans
50-51 MS: Colombes
       MS, W56, W52, W57P, OS58, W64R: Kamskatska
       W57G, W64G, W70G, W71P: Kamtschatka
       K84: Kamshatka les avaient

'Dissertation sur la célèbre terre de Kamtschatka' du père Castel (en particulier
p.1163, 1173-74, 1187, 1195, 1202-203, 1212, 1218), qui se fonde en grande partie sur la
relation du père Du Halde, fondée elle-même sur les découvertes des Russes, qui
'rapproche[nt] tout-à-fait les Russiens de l'Amérique, où le dernier paradoxe sera
bientôt de les voir arriver par terre' (p.1163); en août, la 'Lettre sur les Antipodes'
(voir p.145 en particulier).

Au siècle précédent, 'Hornius' jugeait possible que 'quelque part dans le nord ces
terres [de l'Amérique et de l'Asie] se rencontrent ou soient reliées par la glace' (6e
page de la préface; voir aussi livre 1, ch.11; livre 3, ch.9).

[20] 'Hornius' discute de l'origine de ces 'géants' du détroit de Magellan (livre 2,
ch.10; livre 3, ch.20). Il semble penser qu'ils descendent des géants chananéens
connus sous le nom d''Anaques', qu'ils sont venus en Amérique avec les autres
chananéens et qu'ils ont avancé progressivement jusqu'à l'extrême sud. Au sujet de
ces 'géants', voir dans l'*Histoire naturelle* de Buffon l'article 'Variétés dans l'espèce
humaine' (t.3, Paris, 1749, p.508-509).

[21] Voltaire fait ici allusion sans restrictions à la présence de lions en Amérique,
comme 'Hornius' (livre 1, ch.1) et l'*Histoire universelle* (t.13, p.122, 129-30). Il parlera
encore de lions en Amérique en 1761 et 1765 dans l'*Essai sur les mœurs* (ch.146, et
Introduction à l'*Essai*, §8), mais en indiquant ce qui les distingue des lions des autres
continents. L'*Encyclopédie* fait à peu près de même (art. 'Lion', t.9, 1765). Buffon en
revanche, dans son *Histoire naturelle* (t.9, Paris, 1761), émet une réserve dès la page 3:
'Les lions d'Amérique, s'ils méritent ce nom'; puis, après avoir signalé les différences
entre 'lions' d'Afrique et d'Amérique, il juge ces 'caractères assez nombreux et assez
essentiels pour faire cesser l'équivoque du nom et pour que dans la suite l'on ne
confonde plus le *puma* d'Amérique avec le vrai lion, le lion de l'Afrique ou de l'Asie'
(t.9, p.15). Pour ce faire, il se fonde sur des observations faites non seulement par La
Condamine (*Voyage de l'Amérique méridionale*, p.24s.) mais bien avant, par Fresier
(*Voyage de Fresier à la mer du Sud*, Paris, 1716, p.132) et Acosta (*Histoire naturelle des
Indes de Joseph Acosta*, trad. de Robert Renaud, Paris, 1600, p.44 et 190). On peut
donc se demander si Voltaire prête perfidement une inexactitude à ses adversaires, ou
s'il parle encore lui-même innocemment de lions à cette époque, ne devant apprendre
les distinctions que plus tard par Buffon. L'édition de Kehl, on l'a vu, substitue à
'lion' le term générique d''animaux féroces'.

de Kamshatka avaient amenés des lions en Canada pour leur divertissement. [22]

52   K84: divertissement, et avaient eu la précaution de prendre tous les individus de ces espèces qui ne se trouvent plus dans notre continent.

[22] Whiston avait émis l'objection que fait implicitement Voltaire concernant le passage des animaux en Amérique. L'*Histoire universelle* la reprend (t.13, p.129): 'Soit qu'ils [les hommes] aient fait ce prétendu voyage [dit Whiston] par mer ou par terre, qui d'eux a eu la fantaisie d'amener avec lui des ours, des tigres, des lions et des serpents à sonnette?', et la réfute ainsi (p.130): 'Il n'est pas nécessaire que nous supposions que les lions, les tigres, les ours etc. d'Amérique y ont été transportés par mer, puisqu'il est déjà prouvé que des animaux de ces espèces se trouvent en Hyrcanie, en Scythie, et en Tartarie, et que probablement ils ont passé de là en Amérique. Et la chose est facile à concevoir, si les continents de l'Asie et de l'Amérique tiennent ensemble, ou sont séparés par un détroit peu considérable, ou enfin s'il y a une communication entre les extrémités de ces deux continents, par le moyen d'une chaîne d'îles qui tiennent en quelque sorte l'une à l'autre.'

Quelques pages auparavant (p.122), les auteurs avaient déjà abordé la question et conclu prudemment: 'nous présumons qu'ils [les tigres, lions, ours...] doivent être venus de là [de Tartarie], quoique nous n'osions pas entreprendre de marquer la route qu'ils ont suivie, avant que de savoir au juste quelle communication la partie la plus orientale de l'Asie peut avoir avec la partie la plus occidentale de l'Amérique.'

Voici comment Buffon traite la question dans son *Histoire naturelle*: 'on voit [...] qu'il n'y a de tous ces animaux que ceux qui habitent ou fréquentent les terres du Nord qui soient communs aux deux mondes [...]. Il ne paraît donc plus douteux que les deux continents ne soient ou n'aient été contigus vers le nord, et que les animaux qui leur sont communs n'aient passé de l'un à l'autre par des terres qui nous sont inconnues. On serait fondé à croire, surtout d'après les nouvelles découvertes des Russes au nord de Kamtchatca, que c'est avec l'Asie que l'Amérique communique par des terres contiguës' (t.9, p.101).

En ce qui concerne les lions en revanche, il ne croit pas qu'ils aient pu passer en Amérique. 'ce qui paraît impossible, c'est que cet animal, qui n'habite que les climats situés entre les tropiques, et auquel la Nature paraît avoir fermé tous les chemins du nord, ait passé des parties méridionales de l'Asie ou de l'Afrique en Amérique, puisque ces continents sont séparés vers le midi par des mers immenses; c'est ce qui nous porte à croire que le puma n'est point un lion, tirant son origine des lions de l'ancien continent, et qui aurait ensuite dégénéré dans le climat du nouveau monde' (t.9, p.12-13).

Voltaire n'aborde pas ici le problème des animaux particuliers à l'Amérique, comme il le fera dans le chapitre 146 de l'*Essai*. L'*Histoire universelle* répond pourtant aussi à cette objection présentée par le même Whiston (p.130). L'édition de Kehl, on

Mais les Kamshatkatiens n'ont pas seuls servi à peupler le nouveau monde; ils ont été charitablement aidés par les Tartares-Mantchoux, par les Huns, par les Chinois, par les Japonais. [23]   55

53   w64R: Mais comme les
    MS, w56, w52, w57P, w64R: Kamskatskatiens
    os58: Kamtskatskatiens
    w57G, w64G, w70G, w71P: Kamtschatkatiens

---

l'a vu, ajoute à ce sujet un membre de phrase qui prête à l'*Histoire* une explication absurde.

[23] Voir par exemple l'*Histoire universelle*, t.13, p.126: 'les habitants doivent être venus par degrés de Tartarie, du Japon et de Kamtschatka, aux lieux où ils font leur séjour', et p.125: 'les Tartares Manchew, qui furent probablement amenés par les Chinois, fondèrent l'empire péruvien; comme ceux qui accompagnèrent les Japonois firent celui du Mexique. Ainsi les Chinois et les Japonois semblent avoir seuls fait commerce avec les Américains, avoir communiqué à ces peuples plusieurs de leurs noms, de leurs coutumes, etc. et avoir amené avec eux les Tartares Manchew dans le Nouveau Monde. Or ces Tartares sont une branche de ceux qui habitent la partie la plus septentrionale de l'Asie.' Les auteurs datent et expliquent ainsi d'après 'Hornius' les migrations Tartares: 'la première arrivée des Scythes ou Tartares eut lieu vers l'an de notre ère 400; [...] les Chichimecae, dont les coutumes avaient beaucoup de rapport avec celles des anciens Scythes, pénétrèrent dans le Mexique vers l'an 700 de notre ère. La première de ces transmigrations semble avoir été occasionnée par des troubles cruels dont la Tartarie était agitée, aussi bien que par le trop grand nombre d'habitants [...] vers le commencement du 5. siècle [...]. L'autre transplantation fut apparemment entreprise par les descendants des premiers venus, qui durant l'intervalle de 300 ans peuplèrent les parties les plus septentrionales de l'Amérique. C'est ce qui est pareillement confirmé par ce que les Américains eux-mêmes rapportent touchant les Chichimecae [...]. Et il n'y a aucun lieu de douter que depuis l'an 700 les Tartares n'aient entrepris quelques autres transmigrations pareilles' (p.138). 'Hornius a très bien prouvé que les manières et let coutumes des anciens Américains ont beaucoup de rapport avec celles des Tartares et des Chinois [...]. On a démontré de plus que les noms propres chinois et tartares ressemblent beaucoup à ceux des Américains, ressemblance qui s'étend aussi à d'autres mots' (p.133).

Les auteurs signalent les raisons pour lesquelles on pense que les Chinois et les Japonais sont allés en Amérique: la découverte 'sur les côtes de Quivira [de] plusieurs vaisseaux dont les proues étaient ornées d'or et d'argent', une tradition reçue dans Quatalca, 'beaucoup de rapport' entre 'la manière d'écrire des Chinois [et] celle des Américains, entre mots japonais et mots mexicains, le caractère particulièrement

Les Tartares-Mantchoux sont incontestablement les ancêtres des Péruviens; car Mango-Capak est le premier inca du Pérou. Mango ressemble à Manco, Manco à Mancu, Mancu à Mantchu, et de là à Mantchou il n'y a pas loin. Rien n'est mieux démontré.

Pour les Huns, ils ont bâti en Hongrie une ville qu'on appelait Cunadi; or en changeant cu en ca, ou trouve Canadi, d'où le Canada a manifestement tiré son nom.[24]   60

Une plante ressemblante au ginseng des Chinois croît en Canada; donc les Chinois l'y ont portée, avant même qu'ils fussent maîtres de la partie de la Tartarie chinoise où croît leur ginseng:[25]   65

---

policé du Pérou et du Mexique' (p.124-25). Mais ils font des réserves, en particulier sur le nombre des Chinois et des Japonais installés en Amérique, et ils pensent que 'manifestement [...] le Nouveau Monde a été peuplé principalement par les habitants de la Tartarie Asiatique' (p.125).

[24] L'*Histoire universelle* donne effectivement ces deux arguments fondés sur des étymologies fantaisistes, mais elle les donne parmi d'autres et en laissant à 'Hornius' la responsabilité du second au moins: 'C'est ce qui se prouve encore par un autre considération. Le fondateur de l'empire du Pérou se nommait Manco ou Mancu, si nous en croyons les Américains eux-mêmes. Or Manco, ou Mancu, est manifestement le même nom que Manchew. Il faut donc que quelques colonies de Manchew soient venues s'établir en Amérique, et particulièrement au Pérou' (p.125). 'Les Huns, ou du moins une branche de ce peuple placée dans la partie la plus reculée de l'Asie, portaient le nom de Cunadani, ou Canadani, d'après Canad, endroit peu éloigné de la mer, où quelques-uns d'eux faisaient leur demeure. Leurs descendants ont bâti dans la Hongrie une ville nommée Chonad, ou Chunad, dont les habitants, aussi bien que ceux des environs, portent encore actuellement le nom de Chonadi ou Cunadi. C'est d'eux, à ce que Hornius prétend, que les sauvages du Canada tirent leur nom et leur origine' (p.123).

Voltaire aurait pu citer d'autres raisonnements de même type mentionnés par l'*Histoire* d'après Hornius. 'les Huyrones, voisins des Mogols, seraient les ancêtres des Hurons; les Hunni, ou Chuni, ceux des Chonsuli voisins de Nicaragua etc. [...]; les Turcs appelés Iyrcae par Hérodote ceux des Iroquois etc.' (p.123). 'Un Roi américain nommé Tatarax régna autrefois dans Quivara et semble avoir été d'extraction tartare; car les Turcs et les Tartares ajoutent fréquemment la particule *ax* aux noms propres de leurs princes, sans compter que le mot de Tatar se trouve dans le nom de ce roi' (p.124). Voir aussi p.122.

[25] L'*Histoire universelle* consacre effectivement un paragraphe (p.126) au ginseng: aux recherches faites à son sujet par le père Jartoux vers 1709, puis par le père Lafitau. Du fait que la plante croît à la fois au Canada et en 'Tartarie Manchew' et qu'elle

et d'ailleurs les Chinois sont de si grands navigateurs, qu'ils ont envoyé autrefois des flottes en Amérique, sans jamais conserver avec leurs colonies la moindre correspondance. [26]

A l'égard des Japonais, comme ils sont les plus voisins de l'Amérique, dont ils ne sont guère éloignés que de douze cents lieues, [27] ils y ont sans doute été autrefois; mais ils ont depuis négligé ce voyage. [28]

70

70-71   MS: l'amérique, ils y sont [TV]dont ils ne sont eloignez que de 1200 lieues[+]

---

porte dans les deux pays un nom ayant la même signification ('cuisses d'un homme'), les auteurs concluent simplement comme le père Lafitau que 'l'Amérique septentrionale tenait à la Tartarie, ou du moins à quelque pays contigu à l'une ou à l'autre'. Ils disent bien que *gin-seng* est le nom 'tartare ou chinois', mais non que ce sont les Chinois qui ont 'porté' cette plante en Amérique, comme le prétend Voltaire.

Le père Castel parle dans les *Mémoires de Trévoux* de juillet 1737 (p.1158) de la cueillette du ginseng par les Tartares Mantchoux en Tartarie orientale et de sa vente 'comme au poids de l'or à la Chine, l'once de cette plante étant à Peking à 7 à 8 onces d'argent pesant'.

[26] Voir ci-dessus note 23. Les auteurs de l'*Histoire universelle* disent bien (note p.139) que les Chinois 'ont pu [...] faire un grand commerce avec les Américains' comme l'"assurent positivement [...] Vasquez de Coronade et Acosta', et que cela 'n'empêche pas qu'ils n'aient perdu dans la suite toute connaissance du Nouveau Monde'. Mais ils cherchent à expliquer cette apparente contradiction par une analogie avec les anciens Phéniciens (note, p.140). Ils refusent d'autre part de suivre 'Paul de Venise [Marco Paulo] et Mendoza' ainsi que 'Hornius' (voir livre 2, ch.2) et Harris quand ceux-ci 'imagin[ent]' qu'un grand nombre de Chinois, chassés de leur pays par les Tartares vers l'an 1270, passèrent dans mille vaisseaux avec leur roi Facfar en Amérique, et y fondèrent l'Empire du Mexique': l'*Histoire chinoise* et 'l'historien Tartare Abu'l Ghazi Bahadur Khanne ne di[sant] pas un mot [...] de cette prétendue expédition'.

[27] Après avoir fait référence au *Voyage autour du Monde* du capitaine W. Rogers et aux *Acta eruditorum Lipsiae* anno 1717, p.133-34, l'*Histoire universelle* signale une hypothèse de ce capitaine: comme les navires qui vont des Iles Philippines au Mexique, après avoir 'gagné le 42° de latitude septentrionale, rencontrent fréquemment des bas-fonds' ceci 'indique qu'ils ne sont pas loin des côtes' et 'cette côte pourrait être [...] quelque continent inconnu aux Européens qui joint le Japon et la Californie'. Mais les auteurs de l'*Histoire* repoussent cette hypothèse.

[28] Voir ce-dessus n.23. Sur les rapports du Japon et de l'Amérique, voir aussi le compte-rendu de l'*Histoire du Japon* (du P. de Charlevoix) par le père Castel dans les

278

Voilà pourtant ce qu'on ose écrire de nos jours. Que répondre à ces systèmes, et à tant d'autres? Rien.

74   MS: ces <chimère>s ↑Vsistêmes, et a tant d'autres?+

Mémoires de Trévoux de juillet 1737 (p.1214): 'Les Japonais ne sont [...] ni de grands géographes, ni de grands navigateurs. Mais que sait-on s'ils ne l'ont pas été autrefois, surtout lorsqu'ils abordèrent pour la première fois au Japon? [...] Une certaine conformité de langage dans le peu que nous en savons me le ferait conjecturer'.

Histoire des voyages de Scarmentado, écrite par lui-même

Edition critique

par

Philip Stewart

TABLE DES MATIÈRES

INTRODUCTION   283

HISTOIRE DES VOYAGES DE SCARMENTADO, ÉCRITE
PAR LUI-MÊME   295

INTRODUCTION

Publiée en 1756, l'*Histoire des Voyages de Scarmentado* avait vraisemblablement été écrite au cours de l'hiver 1753-1754. La première raison attestée pour cette datation est l'analogie biographique avec la situation angoissante à ce moment-là d'un Voltaire dépaysé, exclu de la Prusse mais non encore admis en France. Voltaire *est* Scarmentado, nous affirme Leif Nedergaard-Hansen,[1] le conte étant 'une confidence [...] à peine transposée'. D'autant plus, ajoute Jacques van den Heuvel, qu'il est écrit à la première personne.[2] Ce rapprochement ne nous paraît guère concluant. La seconde dépend de documents précis et suffit à elle seule. Deux lettres de Voltaire à sa nièce font mention du conte en mars et avril 1754,[3] et des rapprochements beaucoup plus directs en lient le contenu avec un autre projet de la même époque, l''Histoire universelle' qui allait bientôt être rebaptisée *Essai sur les mœurs*.

Il s'agit bien évidemment d'un moment décourageant pour Voltaire qui, brouillé avec Frédéric II, se morfond – 'demeuré entre deux rois le cul à terre'[4] – en Alsace. Il sollicite auprès de Mme de Pompadour une autorisation de rentrer en France qui ne vient pas;[5] invité par le comte d'Argental d'un côté et par la

---

[1] 'Sur la date de composition de l'*Histoire des voyages de Scarmentado*', *SVEC* 2 (1956), p.273-77.

[2] *Voltaire dans ses contes: de 'Micromégas' à 'L'Ingénu'* (Paris, 1967), p.217-26; p.222.

[3] D5744, D5766. Jean-Louis Wagnière et S. G. Longchamp, seuls et sans preuve, affirment qu'il était écrit dès 1747 (*Mémoires sur Voltaire et sur ses ouvrages*, Paris, 1826, 2 vol., t.2 p.140).

[4] Lettre de Voltaire à la comtesse de Lutzelbourg, 14 septembre 1753, D5511. Les déboires de Voltaire en Prusse sont chroniqués dans André Magnan, *Dossier Voltaire en Prusse, 1750-1753*, *SVEC* 244 (1986) et Christiane Mervaud, *Voltaire et Frédéric II: une dramaturgie des Lumières*, *SVEC* 234 (1985).

[5] Voltaire à d'Argental le 21 mars 1754 (D5742). Il s'est vu signifier le 27 janvier 1754 l'interdiction d'approcher de Versailles ou de Paris (D5658).

duchesse de Saxe-Gotha et l'Electeur palatin de l'autre, il craint de se déplacer à défaut de permission explicite, et qu'on lui confisque ses rentes, le coupant ainsi de presque toutes ses ressources. [6] Il grogne, et Mme Denis, qui est à Paris, n'est pas épargnée: elle est ingrate, elle lui fait des reproches immérités, elle le trompe peut-être et cependant... il songerait à l'épouser. [7] Voltaire ne cesse en effet de faire allusion à ses 'voyages' (D5758, 4 avril 1754):

Vous ne devez être ni étonnée, ni fâchée, ni repentante de n'avoir pu dire précisément quel voyage je ferais, puisque ni vous ni moi ne le savons, puisque je ne ferai peut-être que le voyage de l'autre monde, puisque je vous ai mandé dans toutes mes lettres que je n'avais rien promis ni à l'Electeur palatin, ni a Mme la duchesse de Gotha, ni à Mme de Bareith, ni à ceux qui m'appellent en Italie, ni à ceux qui m'appellent en Angleterre. Vous savez que je me suis préparé à tout sans m'engager à rien; et que ni l'état de ma santé, ni celui de mes affaires, ni mon devoir, ni mon amitié pour vous ne me permettraient de prendre aucun parti.

Cela ne suffit pas pour créer un lien direct entre lui et Scarmentado: ce n'est guère là le sujet du conte. Scarmentado n'est pas un exilé, ne cherche pas un asile; s'il voyage c'est pour trouver un endroit agréable, et à chaque fois il quitte volontiers un lieu dont il a vu de trop près les imperfections.

Sur ces entrefaites, l'*Abrégé de l'Histoire universelle de M. de Voltaire* était publié sans autorisation par Jean Néaulme, et une autre édition à Genève. Une phrase surtout dans son introduction fait frémir la cour: 'Les historiens, semblables [...] aux rois,' déclarait-elle, 'sacrifient le genre humain à un seul homme.' Le 22 février Voltaire fait établir un acte notarié qui fait état des nombreuses fautes de cette édition et notamment rétablit la phrase de Voltaire, qui était: 'Les historiens ressemblent [...] à quelques tyrans dont ils parlent: ils sacrifient le genre humain à un seul

---

[6] Lettre de Colmar, du 10 mars 1754, au comte d'Argental (D5714).

[7] Jacob Vernet le félicite sur ses intentions dans une lettre du 16 mars 1754 (D5734).

homme.'[8] La différence était capable de faire beaucoup de tort à Voltaire. Il s'en est amèrement plaint dans une lettre écrite de Colmar à d'Argental le 21 mars 1754 (D5742):

Le roi n'est pas obligé de savoir, et d'examiner si un trait qui se trouve à la tête de cette malheureuse histoire prétendue universelle est de moi, ou n'en est pas, s'il n'a pas été inséré uniquement pour me perdre. Il a lu ce passage, et cela suffit, le passage est criminel. Il a raison d'en être très irrité; et il n'a pas le temps d'examiner les preuves incontestables que ce passage est falsifié. Il y a des impressions funestes dont on ne revient jamais, et tout concourt à me démontrer que je suis perdu sans ressource. Je me suis fait un ennemi implacable du roi de Prusse en voulant le quitter. La prétendue histoire universelle m'a attiré la colère implacable du clergé, le roi ne peut connaître mon innocence. Il se trouve enfin que je ne suis revenu en France que pour y être exposé à une persécution qui durera même après moi. Voilà mon état mon cher; et il ne faut pas se faire illusion. Je sens que j'aurais beaucoup de courage si j'avais de la santé, mais les souffrances du corps abattent l'âme, surtout lorsque l'épuisement ne me permet plus la consolation du travail.

'Le mal que m'a causé l'infâme édition de Néaulme est incroyable', confie-t-il à Mme Denis (4 avril 1754, D5758).

Car c'est par rapport à ces mêmes repères qu'un témoin, Côme Alexandre Collini, en situe la composition: 'Encore froissé des injustices qu'il venait d'éprouver', Voltaire 'composa les *Voyages de Scarmentado*, conte ingénieux, qui renferme des allusions visiblement applicables aux événements dans lesquels il avait figuré.'[9] C'est en effet en février ou mars 1754 que Voltaire a dû envoyer le manuscrit à Mme Denis, puisqu'il en parle dans une lettre à elle datant du 24 mars qui renferme quelque mystère (D5744):

---

[8] René Pomeau et Christiane Mervaud, *De la cour au jardin*, *VST* (Oxford, 1995), t.2, p.763.

[9] Côme Alexandre Collini, *Mon Séjour auprès de Voltaire* (Paris, 1807), p.61, cité par J. Van den Heuvel, *Voltaire dans ses contes*, p.217.

Ce que vous me mandez de la petite plaisanterie de *Barbarigo* et de *Scarmentado* me paraît très judicieux, mais aussi il me paraît très aisé de corriger cet endroit; je vous remercie tendrement de l'attention que vous avez eue de faire cette remarque. Je vous enverrai un feuillet qu'il sera aisé de coller à la page où se trouve cette bévue.

On ne possède aucun renseignement sur la nature de la 'bévue' qu'il importait de corriger. [10] Dans la mesure où ce '*Barbarigo*' est impliqué au même titre que *Scarmentado*, la conjecture qui en fait 'un autre conte aujourd'hui perdu' [11] est peu vraisemblable. Peut-être y aurait-il un rapport à la famille Barbarigo et en particulier à Giovanni Francesco Barbarigo (1658-1730), envoyé deux fois par la ville de Venise à la cour de Louis XIV: cardinal dès 1720, il avait travaillé pour la béatification de son oncle le cardinal Gregorio Barbarigo (1625-1697). Aux yeux de Voltaire c'était une affaire assez simple de supprimer un quiproquo accidentel (D5766, 11 avril 1754):

Une seule page corrigée dans les Voyages de Scarmentado peut mettre tout le monde à son aise. Cette bagatelle paraît assez plaisante sans être le moins du monde dangereuse. Tout cela peut être reformé en un jour ou deux; ainsi je ne vois pas pourquoi vous faites tant la difficile sur une chose si simple. Amusez-vous quand vous n'aurez rien à faire, à m'envoyer un paquet de critiques, et vous aurez bien vite satisfaction.

En tout cas, toute trace de la 'bagatelle' a dû disparaître, ne nous laissant qu'une énigme historique mineure.

L'époque est justement celle où Voltaire travaille à l'*Essai sur les mœurs*, si bien que, comme l'a affirmé Jacques van den Heuvel, 'tout le conte de Scarmentado est fait de pièces et de morceaux' qui y sont empruntés. [12] Voltaire y contemple pertinemment la con-

---

[10] On ne saurait sûrement pas s'en autoriser pour former la conjecture, avec Leif Nedergaard-Hansen, qu'il s'agissait de supprimer un séjour trop ponctuel de Scarmentado en Allemagne (qui de toute façon se qualifierait difficilement de 'bévue'): voir 'Sur la date de composition de l'*Histoire des voyages de Scarmentado*', p.273-77.

[11] René Pomeau et Christiane Mervaud, *De la cour au jardin*, *VST*, t.2, p.767.

[12] *Voltaire dans ses contes*, p.225.

centration, dans la première moitié du dix-septième siècle, de tyrannies un peu partout dans le monde. Il énumère les troubles de ce temps, surtout aux endroits mis en scène dans *Scarmentado*: l'Allemagne, la France, l'Angleterre, l'Espagne, la Chine, le Mogol, le Maroc. 'Si on parcourt l'histoire du monde, on voit les faiblesses punies, mais les grands crimes heureux, et l'univers est une vaste scène de brigandage abandonnée à la fortune.'[13] Seuls les épisodes qui ont lieu au Mogol et au Maroc, se situant historiquement après 1660, sortent d'un cadre plus étroit borné par les années 1615-1620. L'analogie directe a toutefois ses limites. Dans la liste des 'lamentable synchronismes'[14] égrenés par Voltaire audit chapitre de l'*Essai sur les mœurs* les seuls qui se retrouvent dans *Scarmentado* sont ceux qui concernent Aureng-Zeb et Mulei-Israël.

C'est dire que la cohérence chronologique est moins essentielle que la juxtaposition d'événements ayant en commun le feu et la violence humaine en dépit du normalement bon tempérament des hommes de toutes les nations. Si Scarmentado est bien témoin de vilenies et de superstitions grossières, en fin de compte c'est toujours *lui* qui veut quitter le pays où il est; il ne s'en voit pas refuser le droit d'entrer et n'en est pas expulsé. Le récit prend un autre sens si on le voit comme avant-coureur de *Candide*, dont il annonce la structure épisodique, le rythme saccadé, la syntaxe souvent parataxique (*j'arrivai, j'allai*, etc). Face aux pieuses horreurs dont il est témoin en Inde vers la fin de son périple, Scarmentado, échaudé par l'expérience, se tient coi: 'Je ne disais mot; les voyages m'avaient formé...'. Peut-être voit-on déjà, dans cette indiscrétion, poindre le 'Mais...' de Candide.

---

[13] *Essai sur les mœurs*, chap.191 (éd. Pomeau, t.2, p.757).
[14] Van den Heuvel, p.223.

Editions

w56

T.5 (la copie de la BnF, Z-24580, porte 'Tome quatrième'), p.216-27: Histoire des voyages de Scarmentado, écrite par lui-même.

w52 (1756)

T.8, p.107-16: Histoire des voyages de Scarmentado, écrite par lui-même.

w57G1

T.5, p.216-27: Histoire des voyages de Scarmentado, écrite par lui-même.

Les copies BnF Z-24580 et Bodleian e.81e (5), quoique calqués page par page, comportent quelques variantes probantes de graphie.

w57G2

T.5, p.216-27: Histoire des voyages de Scarmentado, écrite par lui-même.

so58

T.2, p.90-101: Histoire des voyages de Scarmentado, écrite par lui-même.

w64G

T.5, p.216-27: Histoire des voyages de Scarmentado, écrite par lui-même.

RR64

Recueil des romans de M. de Voltaire, [Paris], 1764. 2 vol. in-12°.

T.1, p.133-53: Histoire des voyages de Scarmentado, écrite par lui-même.

Paris, BnF: Y2 73747.

w68

T.13, p.88-95: Histoire des voyages de Scarmentado, écrite par lui-même.

w71L

T.13, p.100-108: Histoire des voyages de Scarmentado, écrite par lui-même.

w71P

T.1, p.173-86: Les Voyages de Scarmentado.

w70L (1772)

T.24, p.213-26: Les Voyages de Scarmentado.

w72P (1773)

T.24 (1773), p.173-86: Les Voyages de Scarmentado.

w75G

T.31, p.101-109: Histoire des voyages de Scarmentado.

R75

ROMANS, / ET / CONTES / PHILOSOPHIQUES, / PAR M. DE VOLTAIRE. [*barre*] / *PREMIÈRE PARTIE.* / [*barre*] / [*ornement*] / *A LONDRES.* / [*double barre*] M. DCC. LXXV. [Rouen, Machuel], 1775. 2 vol. 8°.

Note à la main dans l'exemplaire Taylor: 'contrefaçon of the "encadrée" edition of the same year, vols. 31-32'.

T.1, p.185-93: Histoire des voyages de Scarmentado, écrite par lui-même. Bengesco i.475; BnC 2510-2511.

Oxford, Taylor: V1.1775(31.B). Paris, BnF: Y2 73786.

R78

ROMANS / *ET* / CONTES / *DE* / [*caractères décorés:*] M. DE

VOLTAIRE. / [*bande décorée*] / [*ornement typographique*] / *A BOUIL-LON*, / Aux dépens de la Société typographique, / [*bande décorée*] / M. DCC. LXXVIII, 3 vol. in-8°.

T.1, p.181-97: Les Voyages de Scarmentado, écrits par lui-mème. Bengesco 1523.

Paris, BnF: Y2. 73776.

K84

T.44, p.139-49: Histoire des Voyages de Scarmentado, écrite par lui-mème.

K85

T.56, p.169-81: Histoire des Voyages de Scarmentado, écrite par lui-mème.

Traductions

ANGLETERRE

THE / HISTORY / OF THE / VOYAGES / OF / *SCARMEN-TADO*. / A SATIRE. / [*filet*] Translated from the *French* of M. DE / VOLTAIRE. / [*filet*] / *O Tempora! O Mores!* / [*filet*] / *LONDON:* / Printed and Sold by *Paul Vaillant*, facing / *Southampton-street*, in the *Strand*. / [*filet*] / MDCCLVII. 18 p.; 8°.

London, BL: 1080.h.31.(1.). ESTC T113674. Evans no.322. [15]

THE / WORKS / OF / M. DE VOLTAIRE. / Translated from the FRENCH. / WITH / NOTES, HISTORICAL, CRITICAL, / AND EXPLANATORY. / By T. Francklin, D. D. / Chaplain to his Majesty, and late Greek Professor in / the University of Cambridge. / T. Smollet, M. D. / AND OTHERS. / A NEW EDITION. / VOLUME XII. / [*double filet*] / LONDON, / Printed for S. CROWDER, T. LONGMAN, J. WILKIE, / CARNAN AND NEWBERY, G. ROBINSON, R. BALD- / WIN,

---

[15] Hywel Berwyn Evans, 'A provisional bibliography of English editions and translations of Voltaire', *SVEC* 8 (1959), p.9-121.

J. JOHNSON, F. NEWBERY, W. GOLDSMITH, / T. EVANS, and W. FOX. / MDCCLXXIX.

T.12, p.92-102: The History of the travels of Scarmentado*. Written by himself. [* The reader will at once perceive that this is a spirited satire on mankind in general, and particularly on persecution for conscience sake.] London, BL: 1341.c. Evans p.20-24.

ROMANCES, TALES / AND / SMALLER PIECES, / OF / M. DE VOLTAIRE. / [*double filet*] VOLUME THE FIRST / [*double filet*] / [*tables des deux volumes*] / [*double filet*] / LONDON: / PRINTED FOR P. DODSLEY. / 1794.

P.195-205: History of the travels of Scarmentado.

London, BL: 12236.bbb.1. Evans 5.

ITALIE

MICROMEGA / ZADIG / E DIVERSI ANEDOTTI / DI M. DE VOLTAIRE / *Tradotti dal Francese.* / [*ornement*] / NAPOLI 1785. / *Presso G. P. Merande e Comp* ... 259 p.[16]

PAYS BAS

MENGELWERKEN / VAN / WYSEBEGEERTE / GESHIED- EN LETTERKUNDE / DOOR DEN / Heer de Voltaire. / [*double ligne*] / *Uit het Fransch vertaalt.* Rotterdam, Hendrik Beman, MDCCLXVIII, 2 vol.

T.1.

Texte de l'*Histoire des voyages do Scarmentado* oclon Jcroom Vercruysse.[17]

---

[16] Theodore Besterman, 'A provisional bibliography of Italian editions and translations of Voltaire', *SVEC* 18 (1961), p.267.

[17] 'Bibliographie provisoire des traductions néerlandaises et flamandes de Voltaire', *SVEC* 116 (1973), p.19-64.

Principes de cette édition

Tout le monde s'accorde pour désigner le tome 5 d'une édition anonyme d'une 'Collection complette' des œuvres de Voltaire (sortie en fait des presses de Cramer à Genève) pour la première publication de *L'Histoire des voyages de Scarmentado*. Il porte à la page de titre: *Mélanges de litterature, d'histoire et de philosophie* et à la p.1 le titre: *Suite des mélanges* [...]. Les *Voyages de Scarmentado* y figurent en tant que chapitre soixante-huit.

Le tout est de savoir quel(s) exemplaire(s) des bibliothèques représentent authentiquement la toute première sortie d'une telle édition. Ce n'est guère facile, tant les données des faux-titres, les pages de titre, et le contenu des volumes varient, et tant sont quelquefois infimes les différences qui permettraient de les distinguer; c'est à se demander si vraiment la notion d'édition 'originale' a ici un sens précis. Le moins qu'on puisse dire est qu'on ne peut se fier pour l'établissement d'une histoire donnée aux descriptions globales des éditions 'collectives', quelle que soit l'autorité (Bengesco, BnF, Trapnell) qui les a jadis répertoriées: quand on se porte sur les rayons on trouve pour certains volumes des pages de titre et des dates variables; en fait, presque toutes les collections jusqu'au quarto de 1768 s'avèrent être des amalgames de tomaisons au moins en partie hétérogènes. En fin de compte, il faut les laisser de côté et parler d'exemplaires spécifiques.

Nous reproduisons le texte correspondant à la cote Z-24580 de la Bibliothèque nationale de France. Il comporte toutefois une anomalie curieuse, qui est un faux-titre indiquant 'tome quatrième'; il est vrai que le mot est raturé et corrigé au crayon: 'erreur pour V'. Cette simple erreur d'assemblage, sans doute, illustre la confusion qui est souvent semée entre exemplaires qu'on ne peut pas tous rassembler sur une même table pour en procéder à l'examen définitif. D'autres exemplaires également désignés 'tome cinquième' et semblant répondre au même descriptif[18] lui sont *peut-être* identiques, mais nous ne sommes pas en mesure de l'assurer.

Heureusement, en l'occurrence la question de l'*autorité* à attribuer à tel ou tel exemplaire ne se pose vraiment pas, aucun exemplaire que nous avons vu ne présentant de variantes extensives. Celles qu'on relève

[18] Z-24596, Z-24580, Arsenal 8- BL- 34049 (5) et Arsenal 8- BL-34038 (5).

servent surtout à distinguer différentes impressions les unes des autres. Nous avons bien contrôlé les deux autres éditions qui servent souvent de référence, l'édition 'encadrée' de 1775, qui avait été surveillée jusqu'à un point par Voltaire, et l'édition Kehl de 1784; encore n'y avons-nous trouvé aucune variante importante. Seule R78 offre quelques variantes intentionelles, tendant à atténuer tant soit peu l'audace du conte.

Traitement du texte de base

Nous avons supprimé l'italique pour les noms propres mais respecté leur graphie à quatre exceptions près: nous substituons *Barthélemy* à *Barthelemi*, *Delhi* à *Déli*, *Ispahan* à *Hispaham*, et *Moïse* à *Moyse*. Aussi avons-nous modernisé l'orthographe. La ponctuation a subi d'infimes corrections, par exemple quand un deux-points était suivi d'une majuscule, ou une série de deux points arguait pour en convertir certains en point-virgules.

Les caractéristiques suivantes ont été modifiées conformément à l'usage moderne.

1. Majuscules

Les mots suivants portent une majuscule: Architecture, Augustes (adj.), Cadi, Canonisée, Capitaine, Cardinal Neveu, Catholique (n.), Chrêtiens, Chrêtiennes (adj), Cocu, Corsaires, Cour, Crucifix, Diables, Dominicains (adj.), Eglises, Evêque, Famille, Familiers, Fréres, Galion, Gallicane, Gouverneur, Grec (adj.), Hibernois (adj), Iman, Infant, Infante, Isle, Jésuites, Juifs, Libertés, Latins (adj), Lois, Loix, Maison, Mahométans, Maîtres, Mandarin, Mémoires, Messe, Moines, Monde, Mosquée, Nations, Nature, Négres, Négresse, Officiers, Omras, Ordre, Pape, Parlement, Pénates, Peuple, Place, Prédicant, Prêtre, Prières, Prince, Processions, Poete, Prôfès, Rayas, Religion, République (n. commun), Roi, Royale, Reine, Sacramentelles, Sainte (adj.), Sbires, Sergent, Sherif, Souverains (n.), Tartare (adj), Terre, Trône, Ville; et les noms de langues: Arménien, Grec, Indou, Latin.

2. Consonnes

— absence de *p* dans: batisés, tems
— emploi de la consonne simple dans: apris, aparemment, apartements, apartenait, carousel échaper,

- absence de *s* final dans: cinq-cent, sai
- présence de *s* dans: fonds, isle
- *x* au lieu de *s* dans: loix
- *ʒ* au lieu de *s* dans: hazard

3. Voyelles

- absence de *e* final dans: encor
- terminaison en *é* dans: déjeuné (n.)
- *i* au lieu de *y* dans: simbole, voïager
- *y* au lieu de *i* dans: balay, rayas

4. Accents

- aigu employé au lieu de grave dans: frére, indiscréte, infidéles, méres, Négres, pére, premiére, priére, régne, sincérement
- aigu employé au lieu de grave dans: extrémement
- grave employé au lieu de circonflexe dans: tètes
- circonflexe au lieu d'aigu dans: Chrêtiens
- circonflexe ajouté dans: lû, pourvû, nôtre, toûjours, vû
- tréma ajouté dans: jouïr
- absence de circonflexe au subjonctif dans: eut
- absence d'accent dans: ame, bruler, déja, exagerait, graces, parait, primes, sherif

5. Trait d'union

- présent dans: aussi-bien, cent-quarante, cinq-cent, cinq-millions, trente-mille; et dans tous les composés avec *très*: très-belles, très-bonne, très-content, très-douce, très-frais, très-indiscrétement, très-pieux

HISTOIRE DES VOYAGES DE SCARMENTADO,[1]
ÉCRITE PAR LUI-MÊME

Je naquis dans la ville de Candie[2] en 1600. Mon père en était gouverneur; et je me souviens qu'un poète médiocre qui n'était pas médiocrement dur, nommé Iro,[3] fit de mauvais vers à ma louange, dans lesquels il me faisait descendre de Minos en droite ligne: mais mon père ayant été disgracié, il fit d'autres vers où je ne descendais   5 plus que de Pasiphaé et de son amant.[4] C'était un bien méchant homme que cet Iro, et le plus ennuyeux coquin qui fût dans l'île.

Mon père m'envoya à l'âge de quinze ans étudier à Rome. J'arrivai dans l'espérance d'apprendre toutes les vérités, car jusque-là on m'avait enseigné tout le contraire, selon l'usage de   10 ce bas monde depuis la Chine jusqu'aux Alpes. Monsignor[5] Profondo, à qui j'étais recommandé, était un homme singulier, et un des plus terribles savants qu'il y eût au monde. Il voulut m'apprendre les catégories d'Aristote,[6] et fut sur le point de me

---

[1] *Escarmentado*, en espagnol, signifie (celui qui a été) rudement repris ou châtié. Sylvain Menant propose une construction alternative: 'doué d'un esprit (*mentado*) + maigre (*scarso*)' (*Contes en vers et en prose*, t.1, Paris, 1992, p.453-54).

[2] Capitale de la Crête.

[3] Anagramme de Roi (Roy): il s'agit du satirique Pierre Charles Roy (1683-1764), auquel Gacon avait donné le sobriquet de 'Roitelet' (George B. Watts, 'François Gacon and his enemies', *Philological quarterly* 3 (1924), p.58-68; p.67), qui avait composé en 1733 un 'Essai d'apologie des auteurs censurés dans *Le Temple du goût*'; Voltaire l'égratigne dans l'*Épître sur la calomnie*, 1733 (M, t.10, p.283). Voltaire l'avait appelé un 'méchant homme' (D4523, vers juillet 1751), un 'misérable que la société devrait exterminer à frais communs' (D4034, 12 octobre 1749), 'un vilain' et un 'scorpion, qu'on ne peut écraser' (D3970, 29 juillet 1749). Cf. *Dictionnaire des journalistes*, p.495, et Gustave L. Van Roosbroeck, 'A quarrel of poets: Voltaire, Moncrif, and Roy', *Philological quarterly* 2 (1923), p.209-23.

[4] Le Minotaure était fruit de l'adultère de Pasiphaé avec un taureau. Minos était roi de la Crête dans la mythologie grecque.

[5] Le titre, étant normalement réservé aux hauts prélats, serait ici moqueur.

[6] 'Les anciens philosophes ont la plupart établi dix catégories après Aristote;

mettre dans la catégorie de ses mignons: je l'échappai belle. Je vis   15
des processions, des exorcismes, et quelques rapines. On disait,
mais très faussement, que la signora Olimpia, personne d'une
grande prudence, vendait beaucoup de choses qu'on ne doit point
vendre. [7] J'étais dans un âge où tout cela me paraissait fort plaisant.
Une jeune dame de mœurs très douces, nommée la signora Fatélo, [8]   20
s'avisa de m'aimer. Elle était courtisée par le Révérend Père
Poignardini, et par le Révérend Père Aconiti, [9] jeunes profès
d'un ordre qui ne subsiste plus: elle les mit d'accord en me donnant
ses bonnes grâces; mais en même temps je courus risque d'être
excommunié, et empoisonné. Je partis très content de l'architecture   25
de St Pierre.

Je voyageai en France; c'était le temps du règne de Louis le
juste. [10] La première chose qu'on me demanda, ce fut, si je voulais à
mon déjeuner un petit morceau du maréchal d'Ancre, dont le
peuple avait fait rôtir la chair, et qu'on distribuait à fort bon compte   30
à ceux qui en voulaient. [11]

---

toutes les substances sont comprises sous la première, et tous les accidents sous les
neuf autres: la quantité, la qualité, la relation, l'action, la passion, le temps, le lieu, la
situation, l'habitude ou la disposition' (article 'Catégorie', *Dictionnaire de Trévoux*,
1743). Le chapitre 6 de *Zadig* se termine également sur une satire des enseignements
traditionnels.

[7] Olimpia Maidalchini-Pamfili ou Maldachini (1594-1656). Voltaire écrit à l'article
du pape Innocent X, dans *Le Siècle de Louis XIV*, qu'il était connu 'pour avoir été
gouverné par la Dona Olympia, sa belle-sœur, qui vendit sous son pontificat tout ce
qui pouvait se vendre' (*OH*, p.1115). Gregorio Leti exposa le scandale de sa vie dans
Vita di Donna Olimpia Maidalchini Pamfili (1666).

[8] 'Faites-le' en italien.

[9] L'*aconit* est le nom d'un poison connu depuis l'antiquité.

[10] Louis XIII, qui régna de 1610 à 1643.

[11] Il s'agit du Florentin Concino Concini (1575-1617), assassiné dans la cour du
Louvre le 24 avril 1617. On lit au chapitre 175 de l'*Essai sur les mœurs*: 'Le jeune roi, à
qui on avait donné dans son enfance le surnom de Juste, consent à l'assassinat de son
premier ministre. [...] La populace, toujours extrême, toujours barbare, quand on lui
lâche la bride, va déterrer le corps de Concini, inhumé à Saint-Germain l'Auxerrois,
le traîne dans les rues, lui arrache le cœur; et il se trouva des hommes assez brutaux
pour le griller publiquement sur des charbons, et pour le manger' (éd. René Pomeau,
Paris, Classiques Garnier, 1963, t.2, p.572-73).

Cet Etat était continuellement en proie aux guerres civiles, quelquefois pour une place au Conseil, quelquefois pour deux pages de controverse. Il y avait plus de soixante ans que ce feu tantôt couvert et tantôt soufflé avec violence désolait ces beaux   35
climats. C'étaient là les libertés de l'Eglise gallicane. Hélas, dis-je, ce peuple est pourtant né doux: qui peut l'avoir tiré ainsi de son caractère? Il plaisante, et il fait des St-Barthélémy. Heureux le temps où il ne fera que plaisanter!

Je passai en Angleterre: les mêmes querelles y excitaient les   40
mêmes fureurs. De saints catholiques avaient résolu, pour le bien de l'Eglise, de faire sauter en l'air avec de la poudre, le roi, la famille royale, et tout le parlement, et de délivrer l'Angleterre de ces hérétiques. [12] On me montra la place où la bienheureuse reine Marie, fille de Henri VIII, avait fait brûler plus de cinq cents de ses   45
sujets. [13] Un prêtre hibernois [14] m'assura que c'était une très bonne action; premièrement, parce que ceux qu'on avait brulés étaient Anglais; en second lieu, parce qu'ils ne prenaient jamais d'eau bénite, et qu'ils ne croyaient pas au trou de St Patrice. [15] Il s'étonnait surtout que la reine Marie ne fût pas encore canonisée;   50
mais il espérait qu'elle le serait bientôt, quand le cardinal neveu [16] aurait un peu de loisir.

46   R78: prêtre irlandais m'assura
49   W71L: bénite, qu'ils

[12] Allusion au *gunpowder plot* (conspiration des poudres) de 1605 dont l'objet était d'assassiner le roi avec l'aristocratie parlementaire en faisant sauter les chambres du parlement le 5 novembre, jour de l'ouverture officielle des séances.

[13] Marie Tudor, surnommée 'Bloody Mary' pour sa persécution des protestants.

[14] Irlandais (de *Hibernia*, nom latin de l'Irlande).

[15] Une autre allusion au trou de St Patrice dans les *Questions sur les miracles* (1765), lettre VII, porte cette note de Voltaire: 'Le trou St Patrice est très fameux en Irlande; c'est par là que ces messieurs disent qu'on descend en enfer' (*M*, t.25, p.398).

[16] '*Cardinal Neveu*, est celui qui est neveu du Pape vivant' (*Dictionnaire de Trévoux*). En l'occurrence, il s'agit peut-être de Scipione Caffarelli, plus tard Scipione Borghese (1576-1633), neveu du pape Paul V (1605-1621). La pratique d'élever un neveu au cardinalat, qui remontait au Moyen Age, donnait son nom au népotisme (du latin *nepos*, neveu); en 1667 Gregorio Leti (lui-même neveu d'un

J'allai en Hollande, où j'espérais trouver plus de tranquillité chez des peuples plus flegmatiques. On coupait la tête à un vieillard vénérable lorsque j'arrivai à La Haye. C'était la tête chauve du 55 premier ministre Barnevelt, l'homme qui avait le mieux mérité de la République. [17] Touché de pitié je demandai quel était son crime, et s'il avait trahi l'Etat? Il a fait bien pis, me répondit un prédicant à manteau noir: c'est un homme qui croit que l'on peut se sauver par les bonnes œuvres aussi bien que par la foi. [18] Vous sentez bien que 60 si de telles opinions s'établissaient, une république ne pourrait subsister, et qu'il faut des lois sévères pour réprimer de si scandaleuses horreurs. Un profond politique du pays me dit en soupirant: Hélas! monsieur, le bon temps ne durera pas toujours: ce n'est que par hasard que ce peuple est si zélé; le fond de son 65 caractère est porté au dogme abominable de la tolérance: [19] un jour il y viendra: cela fait frémir: pour moi, en attendant que ce temps funeste de la modération et de l'indulgence fût arrivé, je quittai bien vite un pays où la sévérité n'était adoucie par aucun agrément, et je m'embarquai pour l'Espagne. 70

63   R78: scandaleuses erreurs.
64   R78: monsieur, ce bon.

évêque) publiait *Il Nipotismo di Roma, o vero relatione delle ragioni che muovono i Pontefici all'aggrandimento de' Nipoti.*

[17] Johan van Oldenbarneveldt (1549-1619), grand-pensionnaire de Hollande, fut accusé d'avoir livré la Hollande aux Espagnols et condamné en 1619; Voltaire raconte l'événement et les querelles qui l'ont précipité au chapitre 187 de l'*Essai sur les mœurs*.

[18] Van Oldenbarneveldt soutenait le partie de Jacob Arminius dans un combat contre l'Eglise réformée des Pays-Bas au sujet de la prédestination.

[19] Au dix-septième siècle le mot *tolérance* était nettement péjoratif; la définition donnée par le premier *Dictionnaire de l'Académie* (1694) – 'Souffrance, indulgence qu'on a pour ce qu'on ne peut empêcher' – suppose que la suppression pure et simple est préférable quand on en a les moyens. Au dix-huitième siècle au contraire le mouvement philosophique s'efforce de le rendre positif, et souhaitable; Voltaire écrira dans le *Dictionnaire philosophique* (article 'Tolérance'): 'La discorde est le grand mal du genre humain, et la tolérance est le seul remède.'

La cour était à Séville; les galions étaient arrivés; [20] tout respirait l'abondance et la joie dans la plus belle saison de l'année. Je vis au bout d'une allée d'orangers et de citronniers une espèce de lice immense entourée de gradins couverts d'étoffes précieuses. Le roi, la reine, les infants, les infantes, étaient sous un dais superbe. Vis-à- 75 vis de cette auguste famille était un autre trône, mais plus élevé. Je dis à un de mes compagnons de voyage: A moins que ce trône ne soit réservé pour Dieu, je ne vois pas à quoi il peut servir. Ces indiscrètes paroles furent entendues d'un grave Espagnol, et me coûtèrent cher. Cependant je m'imaginais que nous allions voir 80 quelque carrousel ou quelque fête de taureaux, lorsque le Grand Inquisiteur parut sur ce trône, d'où il bénit le roi et le peuple.

Ensuite vint une armée de moines défilant deux à deux, blancs, noirs, gris, chaussés, déchaussés, avec barbe, sans barbe, avec capuchon pointu, et sans capuchon: [21] puis marchait le bourreau; 85 puis on voyait au milieu des alguazils [22] et des Grands environ quarante personnes couvertes de sacs sur lesquels on avait peint des diables et des flammes. [23] C'étaient des juifs qui n'avaient pas voulu renoncer absolument à Moïse; [24] c'étaient des chrétiens qui avaient épousé leurs commères, [25] ou qui n'avaient pas adoré Notre Dame 90

---

[20] Sous-entendu: chargés d'or américain, qui créa longtemps une prospérité factice.

[21] Voltaire satirise ces disputes de forme entre ordres monastiques à la manière de l'*Encyclopédie* (voir les articles 'Capuchon' et 'Cordeliers', et la discussion de Diderot dans l'article 'Encyclopédie').

[22] Alguazil: 'Sergent, huissier, exempt, officier de justice qui exécute les ordres d'un magistrat' (*Dictionnaire de Trévoux*).

[23] On retrouve ces flammes et ces diables sur les mitres de Candide et Pangloss au chapitre 6 de *Candide*.

[24] Dans l'Espagne réunie par Ferdinand et Isabelle, les juifs – comme les musulmans – étaient contraints de se convertir au christianisme ou s'exiler; comme le suggère le terme *absolument*, ces conversions forcées n'étaient pas toujours sincères et certains continuaient de pratiquer leur religion en cachette.

[25] En principe, le mariage entre le parrain et la marraine d'un même enfant était défendu, de même que les 'lois divines et humaines' s'opposeront au mariage de l'Ingénu avec sa marraine (*L'Ingénu*, ch.5).

d'Atocha,[26] ou qui n'avaient pas voulu se défaire de leur argent comptant en faveur des Frères hiéronymites.[27] On chanta dévotement de très belles prières, après quoi on brûla à petit feu tous les coupables; de quoi toute la famille royale parut extrêmement édifiée.

Le soir dans le temps que j'allais me mettre au lit arrivèrent chez moi deux familiers de l'Inquisition[28] avec la Sainte Hermandad:[29] ils m'embrassèrent tendrement, et me menèrent sans me dire un seul mot dans un cachot très frais, meublé d'un lit de natte, et d'un beau crucifix. Je restai là six semaines, au bout desquelles le Révérend Père Inquisiteur m'envoya prier de venir lui parler: il me serra quelque temps entre ses bras avec une affection toute paternelle; il me dit qu'il était sincèrement affligé d'avoir appris que je fusse si mal logé; mais que tous les appartements de la maison étaient remplis, et qu'une autre fois il espérait que je serais plus à mon aise. Ensuite il me demanda cordialement si je ne savais pas pourquoi j'étais là. Je dis au Révérend Père que c'était apparemment pour mes péchés. Eh bien, mon cher enfant, pour quel péché? parlez-moi avec confiance. J'eus beau imaginer, je ne devinai point; il me mit charitablement sur les voies.

Enfin je me souvins de mes indiscrètes paroles. J'en fus quitte

95

100

105

110

---

[26] 'Cette Notre Dame est de bois; elle pleure tous les ans, le jour de sa fête; et le peuple pleure aussi' (note de Voltaire au *Journal de la cour de Louis XIV* de Dangeau, *OCV*, t.71A, p.303).

[27] 'C'est une espèce de religieux qu'on appelle Hermites de saint Jérôme. Ils suivent la règle de saint Augustin, et sont habillés d'un gris tanné. Il y a de ces religieux en Espagne, en Italie, et même en France' (*Dictionnaire de Trévoux*).

[28] C'est 'le nom qu'on donne aux sergents, ou autres moindres officiers de l'Inquisition. *Familiaris*. Ces offices sont exercés par la noblesse, qui pour cela a de grands privilèges, et qui ne peut être poursuivie en un autre tribunal' (*Dictionnaire de Trévoux*). Henri Bénac (Voltaire, *Romans et contes*, Classiques Garnier, 1960, p.634) constate que Voltaire doit son information sur ces procédures, comme au chapitre 6 de *Candide*, à la *Relation de l'Inquisition de Goa* (1688) de Gabriel Dellon.

[29] Sorte de maréchaussée ('sainte fraternité') formée pour le maintien de l'ordre; on la retrouve au chapitre 10 de *Candide*.

pour la discipline[30] et une amende de trente mille réales. On me
mena faire la révérence au Grand Inquisiteur: c'était un homme
poli, qui me demanda comment j'avais trouvé sa petite fête? Je lui
dis que cela était délicieux, et j'allai presser mes compagnons de   115
voyage de quitter ce pays, tout beau qu'il est. Ils avaient eu le temps
de s'instruire de toutes les grandes choses que les Espagnols avaient
faites pour la religion. Ils avaient lu les mémoires du fameux
évêque de Chiapa,[31] par lesquels il paraît qu'on avait égorgé ou
brûlé ou noyé dix millions d'infidèles en Amérique pour les   120
convertir. Je crus que cet évêque exagérait; mais quand on réduirait
ces sacrifices à cinq millions de victimes, cela serait encore
admirable.

Le désir de voyager me pressait toujours. J'avais compté finir
mon tour de l'Europe par la Turquie; nous en prîmes la route. Je   125
me proposai bien de ne plus dire mon avis sur les fêtes que je
verrais. Ces Turcs, dis-je à mes compagnons, sont des mécréants,
qui n'ont point été baptisés, et qui par conséquent seront bien plus
cruels que les Révérends Pères Inquisiteurs. Gardons le silence
quand nous serons chez les mahométans.   130

J'allai donc chez eux. Je fus étrangement surpris de voir en
Turquie beaucoup plus d'églises chrétiennes qu'il n'y en avait dans
Candie. J'y vis jusqu'à des troupes nombreuses de moines, qu'on
laissait prier la vierge Marie librement, et maudire Mahomet; ceux-
ci en grec, ceux-là en latin, quelques autres en arménien.[32] Les   135

---

[30] C'est 'l'instrument avec lequel on châtie, avec lequel on se mortifie, qui
ordinairement est fait de cordes nouées, de crin, de parchemin tortillé' (*Dictionnaire
de Trévoux*).

[31] Bartolomé de Las Casas (1474-1566), évêque de Chiapas mais critique sévère
des excès du colonialisme; sa célèbre *Brevissima relación de la destrucción de las Indias*
(1552) alimentait toutes les critiques des conquérants européens. Le titre de la
traduction de Jacques de Miggrode (1579) renchérit: *Histoire admirable des horribles
insolences, cruautés et tyrannies exercées par les Espagnols ès Indes occidentales*.

[32] Voltaire écrit dans l'*Essai sur les mœurs* que 'les Turcs ne traitent pas toujours les
chrétiens aussi barbarement que nous nous le figurons. Aucune nation chrétienne ne
souffre que les Turcs aient chez elle une mosquée, et les Turcs permettent que tous
les Grecs aient des églises' (ch.91; éd. René Pomeau, t.1, p.822).

bonnes gens que les Turcs! m'écriai-je. Les chrétiens grecs, et les chrétiens latins étaient ennemis mortels dans Constantinople:[33] ces esclaves se persécutaient les uns les autres, comme des chiens qui se mordent dans la rue, et à qui leurs maîtres donnent des coups de bâton pour les séparer. Le grand Vizir protégeait alors les Grecs. [140] Le Patriarche grec m'accusa d'avoir soupé chez le Patriarche latin, et je fus condamné en plein Divan[34] à cent coups de latte sur la plante des pieds, rachetables de cinq cents sequins.[35] Le lendemain le grand Vizir fut étranglé; le surlendemain son successeur, qui était pour le parti des Latins, et qui ne fut étranglé qu'un mois [145] après, me condamna à la même amende pour avoir soupé chez le Patriarche grec. Je fus dans la triste nécessité de ne plus fréquenter ni l'église grecque ni la latine. Pour m'en consoler je pris à loyer une fort belle Circassienne,[36] qui était la personne la plus tendre dans le tête-à-tête, et la plus dévote à la mosquée. Une nuit dans les [150] doux transports de son amour elle s'écria en m'embrassant, *Alla, Illa, Alla*:[37] ce sont les paroles sacramentelles des Turcs; je crus que c'était celles de l'amour: je m'écriai aussi fort tendrement: *Alla, Illa, Alla*. Ah! me dit-elle, le Dieu miséricordieux soit loué, vous êtes Turc. Je lui dis, que je le bénissais de m'en avoir donné la force, [155]

---

[33] 'Depuis ce temps [de Mehmet II], les sultans osmanlis ont toujours fait un patriarche qu'on nomme œcuménique; le pape en nomme un autre qu'on appelle le patriarche latin; chacun d'eux, taxé par le divan, rançonne à son tour son troupeau. Ces deux Eglises, également gémissantes, sont irréconciliables; et le soin d'apaiser leurs querelles n'est pas aujourd'hui une des moindres occupations des sultans, devenus les modérateurs des chrétiens aussi bien que leurs vainqueurs' (*EM*, ch.91).

[34] 'Chambre du conseil: tribunal où on rend la justice dans les pays orientaux' (*Dictionnaire de Trévoux*).

[35] 'Espèce de monnaie d'or valant environ sept francs, monnaie de France. [...] Elle a grand cours dans le Levant' (*Dictionnaire de Trévoux*).

[36] 'Les *Circassiennes* sont fort bien faites, et ont le visage beau, le teint blanc et uni, les joues fort colorées [...]. Les Princes et les Seigneurs d'Asie remplissent leurs sérails de *Circassiennes*' (*Dictionnaire de Trévoux*).

[37] *La-Ilaha-Illa-Allah*: Il n'est de dieu qu'Allah. Voltaire se sert quelquefois ironiquement de cette formule sacrée à l'Islam dans sa correspondance à cette époque (v. par ex. lettres D2649 à Cideville du 1er septembre 1742 et D2671 à Aunillion vers octobre 1742).

et je me crus trop heureux. Le matin l'iman vint pour me circoncire;[38] et comme je fis quelque difficulté, le cadi[39] du quartier, homme loyal, me proposa de m'empaler: je sauvai mon prépuce et mon derrière avec mille sequins, et je m'enfuis vite en Perse, résolu de ne plus entendre ni messe grecque ni latine en Turquie, et de ne plus crier *Alla, Illa, Alla*, dans un rendez-vous.

160

En arrivant à Hispaham, on me demanda si j'étais pour le mouton noir ou pour le mouton blanc? Je répondis que cela m'était fort indifférent, pourvu qu'il fût tendre. Il faut savoir que les factions du *Mouton blanc* et du *Mouton noir* partageaient encore les Persans.[40] On crut que je me moquais des deux partis, de sorte que je me trouvai déjà une violente affaire sur les bras aux portes de la ville: il m'en coûta encore grand nombre de sequins pour me débarrasser des Moutons.

165

Je poussai jusqu'à la Chine, avec un interprète, qui m'assura que c'était là le pays où l'on vivait librement, et gaiement. Les Tartares s'en étaient rendus maîtres, après avoir tout mis à feu et à sang;[41] et les Révérends Pères jésuites d'un côté, comme les Révérends Pères dominicains de l'autre, disaient qu'ils y gagnaient des âmes à Dieu, sans que personne en sût rien. On n'a jamais vu de convertisseurs si zélés; car ils se persécutaient les uns les autres tour à tour: ils écrivaient à Rome des volumes de calomnies; ils se traitaient d'infidèles, et de prévaricateurs pour une âme. Il y avait surtout une

170

175

178   R78: pour un rien.

[38] Depuis la première des *Lettres philosophiques*, Voltaire ironise sur la perpétuation de cette pratique dans le christianisme comme dans le judaïsme et l'islam: 'Eh bien, dit [le quaker], l'ami, tu es chrétien sans être circoncis, et moi, sans être baptisé' (Lettre 1).

[39] 'C'est le nom qu'on a donné aux juges des causes civiles chez les Sarrasins et les Turcs' (*Dictionnaire de Trévoux*).

[40] Au chapitre 88 de l'*Essai sur les mœurs* Voltaire évoque le déplacement en Perse des descendants de Tamerlan par 'une autre dynastie de princes tartares de la faction du *mouton blanc*'.

[41] C'était sous leur premier roi Taïtsou que les Tartares mandchous ont établi leur empire: voir *Essai sur les mœurs*, ch.191 (éd. Pomeau, t.2, p.787).

303

horrible querelle entr'eux sur la manière de faire la révérence. Les jésuites voulaient que les Chinois saluassent leurs pères et leurs mères à la mode de la Chine; et les dominicains voulaient qu'on les saluât à la mode de Rome. [42] Il m'arriva d'être pris par les jésuites pour un dominicain. On me fit passer chez Sa Majesté tartare pour un espion du pape. Le Conseil suprême chargea un premier mandarin, qui ordonna à un sergent, qui commanda à quatre sbires du pays de m'arrêter et de me lier en cérémonie. Je fus conduit après cent quarante génuflexions devant Sa Majesté. Elle me fit demander si j'étais l'espion du pape, et s'il était vrai que ce prince dût venir en personne le détrôner? Je lui répondis, que le pape était un prêtre de soixante et dix ans; [43] qu'il demeurait à quatre mille lieues de Sa Sacrée Majesté tartaro-chinoise; qu'il avait environ deux mille soldats qui montaient la garde avec un parasol; qu'il ne détrônait personne, et que Sa Majesté pouvait dormir en sûreté. Ce fut l'aventure la moins funeste de ma vie. On m'envoya à Macao, d'où je m'embarquai pour l'Europe.

Mon vaisseau eut besoin d'être radoubé [44] vers les côtes de Golconde. [45] Je pris ce temps pour aller voir la cour du grand Aureng-Zeb [46] dont on disait merveilles dans le monde: il était

180

185

190

195

198   w71P: disait merveille
     w71L: disait des merveilles

[42] Cf. *Siècle de Louis XIV*, ch.39: 'Les dominicains déférèrent les usages de la Chine à l'inquisition de Rome, en 1645. [...] Les jésuites soutinrent la cause des Chinois et de leurs pratiques' (*OH*, éd. Pomeau, 1957, p.1103). 'Il y avait une grande querelle dans Babylone, qui durait depuis quinze cents années, et qui partageait l'empire en deux sectes opiniâtres: l'une prétendait qu'il ne fallait jamais entrer dans le temple de Mithra que du pied gauche; l'autre avait cette coutume en abomination, et n'entrait jamais que du pied droit' (*Zadig* [1747], ch.17.)

[43] Innocent X (1574-1655) avait soixante-dix ans quand commença son règne en 1644.

[44] Radouber: 'Calfeutrer, rétablir un vaisseau, le mettre en état d'être remis en mer, quand il a été endommagé en quelqu'une de ses parties' (*Dictionnaire de Trévoux*).

[45] Un royaume dans l'Inde.

[46] Empereur moghol (1618-1707), couronné à Delhi en 1659 après avoir fait

304

alors dans Déli. J'eus la consolation de l'envisager le jour de la pompeuse cérémonie dans laquelle il reçut le présent céleste que lui envoyait le shérif de la Mecque. C'était le balai avec lequel on avait balayé la maison sainte, le *Caaba*,[47] le *Beth Alla*.[48] Ce balai est le symbole qui balaie toutes les ordures de l'âme. Aureng-Zeb ne paraissait pas en avoir besoin. C'était l'homme le plus pieux de tout l'Indoustan. Il est vrai qu'il avait égorgé un de ses frères et empoisonné son père. Vingt raïas[49] et autant d'omras étaient morts dans les supplices, mais cela n'était rien, et on ne parlait que de sa dévotion. On ne lui comparait que la Sacrée Majesté du Sérénissime Empereur de Maroc Muley Ismaël[50] qui coupait des têtes tous les vendredis après la prière. 200 205 210

Je ne disais mot; les voyages m'avaient formé, et je sentais qu'il ne m'appartenait pas de décider entre ces deux augustes souverains. Un jeune Français avec qui je logeais manqua, je l'avoue, de respect à l'Empereur des Indes et à celui de Maroc. Il s'avisa de dire très indiscrètement qu'il y avait en Europe de très pieux souverains qui gouvernaient bien leurs Etats, et qui fréquentaient même les églises sans pourtant tuer leurs pères et leurs frères, et sans couper les têtes de leurs sujets. Notre interprète transmit en indou le 215

---

assassiner ses trois frères et emprisonner son père; son histoire fait le sujet de François Bernier dans son *Histoire de la dernière révolution des Etats du Grand Mogol* (Paris, Claude Barbin, 1670). Aussi lit-on dans l'*Essai sur les mœurs*: 'Aurengzeb, dans le Mogol, se révoltait contre son père; il le fit languir en prison, et jouit paisiblement du fruit de ses crimes' (ch.191; éd. René Pomeau, t.2, p.716). Dryden en tira une tragédie jouée en 1675.

[47] Le Caaba est une construction cuboïde au milieu de la maison de Dieu à la Mecque qui est censée remonter aux patriarches d'Israël. Le gouverneur de la Mecque et des invités d'honneur la balaient dans une cérémonie qui a lieu deux fois par an.

[48] 'Maison d'Allah'.

[49] Rajas: 'Roi ou Prince idolâtre des Indiens' (*Dictionnaire de Trévoux*).

[50] 'Le plus grand des tyrans, Mulei-Ismaël [1646-1727], exerçait dans l'empire du Maroc de plus horribles cruautés. Ces deux usurpateurs, Aureng-Zeb et Mulei-Ismaël, furent de tous les rois de la terre ceux qui vécurent le plus heureusement et le plus longtemps' (*EM*, ch.191). Ce sont aussi les deux seuls régnants du conte dont les dates ne cadrent pas avec la période autour de 1615-1626.

discours impie de mon jeune homme. Instruit par le passé, je fis vite seller mes chameaux: nous partîmes le Français et moi. J'ai su depuis que la nuit même les officiers du grand Aureng-Zeb étant venus pour nous prendre, ils ne trouvèrent que l'interprète. Il fut exécuté en place publique, et tous les courtisans avouèrent sans flatterie que sa mort était très juste.

Il me restait de voir l'Afrique, pour jouir de toutes les douceurs de notre continent. Je la vis en effet. Mon vaisseau fut pris par des corsaires nègres. Notre patron fit de grandes plaintes; il leur demanda pourquoi ils violaient ainsi les lois des nations? Le capitaine nègre lui répondit: Vous avez le nez long, et nous l'avons plat; vos cheveux sont tout droits, et nôtre laine est frisée; vous avez la peau de couleur de cendre, et nous de couleur d'ébène; par conséquent nous devons, par les lois sacrées de la nature, être toujours ennemis. Vous nous achetez aux foires de la côte de Guinée comme des bêtes de somme, pour nous faire travailler à je ne sais quel emploi aussi pénible que ridicule. Vous nous faites fouiller à coups de nerf de bœuf dans des montagnes, pour en tirer une espèce de terre jaune, qui par elle-même n'est bonne à rien,[51] et qui ne vaut pas à beaucoup près un bon oignon d'Egypte; aussi quand nous vous rencontrons, et que nous sommes les plus forts, nous vous faisons esclaves, nous vous faisons labourer nos champs, ou nous vous coupons le nez et les oreilles.

On n'avait rien à répliquer à un discours si sage. J'allai labourer le champ d'une vieille négresse, pour conserver mes oreilles et mon nez. On me racheta au bout d'un an. J'avais vu tout ce qu'il y a de beau, de bon et d'admirable sur la terre: je résolus de ne plus voir que mes pénates.[52] Je me mariai chez moi: je fus cocu, et je vis que c'était l'état le plus doux de la vie.

---

[51] A rapprocher de la boue d'or à Eldorado au chapitre 18 de *Candide*.

[52] Candie; le fait que la ville à été détruite par les Ottomans en 1669 ('Le vizir et Morosini firent donc la paix, dont le prix fut la ville de Candie, réduite en cendres, et où il ne resta qu'une vingtaine de chrétiens malades', *EM*, ch.191) n'est pas pertinent dans cette histoire.

Des génies
De l'astrologie
De la magie
Des possédés

Edition critique

par

Nicholas Cronk, Basil Guy,
Jacqueline Hellegouarc'h
et Michel Mervaud

TABLE DES MATIÈRES

INTRODUCTION 309

DES GÉNIES 335

DE L'ASTROLOGIE 339

DE LA MAGIE 346

DES POSSÉDÉS 350

INTRODUCTION

1. Une tétralogie: *Des génies*, *De l'astrologie*, *De la magie* et *Des possédés*[1]

En 1759, le jeune marquis de Pezay – il a dix-huit ans – écrit à Voltaire pour la première fois. Le futur poète veut se faire connaître, il veut aussi flatter le grand écrivain, et il cite une de ses œuvres:

Oui, depuis la lecture de vos chapitres sur la magie, les génies, etc., je commence à n'avoir plus peur des revenants. C'est à vous à qui je dois cette noble curiosité, nourrie de l'âme et de l'esprit, sans vous les beaux-arts et les belles-lettres seraient pour moi sans appas, ce n'est qu'à vous enfin que je dois l'amour des hommes.[2]

L'œuvre qu'il choisit n'est pas des plus connues: il s'agit d'un ensemble de quatre 'petits chapitres', à savoir *Des génies*, *De l'astrologie*, *De la magie* et *Des possédés*. Conçus comme un ensemble – Voltaire les composa à la fin de 1755 ou au début de janvier 1756 –, ils parurent pour la première fois au printemps de 1756, dans la *Suite des Mélanges de littérature, d'histoire et de philosophie* (chapitres 73-76), dans le tome 5 de la *Collection complète des Œuvres de M. de Voltaire* éditée par Cramer (w56). Ces quatre chapitres forment un tout – c'est ainsi que Pezay s'y réfère – et la structure de l'ensemble ne changera pas du vivant de Voltaire dans les éditions successives de ses œuvres complètes. La traduction anglaise de Smollett, qui paraît dans les années 1760,

[1] Basil Guy a rédigé la présentation et l'annotation de *Des génies*; Jacqueline Hellegouarc'h s'est chargée de *De l'astrologie*; et Michel Mervaud a assurée la présentation et l'annotation de *De la magie* et *Des possédés*.

[2] Institut et musée Voltaire MS-CB-02; D9031 ne donne qu'une édition partielle de cette lettre.

respecte également l'intégrité de ces quatre chapitres. L'ensemble demeure une entité stable, et Voltaire n'eut jamais l'idée de publier séparément les articles, ni d'en changer l'ordre. Ceci diffère de sa pratique habituelle qui consiste à se servir de ses 'petits chapitres' pour proposer des mélanges recomposés au fil des nouvelles éditions. Ce sont les éditeurs de Kehl qui ont séparé ces quatre articles pour la première fois, en les plaçant par ordre alphabétique dans cette création qu'ils appellent *Dictionnaire philosophique*, aux dépens, évidemment, de l'intégrité de la structure de l'ensemble tel que l'avait conçu Voltaire. Nous réassemblons ici cette tétralogie pour la première fois depuis l'édition encadrée.

Ces réflexions sur la magie fournissent à Voltaire une nouvelle occasion de s'en prendre à la superstition et à la crédulité. Le sujet le tracasse depuis bien longtemps: en lisant Bayle, il marque un passage avec un signet, sur lequel il écrit 'sur les sorciers'. [3] Comme l'écrit Robert Muchembled: 'Une active lutte pour le contrôle de l'imaginaire diabolique se déroula en effet durant tout le dix-huitième siècle.' [4] La 'religion' de Voltaire se définit en fin de compte moins par ce qu'il croit que par ce qu'il ne croit pas, par les concepts qu'il récuse, comme, par exemple, la notion du diable: parmi les philosophes, Voltaire est le seul à s'intéresser autant à la critique de Satan, thème récurrent du libertinage du siècle précédent. [5] De même Voltaire revient sans cesse à l'idée de la magie, et plus précisément à la façon dont les charlatans se servent de la magie pour exploiter la crédulité des sots: la magie est intimement liée à la superstition. [6] 'Qu'est-ce que la magie? Le

---

[3] *CN*, t.i, *OCV*, t.136, p.232.

[4] *Une histoire du diable: XIIe-XXe siècle* (Paris, 2000), p.223.

[5] Voir Nadia Minerva, *Il diavolo: eclissi e metamorfosi nel secolo dei Lumi, da Asmodeo a Belzebù* (Ravenne, [1990]), p.93-109.

[6] Voir Margaret Sherwood Libby, *The Attitude of Voltaire to magic and the sciences* (New York, 1935), ch.5, 'Voltaire and magic', p.205-39; et Nicole Jacques-Lefèvre, '"Le monstre subsiste encore...": d'un usage philosophique de la sorcellerie chez Voltaire', *Cahiers Voltaire* 3 (2004), p.71-97.

secret de faire ce que ne peut faire la nature; c'est la chose impossible: aussi a-t-on cru à la magie dans tous les temps.'[7]

Voltaire traite de la magie notamment dans *La Philosophie de l'histoire*; et il accordera au même sujet une vingtaine d'articles dans les *Questions sur l'Encyclopédie*. Il intègre des chapitres sur les sorciers dans son *Commentaire sur le livre des délits et des peines* et à nouveau dans le *Prix de la justice et de l'humanité*.[8]

Le contenu de ces essais n'est donc pas en soi d'une grande originalité: on trouve, par exemple, une diatribe plus développée contre les fausses croyances dans les *Pensées diverses sur la comète* (1682) de Pierre Bayle. C'est la forme de l'expression qui compte ici autant que le contenu. Au moment où Voltaire compose cette tétralogie, le cinquième tome de l'*Encyclopédie* vient tout juste d'être publié, en novembre 1755. Dans les premiers tomes, Diderot ne cesse de déclamer contre les croyances archaïques, par exemple, à propos d'une plante mystérieuse, dans l'article 'Agnus Scythicus':

Il faut distinguer les faits en deux classes: en faits simples et ordinaires, et en faits extraordinaires et prodigieux. Les témoignages de quelques personnes instruites et véridiques suffisent pour les faits simples; les autres demandent, pour l'homme qui pense, des autorités plus fortes. [...] Voilà une partie des principes d'après lesquels on accordera ou l'on refusera sa croyance, si on ne veut pas donner dans des rêveries et si l'on aime sincèrement la vérité.[9]

Et c'est peut-être justement à cause de l'*Encyclopédie* que Voltaire ressent le besoin de réitérer et de réaffirmer sa pensée, toujours à sa façon. Voltaire n'aurait rien trouvé à redire à l'article de Diderot que nous venons de citer; mais sa façon de s'exprimer est moins philosophique, plus terre-à-terre. Dans cette tétralogie, Voltaire adopte un ton familier, il donne des arguments qui pourraient servir dans la conversation, il se permet même (à la fin de *De*

---

[7] *La Philosophie de l'histoire* (*OCV*, t.59, p.208).
[8] *M*, t.25, p.553-54, et *OCV*, t.80B, p.1-205.
[9] *Encyclopédie*, t.1, p.180a-b.

l'astrologie) de conter une anecdote purement personnelle. Avec son petit chapitre *De l'astrologie*, Voltaire semble répondre à l'article 'Astrologie' de l'*Encyclopédie*, signé par l'abbé Mallet et par D'Alembert (nous y reviendrons). A la forme de l'article 'encyclopédique' tel que Diderot et D'Alembert l'avaient conçu – et rappelons qu'en 1755 et 1756, Voltaire est en train d'écrire pour l'*Encyclopédie* – il répond ici sous la forme d'un petit essai, plus personnel, plus abordable peut-être. Dans une certaine mesure, il s'agit d'une réponse à l'*Encyclopédie*, une réponse qui contient en germe le modèle des articles des 'dictionnaires' à venir, à savoir le *Dictionnaire philosophique* et surtout les *Questions sur l'Encyclopédie*. Autre moyen pour atteindre le même but – et occasion peut-être de se démarquer de l'entreprise encyclopédique en même temps qu'il y participe. Quoi qu'il en soit, le caractère novateur de cette tétralogie se manifeste davantage par la forme du petit essai que par le contenu.

2. *Genèse et datation* [10]

Au nombre des morceaux écrits en 1756 en vue d'une publication immédiate se trouvent – outre le *Poème sur le désastre de Lisbonne* et les articles destinés à l'*Encyclopédie* de Diderot et D'Alembert – une douzaine de chapitres des *Mélanges*. Quatre d'entre eux sont particulièrement intéressants car c'est leur structure même qui permet de les dater.

Des génies, *De l'astrologie*, *De la magie*, *Des possédés* forment en effet une tétralogie. S'ils se suivent dans le prolongement des chapitres du tome 5 des *Œuvres mêlées*, ce n'est pas par hasard. Non seulement ils traitent différents aspects d'un même sujet, mais on y observe une certaine unité de méthode et de ton. Voltaire

---

[10] Cette section est reprise en partie de Jacqueline Hellegouarc'h, 'Notes sur Voltaire: quelques datations', dans *Langue, littérature du XVIIe et du XVIIIe siècle: Mélanges offerts à Frédéric Deloffre*, dir. Roger Lathuillère (Paris, SEDES, 1990), p.461-76 (aux p.465-67).

commence par se faire l'avocat du diable: il explique la raison d'être de ces croyances, en parle dans certains passages comme s'il y adhérait, et il utilise pour les détruire une ironie parfois assez subtile pour qu'on ait peine à la localiser et à l'analyser.

Et surtout, ces articles sont les éléments indissociables d'un tout. Preuve en est que les éditeurs de Kehl, qui les ont séparés pour les ranger suivant l'ordre alphabétique, ont éprouvé le besoin d'ajouter une note à la fin de *Magie* pour renvoyer à *Possédés* et de modifier la première phrase d'*Astrologie* [11] et de *Possédés* [12] afin de leur conférer une autonomie qu'ils ne possédaient pas.

La structure d'ensemble apparaît nettement. Les premières phrases des *Génies* annoncent les trois premiers articles: [13] 'La doctrine des génies, l'astrologie judiciaire et la magie ont rempli toute la terre', et elles montrent comment Voltaire a l'intention d'aborder la question: ces croyances sont universelles et très anciennes, elles sont donc 'bien naturelles' et si nous étions à la place des anciens 'nous en ferions tout autant'. Ce début constitue une sorte d'introduction commune.

On voit ensuite que les articles ne sont pas simplement juxtaposés. Ils sont les éléments d'une construction, et plus précisément d'une progression dans le plausible: on va du plus facile à réfuter au plus difficile. C'est ce qu'indique la phrase initiale de chacun d'eux: 'L'astrologie pourrait s'appuyer sur de meilleurs fondements que les génies'; 'La magie est encore une science bien plus plausible que l'astrologie et que la doctrine des génies'; 'Il n'y a que les possédés à qui on n'a rien de bon à répliquer.' Chaque article fait ainsi référence au(x) précédent(s). La seconde phrase de

[11] Ils remplacent 'génies' qui fait référence à l'article précédent par le terme générique de 'magie'.

[12] Ils font précéder le début abrupt de *Possédés*, qui en fait une suite des articles précédents, par le membre de phrase 'De tous ceux qui se vantent d'avoir des liaisons avec le diable', qui en fait un article autonome.

[13] Le quatrième article ne comporte que deux paragraphes et, comme on le verra, le premier de ces paragraphes prolonge les articles précédents et le deuxième est en réalité une conclusion commune aux quatre articles.

l'*Astrologie* reprend en outre l'énumération des dives, péris, démons et cacodémons faite dans *Génies* qui précède. Quant à l'article des *Possédés*, il est lié si étroitement aux premiers qu'il ne comporte même pas d'introduction. Son début 'Il n'y a que les possédés à qui on n'a rien de bon à répliquer' s'enchaîne directement, par reprise du verbe et opposition thématique, à la fin de *Magie*: 'Les juges [...] répliqueraient [au magicien qui se plaindrait d'être brûlé comme faux mage]: Faites nous donc voir quelque secret de votre art, ou consentez à être brûlé de bonne grâce.' Les phrases suivantes: 'Qu'un homme vous dise: Je suis possédé, il faut l'en croire sur sa parole. Ceux-là ne sont pas obligés de faire des choses bien extraordinaires' continuent l'enchaînement par opposition.

Ce quatrième et dernier article ne comporte à proprement parler qu'un paragraphe. Le second alinéa rassemble en effet les quatre formes de superstition traitées en remontant de la dernière à la première: 'C'est grand dommage qu'il n'y ait plus aujourd'hui ni possédés, ni magiciens, ni astrologues, ni génies.' L'auteur feint de les regretter globalement d'abord: 'On ne peut concevoir de quelle ressource étaient, il y a cent ans, tous ces mystères...', puis séparément: 'Il n'y avait guère de château où il n'y revînt une fée [...] Chaque village avait son sorcier [...]; chaque prince avait son astrologue; [...] les possédés couraient les champs', et il termine en opposant à l'ensemble de ces 'amusements' les distractions insipides qu'offre la société contemporaine. La fin du dernier article sert ainsi de conclusion générale et ferme la tétralogie.

Il suffit donc de dater un de ces quatre articles pour dater l'ensemble. Or dans l'*Astrologie* Voltaire cite un exemple personnel daté: le comte de Boulainvilliers et l'Italien Colonne lui ont prédit qu'il 'mourrait infailliblement à l'âge de 32 ans' et il a eu 'la malice de les tromper déjà de près de 30 années': il a donc près de soixante-deux ans. Comme il est né en février 1694, il écrit ces lignes, si on l'en croit, à la fin de 1755 ou au début de 1756. On pourrait objecter qu'il ne s'est pas soucié d'exactitude ou qu'il a rectifié le chiffre pour le mettre à jour au moment de la publication. Mais certains faits confirment la date et permettent même de la préciser. En effet, à part la référence à Boulainvilliers et Colonne, les deux exemples cités appartiennent à l'histoire du seizième siècle: ce sont la prédiction du prétendu déluge universel de 1524 (décrite avec des précisions de noms, de dates et de faits qui dénotent une documentation sérieuse et récente) [14] et Sixte-Quint, qui semble venir spontanément et gratuitement sous la plume de l'auteur, car l'allusion à ce pape, ou même à qui que ce fût de précis, ne s'imposait nullement, bien qu'il s'est occupé de la question de l'astrologie judiciaire. [15] Pourquoi, peut-on se demander, Voltaire s'en tient-il ici au seizième siècle alors que dans d'autres textes il cite des exemples tout aussi convaincants empruntés à l'histoire du dix-septième siècle pour illustrer le même sujet? [16] Il y a tout lieu de penser qu'il se sert de faits et de personnages qu'il a à l'esprit au moment de la rédaction. Or, on sait qu'il achève fin 1755-début 1756 l'histoire du seizème siècle, commencée pour l'édition de 1754 de l'*Essai sur le mœurs*: [17] 'Je n'oublierai rien pour finir l'édition des *Œuvres* et celle de l'*Histoire*', écrit-il aux Cramer le 26 décembre 1755 (D6651); elle est prête en mars 1756 au dire de Collini: 'L'Histoire Universelle est toute faite; elle se rejoint au Siècle de Louis XIV' (à S. Dupont, le 21 mars 1756, D6797). Le chapitre sur Sixte-Quint en particulier, imprimé pour la première fois en 1756, fait partie de ce travail.

De surcroît, certaines petites phrases de ses lettres ou de celles de sa nièce apportent des renseignements convergents sur la date de composition des textes. Le 8 septembre 1755, l'auteur avertit déjà Lambert qu'il y aura plus de quarante morceaux nouveaux dans les *Œuvres complètes* imprimées par Cramer. Le 16 décembre il propose à son éditeur genevois 'quelque chapitre profane' – par

---

[14] Voir la note 10 du texte. Les renseignements de Voltaire semblent venir du *Dictionnaire* de Bayle, mais aussi directement de Bodin et de Gassendi.

[15] Voir ci-dessous la note 7 du texte.

[16] Voir par exemple les chapitres 25 et 26 du *Siècle de Louis XIV*.

[17] Voir aussi l'introduction de l'article *De la population de l'Amérique* imprimé également pour la première fois en 1756 (ci-dessus, p.254).

opposition aux 'sermons' sur le désastre de Lisbonne et sur la religion naturelle – 'pour compléter certains mélanges'. Le 1ᵉʳ janvier 1756 il est plus précis: 'Je donnerai tout ce que j'ai promis et tout ce que je pourrai faire, c'est-à-dire quelques chapitres pour compléter le tome qui paraît trop mince.' Il est effectivement en train de les écrire: Mme Denis se plaint deux jours plus tard au même Gabriel Cramer que son oncle fasse 'continuellement de petits chapitres'; et d'après le contexte il ne s'agit pas des articles pour l'*Encyclopédie* de Diderot et D'Alembert. [18] Le tome trop mince dont parle Voltaire doit très certainement être le tome 5 de la *Collection*: une fois complété, il ne comportera encore que 351 pages, cinquante de moins que le tome 4; seul le tome 3 avec ses 328 pages sera plus court, mais il ne peut s'agir de celui-ci du fait qu'il ne contient comme nouveauté que le *Songe de Platon* qu'on sait composé depuis longtemps. Le tome 5 comporte d'ailleurs des titres internes comme 'Continuation des chapitres...' qui semblent indiquer des ajouts en cours d'impression. [19]

Or, les articles de la tétralogie paraissent pour la première fois dans cette édition et font partie de ce tome 5, et plus précisément de sa 'Continuation'. On a donc tout lieu de penser qu'ils sont de ceux que Voltaire compose au début de janvier 1756: peu avant ses soixante-deux ans comme il le dit. [20]

Voltaire proposait d'envoyer les *Génies* à D'Alembert pour l'*Encyclopédie* le 9 décembre [1755]: 'Le célèbre M. Tronchin [...] m'avait parlé des articles *Goût* et *Génie*, mais si on en a chargé d'autres, ces articles en vaudront mieux. Si personne n'a encore cette besogne, je tâcherai de la remplir. J'enverrai mes idées, et on

---

[18] Elle les mentionne en effet à la suite de ces 'petits chapitres' dans l'énumération qu'elle fait des travaux qui retardent la *Guerre de 1741*.

[19] Indice supplémentaire: le 11 janvier le tome 5 est sous presse, puisque Voltaire demande à son éditeur de lui apporter les chapitres sur les Juifs, Julien..., c'est-à-dire les premiers du volume, 'au cas qu'ils soient imprimés' (D6585).

[20] On ne saurait en tout cas reporter raisonnablement la date au-delà du 15 février, date à laquelle l'auteur envoie 'tout ce qui peut compléter [l']édition des *Œuvres mêlées*' (D6732).

les rectifiera comme on jugera à propos' (D6619). Les articles étaient-ils déjà rédigés? En tout cas, Voltaire avait déjà 'les idées'. On pourrait même penser qu'il les avait dès le mois d'octobre. En effet, c'est le 1er octobre qu'il fait la seule autre allusion à Colonne que l'on ait relevée dans son œuvre: 'Il n'est permis qu'à un jeune homme ou à un radoteur de s'occuper d'une pucelle. Colonne à l'âge de soixante et quinze ans commenta l'*Aloisia*. Mais il y a peu de ces grandes âmes qui conservent si longtemps le feu sacré de Prométée' (à Thiriot, D6526). Cette référence à Francesco Maria Pompeo Colonna, mort depuis près de trente ans, et à ce commentaire inconnu par ailleurs du livre de Nicolas Chorier (1612-1692)[21] est tout à fait inattendue et ne s'explique bien que si Voltaire avait le personnage présent à l'esprit pour une autre raison.[22]

Enfin, la date de composition est confirmée dans une certaine mesure par une lettre de l'auteur à Lambert, à qui il annonce le 22 octobre qu'il aura en mains dans 'deux mois tout au plus' les *Mélanges* imprimés par les Cramer.[23] Si on pouvait croire Voltaire

[21] *Aloisiae Sigeae Toletanae Satyra sotadica de arcanis amoris et veneris* (s.l.n.d.). Voir la note de Besterman à cet endroit de la lettre.

[22] On remarque encore dans la même lettre et quelques jours auparavant dans une lettre à Richelieu (du 27 septembre 1755, D6516) une mention de la publication des *Mémoires* de Mme de Staal. Or on pourrait suggérer sous toutes réserves quelque rapport entre l'article *Génies* et un passage de ces *Mémoires*. La dame de compagnie de la duchesse du Maine y raconte en effet en détail la prétendue apparition d'un lutin dans la chambre de Mlle Testard en 1713 à la Cour de Sceaux et surtout la foi que les invités ont ajoutée ou feint d'ajouter au récit de l'intéressée ... et parmi lesquels se trouvait 'le destructeur des oracles' Fontenelle. Cette histoire redevient d'actualité en 1755 précisément, puisque Trublet publie alors pour la première fois, dans l'*Année littéraire* (p.232-34), la réponse de Fontenelle à la lettre de Mme de Staal dans laquelle cette dernière lui faisait part de l'étonnement de la duchesse du Maine devant sa crédulité. Cette conjoncture aurait pu contribuer à intéresser Voltaire à la proposition de Tronchin et à lui faire concevoir son article en octobre.

[23] 'Je vous conseille d'attendre pour imprimer le reste que vous ayez les volumes imprimés par les Cramer, ce qui sera pour vous l'affaire de deux mois tout au plus. Ces volumes comprennent les *Mélanges de littérature et d'histoire*, et les *Poésies diverses*; c'est ce qu'il y a de plus curieux dans ce recueil, et qui sert à faire vendre le reste' (D6546).

tout à fait sincère et s'il n'ajoutait pas des pièces à la dernière minute, on pourrait déduire de cette affirmation que tous les articles sont au moins rédigés.

3. Des génies

Des génies fait partie de la guerre menée par Voltaire contre l'Infâme. Il montre avec une douce ironie la façon dont la curiosité de l'homme et son désir de tout expliquer se transforme en superstition et en intolérance, en s'appuyant sur des exemples de la Perse, de la Grèce et de la Rome antiques, et en juxtaposant ces exemples avec l'approche rationaliste de la modernité. Le texte se fonde davantage sur des généralités que sur une argumentation détaillée, en commençant par une référence à Zoroastre.

Toute connaissance de la religion des Perses dépendait des sources antiques jusqu'à ce que Thomas Hyde publie son *Historia religionis veterum Persarum, eorumque magorum* (Oxford, 1700). Selon Francis J. Carmody, Voltaire a puisé dans le livre de Hyde pour la composition de *Zadig* en 1748,[24] et Georges Ascoli avait adopté le même point de vue dans son édition critique du conte: 'il utilise Thomas Hyde [...], qu'il citera toujours avec le plus grand respect',[25] et ajoute en note une référence au *Siècle de Louis XIV*, où Voltaire écrit: 'Il n'y a point de Persan qui ait connu la religion de Zoroastre comme le savant Hyde.'[26] Ascoli mentionne de surcroît que pendant longtemps Voltaire ne connaissait que très sommairement Hyde. Son nom apparaît dans la correspondance de Voltaire pour la première fois vers le 15 juin 1764, dans une lettre à Moultou: 'Je n'ai ni Strabon, ni Hyde *de Vetere persarum religione*'

---

[24] 'Voltaire et la renaissance indo-iranienne', *Studi francesi* 9 (1965), p.13-24, 235-47.

[25] *Zadig ou la destinée*, 2 vol. (Paris, 1929, rééd. 1962), t.2, p.12.

[26] *OH*, p.1024. Les vastes connaissances de Hyde sur la religion persane se trouvent mentionnées également dans l'article 'Ange' des *QE* (*OCV*, t.38, p.370-71).

(D11924). Le 15 septembre 1764, il lui écrit encore: 'Je ne vous ai point renvoyé, je crois, le persan Hyde' (D12087). Plus tard Voltaire possédera son propre exemplaire de la seconde édition de l'ouvrage, *Veterum Persarum et Parthorum et Medorum religionis historia*.[27] Il semblerait que ses connaissances antérieures, quoique dérivées de Hyde, furent peu poussées, étant donné qu'il se trompa sur le titre d'un livre, *Sadder*, pensant qu'il s'agissait d'un nom de personne – cette erreur connue paraît dans l'*Essai sur les mœurs* en 1756 et en 1761.[28]

Zoroastre est mentionné pour la première fois dans la correspondance en octobre 1759, dans une lettre au marquis d'Argence: 'L'idée de l'immortalité de l'âme et d'un enfer se retrouve dans l'ancien Zoroastre, contemporain de Moyse, dont les rites et les opinions nous ont été conservés dans le *Sadder*' (D8516). Ensuite il faut attendre le 25 décembre 1767 avant de relire le nom de Zoroastre sous la plume du philosophe, dans une lettre à Chabanon: 'J'attends avec bien de l'impatience l'ouvrage de M. Anctil; j'aime Zoroastre et Brama, et je crois les Indiens le peuple de toute la terre le plus anciennement civilisé' (D14617). Besterman identifie l'ouvrage en question comme étant la traduction du *Zend-Avesta, ouvrage de Zoroastre* d'Abraham-Hyacinthe Anquetil-Duperron, mais ce livre ne parut qu'en 1771.[29] Compte tenu de cette chronologie, il se pourrait que Voltaire anticipe plutôt la réception prochaine de la *Relation abrégée du voyage que Monsieur Anquetil Du Perron a fait dans l'Inde pour la recherche et la traduction des ouvrages attribués à Zoroastre*.[30] Quel que fût le livre, il est indéniable que Voltaire porte un intérêt croissant aux religions de l'antiquité et ses opinions deviennent de plus en plus arrêtées après

---

[27] Oxford, 1760; BV1705.

[28] Voir Carmody, 'Voltaire et la renaissance indo-iranienne', p.235.

[29] BV232. Sur l'intérêt que Voltaire portait à l'Inde, voir Daniel S. Hawley, 'L'Inde de Voltaire', *SVEC* 120 (1974), p.139-78.

[30] [Paris, M. Lambert, 1762-1765].

la composition du texte *Des génies*. Dans l'article 'Zoroastre' des *Questions sur l'Encyclopédie* (1772), il écrit:

Si c'est Zoroastre qui le premier annonça aux hommes cette belle maxime: 'Dans le doute si une action est bonne ou mauvaise, abstiens-toi', Zoroastre était le premier des hommes après Confucius. [...] On peut avoir des dogmes et des rites très ridicules avec une morale excellente. [...] On ne peut lire deux pages de l'abominable fatras attribué à ce Zoroastre, sans avoir pitié de la nature humaine. Nostradamus et le médecin des urines sont des gens raisonnables en comparaison de cet énergumène. Et cependant on parle de lui, et on en parlera encore. [31]

Une autre source que Voltaire exploitera pour s'informer sur la religion des Perses et qui a pu nourrir l'article *Des génies* est l'*Histoire critique de Manichée et du manichéisme* d'Isaac de Beausobre (Amsterdam, 1734-1739). En 1737, dans une lettre à Frédéric II, il parle de 'la dissertation de M. de Beausobre', un 'bienfait' de son correspondant (D1359). Le 2 janvier 1752 il s'adresse à Formey, qui continua l'œuvre de Beausobre: 'J'ai lu toute la nuit l'histoire du manichéisme. [...] M. de Beausobre raisonne mieux que tous les pères; il est évident qu'il est déiste' (D4756). Beausobre se trouve cité d'un ton approbateur dans l'article 'Zèle', publié pour la première fois dans l'édition de Kehl. [32]

Il semble donc que *Des génies* eut ses débuts à une époque où Voltaire commençait à s'intéresser aux religions persanes mais où il n'avait pas encore étudié en profondeur la plupart de ses sources. Ses références aux idées grecques et romaines sur les 'génies', en revanche, sont plus détaillées et sont illustrées par des citations tirées de la littérature antique. Ce court article, faisant partie d'un 'tout' construit avec soin, constitue un plaidoyer pour la raison.

---

[31] *M*, t.20, p.616, 620.
[32] *M*, t.20, p.611.

4. De l'astrologie

La satire du personnage de l'astrologue était déjà bien établie dans la littérature du dix-septième siècle. Molière avait fait à l'astrologie son procès dans *Les Amants magnifiques*, dans le personnage de l'astrologue charlatan, Anaxarque; Voltaire connaît ce texte, qu'il cite dans *Le Siècle de Louis XIV*.[33] Il connaît de même la fable de La Fontaine, 'L'astrologue qui se laisse tomber dans un puits'.[34] Gassendi, dont la pensée est relayée par Bernier dans l'*Abrégé de la philosophie de Gassendi*, est un critique sévère de 'l'astrologie judicaire'. Dans son exemplaire de l'*Abrégé de la philosophie de Gassendi*, Voltaire marque avec des traits de plumes plusieurs passages concernant les prédictions des astrologues.[35] Pierre Bayle, dans ses *Pensées diverses sur la comète*, montre que la croyance dans l'astrologie, répandue parmi les anciens païens, a continué parmi les chrétiens, même en France, jusqu'au règne d'Henri IV.[36] L'opinion de Bayle est on ne peut plus tranchante: 'Il n'y a jamais eu rien de plus impertinent, rien de plus chimérique que l'astrologie, rien de plus ignominieux à la nature humaine, à la honte de laquelle il sera vrai de dire éternellement qu'il y a eu des hommes assez fourbes pour tromper les autres sous le prétexte de connaître les choses du ciel, et des hommes assez sots pour donner créance à ces autres-là.'[37]

Imbu des auteurs du grand siècle, Voltaire connaît à fond cette tradition de libre pensée: il connaît à fond *Le Monde enchanté* de Balthasar Bekker,[38] et bien entendu l'*Histoire des oracles* de

---

[33] *OH*, p.907.

[34] *Fables*, livre 2, 13.

[35] *CN*, t.1, *OCV*, t.136, p.323-34.

[36] Bayle, *Pensées diverses sur la comète*, éd. Joyce et Hubert Bost (Paris, 2007), p.84-100.

[37] *Pensées diverses sur la comète*, p.84.

[38] *CN*, t.1, p.259, signes de lecture.

Fontenelle.[39] Comme La Fontaine, Voltaire fait allusion aux astrologues dans une œuvre poétique: dans *La Pucelle*, les astrologues, 'Dupes, fripons, et partant toujours crus', se trouvent nombreux à la cour de la Sottise, et de son ministre, 'la fourberie'.[40] Et comme à Bayle, il arrive à Voltaire d'écrire l'histoire de l'astrologie, dans l'*Essai sur les mœurs* comme dans *Le Siècle de Louis XIV*.[41] Il note dans un de ses carnets: 'L'astrologie fut en vogue dans toutes les cours jusqu'aux établissements des académies des sciences.'[42] Voltaire va revenir souvent sur ce sujet, notamment dans une 'Digression' qu'il ajoute en 1774 à l'article 'Astronomie' des *Questions sur l'Encyclopédie*.[43]

Dans l'article 'Astrologie' de l'*Encyclopédie*, paru dans le premier tome en 1751, l'abbé Mallet traite longuement du sujet: il explique la distinction entre l'astrologie naturelle (Voltaire, lui, n'en parle même pas) et l'astrologie judiciaire, qu'il qualifie de 'superstition', et il constate que cette superstition perdure encore. A la fin de l'article, D'Alembert intervient pour ajouter trois exemples tirés des *Annales* de Tacite, pour conclure que même Tacite, ce 'grand génie', n'était pas exempt des préjugés généralisés de son époque. Le point de vue des deux auteurs est clair, mais tout le long de cet article, ils s'expriment sur un ton modéré et raisonnable. Voltaire préfère répondre de façon plus provocatrice à 'cette chimère absurde de l'astrologie judiciaire', qui pour lui équivaut à un 'défaut de lumières'.[44] Ce petit article, par son ton polémique et personnel, constitue une réponse implicite à l'article de ses confrères encyclopédistes.

[39] *CN*, t.3, p.653, signe de lecture; cf. *M*, t.28, p.329.
[40] *La Pucelle*, chant 3, *OCV*, t.7, p.301.
[41] Voir *OCV*, t.22, p.42, et *EM*, t.2, p.515-16; et *OH*, p.634, 924-25, et 1142 ('Ismaël Bouillaud').
[42] *OCV*, t.82, p.646.
[43] *OCV*, t.39, p.147-49.
[44] *Le Siècle de Louis XIV*, *OH*, p.634.

5. *De la magie*

Selon Voltaire,'l'astrologie pourrait s'appuyer sur de meilleurs fondements que la magie' (ci-dessous, p.346). Mais, dès le début de l'article *De la magie*, il écrit avec ironie: 'La magie est encore une science bien plus plausible que l'astrologie et que la doctrine des génies.' Ces croyances sont toutes les trois de fausses sciences.

Voltaire ne pense pas ici aux tours de magie, qui n'ont rien d'occulte et sont de la magie naturelle. Rousseau, par exemple, s'y livrait dans sa jeunesse à Venise, et Voltaire y fait allusion dans son article 'De Pierre le Grand et de Jean-Jacques Rousseau', dans les *Questions sur les miracles*, et ailleurs. Ces tours de 'magie' n'ont rien de surnaturel, et Voltaire les qualifie ironiquement de 'miracles'.

Qu'est-ce donc que la magie selon Voltaire? C'est 'le secret de faire ce que ne peut faire la nature; c'est la chose impossible'. [45] Voltaire étudie le mot au singulier. Il ne se préoccupe pas des différentes sortes de magie étudiées par exemple par Delrío ou Giordano Bruno. Pour ce dernier, la magie n'est d'ailleurs pas forcément occulte, mais liée à sa conception de la continuité de l'univers.

Pour Voltaire, la magie est indissociable des croyances en la sorcellerie, à l'enchantement. Les sous-titres de certains de ses articles sont éclairants. L'article 'Enchantement' des *QE*, par exemple, a pour sous-titre: 'Magie, évocation, sortilège, etc.'. Comme l'astrologie ou la croyance aux génies et aux possédés, la magie est l'un des aspects de l'universelle déraison. Dans *Le Philosophe ignorant*, Voltaire fustige la croyance 'à la magie, aux sortilèges, aux démoniaques [...], à cent autres sottises pareilles'. [46] Dans le même ouvrage, il compte parmi ces 'sottises' la croyance aux sorciers, aux possédés et aux démoniaques, autre 'pervertissement' de la raison (p.81). Mais la déraison n'est pas seule en cause. Paradoxalement, les persécutions elles-mêmes ont renforcé ces

---

[45] *La Philosophie de l'histoire*, *OCV*, t.59, p.208.
[46] *OCV*, t.62, p.80-81.

'sottises'. Dans l'*Avis au public*, Voltaire note cet effet pervers des procès: la croyance aux sorciers, dans le peuple, ne s'explique pas seulement par la bêtise ou l'imagination, mais par la répression même des prêtres et des juges, qui fait croire au pouvoir de Satan. [47]

Voltaire s'est informé sur ces croyances et pratiques irrationnelles. Il possède les grandes sommes magiques de la Renaissance: *De incertitudine et vanitate scientiarum* de Cornelius Agrippa (BV20), *De la démonomanie des sorciers*, de Jean Bodin (Paris, 1582, BV431), les *Disquisitionum magicarum* de Delrío (1599-1600, BV2984; exemplaire relié ayant appartenu à l'archevêque de Vienne Pierre de Villars), et peut-être d'autres, comme *Le Marteau des sorcières*. D'après une lettre de Dupan, il acquerra en 1769 *Le Monde enchanté* de Balthasar Bekker (Amsterdam, 1694, BV326). Dupan écrit en effet à Freudenreich le 3 novembre 1769 que Voltaire 'a recouvré l'ouvrage d'un auteur flamand sur la magie, et il citera avec plaisir ce que dit cet auteur qu'à Berne tout le monde y est sorcier, et qu'à Genève presque toutes les femmes le sont' (D15988, note). Il s'agit sans doute du *Monde enchanté* de Bekker. Voir aussi les articles 'Bouc' et 'Béker' des *QE*.

A l'origine, selon Voltaire, le mot 'magie' signifie sagesse. [48] C'est aussi ce que dit Giordano Bruno. [49] Pour Muyart de Vouglans, il 'signifiait dans son origine l'*Etude de la sagesse*'. [50] En réalité, le mot 'mage' signifie 'prêtre des Perses', puis 'magicien, sorcier, charlatan'; et 'magie', religion des anciens Perses, puis sorcellerie.

Voltaire a observé que la magie a été considérée comme une *hérésie*, et punie comme telle. [51] 'I^ers hérétiq[ues] tous magiciens',

---

[47] Malebranche avait vu cet effet pervers des procès dans *De la recherche de la vérité* (1674) (Livre deuxième, troisième partie, ch. dernier, signet de Voltaire, *CN*, t.5, p.495). Voir Nicole Jacques-Lefèvre, ' "Le monstre subsiste encore ...": d'un usage philosophique de la sorcellerie chez Voltaire', *Cahiers Voltaire* 3 (2004), p.82.

[48] *Prix de la justice et de l'humanité*, *OCV*, t.80B, p.111, n.c.

[49] *De la magie*, trad. Danielle Sonnier et Boris Donné (Paris, 2004), p.7.

[50] Cité par R. Granderoute, *OCV*, t.80B, p.111, n.40.

[51] *M*, t.30, p.552.

note-t-il en haut d'un signet dans son exemplaire des *Disquisitionum magicarum* de Delrío.[52] Aussi l'Eglise condamne-t-elle la magie. Tous les pères de l'Eglise y ont cru.[53] La jurisprudence sur la magie est fondée sur les décisions des conciles.[54]

L'article *De la magie* esquisse une réflexion sur un ensemble de croyances (nécromancie, sorcellerie, etc.). Voltaire a toujours tendance à assimiler les magiciens à des sorciers. Fasciné par la sorcellerie, il ne l'est pas moins par la magie. Le ton est apparemment détaché, aussi amusé que dans les articles *Des génies*, *De l'astrologie* et *Des possédés*, loin de l'indignation que manifestera Voltaire ailleurs à propos des procès en sorcellerie.[55] Il montre tout d'abord comment s'expliquent les croyances aux revenants et à l'évocation des morts. Partant du dualisme de l'âme et du corps, il constate que l'âme, corps subtil, est désignée par toutes les langues sous le nom d'esprit, de souffle ou de vent. Séparées de leur corps, les âmes peuvent apparaître après la mort et enseigner aux vivants la manière de les évoquer. De l'évocation des morts, Voltaire glisse aux autres pouvoirs supposés des magiciens dans un dialogue de sourds entre un sorcier 'égyptien' et un philosophe.

Il observe que les magiciens ont subi au cours des temps un changement radical de statut: autrefois honorés et même payés par l'Etat pour voir l'avenir, ils ont ensuite été considérés comme hérétiques par l'Eglise, persécutés et mis à mort. Considérer la magie comme une sottise ou une imposture, comme on avait tendance à le faire au dix-huitième siècle, était évidemment réducteur: l'aspect religieux est ignoré ou occulté par Voltaire. Il ignore ou occulte les pratiques magiques des chamanes, avec leur rôle d'intercesseurs entre le monde des hommes et le monde des

---

[52] *CN*, t.7, p.381.
[53] Art. 'Eglise' des *QE*, *M*, t.18, p.485; *Avis au public*, *M*, t.25, p.521; *De la paix perpétuelle*, *M*, t.28, p.109-10.
[54] *La Philosophie de l'histoire*, *OCV*, t.59, p.210.
[55] Voir la n.6 du texte.

dieux (il n'y fait nulle part allusion). Comme l'*Encyclopédie*, qui ne consacre pas d'article au chamanisme, il semble ignorer la question. Des voyageurs comme Jacques Jubé ou Chappe d'Auteroche, qui ont été témoins de ces pratiques chez les Kalmouks, ne les ont guère comprises. Voltaire raisonne à peu près de la même façon à propos des divinations: 'Qui inventa cet art?', demande-t-il dans *La Philosophie de l'histoire*: 'Ce fut le premier fripon qui rencontra un imbécile.'[56]

Notons le raisonnement plaisant de Voltaire: les sorciers auraient dû être accusés non de sorcellerie ou de magie, mais d'être des imposteurs ou des victimes de leur imagination, puisque de vrais sorciers auraient su l'art d'échapper au feu ou même de tuer leurs juges. Or, comme l'écrira Voltaire dans l'article 'Superstition' du *DP*, l'Eglise 'condamna toujours la magie, mais elle y crut toujours': 'elle n'excommunia point les sorciers comme des fous qui étaient trompés, mais comme des hommes qui étaient réellement en commerce avec les diables'.[57]

6. *Des possédés*

En principe, les possédés sont distincts des sorciers. Ils ne pactisent pas avec le diable, mais en sont les victimes. Dans l'article 'Démoniaques' des *QE*, Voltaire interprétera le phénomène sous l'angle physiologique et médical, tout en contant à la fin une anecdote sur une prétendue sorcière. Dans l'article qui nous intéresse, Voltaire met déjà l'accent sur les manifestations physiques de la possession (bouche tordue, convulsions, colique...), qui semblent rapprocher les possédés des convulsionnaires. Par rapport aux prétendus sorciers, accusés de causer des préjudices (parfois non sans raison lorsqu'il s'agissait de bergers empoison-

[56] *OCV*, t.59, p.193.
[57] *OCV*, t.36, p.539-40.

neurs), les possédés sont innocents: comme le souligne Voltaire, ils ne font de mal à personne. Ce ne sont que de pauvres diables.

Voltaire est fasciné par la question du diable. Il s'interroge sur son origine,[58] scrute ses manifestations. Dans son exemplaire des *Dissertations qui peuvent servir de prolégomènes de l'Ecriture sainte* de dom Calmet (Paris, 1720, BV616), Wagnière a noté sur un signet en regard des p.614-15 de la 'Dissertation sur les Obsessions et possessions du Démon': 'Possedez du diable' (*CN*, t.2, *OCV*, t.137A, p.339). Il revient sur la question jusqu'en 1776 dans *Un chrétien contre six Juifs* ('Des sorciers et des possédés', *M*, t.29, p.535-36).

Sur le chapitre des possédés, astrologues et autres sorciers, Voltaire adopte ici un ton plaisant. Ou bien affecte-t-il, avec un détachement ironique, de considérer tous ces représentants de la déraison comme des amuseurs? Comme les fées, sorciers, astrologues et possédés servaient aux 'nobles amusements' des seigneurs. On peut rapprocher ce texte de *Ce qui plaît aux dames* (1764).[59]

Plus tard, dans les *QE*, le ton de Voltaire changera radicalement: il s'indignera qu'on ait brûlé et qu'on brûle encore tant de ces pauvres gens, victimes de leur imagination autant que de leurs juges. Mais de toute façon, selon l'humeur du moment, il hésite entre le rire et la colère. Il écrit à Mme Du Deffand le 8 mars 1769: 'Tantôt je ris, tantôt les cheveux me dressent à la tête [...], car on a à faire tantôt à des tigres, tantôt à des singes' (D15506).

[58] Pour Voltaire, le diable tire son origine du manichéisme zoroastrien, ou du 'Shasta' (çastra) de l'Inde. Voir *La Philosophie de l'histoire*, *OCV*, t.59, p.253-59; *La Bible enfin expliquée*, *M*, t.30, p.12. Voir aussi la chute des anges (livre d'Enoch) dans l'article 'Ange' des *QE* (*OCV*, t.38, p.372-74 et 465). Mais, dans le *Précis du siècle de Louis XV*, Voltaire écrit que les peuples de l'Inde n'ont 'jamais entendu parler du diable' (*OH*, p.1467). Il refuse à *Satan* son origine hébraïque: c'est pour lui un mot 'chaldéen' (art. 'Arabes' des *QE*, *OCV*, t.38, p.547).

[59] Voir Nicole Jacques-Lefèvre, '"Le monstre subsiste encore..."', p.94-95.

7. *Texte de base*

Nous avons pris comme texte de base celui de l'édition Cramer (w56), la première édition. Les différentes éditions du vivant de Voltaire ne comportent guère de variantes importantes, sauf dans le cas de *De l'astrologie*.

De l'astrologie pose un cas particulier. Les éditions parues du vivant de l'auteur ne comportent que deux variantes à proprement parler (lignes 10-11 et ligne 73), mais elles sont assez intéressantes. A la ligne 73, 'J'ai eu la malice de les tromper déjà de près de trente années', le chiffre de trente correspond à l'époque où l'article a été écrit et imprimé (fin 1755 et début 1756). Aussi l'édition w57G – qui ne reprend donc pas toujours intégralement w56 – opère-t-elle une remise à jour en substituant *plus de* à *près de*. Elle est suivie par w64G, w70G et w71P. Mais w64R, w57P et même les éditions in-quarto, encadrée (et Kehl) continuent à imprimer *près de* qui n'est plus d'actualité. Veulent-elles donner le texte tel qu'il a été rédigé ou plutôt ne suivent-elles pas aveuglément w56? Le fait constitue un indice de quelque intérêt pour la filiation des éditions. Il semble indiquer aussi que Voltaire n'a corrigé que très sommairement ce texte pour l'édition encadrée.

Celle-ci comporte pourtant un carton, et il est dû à l'auteur. Non seulement, en effet, des cartonnages sont réclamés par Voltaire lui-même dans plusieurs de ses lettres aux éditeurs, [60] mais le carton en question peut difficilement être imputé à quelqu'un d'autre puisqu'il rectifie une erreur scientifique.

Voltaire avait écrit en 1755-1756: 'Le soleil qui était dans le bélier du temps des argonautes, se trouve aujourd'hui dans le taureau': il se trompait sur le sens de la rotation. Les éditions suivantes recopient l'erreur, y compris l'encadrée, jusqu'au cartonnage qui rétablit: 'aujourd'hui dans les poissons'.

Il est intéressant de constater que Voltaire a commis la même

[60] Voir par exemple D19270: 'Tout le reste s'arrangera pourvu que Monsieur Cramer fasse faire tous les cartons nécessaires'; ou D19238, D19557.

erreur dans d'autres textes en 1756 ou encore en 1770-1771, et qu'il l'a rectifiée en 1775 également par un cartonnage portant cette seule correction, donc commandé à cet effet. Il semble qu'il se soit trompé obstinément sur le sens du mouvement en 1756 et pendant près de vingt ans, et qu'en 1775 il ait été amené à revoir la question de la précession des équinoxes.

Dans l'article 'Almanach' des *Questions sur l'Encyclopédie*, en 1770, la faute est commise plusieurs fois de suite: 'Pourquoi dire que le soleil est dans le bélier quand il est dans le taureau?'; 'le soleil répond à la constellation du taureau quand on le dit dans le bélier, et qu'il sera ensuite dans les gémeaux et dans toutes les constellations suivantes au temps de l'équinoxe du printemps'. En 1775, un carton corrige comme ici par simple remplacement du nom erroné: *taureau* est remplacé par *poissons*, *gémeaux* par *verseau* (*OCV*, t.38, p.205).

Dans l'article 'Astronomie' des mêmes *Questions*, Voltaire écrit d'abord: 'Ainsi le soleil qui entrait autrefois dans le bélier au commencement du printemps, est actuellement dans le taureau'; en 1775, un carton corrige encore l'édition encadrée, en changeant cette fois le point de vue et en reprenant la phrase, qui devient: 'Ainsi le bélier, dans lequel le soleil entrait autrefois au commencement du printemps, est aujourd'hui à la place où était le taureau' (*OCV*, t.39, p.144).

Le cas de la 17ᵉ *lettre philosophique* est plus intéressant encore. Le texte de la première édition: 'le soleil, au lieu d'être dans la partie du ciel où était le Bélier du temps d'Hipparque, se trouve répondre à cette partie du ciel où était le Taureau', est corrigé en 1756 pour comporter l'erreur habituelle: 'où est le Taureau'. Un carton de l'édition encadrée lui apporte – comme l'avait fait curieusement la seule édition de 1751 – la même unique rectification qu'aux articles 'Astrologie' et 'Almanach': 'où sont les Poissons'. La correction peut avoir été automatique et faite en série. Elle n'implique pas forcément que Voltaire a relu les articles en entier. On s'expliquerait ainsi le maintien, dans le carton de l'article 'Astrologie', du 'près de trente années' qui n'est plus d'actualité, à côté de la rectification taureau/poissons.

Quant aux éditeurs de Kehl, qui prennent pourtant la peine d'ajouter ligne 9 la précision 'à l'équinoxe', ils reproduisent l'erreur sans tenir compte du carton. Ils maintiennent également 'près de trente' ligne 73 et ajoutent en note: 'Cet article fut imprimé pour la première fois dans l'édition de 1757', ce qui est inexact, et ce qui ferait d'ailleurs un peu plus de trente ans même si on adoptait novembre 1694 comme date de naissance.

En revanche, plaçant l'article dans le *Dictionnaire philosophique* comme beaucoup d'autres petites pièces et le séparant ainsi de l'article *Génies*, ils substituent ligne 2 au mot *génies* qui servait de transition le terme plus général de *magie*.

8. *Editions*

W56

Tome 5, p.280-83: Des génies; p.284-87: De l'astrologie; p.288-91: De la magie; p.292-93: Des possédés.

W52 (1756)

Tome 8, p.117-20: Des génies; p.121-23: De l'astrologie; p.124-26: De la magie; p.127-28: Des possédés.

W57G

Tome 5, p.280-83: Des génies; p.284-87: De l'astrologie; p.288-91: De la magie; p.292-93: Des possédés.

W57P

Tome 7, p.65-70: Des génies; p.70-74: De l'astrologie; p.75-79: De la magie; p.79-81: Des possédés.

SO58

Tome 2, p.198-202: Des génies; p.202-206: De l'astrologie; p.206-209: De la magie; p.209-11: Des possédés.

w64g

Tome 5, 1ᵉ partie, p.280-83: Des génies; p.284-87: De l'astrologie; p.288-91: De la magie; p.292-93: Des possédés.

w64r

Tome 17, 1ᵉ partie, p.37-40: Des génies; p.40-43: De l'astrologie; p.43-45: De la magie; p.46-47: Des possédés.

w70g

Tome 5, 1ᵉ partie, p.280-83: Des génies; p.284-87: De l'astrologie; p.288-91: De la magie; p.292-93: Des possédés.

w68 (1771)

Tome 15, p.343-46: Des génies; p.346-48: De l'astrologie; p.348-50: De la magie; p.350-51: Des possédés.

w71p

Tome 5, p.302-306: Des génies; p.307-11: De l'astrologie; p.311-15: De la magie; p.315-17: Des possédés.

w70l (1772)

Tome 27, p.289-92: Des génies; p.293-96: De l'astrologie; p.296-99: De la magie; p.300-301: Des possédés.

w71l (1773)

Tome 15, p.377-79: Des génies; p.380-82: De l'astrologie; p.382-84: De la magie; p.385-86: Des possédés.

w72x

Tome 5, 1ᵉ partie, p.280-83: Des génies; p.284-87: De l'astrologie; p.288-91: De la magie; p.292-93: Des possédés.

W72P (1773)

Tome 18, p.314-18: Des génies; p.319-23: De l'astrologie; p.324-28: De la magie; p.329-30: Des possédés.

W75G

Tome 33, p.419-21: Des génies; p.422-24 (carton pour les pages 421-22): De l'astrologie; p.424-27: De la magie; p.427-28: Des possédés.

K84

Tome 40, p.447-51: Des génies; t.38, p.79-81: De l'astrologie; t.42, p.3-5: De la magie; t.42, p.376-77: Des possédés (*Dictionnaire philosophique*).

Traduction anglaise

The Works of M. de Voltaire, tr. Smollett *et al.* (London, 1761-1764), t.12, p.155-58: Of the doctrine of genii; p.159-62: Of astrology; p.162-64: Of magick; p.165-66: Of people possessed by evil spirits.

Traitement du texte de base

On a conservé les italiques du texte de base, sauf dans les cas suivants: on imprime en romain les noms propres de personnes, et les noms de famille, les citations en langues modernes, et le discours direct. On a également respecté la ponctuation du texte de base. Ailleurs le texte de base a fait l'objet d'une modernisation portant sur la graphie, l'accentuation et la grammaire. Les particularités du texte de base dans ces trois domaines étaient les suivantes:

I. Consonnes

– absence de *p* dans: longtems, tems
– absence de *t* dans: fondemens, habitans, tempéramens
– redoublement de consonnes contraire à l'usage actuel: s'appellaient, apperçus
– présence d'une seule consonne là où l'usage actuel prescrit son doublement: aparu, pourait

II. Voyelles

– emploi de *a* à la place de *e* dans: avanture

– absence de *e* dans: encor
– emploi de *y* à la place de *i* dans: aye
– emploi de *ï* à la place de *i* dans: foïe

III. Particularités d'accentuation

1. L'accent aigu

– il est employé au lieu de l'accent grave dans: privilége, quinziéme, seiziéme, siécles, premiére, priére, posséde, pére, mére, matiéres, fiévre, sorciére
– il est absent dans: peris, averée

2. L'accent circonflexe

– il est employé dans: aîles, emblême, vû, vûs, prophête, vôtre (adjectif)
– il est absent dans: notres, ame, brulé (aussi brûlé), brulons, bucher, grace, pu (aussi pû), revint

3. Le tréma

– il est employé dans: jouïr
– il est employé à la place de *é* dans: aërien

IV. Graphies particulières

– emploi d'une orthographe contraire à l'usage actuel: pytonisse, aujourdhui, monnoie, paralisie, apoticaire, aujourdhui, mistères, guères
– emploi du tiret dans: tout-à-fait, très-bien, très-possible

V. Majuscules

– les majuscules ont été supprimées dans: Airs, Antiquité, Astres, Astrologie Judiciaire, Astrologues, Cacodaimons, Cacodémons, Ciel, Daimons, Démons, Dames, Dives, Eléments, Empire, Etoiles, Farfadets, Février, Génies, Génios, Globes, Historiens, Lémures, Magiciens, Magie, Ministre, Monde, Nations, Nature, Nègres, Péris, Peuples, Philosophes, Planètes, Puissances, Roi, Sages, Satyres, Sceptique, Sciences, Soleil, Terre
– nous mettons la majuscule, conformément à l'usage moderne, à: argonautes

VI. Divers

– l'esperluette est systématiquement utilisée.

DES GÉNIES

La doctrine des génies, l'astrologie judiciaire, et la magie, ont
rempli toute la terre. Remontez jusqu'à l'ancien Zoroastre, vous
trouvez les génies établis. [1] Toute l'antiquité est pleine d'astrologues et de magiciens. Ces idées étaient donc bien naturelles. Nous
nous moquons aujourd'hui de tant de peuples chez qui elles ont   5
prévalu; si nous étions à leur place, si nous commencions comme
eux à cultiver les sciences, nous en ferions tout autant. Imaginons-
nous que nous sommes des gens d'esprit qui commençons à
raisonner sur notre être, et à observer les astres: la terre est sans
doute immobile au milieu du monde; le soleil et les planètes ne   10
tournent que pour elle; et les étoiles ne sont faites que pour nous;
l'homme est donc le grand objet de toute la nature. Que faire de
tous ces globes uniquement destinés à notre usage, et de
l'immensité du ciel? Il est tout vraisemblable que l'espace et les
globes sont peuplés de substances; [2] et puisque nous sommes les   15
favoris de la nature placés au centre du monde, et que tout est fait
pour l'homme, ces substances sont évidemment destinées à veiller
sur l'homme.

Le premier qui aura cru au moins la chose possible, aura bientôt
trouvé des disciples, persuadés que la chose existe. On a donc   20
commencé par dire: Il peut exister des génies, et personne n'a dû
affirmer le contraire; car où est l'impossibilité que les airs, et les
planètes soient peuplés? On a dit ensuite: Il y a des génies; et
certainement personne ne pouvait prouver qu'il n'y en a point.
Bientôt après quelques sages virent ces génies, et on n'était pas en   25

---

[1] For Voltaire's sources on Zoroastrianism, in particular Thomas Hyde's *Historia
religionis veterum Persarum, eorumque magorum* (Oxford, 1700), see the introduction,
p.318-19.

[2] On this use of 'substance', see Descartes, *Discours de la méthode*, part 4: 'je
connus [...] que j'étais une substance dont toute l'essence ou la nature n'est que de
penser'.

droit de leur dire, Vous ne les avez point vus; ils étaient apparus à des hommes trop considérables, trop dignes de foi. L'un avait vu le génie de l'empire, ou de sa ville; l'autre celui de Mars et de Saturne; les génies des quatre éléments s'étaient manifestés à plusieurs philosophes; plus d'un sage avait vu son propre génie; tout cela d'abord en songe; mais les songes étaient les symboles de la vérité. [3]

On savait positivement comment ces génies étaient faits. Pour venir sur notre globe, il fallait bien qu'ils eussent des ailes; ils en avaient donc. Nous ne connaissons que des corps; ils avaient donc des corps, mais des corps plus beaux que les nôtres, puisque c'étaient des génies, et plus légers, puisqu'ils venaient de si loin. Les sages qui avaient le privilège de converser avec des génies, inspiraient aux autres l'espérance de jouir du même bonheur. Un sceptique aurait-il été bien reçu à leur dire, Je n'ai point vu de génie, donc il n'y en a point; on lui aurait répondu, Vous raisonnez fort mal; il ne suit point du tout de ce qu'une chose ne vous est pas connue, qu'elle n'existe point; il n'y a nulle contradiction dans la doctrine qui enseigne la nature de ces puissances aériennes, nulle impossibilité qu'elles nous rendent visite; elles se sont montrées à nos sages, elles se manifesteront à nous: vous n'êtes pas digne de voir des génies.

Tout est mêlé de bien et de mal sur la terre; il y a donc incontestablement de bons et de mauvais génies. Les Perses eurent

35 W57P: corps; mais

[3] The interpretation of dreams was extremely important for the eighteenth century, as witness the *Histoire des oracles* by Fontenelle, appended to the 1724 edition of the *Entretiens sur la pluralité des mondes*, and Dom Augustin Calmet, *Traité sur les apparitions des esprits* (Paris, 1751). See Frank E. Manuel, *The Eighteenth century confronts the gods* (Cambridge, Mass., 1959) and Lester G. Crocker, 'L'analyse des rêves au 18e siècle', *SVEC* 23 (1963), p.301-15. Among famous superstitions involving dreams (and which Voltaire undoubtedly had in mind here) were those of Sertorius and Numa Pompilius, related in Plutarch's *Lives*, and that of Mohammed, related in Surâ 96 of the Koran, which Voltaire possessed in George Sale's translation (London, 1734; BV1786). For a similar contemporary view, see Basil Guy, *Œuvres choisies du Prince de Ligne* (Stanford, 1978), p.46, n.3.

leurs *péris* et leurs *dives*, les Grecs leurs *daimons* et *cacodaimons*, les
Latins *bonos* et *malos génios*.⁴ Le bon génie devait être blanc, le   50
mauvais devait être noir, excepté chez les nègres, où c'est
essentiellement tout le contraire. Platon admit sans difficulté un
bon et un mauvais génie pour chaque mortel.⁵ Le mauvais génie de
Brutus lui apparut, et lui annonça la mort avant la bataille de
Philippes;⁶ de graves historiens ne l'ont-ils pas dit? et Plutarque   55
aurait-il été assez mal avisé pour assurer ce fait, s'il n'avait été bien
vrai?

Considérez encore quelle source de fêtes, de divertissements, de
bons contes, de bons mots, venait de la créance des génies.

(*a*) *Scit genius natale comes qui temperat astrum.*   60

(*b*) *Ipse suos adsit genius visurus honores,*
    *Cui decorent sanctas florea serta comas.*⁷

Il y avait des génies mâles, et des génies femelles. Les génies des
dames s'appelaient chez les Romains, des *petites Junons*.⁸ On avait
encore le plaisir de voir croître son génie. Dans l'enfance, c'était   65
une espèce de Cupidon avec des ailes; dans la vieillesse de l'homme
qu'il protégeait, il portait une longue barbe: quelquefois c'était un
serpent. On conserve à Rome un marbre où l'on voit un beau

(*a*) Horace.
(*b*) Tibulle.

---

⁴ *Peri* derives from the Persian *pari*, originally an evil genius, later good, endowed
with grace and beauty, while *div* derives ultimately from the Sanskrit *deva*, and
represented an evil genius in Persian mythology. *Daimon* was originally an evil spirit
in Greek mythology, but later changed to a mere attendant spirit; and *cacodaimon*
was an evil spirit in Hellenistic times. The *bonus*/*malus* genius of the Romans was a
comparatively late development; see Martial, *Epigrammata*, I.xvi. On all these
concepts, see Cicero, *De natura deorum* and Nicolas Antoine Boulanger, *L'Antiquité
dévoilée* (Amsterdam, 1766).

⁵ Plato, *Apology*, par.31D.

⁶ Plutarch, *Life of Marcus Brutus*, par.8.

⁷ Horace, *Epistles*, II.2; also quoted by Voltaire beginning '*Est* genius' in the
article 'Ange, section 1ᵉʳᵉ' (*QE*, *OCV*, vol.38, p.376). Tibullus, *Elegies*, II.2; in the
second line modern editions read *mollia* for *florea*.

⁸ The word, relating to the tutelary deities of women in general, was *junones*.

serpent sous un palmier auquel sont appendues deux couronnes; et l'inscription porte, *au génie des Augustes*; c'était l'emblème de l'immortalité. [9]   70

Quelle preuve démonstrative avons-nous aujourd'hui que les génies, universellement admis par tant de nations éclairées, ne sont que des fantômes de l'imagination? Tout ce qu'on peut dire se réduit à ceci: Je n'ai jamais vu de génie; aucun homme de ma   75 connaissance n'en a vu: Brutus n'a point laissé par écrit que son génie lui fût apparu avant la bataille: ni Newton, ni Locke, ni même Descartes, qui se livrait à son imagination, [10] ni aucun roi, ni aucun ministre d'État, n'ont jamais été soupçonnés d'avoir parlé à leur génie: je ne crois donc pas une chose dont il n'y a pas la moindre   80 preuve. Cette chose n'est pas impossible, je l'avoue; mais la possibilité n'est pas une preuve de la réalité. Il est possible qu'il y ait des satyres avec de petites queues retroussées, et des pieds de chèvre: cependant j'attendrai que j'en aie vu plusieurs pour y croire: car si je n'en avais vu qu'un, je n'y croirais pas. [11]   85

[9] Voltaire would have found this reference in Suetonius' *Lives of the Caesars*, 'De vita Tiberii', par.26. The full inscription was *Genio Tib. Caesaris divi Augusti fili Augusti*.

[10] Voltaire probably took his information regarding these great men from the same sources as for nos.13-17 of the *Lettres philosophiques*, that is, Fontenelle, *Eloge de M. le chevalier Newton* (1728), Jean-Pierre Nicéron, *Mémoires pour servir à la vie des hommes illustres*, vol.1 (Paris, 1728; BV2568), and P. Borel, *A summary or compendium, of the life of the most famous philosopher Renatus Descartes, written originally in Latin by Peter Borellus* (London, 1670; BV478).

[11] This article, so obviously an attack on superstition, was probably also intended to subvert the cult of the guardian angel in the Roman Catholic Church, existing in the Middle Ages, but increasing in popularity during Voltaire's own time; see Louis Réau, *Iconographie de l'art chrétien*, III.1 (Paris, 1958), under 'Ange gardien', and also 'Ange', *QE* (*OCV*, vol.38, p.376). The lesson, whatever Voltaire's intent, was repeated in numerous articles of the alphabetical works such as 'Allégories', 'Apparence', 'Contradictions', 'Démoniaques', 'Emblème', 'Figure', 'Idole', 'Imagination', 'Magie', 'Miracles', 'Oracles', 'Prophéties', 'Superstition', etc.

DE L'ASTROLOGIE[1]

L'astrologie pourrait s'appuyer sur de meilleurs fondements que les génies. Car si personne n'a vu ni farfadets, ni lémures, ni dives, ni péris, ni démons, ni cacodémons,[2] on a vu souvent des prédictions d'astrologues réussir.[3] Que de deux astrologues consultés sur la vie d'un enfant, et sur la saison, l'un dise que 5 l'enfant vivra âge d'homme, l'autre non; que l'un annonce la pluie, et l'autre le beau temps; il est bien clair qu'il y en aura un prophète.[4]

Le grand malheur des astrologues, c'est que le ciel a changé depuis que les règles de l'art ont été données. Le soleil qui était dans le bélier du temps des Argonautes, se trouve aujourd'hui dans le 10

a   K84: ASTROLOGIE.
1-2   K84: que la magie. Car
9   K84: qui à l'équinoxe était
10-11   W75G *cartonné*: dans les poissons; et

[1] Voltaire revient souvent à l'astrologie; il y revient en particulier sous la rubrique 'Astronomie' dans les *Questions sur l'Encyclopédie*. Astrologie et astronomie sont, et surtout étaient, étroitement liées. Comme l'écrit Voltaire dans le *Siècle de Louis XIV* ('Catalogue de la plupart des écrivains français', éd. R. Pomeau, p.1142) à propos de Bouillaud, né en 1605, savant dans l'histoire et dans les mathématiques: 'Comme tous les astronomes de ce siècle, il se mêla d'astrologie.'

[2] Cf. l'article *Génies* qui précède dans l'édition de 1756: 'Les Perses eurent leurs *Peris* et leurs *Dives*; les Grecs leurs *Daimons* et *Cacodaimons*' (ci-dessus, p.336-37); et la première section de l'article 'Génie' dans les *Questions sur l'Encyclopédie*, sixième partie (1771): 'Génie, daimon; nous en avons déjà parlé à l'article *Ange*. Il n'est pas aisé de savoir au juste si les péris des Perses furent inventés avant les démons des Grecs. Mais cela est fort probable.'

[3] Voltaire écrit à Thiriot en 1738 qu'il a été lui-même prophète: 'J'ai été prophète une fois en ma vie, aussi n'était-ce pas dans mon pays. C'était à Londres chez notre cher Fakener. Il n'était que marchand, et je lui prédis qu'il serait ambassadeur à la Porte. Il se mit à rire, et enfin le voilà ambassadeur' (25 janvier 1738, D1436).

[4] Cf. *La Philosophie de l'histoire*, §6: 'Des usages et des sentiments communs à presque toutes les nations anciennes': 'Une femme vient demander à des mages si son mari mourra dans l'année. L'un lui répond oui, l'autre non: il est bien certain que l'un d'eux aura raison' (*OCV*, t.59, p.107).

339

taureau;[5] et les astrologues, au grand malheur de leur art, attribuent aujourd'hui à une maison du soleil ce qui appartient visiblement à une autre. Cependant ce n'est pas encore une raison démonstrative contre l'astrologie. Les maîtres de l'art se trompent; mais il n'est pas démontré que l'art ne peut exister.   15

Il n'y a pas d'absurdité à dire: Un tel enfant est né dans le croissant de la lune, pendant une saison orageuse, au lever d'une telle étoile; sa constitution a été faible, et sa vie malheureuse et courte; ce qui est le partage ordinaire des mauvais tempéraments: au contraire celui-ci est né quand la lune était dans son plein, le   20 soleil dans sa force, le temps serein, au lever d'une telle étoile; sa constitution a été bonne, sa vie longue et heureuse. Si ces observations avaient été répétées, si elles s'étaient trouvées justes, l'expérience eût pu au bout de quelques milliers de siècles former un art dont il eût été difficile de douter: on aurait pensé, avec   25 quelque vraisemblance, que les hommes sont comme les arbres et les légumes, qu'il ne faut planter et semer que dans certaines saisons. Il n'eût servi de rien contre les astrologues de dire: Mon fils est né dans un temps heureux, et cependant il est mort au berceau: l'astrologue aurait répondu: Il arrive souvent que les arbres plantés   30 dans la saison convenable, périssent; je vous ai répondu des astres, mais je ne vous ai pas répondu du vice de conformation que vous avez communiqué à votre enfant. L'astrologie n'opère que quand aucune cause ne s'oppose au bien que les astres peuvent faire.

On n'aurait pas mieux réussi à décréditer[6] l'astrologie en disant: 35

20-21   K84: lune est dans
       W52: lune était dans sa force, le temps

[5] Voir l'introduction, étude des variantes. Même exemple, même erreur dans le texte primitif, corrigée par un carton pour l'édition encadrée, dans les articles 'Almanach' et 'Astronomie' des *Questions sur l'Encyclopédie*. Voir aussi les variantes de la dix-septième *Lettre philosophique*.

[6] Le dictionnaire de Trévoux (édition de 1752) donne *décréditer*, et ne donne pas *discréditer*. En revanche, il donne *discrédit* et *discrédité*, en les marquant du signe qui indique les ajouts propres à l'édition.

De deux enfants qui sont nés dans la même minute, l'un a été roi, l'autre n'a été que marguillier de sa paroisse: car on aurait très bien pu se défendre, en faisant voir que le paysan a fait sa fortune lorsqu'il est devenu marguillier, comme le prince en devenant roi.

Et si on alléguait qu'un bandit que Sixte-Quint fit pendre était né 40 au même temps que Sixte-Quint, qui de gardeur de cochons devint pape;[7] les astrologues diraient qu'on s'est trompé de quelques secondes, et qu'il est impossible dans les règles, que la même étoile donne la tiare et la potence. Ce n'est donc que parce qu'une foule d'expériences a démenti les prédictions, que les hommes se sont 45 aperçus à la fin que l'art est illusoire; mais avant d'être détrompés ils ont été longtemps crédules.[8]

Un des plus fameux mathématiciens de l'Europe, nommé Stoffler, qui florissait aux quinzième et seizième siècles, et qui

[7] Il est intéressant que Voltaire emprunte un exemple à la vie de Sixte-Quint qui, selon Gregorio Leti (*Vie de Sixte-Quint*, traduction de 1683, livre 6, p.331) a précisément interdit l'astrologie judiciaire.

Il ne semble pas qu'il faille chercher à identifier le bandit. Voltaire fait simplement allusion à la rigueur de Sixte-Quint décrite par Leti et mentionnée à sa suite par Moreri; l'un et l'autre parlent de pendaisons et plus généralement de punitions exemplaires: 'Dès les premiers jours de son pontificat [...] il fit pendre de grand matin' quatre misérables 'qui avaient été surpris depuis deux jours avec des armes défendues' (G. Leti, livre 6, t.1, p.336); 'Cette sévérité avait établi [...] une grande sûreté dans les rues de Rome' (livre 9, t.2, p.208; cf. aussi livre 5, t.1, p.296, livre 6, t.1, p.340, etc.); le pape faisait 'dresser des potences [...] pour punir les insolents et licencieux' qui abusaient des 'divertissements du carnaval' (*Dictionnaire de Moreri*, édition de 1740, article 'Sixte V').

Dans l'*Essai sur les mœurs* (ch.184, éd. R. Pomeau, t.2, p.708), tout en notant la 'sévérité inouïe' de ce pontificat, Voltaire insiste plutôt sur le fait qu'il 'dissipa les bandits par la seule force des lois, sans avoir de troupes'.

Leti et Moreri parlent, comme Voltaire dans cet article et dans l'*Essai*, de l'élévation étonnante de Sixte-Quint qui, de 'gardeur de porcs [...] dans son enfance' devint pape: 'son maître, [...] le mit à garder les cochons [...], mais il fut tiré de ce misérable état par une voie inespérée' (G. Leti, livre 1, t.1, p.12).

[8] Cf. *Essai sur les mœurs*, ch.1, 'De la Chine' (éd. R. Pomeau, t.1, p.215). Dans les *Notebook fragments*, Voltaire attribue le déclin de la vogue des astrologues à l'établissement des académies des sciences: 'L'astrologie fut en vogue dans toutes les cours jusqu'aux établissements des académies des sciences' (*OCV*, t.82, *Notebook fragments*, fragment 33, f.201*v*, p.646).

travailla longtemps à la réforme du calendrier proposée au concile   50
de Constance,[9] prédit un déluge universel pour l'année 1524.[10] Ce
déluge devait arriver au mois de février, et rien n'est plus plausible;
car Saturne, Jupiter et Mars, se trouvèrent alors en conjonction
dans le signe des poissons. Tous les peuples de l'Europe, de l'Asie
et de l'Afrique, qui entendirent parler de la prédiction, furent   55
consternés.[11] Tout le monde s'attendit au déluge malgré l'arc-en-

51   W52: 1523

[9] Bayle indique (article 'Stofler', n.A): 'Son *Kalendarium Romanum Magnum*
dédié à l'Empereur Maximilien fut imprimé l'an 1518. Il avait fait imprimer à Tubinge
ses Tables Astronomiques l'année d'auparavant.'

[10] On trouve dans le dictionnaire de Bayle (article 'Stofler', édition de 1739), les
faits mentionées par Voltaire. Bayle puise ses renseignements le plus souvent dans
Naudé (in *Judicio de Augustino Nipho*, p.46-50), qui cite lui-même ses sources, et
aussi dans Gassendi (*Physicae*, sect.2, livre 6, *Oper.*, t.1, p.729), directement ou
indirectement dans Jean Bodin (*Les Six Livres de la République*, livre 4, p.550 sq.),
Jean Bouchet (*Annales d'Aquitaine*), Louis Vives (*De veritate fidei christianae*, livre 1,
ch.10, p.120, éd. Basil, 1544, et in Cunaeus *Orat.*, 4, p.78, éd. Lips, 1693), Cardan
(*Aphor. astrol.*, segm.7, aphorism 30, apud Aug. Buchneum in *Orat.*, Cunei, p.375),
etc. Mais Voltaire a pu trouver lui-même le point de départ et l'essentiel de son récit
dans Gassendi, qu'il cite souvent par ailleurs: celui-ci, s'appuyant en particulier sur
Jean Bouchet et Bodin, parle en effet de la prédiction de Stöffler, de la conjonction
astrale qui la motiva, de la consternation en Gaule, Espagne, Italie et Allemagne, des
précautions prises (construction de navires, abandon des plaines pour les hauteurs),
du démenti complet donné à Stöffler par le temps particulièrement beau et sec en
février cette année-là, et de l'embarras de Cardan et d'Origan qui déplorent le tort
ainsi causé à l'astrologie. Voltaire a pu trouver directement aussi dans la *République*
de Bodin (livre 4, p.550) – qu'il cite également par ailleurs – l'anecdote de l'arche
d'Auriol, ainsi que la mention de l'universalité de la prédiction: à travers 'l'Asie,
l'Afrique et l'Europe'.

[11] Bayle rapporte les détails donnés par Naudé sur cette consternation et sur la
polémique qui s'ensuivit au sujet des mesures à prendre. Augustin Niphus publia un
livre 'pour délivrer les hommes de cette terrible crainte'. Mais 'la terreur était passée
du peuple jusques aux princes, et même jusqu'aux savants'. L'Espagnol Cirvellus fit
paraître un ouvrage où 'il ouvrit des expédients de se garantir de l'inondation à juste
prix'. 'Le grand Chancelier de Charles-Quint consulta Pierre Martyr, qui lui
répondit que le mal ne serait pas aussi funeste qu'on le craignait.' Le duc d'Urbin
eut besoin que Paulus de Middeburgo lui démontrât que la crainte de ce déluge était
mal fondée. Guy Rangon, général d'armée à Florence, appréhenda que Niphus ne

ciel. Plusieurs auteurs contemporains rapportent que les habitants des provinces maritimes de l'Allemagne s'empressaient de vendre à vil prix leurs terres[12] à ceux qui avaient le plus d'argent, et qui n'étaient pas si crédules qu'eux. Chacun se munissait d'un bateau comme d'une arche. Un docteur de Toulouse nommé Auriol[13] fit faire surtout une grande arche pour lui, sa famille, et ses amis: on prit les mêmes précautions dans une grande partie de l'Italie. Enfin le mois de février arriva, et il ne tomba pas une goutte d'eau: jamais mois ne fut plus sec,[14] et jamais les astrologues ne furent plus embarrassés.[15] Cependant, ils ne furent ni découragés, ni négligés

60

65

57 w75G: Plusieurs autres contemporains

---

rassurât trop Charles-Quint, et engagea un célèbre médecin, Thomas, à écrire contre cet ouvrage pour obliger l'empereur 'à nommer des inspecteurs qui [...] marquassent les endroits où les hommes et les bêtes seraient moins exposés'. Ce médecin fut imité par d'autres écrivains comme Nicolaus Peranzonus ou Michaelis de Petra Sancta. 'La terreur fut si grande en France que plusieurs personnes en pensèrent perdre l'esprit', comme le montrent 'Jean Bouchet, l'auteur des annales d'Aquitaine; Claudius Duretus, chap.27 du livre sur le flux et le reflux; Spiritus Roterius [...] dans la réfutation de la doctrine d'un astrologue; Augerius Ferrerius dans le livre qu'il écrivit contre la République de Bodin; Albertus Pighius dans une défense de l'astrologie [...]; Eustorgius a Bello loco [...] dans ses vers'. 'Le septentrion ne fut pas exempt de ces alarmes', ainsi qu'en témoigne Cornelius Scepperus parlant du prince D. Christiernus, roi de Danemark, Suède et Norvège qui s'informa près de lui.

[12] Voir par exemple le témoignage, cité par Naudé (p.46), de l'Espagnol Cirvellus, professeur en théologie à Complute, qui 'avait vu les populations voisines des fleuves ou de la mer [...] changer de domicile, vendre leurs terres, leurs meubles et tous leurs biens au-dessous de leur valeur, et gagner d'autres lieux plus sûrs'.

[13] Auriol était 'docteur régent au droit canon', selon un critique de Bodin à qui il reprochait de lui avoir donné le titre de Président (in René Herpin, *Apologie pour la République de Jean Bodin*, page dernière).

[14] C'est ce que disent Jean Bouchet (folio m.213) et Louis Vives (d'après Cuneus, 4, p.78, éd. de 1693). Au contraire de ces auteurs 'plus dignes de foi' selon Bayle, Bodin, défenseur de l'astrologie, prétend que 'l'année apporta de grands orages et inondations d'eaux en plusieurs pays, si est-ce qu'il n'advint point de déluge' (Bodin, 4, p.550).

[15] Cardan et Origan par exemple, cités par Gassendi (voir ci-dessus, n.10). Selon Jean Bouchet (*Annales d'Aquitaine*, folio m.213), 'aucuns astrologues disaient [pour couvrir leur déshonneur] que ces conjonctions [astrales] avaient eu cours l'année précédente, parce qu'en aucuns lieux y avait eu plusieurs grands inondations d'eaux

parmi nous.[16] Presque tous les princes continuèrent de les consulter.[17]

Je n'ai pas l'honneur d'être prince;[18] cependant le célèbre comte de Boulainvilliers,[19] et un Italien nommé Colonne[20] qui avait   70

[...]. Autres disaient que telles conjonctions ne sortiraient leur effet de dix ans'. Cardan 'a soutenu que notre Jean Stofler s'était trompé pour n'avoir pas été assez habile dans la physique. Cardan s'efforce de faire voir que la même position des astres, qui selon Stofler devait produire des inondations, devait amener effectivement la sérénité' (apud Buchneum in *Orat.*, Cunei, p.m.375). Bodin aussi réparera 'le mieux qu'il peut la honte de Stofler car d'un côté il fait entendre que [...] Dieu empêcha [le déluge] pour ne manquer pas à sa promesse, et de l'autre, il étale les malheurs dont la Chrétienté fut affligée après cette conjonction des planètes' (Bodin, 4, p.553, jugé par Bayle).

[16] Cf. Bayle dans l'article cité ci-dessus: 'Nous rapporterons sur cela un bon nombre de particularités qui serviront à faire connaître qu'il n'est point facile de décréditer les astrologues; car ils ne laissèrent pas de trouver ensuite une infinité de dupes.'

[17] Voir par exemple les *Notebook fragments* (fragment 33), à la suite de la phrase citée ci-dessus, n.8: 'Catherine de Médicis avait son astrologue Luc Gourie, Marie de Médicis Fabroni, Anne d'Autriche Morin, Victor-Amédée roi de Sardaigne Grobbi, et St Quentin.' Cf. encore le *Siècle de Louis XIV*, ch.2, 'Des Etats de l'Europe avant Louis XIV' (éd. R. Pomeau, Pléiade, p.634): 'On consultait les astrologues, et on y croyait. Tous les Mémoires de ce temps-là, à commencer par l'*Histoire du président de Thou*, sont remplis de prédictions. Le grave et sévère duc de Sully rapporte sérieusement celles qui furent faites à Henry IV. Cette crédulité, la marque la plus infaillible de l'ignorance, était si accréditée qu'on eut soin de tenir un astrologue caché près de la chambre de la reine Anne d'Autriche au moment de la naissance de Louis XIV. Ce que l'on croira à peine, et ce qui est pourtant rapporté par l'abbé Vittorio Siri, auteur contemporain très instruit, c'est que Louis XIII eut dès son enfance le surnom de *Juste*, parce qu'il était né sous le signe de la balance.'

[18] Selon Voltaire, les princes se considéraient comme plus concernés que les autres hommes par l'astrologie, et il donne de ce fait une explication malveillante dans le *Siècle de Louis XIV* (ch.25, éd. R. Pomeau, p.907): 'On était encore très entêté à la cour de l'astrologie judiciaire: plusieurs princes pensaient, par une superstition orgueilleuse, que la nature les distinguait jusqu'à écrire leur destinée dans les astres.'

[19] En 1721, Voltaire pense à Boulainvilliers et à l'intérêt qu'il porte à l'observation des astres quand apparaît un soleil rouge à Villars: 'Que dira le Boulainvilliers / Sur ce terrible phénomène?' (à Fontenelle, le 1er juin 1721, D92). 'Le célèbre comte de Boulainvilliers' et son goût pour l'astrologie sont encore évoqués dans le *Siècle de Louis XIV*, ch.26: 'et toute la philosophie du célèbre comte de Boulainvilliers ne put jamais le guérir de cette chimère' (éd. R. Pomeau, p.924).

[20] Francesco Maria Pompeo Colonna, né en 1649, mort à Paris en 1726; fils naturel

beaucoup de réputation à Paris, me prédirent l'un et l'autre que je mourrais infailliblement à l'âge de trente-deux ans.²¹ J'ai eu la malice de les tromper déjà de près de trente années,²² de quoi je leur demande humblement pardon.

73   W57G, W64G, W70G, W71P: de plus de

---

d'un prince de l'illustre famille des Colonna. Il a écrit entre autres: *Introduction à la philosophie des anciens* (1698); *Secrets les plus cachés de la philosophie des anciens découverts et expliqués* (1722); *Abrégé de la doctrine de Paracelse* (1724); *Principes de la nature selon les opinions des anciens philosophes* (1725); *Histoire universelle de l'univers* (1734), ouvrage posthume.

²¹ Nous n'avons pas trouvé trace de ces prédictions dans la correspondance; il est difficile de les dater. Celle de Boulainvilliers ne saurait évidemment être postérieure à 1722 (année de sa mort) et celle de Colonne à 1726 (année de sa mort et des 32 ans de l'auteur). Pour cette dernière, on peut peut-être avancer la date de 1724. Voltaire parle dans une lettre à Thiriot d'un commentaire de l'*Aloïsa* fait par 'Colonne, à l'âge de soixante et quinze ans' (1ᵉʳ octobre [1755], D6526). Comme on ne connaît pas de commentaire écrit de l'*Aloïsa* par Colonne, on peut penser que Voltaire en a eu connaissance parce qu'il fréquentait alors les mêmes cercles que Colonne. Si on peut croire daté avec précision un souvenir aussi lointain et prendre 'soixante et quinze' à la lettre, on peut faire remonter la prédiction à cette année 1724.

²² Voir l'introduction.

DE LA MAGIE

La magie est encore une science bien plus plausible que l'astrologie, et que la doctrine des génies. Dès qu'on commença à penser qu'il y a dans l'homme un être tout à fait distinct de la machine, et que l'entendement subsiste après la mort, on donna à cet entendement un corps délié, subtil, aérien, ressemblant au corps dans lequel il était logé. Deux raisons toutes naturelles introduisirent cette opinion: la première, c'est que dans toutes les langues l'âme s'appelait esprit, souffle, vent: cet esprit, ce souffle, ce vent,[1] était donc quelque chose de fort mince et de fort délié. La seconde, c'est que si l'âme d'un homme n'avait pas retenu une forme semblable à celle qu'il possédait pendant sa vie, on n'aurait pas pu distinguer après la mort l'âme d'un homme d'avec celle d'un autre. Cette âme, cette ombre qui subsistait séparée de son corps, pouvait très bien se montrer dans l'occasion, revoir les lieux qu'elle avait habités, visiter ses parents, ses amis, leur parler, les instruire; il n'y avait dans tout cela aucune incompatibilité. Ce qui est, peut paraître.

Les âmes pouvaient très bien enseigner à ceux qu'elles venaient voir, la manière de les évoquer:[2] elles n'y manquaient pas; et le mot *Abraxa*[3] prononcé avec quelques cérémonies, faisait venir les âmes auxquelles on voulait parler. Je suppose qu'un Egyptien eût dit à un philosophe: 'Je descends en ligne droite des magiciens de Pharaon qui changèrent des baguettes en serpents, et les eaux du Nil en

14   β, w52: habité [*erreur*]

[1] Voltaire rappelle cette désignation de l'âme par le souffle dans l'article *Des langues* (ci-dessus, p.10). Voir les réflexions de Voltaire sur l'âme, qu'à la suite de Locke il a tendance à considérer comme matérielle, depuis les *Lettres philosophiques* jusqu'au *DP* (*OCV*, t.35) et aux *QE* (*OCV*, t.38).

[2] Sur l'évocation des morts, ou nécromancie, voir l'article 'Enchantement' des *QE* (*M*, t.18, p.536-37).

[3] Sur *abraxa*, voir l'article 'Bouc', *OCV*, t.39, p.440.

sang; un de mes ancêtres se maria avec la pythonisse d'Endor qui évoqua l'ombre de Samuel à la prière du roi Saül:[4] elle communiqua ses secrets à son mari, qui lui fit part des siens: je possède cet héritage de père et de mère, ma généalogie est bien avérée; je commande aux ombres et aux éléments.' Le philosophe n'aurait eu autre chose à faire qu'à lui demander sa protection: car si ce philosophe avait voulu nier, et disputer, le magicien lui eût fermé la bouche, en lui disant; 'Vous ne pouvez nier les faits; mes ancêtres ont été incontestablement de grands magiciens, et vous n'en doutez pas; vous n'avez nulle raison pour croire que je sois de pire condition qu'eux, surtout quand un homme d'honneur comme moi vous assure qu'il est sorcier.' Le philosophe aurait pu lui dire: 'Faites-moi le plaisir d'évoquer une ombre, de me faire parler à une âme, de changer cette eau en sang, cette baguette en serpent.' Le magicien pouvait répondre: 'Je ne travaille pas pour les philosophes: j'ai fait voir des ombres à des dames très respectables, à des gens simples qui ne disputent point: vous devez croire au moins qu'il est très possible que j'aie ces secrets, puisque vous êtes forcé d'avouer que mes ancêtres les ont possédés: ce qui s'est fait autrefois se peut faire aujourd'hui, et vous devez croire à la magie, sans que je sois obligé d'exercer mon art devant vous.'

Ces raisons sont si bonnes, que tous les peuples ont eu des sorciers.[5] Les plus grands sorciers étaient payés par l'Etat, pour voir clairement l'avenir dans le cœur et dans le foie d'un bœuf. Pourquoi donc a-t-on si longtemps puni les autres de mort?[6] Ils

25

30

35

40

45

---

46   w52: l'avenir dans le foie d'un bœuf

[4] Sur la pythonisse d'Endor, voir entre autres l'article 'Enchantement'.

[5] Tous les peuples, dans tous les temps, ont cru à la magie comme à l'astrologie et aux oracles (*La Philosophie de l'histoire*, *OCV*, t.59, p.211; *CN*, t.5, p.123). Voltaire tend à confondre magiciens et sorciers, comme il le fera encore par exemple, pour l'évocation des morts, dans l'article 'Enchantement' des *QE*. Dans *Le Taureau blanc*, le magicien Mambrès est qualifié de sorcier.

[6] Voltaire oscille à ce propos entre un optimisme de la raison et l'horreur devant la superstition. 'Les tribunaux dans les pays éclairés n'admettent plus enfin les obsessions et la magie', écrit-il par exemple dans l'*Essai sur les mœurs* (t.2, p.225).

faisaient des choses plus merveilleuses; on devait donc les honorer beaucoup, on devait surtout craindre leur puissance. Rien n'est plus ridicule que de condamner un vrai magicien à être brûlé; car on devait présumer qu'il pouvait éteindre le feu, et tordre le cou à ses juges. Tout ce qu'on pouvait faire, c'est de lui dire: 'Mon ami, nous ne vous brûlons pas comme un sorcier véritable, mais comme un faux sorcier, qui vous vantez d'un art admirable que vous ne possédez pas; nous vous traitons comme un homme qui débite de la fausse monnaie: plus nous aimons la bonne, plus nous punissons ceux qui en donnent de fausse: nous savons très bien qu'il y a eu autrefois de vénérables magiciens, mais nous sommes fondés à croire que vous ne l'êtes pas, puisque vous vous laissez brûler comme un sot.'

Il est vrai que le magicien poussé à bout pourrait dire: 'Ma science ne s'étend pas jusqu'à éteindre un bûcher sans eau, et jusqu'à donner la mort à mes juges avec des paroles; je peux seulement évoquer des âmes, lire dans l'avenir, changer certaines matières en d'autres; mon pouvoir est borné; mais vous ne devez pas pour cela me brûler à petit feu; c'est comme si vous faisiez pendre un médecin qui vous aurait guéri de la fièvre, et qui ne

55   w52: comme qui débite
67-68   w52: médecin qui vous aurait guéri de la paralysie
        w68, w75G: qui aurait guéri

'Lorsque la philosophie a commencé à éclairer un peu les hommes, on a cessé de poursuivre les sorciers, et ils ont disparu de la terre', écrit-il encore en 1766 dans l'*Avis au public* (*M*, t.25, p.523). Mais, en 1764, il déplore qu'à six lieues de chez lui il y ait encore des sorciers et que le père ait fait brûler ses deux enfants absous par le juge (à Damilaville, D12183). Il s'indigne à plusieurs reprises qu'on ait brûlé une sorcière à Wurzbourg 'de nos jours', en 1749 (art. 'Béker' des *QE*, *OCV*, t.39, p.347). Pis encore: en 1776, les Polonais 'viennent de brûler sept pauvres vieilles femmes accusées d'avoir fait manquer la récolte par des paroles magiques' (à Frédéric II, D19889). Voltaire ne verra pas la fin de ces monstruosités: en 1780, une femme sera encore brûlée à Séville pour 'sortilège' et 'maléfices' (R. Pomeau, *L'Europe des Lumières*, 2e éd., Paris, 1991, p.196). La dernière Européenne exécutée pour sorcellerie fut une Suissesse âgée de 48 ans, décapitée en 1782. Elle a été récemment réhabilitée (voir Walter Hauser, *Der Justizmord an Anna Göldi*, Zurich, 2007).

pourrait vous guérir d'une paralysie.' Mais les juges lui réplique-raient: 'Faites-nous donc voir quelque secret de votre art, ou consentez à être brûlé de bonne grâce.'   70

DES POSSÉDÉS

Il n'y a que les possédés à qui on n'a jamais rien de bon à répliquer. Qu'un homme vous dise, Je suis possédé, il faut l'en croire sur sa parole. Ceux-là ne sont point obligés de faire des choses bien extraordinaires; et quand ils les font, ce n'est que pour surabondance de droit. Que répondre à un homme qui roule les yeux, qui tord la bouche, et qui dit qu'il a le diable au corps? Chacun sent ce qu'il sent. Il y a eu autrefois tout plein de possédés, il peut donc s'en rencontrer encore. S'ils s'avisent de battre le monde, on le leur rend bien, et alors ils deviennent fort modérés. Mais pour un pauvre possédé qui se contente de quelques convulsions,[1] et qui ne fait de mal à personne, on n'est pas en droit de lui en faire. Si vous disputez contre lui, vous aurez infailliblement le dessous: il vous dira, 'Le diable est entré hier chez moi, sous une telle forme; j'ai depuis ce temps-là une colique surnaturelle, que tous les apothicaires du monde ne peuvent soulager.' Il n'y a certainement d'autre parti à prendre avec cet homme que celui de l'exorciser, ou de l'abandonner au diable.

C'est grand dommage qu'il n'y ait plus aujourd'hui ni possédés, ni magiciens, ni astrologues, ni génies.[2] On ne peut concevoir de quelle ressource étaient il y a cent ans tous ces mystères. Toute la noblesse vivait alors dans ses châteaux. Les soirs d'hiver sont longs, on serait mort d'ennui sans ces nobles amusements. Il n'y avait guère de château où il ne revînt une fée à certains jours marqués, comme la fée Merlusine au château de Lusignan. Le grand-veneur, homme sec et noir, chassait avec une meute de

---

1   K84: De tous ceux qui se vantent d'avoir des liaisons avec le diable, il n'y a

[1] Allusion aux convulsionnaires jansénistes du cimetière Saint-Médard. Voltaire y reviendra plus en détail dans les articles 'Convulsions' du *DP* et des *QE*.
[2] Voltaire récapitule la série des quatre articles *Des génies*, *De l'astrologie*, *De la magie*, *Des possédés*.

chiens noirs dans la forêt de Fontainebleau. Le diable tordait le cou au maréchal Fabert.[3] Chaque village avait son sorcier, ou sa sorcière; chaque prince avait son astrologue; toutes les dames se faisaient dire leur bonne aventure; les possédés couraient les champs; c'était à qui avait vu le diable, ou à qui le verrait; tout cela était un sujet de conversations inépuisables, qui tenait les esprits en haleine. A présent on joue insipidement aux cartes, et on a perdu à être détrompé.

30

---

33   W75G: [*note ajoutée*] On trouvera la plupart de ces sujets traités d'une manière plus détaillée et plus approfondie dans les *Questions sur l'Encyclopédie*.

[3] Abraham Fabert d'Esternay (1599-1662), maréchal en 1658. Dans la Liste des maréchaux de France du *Siècle de Louis XIV*, Voltaire écrit: 'On s'est obstiné à vouloir attribuer sa fortune et sa mort à des causes surnaturelles. Il n'y eut d'extraordinaire en lui que d'avoir fait sa fortune uniquement par son mérite' (*OH*, p.1122). Engagé à quatorze ans, Fabert se distingua par sa vaillance dans les guerres contre les protestants, en Languedoc et à La Rochelle. Excellent ingénieur, il fut nommé gouverneur de la place de Sedan en 1642.

D'Ovide
De Socrate

Edition critique

par

Jean Mayer

TABLE DES MATIÈRES

INTRODUCTION 355

D'OVIDE 361

DE SOCRATE 371

INTRODUCTION

Les deux textes *D'Ovide* et *De Socrate* ont paru en 1756 dans les éditions Cramer à Genève (*'Première Édition'*, w56, t.5, *Suite des Mélanges de littérature* [...], p.294-306 et 307-10) et Walther à Dresde (w52, t.8, p.129-38 et 139-41), éditions jumelles donnant un texte identique. On les retrouve à la suite l'un de l'autre et dans le même ordre dans toutes les éditions d'œuvres complètes, à deux exceptions près: l'édition de Neuchâtel 1772, w72P (Trapnell, p.133-35), donne au t.18 séparément *D'Ovide* (p.298-313) et *De Socrate* (p.345-49); six articles de philosophie sont intercalés aux p.314-44 (*Des génies*, *De l'astrologie*, *De la magie*, *Des possédés*, *Des allégories*, *Du polythéisme*, les quatre premiers formant une suite); les éditeurs de l'édition de Kehl mettent ces deux articles dans le *Dictionnaire philosophique* (t.42, p.222-33, et t.43, p.200-203). Pour cette raison, nous présentons ces deux textes ensemble, bien qu'ils soient de nature différente.

L'article *D'Ovide* évoque en premier lieu le mystère central de la vie du poète: les raisons de son exil dans une province lointaine et inhospitalière de l'empire où il passera les dix dernières années de sa vie. On connaît les faits: prenant prétexte des audaces 'immorales' contenues dans *L'Art d'aimer*, Auguste exile Ovide, en l'an 8 de notre ère, à Tomi (aujourd'hui Constantza), bourgade de Mésie sur la rive de la mer Noire, au sud du delta du Danube. Ovide a cinquante ans; il supporte mal le climat rude et fera tout pour rentrer en grâce: supplications, éloges courtisans (qu'on lui a peut-être trop reprochés) resteront vains. Ni Auguste, ni Tibère qui lui succède en 14 ne rapporteront la condamnation. Ovide mourra en exil, probablement à la fin de l'année 17.

Les raisons de cet exil restent mystérieuses. *L'Art d'aimer*, paru depuis huit ans, ne pouvait constituer un motif valable. Ovide aurait, suivant G. Boissier,[1] favorisé une liaison entre Silanus et

---

[1] *L'Opposition sous les Césars*, 3e éd. (Paris, 1892), ch.3, p.107s.

Junie, petite-fille d'Auguste; d'autres hypothèses ont été avancées (liaison politique avec Fabius Maximus, participation irrégulière à une cérémonie secrète des mystères d'Isis, que Livie suivait avec enthousiasme); la plus probable est qu'Ovide fut témoin d'un scandale – sans doute de nature sexuelle – dans la famille impériale, la culpabilité personnelle d'Auguste n'étant pas exclue.

Voltaire consacre la seconde partie de son article à une discussion avec Bayle sur l'état originel de la matière. Prenant appui sur le début des *Métamorphoses*, il défend sa conception d'une matière passive, inerte, dont même les qualités intrinsèques ne peuvent avoir d'effet sans l'intervention d'un *primum movens*, ce qui justifie le rôle de Dieu dans la création. Il en prend occasion pour opposer une fois de plus le 'roman' de Descartes et la véritable philosophie de Newton.

Beaucoup plus court, l'article *De Socrate* ne concerne ni la biographie ni la philosophie scientifique. Dans une conversation imaginaire, nous voyons Socrate s'opposer à deux bigots qui tirent de la religion traditionnelle des bénéfices substantiels. L'opposition de Socrate à ses concitoyens se réduit ainsi à une apologie sommaire de la religion naturelle, ou plus exactement du déisme constamment défendu par Voltaire. Cette conception d'une foi sans dogmes, sans culte public, fondatrice de la physique et soutien de la morale, constitue le seul lien véritable entre les deux textes.

Nous désirons remercier ici G. Devallet pour les éclaircissements qu'il nous a fournis concernant les réalités romaines et les textes des poètes cités. Les traductions données en note sont celles de la collection *Les Belles Lettres*: A. Ernout pour Lucrèce, G. Lafaye pour les *Métamorphoses* d'Ovide, J. André pour les *Tristes* et les *Pontiques*.

Editions

w56

T.5, p.294-306; 307-10.

w52 (1756)

T.8, p.129-38; 139-41.

w57G

T.5, p.294-306; 307-10.

w57P

T.7, p.383-99; 400-404.

w64

T.v (i), p.294-306; 307-10.

w70G

T.v (i), p.294-306; 307-10.

w64R

T.17 (i), p.126-35; 135-38.

w68 (1771)

T.15, p.351-59; 359-62.

w71L

T.14, p.386-95; 395-97.

w70L (1772)

T.27, p.302-14; 315-318.

w72P (1773)

T.18, p.298-313; 345-49.

W72X

T.5 (i), p.294-306; 307-10.

W75G

T.34, p.4-13; 13-16.

K84

T.42, p.222-33; t.43, p.200-203.

Traduction anglaise

The Works of M. de Voltaire, tr. Smollett *et al.* (London, 1761-1764), t.12, p.167-78: Of Ovid; p.179-82: Of Socrates.

Principes de cette édition

Les textes n'ayant subi aucun changement important, nous avons choisi comme texte de base l'édition w75g.

Traitement du texte de base

On a conservé les italiques du texte de base, sauf dans les cas suivants: on imprime en romain les noms propres de personnes et les noms de famille, les citations en langues modernes, et le discours direct. On a également respecté la ponctuation du texte de base. Ailleurs le texte de base a fait l'objet d'une modernisation portant sur la graphie, l'accentuation et la grammaire. Les particularités du texte de base dans ces trois domaines étaient les suivantes:

I. Consonnes
- absence de *p* dans: longtems, tems
- absence de *t* dans: élémens, ingrédiens, parens, pesans, savans, différens
- redoublement de consonnes contraire à l'usage actuel dans: appeller, rapella, rejetté, secrette, symmétrie, apperçurent

358

— emploi de *d* dans: nud
— présence d'une seule consonne là où l'usage actuel prescrit son doublement: falait, falu, pourait
— emploi de *ph* au lieu de *f* dans: phiole
— emploi de *x* au lieu de *s* dans: loix
— emploi de *ʒ* au lieu de *s* dans: hazard
— absence de *s* dans: cinq cent

II. Voyelles

— absence de *e* dans: encor

III. Particularités d'accentuation

1. L'accent aigu

— il est employé au lieu de l'accent grave dans: douziéme, quatriéme, secrétement, troisiéme, pélérinages

2. L'accent grave

— il n'est pas employé dans: secrette

3. L'accent circonflexe

— il est employé dans: atôme, gête, servît
— il n'est pas employé dans: grace, infame

4. Le tréma est employé dans: poëte

IV. Majuscules

— les majuscules ont été supprimées dans les adjectifs suivants: Anglais, Hollandais, Polonais, Romain, Romaine, Suédois, Vénitien
— les majuscules ont été supprimées dans les substantifs suivants: Dieu, Dieux

V. Divers

— Le trait d'union a été supprimé dans les expressions suivantes: en-bas, en-haut, non-seulement, grand-homme

D'OVIDE

Les savants n'ont pas laissé de faire des volumes pour nous apprendre au juste dans quel coin de terre Ovide Nason fut exilé par Octave Cépias surnommé Auguste. Tout ce qu'on en sait, c'est que né à Sulmone, et élevé à Rome, il passa dix ans[1] sur la rive droite du Danube dans le voisinage de la mer Noire. Quoiqu'il appelle cette terre barbare, il ne faut pas se figurer que ce fût un pays de sauvages. On y faisait des vers. Cotis[2] petit roi d'une partie de la Thrace fit des vers gètes[3] pour Ovide. Le poète latin apprit le gète, et fit aussi des vers dans cette langue. Il semble qu'on aurait dû attendre des vers grecs dans l'ancienne patrie d'Orphée; mais ces pays étaient alors peuplés par des nations du Nord qui parlaient probablement un dialecte tartare, une langue approchante de l'ancien slavon.[4] Ovide ne semblait pas destiné à faire des vers tartares. Le pays des Tomites où il fut relégué, était une partie de la Mésie, province romaine, entre le mont Hémus et le Danube. Il est situé au quarante-quatrième degré et demi, comme les plus beaux climats de la France; mais les montagnes qui sont au sud, et les vents du nord et de l'est qui soufflent du Pont-Euxin, le froid, et l'humidité des forêts et du Danube, rendaient cette contrée insupportable à un homme né en Italie: aussi Ovide n'y vécut-il

5

10

15

20

a   K84: OVIDE
13   W72P: l'ancien Sclavon. Ovide

[1] Voir notre introduction, p.355.
[2] Cotys (ou Kotys) VIII, roi de Thrace depuis l'année 12.
[3] Gètes, nom grec du peuple appelé Daces par les Romains.
[4] Le tatar et le slavon n'appartiennent pas à la même famille linguistique: le tatar fait partie du groupe turc, le vieux slavon est un parler slave influencé par le dialecte bulgaro-macédonien de Cyrille et Méthode (voir Claude Hagège, *Le Souffle de la langue*, Paris, 1992, p.132, 134).

pas longtemps; il y mourut à l'âge de soixante années. Il se plaint dans ses élégies du climat, et non des habitants:

> Quos ego, cùm loca sim vestra perosus, amo. [5]

Ces peuples le couronnèrent de laurier, et lui donnèrent des privilèges qui ne l'empêchèrent pas de regretter Rome. C'était un grand exemple de l'esclavage des Romains, et de l'extinction de toutes les lois, qu'un homme né dans une famille équestre comme Octave, exilât un homme d'une famille équestre, et qu'un citoyen de Rome envoyât d'un mot un autre citoyen chez les Scythes. Avant ce temps il fallait un plébiscite, une loi de la nation, pour priver un Romain de sa patrie. Cicéron exilé par une cabale, l'avait été du moins avec les formes des lois.

Le crime d'Ovide était incontestablement d'avoir vu quelque chose de honteux dans la famille d'Octave:

> Cur aliquid vidi, cur noxia lumina feci? [6]

Les doctes n'ont pas décidé s'il avait vu Auguste avec un jeune garçon plus joli que ce Mannius [7] dont Auguste dit qu'il n'avait point voulu, parce qu'il était trop laid; ou s'il avait vu quelque écuyer entre les bras de l'impératrice Livie, que cet Auguste avait épousée grosse d'un autre; ou s'il avait vu cet empereur Auguste occupé avec sa fille ou sa petite-fille; ou enfin s'il avait vu cet empereur Auguste faisant quelque chose de pis, *torva tuentibus hircis*. [8] Il est de la plus grande probabilité qu'Ovide surprit Auguste dans un inceste. Un auteur presque contemporain

---

[5] 'Vous que j'aime, alors que votre pays m'est odieux' (*Pontiques*, IV, 14, v.24).

[6] 'Pourquoi ai-je vu? Pourquoi ai-je rendu mes yeux coupables?' (*Tristes*, II, 1, v.103).

[7] La source de cette allusion n'est pas connue. Notons que l'homosexualité, considérée comme scandaleuse entre adultes, était tolérée chez les Romains si l'aimé était un jeune garçon.

[8] Voltaire cite de mémoire; le texte de Virgile (*Bucoliques*, III, v.8) porte 'transversa tuentibus hircis' (sous le regard oblique des boucs); c'est une allusion voilée à la bestialité.

nommé Minutianus Apuleius, dit: 'Pulsum quoque in exilium quod   45
Augusti incestum vidisset.'[9]

Octave Auguste prit le prétexte du livre innocent de l'*Art
d'aimer*, livre très décemment écrit, et dans lequel il n'y a pas un
mot obscène, pour envoyer un chevalier romain sur la mer Noire.
Le prétexte était ridicule. Comment Auguste, dont nous avons   50
encore des vers remplis d'ordures, pouvait-il sérieusement exiler
Ovide à Tomes, pour avoir donné à ses amis plusieurs années
auparavant[10] des copies de l'*Art d'aimer*? Comment avait-il le front
de reprocher à Ovide un ouvrage écrit avec quelque modestie, dans
le temps qu'il approuvait les vers où Horace prodigue tous les   55
termes de la plus infâme prostitution, et le *futuo*, et la *mentula*, et le
cunnus?[11] Il y propose indifféremment ou une fille lascive, ou un
beau garçon qui renoue sa longue chevelure, ou une servante, ou
un laquais: tout lui est égal. Il ne lui manque que la bestialité. Il y a
certainement de l'impudence à blâmer Ovide, quand on tolère   60
Horace. Il est clair qu'Octave alléguait une très méchante raison,
n'osant parler de la bonne. Une preuve qu'il s'agissait de quelque
stupre, de quelque inceste, de quelque aventure secrète de la sacrée
famille impériale, c'est que le bouc de Caprée, Tibère,[12] immorta-
lisé par les médailles de ses débauches, Tibère, monstre de lasciveté   65
comme de dissimulation, ne rappela point Ovide. Il eut beau
demander grâce à l'auteur des proscriptions, et à l'empoisonneur
de Germanicus;[13] il resta sur les bords du Danube.

64   w71L: de Camprée, Tibère,

[9] 'Il fut aussi exilé sous prétexte qu'il aurait été témoin d'un inceste commis par
Auguste.' Nous n'avons pas de renseignements sur l'auteur de cette citation, Lucius
Caecilius Minutianus Apuleius. Précisons que le terme *incestum*, plus vague
qu'*inceste* en français, désigne un rapport sexuel illicite, notamment entre personnes
d'une même famille, mais pas nécessairement du même sang.

[10] *L'Art d'aimer* est antérieur de huit ans à l'exil d'Ovide.

[11] Notamment dans les *Satires*, I, 2.

[12] Voir Suétone, *Vies des douze Césars*, Tibère.

[13] Germanicus mourut en l'an 19 de notre ère, à Antioche, âgé de trente-cinq ans.
On soupçonne Pison, gouverneur de Syrie, de l'avoir empoisonné sur l'ordre de
Tibère.

Si un gentilhomme hollandais, ou polonais, ou suédois, ou anglais, ou vénitien, avait vu par hasard un stadhouder, [14] ou un roi de la Grande-Bretagne, ou un roi de Suède, ou un roi de Pologne, ou un doge, commettre quelque gros péché, si ce n'était pas même par hasard qu'il l'eût vu, s'il en avait cherché l'occasion, si enfin il avait l'indiscrétion d'en parler, certainement ce stadhouder, ou ce roi, ou ce doge ne seraient pas en droit de l'exiler.

On peut faire à Ovide un reproche presque aussi grand qu'à Auguste, et qu'à Tibère, c'est de les avoir loués. Les éloges qu'il leur prodigue sont si outrés, qu'ils exciteraient encore aujourd'hui l'indignation, s'il les eût donnés à des princes légitimes ses bienfaiteurs; mais il les donnait à des tyrans, et à ses tyrans. On pardonne de louer un peu trop un prince qui vous caresse, mais non pas de traiter en dieu un prince qui vous persécute. Il eût mieux valu cent fois s'embarquer sur la mer Noire, et se retirer en Perse par les Palus-Méotides, que de faire ses *Tristes de Ponto*. Il eût appris le persan aussi aisément que le gète, et aurait pu du moins oublier le maître de Rome chez le maître d'Ecbatane. Quelque esprit dur dira qu'il y avait encore un parti à prendre; c'était d'aller secrètement à Rome, s'adresser à quelques parents de Brutus et de Cassius, et de faire une douzième conspiration contre Octave; mais cela n'était pas dans le goût élégiaque.

Chose étrange que les louanges! Il est bien clair qu'Ovide souhaitait de tout son cœur que quelque Brutus délivrât Rome de son Auguste, et il lui souhaite en vers l'immortalité.

Je ne reproche à Ovide que ses *Tristes*. Bayle lui fait son procès sur sa philosophie du chaos, si bien exposée dans le commencement des *Métamorphoses*:

Ante mare et terras, et quod tegit omnia cœlum,
Unus erat toto naturæ vultus in orbe. [15]

---

70   w56, w52: un Stadoulder, ou [*et ainsi de suite*]

[14] Gouverneur, chef de la république des Provinces-Unies (Pays-Bas), titre porté par les princes d'Orange-Nassau (on écrit plutôt *stathouder*).

[15] 'Avant la mer, la terre et le ciel qui couvre tout, la nature, dans l'univers entier, offrait un seul et même aspect' (*Métamorphoses*, I, v.5-6).

Bayle traduit ainsi ces premiers vers: 'Avant qu'il y eût un ciel, une terre, et une mer, la nature était un tout homogène.' Il y a dans Ovide: 'La face de la nature était la même dans tout l'univers.' Cela ne veut pas dire que tout fût homogène, mais que ce tout hétérogène, cet assemblage de choses différentes, paraissait le même; *unus vultus*.

Bayle critique tout le chaos. Ovide qui n'est dans ses vers que le chantre de l'ancienne philosophie, dit que les choses molles et dures, les légères et les pesantes, étaient mêlées ensemble:

> Mollia cum duris, sine pondere, habentia pondus: [16]

et voici comme Bayle raisonne contre lui. [17]

'Il n'y a rien de plus absurde que de supposer un chaos qui a été homogène pendant toute une éternité, quoiqu'il eût les qualités élémentaires, tant celles qu'on nomme altératrices, qui sont la chaleur, la froideur, l'humidité et la sécheresse, que celles qu'on nomme motrices, qui sont la légèreté et la pesanteur: celle-là cause du mouvement en haut, celle-ci du mouvement en bas. Une matière de cette nature ne peut point être homogène, et doit contenir nécessairement toutes sortes d'hétérogénéités. La chaleur et la froideur, l'humidité et la sécheresse, ne peuvent pas être ensemble sans que leur action et leur réaction les tempère et les convertisse en d'autres qualités qui font la forme des corps mixtes: et comme ce tempérament se peut faire selon les diversités innombrables de combinaisons, il a fallu que le chaos renfermât une multitude incroyable d'espèces de composés. Le seul moyen de le concevoir homogène serait de dire, que les qualités altératrices des éléments se modifièrent au même degré dans toutes les molécules de la matière, de sorte qu'il y avait partout précisément la même tiédeur, la même mollesse, la même odeur, la même saveur

---

103   W71L: assemblage des choses

[16] '[... Dans un seul corps, le froid faisait la guerre au chaud, l'humide au sec,] le mou au dur, le pesant au léger' (*Métamorphoses*, I, v.20).

[17] Dans l'article 'Ovide' de son *Dictionnaire historique et critique* (remarque G).

etc. ... mais ce serait ruiner d'une main ce que l'on bâtit de l'autre:
ce serait par une contradiction dans les termes appeler chaos
l'ouvrage le plus régulier, le plus merveilleux en sa symétrie, le   130
plus admirable en matière de proportions qui se puisse concevoir.
Je conviens que le goût de l'homme s'accommode mieux d'un
ouvrage diversifié, que d'un ouvrage uniforme; mais nos idées ne
laissent pas de nous apprendre que l'harmonie des qualités contraires, conservée uniformément dans tout l'univers, serait une   135
perfection aussi merveilleuse que le partage inégal qui a succédé
au chaos.

'Quelle science, quelle puissance ne demanderait pas cette
harmonie uniforme répandue dans toute la nature? Il ne suffirait
pas de faire entrer dans chaque mixte la même quantité de chacun   140
des quatre ingrédients; il faudrait y mettre des uns plus, des autres
moins, selon que la force des uns est plus grande ou plus petite pour
agir que pour résister; car on sait que les philosophes partagent
dans un degré différent l'action, et la réaction aux qualités
élémentaires. Tout bien compté il se trouverait que la cause qui   145
métamorphosa le chaos l'aurait tiré, non pas d'un état de confusion
et de guerre, comme on le suppose, mais d'un état de justesse qui
était la chose du monde la plus accomplie, et qui par la réduction à
l'équilibre des forces contraires le tenait dans un repos équivalent à
la paix. Il est donc constant, que si les poètes veulent sauver   150
l'homogénéité du chaos, il faut qu'ils effacent tout ce qu'ils ajoutent
concernant cette confusion bizarre des semences contraires, et ce
mélange indigeste, et ce combat perpétuel des principes ennemis.

'Passons-leur cette contradiction, nous trouverons assez de
matière pour les combattre par d'autres endroits. Recommençons   155
l'attaque de l'éternité. Il n'y a rien de plus absurde que d'admettre
pendant un temps infini le mélange des parties insensibles des
quatre éléments; car dès que vous supposez dans ces parties
l'activité de la chaleur, l'action et la réaction des quatre premières
qualités, et outre cela le mouvement vers le centre dans les   160
particules de la terre et de l'eau, et le mouvement vers la
circonférence dans celles du feu et de l'air, vous établissez un

principe qui séparera nécessairement les unes des autres ces quatre espèces de corps, et qui n'aura besoin pour cela que d'un certain temps limité. Considérez un peu ce qu'on appelle *la fiole des quatre* 165 *éléments*. On y enferme de petites particules métalliques, et puis trois liqueurs beaucoup plus légères les unes que les autres. Brouillez tout cela ensemble, vous n'y discernez plus aucun de ces quatre mixtes, les parties de chacun se confondent avec les parties des autres: mais laissez un peu votre fiole en repos, vous 170 trouverez que chacun reprend sa situation: toutes les particules métalliques se rassemblent au fond de la fiole; celles de la liqueur la plus légère se rassemblent au haut; celles de la liqueur moins légère que celle-là, et moins pesante que l'autre, se rangent au troisième étage; celles de la liqueur plus pesante que ces deux-là, mais moins 175 pesante que les particules métalliques, se mettent au second étage; et ainsi vous retrouvez les situations distinctes que vous aviez confondues en secouant la fiole; vous n'avez pas besoin de patience; un temps fort court vous suffit pour revoir l'image de la situation que la nature a donnée dans le monde aux quatre éléments. On peut 180 conclure, en comparant l'univers à cette fiole, que si la terre réduite en poudre avait été mêlée avec la matière des astres, et avec celle de l'air et de l'eau, en telle sorte que le mélange eût été fait jusqu'aux particules insensibles de chacun de ces éléments, tout aurait d'abord travaillé à se dégager, et qu'au bout d'un terme préfix, 185 les parties de la terre auraient formé une masse, celles du feu une autre, et ainsi du reste à proportion de la pesanteur et de la légèreté de chaque espèce de corps.'

Je nie à Bayle que l'expérience de la fiole eût pu se faire du temps du chaos. Je lui dis qu'Ovide et les philosophes entendaient par 190 choses pesantes et légères, celles qui le devinrent quand un Dieu y eut mis la main. Je lui dis, Vous supposez que la nature eût pu s'arranger toute seule, se donner elle-même la pesanteur. Il faudrait que vous commençassiez par me prouver que la gravité est une qualité essentiellement inhérente à la matière, et c'est ce qu'on n'a 195 jamais pu prouver. Descartes dans son roman a prétendu que les corps n'étaient devenus pesants que quand ses tourbillons de matière subtile avaient commencé à les pousser à un centre. Newton dans sa véritable philosophie ne dit point que la gravitation, l'attraction soit une qualité essentielle à la matière. Si Ovide avait pu deviner le livre des *Principes mathématiques* de Newton, il vous dirait: 'La matière n'était ni pesante, ni en mouvement dans mon chaos; il a fallu que Dieu lui imprimât ces deux qualités: mon chaos ne renfermait pas la force que vous lui supposez: *nec quidquam nisi pondus iners*', ce n'était qu'une masse impuissante; *pondus* ne signifie point ici *poids*; il veut dire *masse*. Rien ne pouvait peser avant que Dieu eût imprimé à la matière le principe de la gravitation. De quel droit un corps tendrait-il vers le centre d'un autre, serait-il attiré par un autre, pousserait-il un autre, si l'artisan suprême ne lui avait communiqué cette vertu inexplicable? Ainsi Ovide se trouverait non seulement un bon philosophe, mais encore un passable théologien.

Vous dites: 'Un théologien scolastique avouerait sans peine, que si les quatre éléments avaient existé indépendamment de Dieu avec toutes les facultés qu'ils ont aujourd'hui, ils auraient formé d'eux-mêmes cette machine du monde, et l'entretiendraient dans l'état où nous la voyons. On doit donc reconnaître deux grands défauts dans la doctrine du chaos: l'un et le principal est qu'elle ôte à Dieu la création de la matière et la production des qualités propres au feu, à l'air, à la terre et à la mer: l'autre, qu'après lui avoir ôté cela, elle le fait venir sans nécessité sur le théâtre du monde pour distribuer les places aux quatre éléments. Nos nouveaux philosophes qui ont rejeté les qualités et les facultés de la physique péripatéticienne, trouveraient les mêmes défauts dans la description du chaos d'Ovide; car ce qu'ils appellent lois générales du mouvement, principes de mécanique, modifications de la matière, figure, situation, et arrangement des corpuscules, ne comprend autre chose que cette vertu active et passive de la nature, que les péripatéticiens entendent sous les mots de qualités altératrices et motrices des quatre éléments. Puis donc que suivant la doctrine de ceux-ci ces quatre corps situés selon leur légèreté et leur pesanteur naturelle, sont un principe qui suffit à toutes les générations, les

200

205

210

215

220

225

230

cartésiens, les gassendistes, et les autres philosophes modernes doivent soutenir que le mouvement, la situation, et la figure des parties de la matière suffisent à la production de tous les effets naturels, sans excepter même l'arrangement général qui a mis la terre, l'air, l'eau, et les astres où nous les voyons. Ainsi la véritable cause du monde et des effets qui s'y produisent, n'est point différente de la cause qui a donné le mouvement aux parties de la matière, soit qu'en même temps elle ait assigné à chaque atome une figure déterminée comme le veulent les gassendistes, soit qu'elle ait seulement donné à des parties toutes cubiques une impulsion qui par la durée du mouvement réduit à certaines lois, leur ferait prendre dans la suite toutes sortes de figures. C'est l'hypothèse des cartésiens. Les uns et les autres doivent convenir, par conséquent, que si la matière avait été telle avant la génération du monde qu'Ovide l'a prétendu, elle aurait été capable de se tirer du chaos par ses propres forces, et de se donner la forme de monde sans l'assistance de Dieu. Ils doivent donc accuser Ovide d'avoir commis deux bévues; l'une est d'avoir supposé que la matière avait eu, sans l'aide de la Divinité, les semences de tous les mixtes, la chaleur, le mouvement etc.; l'autre est de dire que, sans l'assistance de Dieu elle ne se serait point tirée de l'état de confusion. C'est donner trop et trop peu à l'un et à l'autre; c'est se passer de secours au plus grand besoin, et le demander lorsqu'il n'est pas nécessaire.'

Ovide pourra vous répondre encore: Vous supposez à tort que mes éléments avaient toutes les qualités qu'ils ont aujourd'hui; ils n'en avaient aucune; le sujet existait nu, informe, impuissant; et quand j'ai dit que le chaud était mêlé dans mon chaos avec le froid, le sec avec l'humide, je n'ai pu employer que ces expressions, qui signifient qu'il n'y avait ni froid ni chaud, ni sec ni humide. Ce sont des qualités que Dieu a mises dans nos sensations, et qui ne sont point dans la matière. Je n'ai point fait les bévues dont vous m'accusez. Ce sont vos cartésiens, et vos gassendistes, qui font des bévues avec leurs atomes, et leurs parties cubiques; et leurs

235

240

245

250

255

260

265

264-65   w56, w57p, w64r: font les bévues

imaginations ne sont pas plus vraies que mes métamorphoses. J'aime mieux Daphné changée en laurier, et Narcisse en fleur, que de la matière subtile changée en soleils, et de la matière rameuse devenue terre et eau.

Je vous ai donné des fables pour des fables; et vos philosophes 270 donnent des fables pour des vérités.

DE SOCRATE

Le moule est-il cassé de ceux qui aimaient la vertu pour elle-même, un Confucius, un Pythagore, un Thalès, un Socrate? Il y avait de leur temps des foules de dévots à leurs pagodes et à leurs divinités, des esprits frappés de la crainte de Cerbère, et des Furies qui couraient les initiations, les pèlerinages, les mystères, qui se ruinaient en offrandes de brebis noires. Tous les temps ont vu de ces malheureux dont parle Lucrèce.

> Qui quocumque tamen miseri venere parentant,
> Et nigras mactant pecudes et manibu' divis
> Inferias mittunt, multoque in rebus acerbis,
> Acrius advertunt animos ad relligionem. [1]

Les macérations étaient en usage; les prêtres de Cibèle se faisaient châtrer pour garder la continence. D'où vient que parmi tous ces martyrs de la superstition, l'antiquité ne compte pas un seul grand homme, un sage? C'est que la crainte n'a jamais pu faire la vertu. Les grands hommes ont été les enthousiastes du bien moral. La sagesse était leur passion dominante; ils étaient sages comme Alexandre était guerrier, comme Homère était poète, et Apelle peintre, par la force, et une nature supérieure: et voilà peut-être tout ce qu'on doit entendre par le démon de Socrate.

a   K84: SOCRATE
9   w57P, w64R: et manibus divis
10   [*toutes éditions*]: In ferias mittunt,
19   w72P: par la force d'une
     K84: par une force et une

[1] Dans la citation de Lucrèce, par ailleurs exacte, Voltaire a remplacé *et* par *qui* pour intégrer la citation du poète dans son propre texte. 'Et malgré tout, partout où les ont amenés leurs misères, ils sacrifient aux morts, ils immolent des brebis noires, ils adressent aux dieux Mânes des offrandes, et l'acuité même de leurs maux ne fait qu'exciter davantage leurs esprits à se tourner vers la religion' (*De natura rerum*, III, v.51-54).

Un jour deux citoyens d'Athènes revenant de la chapelle de Mercure,[2] aperçurent Socrate dans la place publique. L'un dit à l'autre, 'N'est-ce pas là ce scélérat qui dit qu'on peut être vertueux sans aller tous les jours offrir des moutons et des oies?' 'Oui, dit l'autre, c'est ce sage qui n'a point de religion; c'est cet athée qui dit qu'il n'y a qu'un seul Dieu.' Socrate approcha d'eux avec son air simple, son démon, et son ironie que Mme Dacier[3] a si fort exaltée; 'Mes amis, leur dit-il, un petit mot, je vous prie; un homme qui prie la Divinité, qui l'adore, qui cherche à lui ressembler autant que le peut la faiblesse humaine, et qui fait tout le bien dont il est capable, comment nommeriez-vous un tel homme?' 'C'est une âme très-religieuse', dirent-ils. 'Fort bien. On pourrait donc adorer l'Etre suprême, et avoir à toute force de la religion?' 'D'accord', dirent les deux Athéniens. 'Mais croyez-vous, poursuivit Socrate, que quand le divin architecte du monde arrangea tous ces globes qui roulent sur vos têtes, quand il donna le mouvement et la vie à tant d'êtres différents, il se servit du bras d'Hercule, ou de la lyre d'Apollon, ou de la flûte de Pan?' 'Cela n'est pas probable', dirent-ils. 'Mais s'il n'est pas vraisemblable qu'il ait employé le secours d'autrui pour construire ce que nous voyons, il n'est pas croyable qu'il le conserve par d'autres que par lui-même. Si Neptune était le maître absolu de la mer, Junon de l'air, Eole des vents, Cérès des moissons, et que l'un voulût le calme, quand l'autre voudrait du vent, et de la pluie, vous sentez bien que l'ordre de la nature ne subsisterait pas tel qu'il est. Vous m'avouerez qu'il est nécessaire que tout dépende de celui qui a tout fait. Vous donnez quatre chevaux blancs au soleil, et deux chevaux noirs à la lune; mais ne vaut-il pas mieux que le jour et la nuit soient l'effet du mouvement imprimé aux astres par le maître des astres, que s'ils étaient produits par six chevaux?' Les deux citoyens se regardèrent, et ne répondirent rien. Enfin Socrate finit par leur prouver qu'on pouvait

---

[2] Voltaire latinise volontiers les dieux du panthéon grec.

[3] Madame Dacier, née Anne Lefèvre (1654-1720), célèbre par ses traductions d'auteurs latins et grecs, ainsi que par sa polémique avec Houdar de La Motte à propos d'Homère, dans laquelle Voltaire resta neutre.

avoir des moissons sans donner de l'argent aux prêtres de Cérès, aller à la chasse sans offrir des petites statues d'argent à la chapelle de Diane, que Pomone ne donnait point des fruits, que Neptune ne donnait point des chevaux, et qu'il fallait remercier le souverain qui a tout fait.

Son discours était dans la plus exacte logique. Xénophon son disciple, homme qui connaissait le monde, et qui depuis sacrifia au vent dans la retraite des Dix Mille, tira Socrate par la manche, et lui dit: 'Votre discours est admirable; vous avez parlé bien mieux qu'un oracle: vous êtes perdu; l'un de ces honnêtes gens à qui vous parlez, est un boucher qui vend des moutons et des oies pour les sacrifices; et l'autre un orfèvre qui gagne beaucoup à faire de petits dieux d'argent et de cuivre pour les femmes; ils vont vous accuser d'être un impie qui voulez diminuer leur négoce; ils déposeront contre vous auprès de Mélitus et d'Anitus[4] vos ennemis qui ont conjuré votre perte: gare la ciguë; votre démon familier aurait bien dû vous avertir de ne pas dire à un boucher, et à un orfèvre, ce que vous ne deviez dire qu'à Platon et à Xénophon.'

Quelque temps après les ennemis de Socrate le firent condamner par le conseil des cinq cents. Il eut deux cent vingt voix pour lui. Cela fait présumer qu'il y avait deux cent vingt philosophes dans ce tribunal; mais cela fait voir que dans toute compagnie le nombre des philosophes est toujours le plus petit.

Socrate but donc la ciguë pour avoir parlé en faveur de l'unité de Dieu: et ensuite les Athéniens consacrèrent une chapelle à Socrate: à celui qui s'était élevé contre les chapelles dédiées aux êtres inférieurs.

55
60
65
70
75

---

53   W71L, W72P: offrir de petites
54   W71L, W72P: point de fruits
55   W71L, W72P: point de chevaux

---

[4] Anytos et Mélitos, auxquels il faut joindre Lycon, rédacteur de l'acte d'accusation, firent condamner Socrate comme impie, introducteur de dieux étrangers à la cité et corrupteur de la jeunesse. Leurs motifs étaient politiques et non mercantiles comme semble le prétendre Voltaire. Lycon fut banni par la suite pour son rôle dans le procès de Socrate.

Dialogues entre Lucrèce et Posidonius

Edition critique

par

Jean Mayer

TABLE DES MATIÈRES

INTRODUCTION   377

DIALOGUES ENTRE LUCRÈCE ET POSIDONIUS   383

INTRODUCTION

Parus en 1756 dans l'édition Cramer des *Œuvres* de Voltaire en tant que chapitres 80 et 81 des *Mélanges de philosophie, de morale et de politique*, les *Dialogues entre Lucrèce et Posidonius* abordent les problèmes métaphysiques de la matière, de l'existence de Dieu et de la nature de l'âme avec plus de gravité que l'auteur n'en apporte d'ordinaire dans un opuscule aussi bref. D'une part, il en bannit l'ironie et la plaisanterie; mais de plus il s'efforce d'approfondir la discussion, donnant à Lucrèce, représentant de la thèse adverse – le matérialisme – des arguments solides et dont Posidonius, son porte-parole, ne triomphe pas sans lutte.

L'actualité du sujet peut expliquer le ton sérieux des dialogues; malgré son caractère intemporel, le combat du matérialisme contre le déisme et le dualisme connaît une phase d'intensité nouvelle avec le mouvement encyclopédique. Cinq volumes du *Dictionnaire raisonné* ont déjà paru et Diderot a donné deux éditions (1753 et 1754) des *Pensées sur l'interprétation de la nature*. Tout en favorisant, de façon assez ambiguë, l'entreprise encyclopédique, fournissant même des articles aux premiers volumes, Voltaire s'oppose absolument au système matérialiste dont la *Lettre sur les aveugles* (1749) avait présenté le programme de façon provocante.

Le choix de Lucrèce comme masque de l'athéisme encyclopédique se justifie assez bien. L'atomisme des épicuriens, l'explication de la vie par les propriétés de la matière, l'audace et la liberté en matière de religion s'adaptent sans trop de peine à la doctrine des philosophes, et l'on peut oublier, pour les besoins de la cause, le panthéon lointain où sommeillent des dieux indifférents. Du reste Voltaire connaissait à merveille Lucrèce, qu'il avait entrepris de traduire en vers. Les citations affluent naturellement sous sa plume, ornant de souvenirs antiques une discussion très actuelle.

Choisir un porte-parole présentait plus de difficultés. Il fallait trouver un contemporain de Lucrèce; historiquement l'opposition à l'épicurisme et, sur le plan philosophique, le déisme de Voltaire suggéraient de préférence un stoïcien. Posidonius, le plus illustre représentant du Moyen Portique, s'impose dans ces conditions, bien que le dix-huitième siècle ne le connaisse guère. Voici ce qu'on lit à son sujet dans l'article 'Stoïcisme' de l'*Encyclopédie* (article qui paraîtra en 1765):

Posidonius d'Apamée exerça à Rhodes les fonctions de magistrat et de philosophe; et au sortir de l'école, il s'asseyait sur le tribunal des lois, sans qu'on l'y trouvât déplacé. Pompée le visita. Posidonius était alors tourmenté de la goutte. La douleur ne l'empêcha point d'entretenir le général romain. Il traita en sa présence la question du beau et de l'honnête. Il écrivit différents ouvrages. On lui attribue l'invention d'une sphère artificielle, qui imitait les mouvements du système planétaire; il mourut fort âgé. Cicéron en parle comme d'un homme qu'il avait entendu. [1]

C'est d'après Cicéron que Voltaire cite la sphère armillaire construite par Posidonius. [2] Autre avantage de ce choix: le philosophe stoïcien se prévaut de sa qualité de mathématicien pour exiger des preuves là où Lucrèce n'apporte que des affirmations. Sans sacrifier tout à fait son contradicteur, Voltaire donne à son champion la fermeté courtoise qui convient à la bonne cause.

Toutefois, si les études sur Posidonius avaient été plus avancées, Voltaire aurait eu quelques raisons de se défier d'un tel choix. En premier lieu, l'opposition des stoïciens à l'épicurisme n'utilisait pas que les armes courtoises. Dans son ouvrage sur *Poséidonios d'Apamée*, Marie Laffranque cite 'la controverse acharnée et parfois déloyale que soutiennent contre eux [les Epicuriens] les

---

[1] *Encyclopédie*, t.15, p.532b; Diderot, *Œuvres complètes* (Paris, Hermann, 1975), t.8, p.352.

[2] 'sphæram [...] hanc, quam nuper familiaris noster effecit Posidonius, cujus singulæ conversiones idem efficiunt in sole et in luna et in quinque stellis errantibus, quod efficitur in cœlo singulis diebus et noctibus' ('cette sphère réalisée récemment par mon ami Posidonius, et dont les rotations indépendantes produisent les mêmes mouvements du soleil, de la lune et des cinq planètes qui ont lieu chaque jour et chaque nuit dans le ciel', Cicéron, *De natura deorum*, II, 34; traduit par nous).

Sceptiques d'une part, d'autre part les Stoïciens, y compris Poséidonios.'[3] Philosophiquement, il y a plus grave: dans le second de nos entretiens, Posidonius combat de toutes ses forces la thèse épicurienne de l'âme matérielle, constituée d'un feu subtil. Or les stoïciens, et parmi eux le véritable Posidonius, partageaient cette opinion: 'il professe avec Aristote que l'âme, (souffle chaud), vient tout entière du cœur.'[4] Il faut encore oublier, pour faire de lui un monothéiste, que Posidonius divinisait les astres et le ciel lui-même.[5]

Nous devons donc lire ces dialogues en négligeant les masques, comme une page de la controverse entre Voltaire et les Encyclopédistes. Lorsqu'il invite l'auteur de la *Lettre sur les aveugles* à un 'repas philosophique',[6] peut-être lui réservait-il cette argumentation; mais l'arrestation de Diderot, réplique du pouvoir aux audaces de la philosophie, plaça le combat sur un terrain tout différent.

Editions

w56

T.5, p.323-47.

w52 (1756)

T.8 (1756), p.150-68.

w57P

T.8, p.47-76.

---

[3] Marie Laffranque, *Poséidonios d'Apamée* (Paris, 1964, publications de la Faculté des Lettres et Sciences Humaines de Paris; série 'Recherches', t.13), p.61. Diogène Laërce (*Vies des philosophes illustres*, X, 4) mentionne l'attribution mensongère de lettres scandaleuses, à laquelle s'associèrent Posidonius et son entourage.

[4] Marie Laffranque, *Poséidonios d'Apamée*, p.434.

[5] *Poséidonios d'Apamée*, p.305, 309, 441.

[6] Lettre à Diderot (9 ou 10 juin 1749), D3940.

S058

T.2, p.29-53.

W64G

T.5 (1ère partie), p.321-44.

W64R

T.17 (1ère partie), p.168-84.

W68 (1771)

T.14 (1771), p.282-99.

W71P

T.6, p.187-214.

W70L (1772)

T.27 (1772), p.1-25.

W71L (1773)

T.13 (1773), p.315-31.

W72P (1773)

T.20 (1773),[7] p.313-40.

W75G

T.36, p.36-54.

K84

T.36, p.39-57.

[7] Trapnell indique: t.19; mais l'exemplaire que nous avons consulté avait les *Dialogues* au tome 20.

Traduction anglaise

The Works of M. de Voltaire, tr. Smollett *et al.* (London, 1761-1764), t.12, p.193-213: Dialogues between Lucretius and Possidonius.

L'établissement du texte

Notre texte suit w75G, avec trois corrections nécessaires:
p.387, ligne 100: une chose qu'elle en suppose (corrigé en *qu'il*)
p.396, ligne 315: au fonds (corrigé en *au fond*);
p.401, ligne 413: de ses systèmes (corrigé en *de ces systèmes*).

Il nous est agréable de remercier les conservateurs des bibliothèques publiques qui nous ont facilité la comparaison de ces diverses éditions, en particulier celui de la Bibliothèque nationale autrichienne à Vienne, qui possède le très rare tome 8 de l'édition Walther 1752.

Traitement du texte de base

Nous avons respecté la ponctuation du texte de base. Sauf pour les noms propres, le texte a fait l'objet d'une modernisation portant sur la graphie et l'accentuation.

I. Particularités de la graphie

1. Consonnes

– absence de la consonne *p* dans: tems, longtems.
– absence de la consonne *t* dans: pensans, savans, vivans, présens, sentimens, alimens.
– redoublement de consonnes dans: appercevoir.
– présence d'une seule consonne dans: pouraient.

2. Voyelles

– emploi de *i* à la place de *y* dans: assimptotes (avec redoublement de consonne).

3. Emploi de formes archaïques dans: vuide, bleds, encor, loix.

II. Particularités d'accentuation

1. L'accent aigu

— est employé au lieu du grave dans: siécles, troisiéme, siége.

2. L'accent circonflexe

— est présent dans: toûjours, avoûrez.
— est absent dans: ame.
— est employé au lieu du grave dans: systême.

3. Le tréma

— est employé au lieu de l'aigu dans: poësie.

III. Divers

— utilisation systématique de la perluette.
— le trait d'union:
— est présent dans: non-seulement, tout-à-l'heure, au-lieu, très-déliés, par-là; est absent dans: sur le champ.

LUCRÈCE ET POSIDONIUS

Premier entretien

POSIDONIUS

Votre poésie est quelquefois admirable: mais la physique d'Epicure me paraît bien mauvaise.

LUCRÈCE

Quoi, vous ne voulez pas convenir que les atomes se sont arrangés d'eux-mêmes de façon qu'ils ont produit cet univers?

POSIDONIUS

Nous autres mathématiciens nous ne pouvons convenir que des 5
choses qui sont prouvées évidemment par des principes incontestables.

LUCRÈCE

Mes principes le sont.
> *Ex nihilo nihil, in nihilum nil posse reverti.*
> *Tangere enim et tangi nisi corpus nulla potest res.* [1] 10
> Que rien ne vient de rien, rien ne retourne à rien;
> Et qu'un corps n'est touché que par un autre corps.

POSIDONIUS

Quand je vous aurais accordé ces principes, et même les atomes et
le vide, vous ne me persuaderez pas plus que l'univers s'est arrangé
de lui-même dans l'ordre admirable où nous le voyons, que si vous 15

---

a   w70L: Entretiens / entre / Lucrèce et Possidonius.
    w71L, β: Lucrèce et Possidonius.
14   w71P, k84: ne me persuaderiez pas

[1] Le premier vers est de Perse (*Satire* III, v.84), le second de Lucrèce (*De rerum natura*, I, v.305). Voltaire traduit lui-même les citations.

disiez aux Romains que la sphère armillaire[2] composée par
Posidonius s'est faite toute seule.

LUCRÈCE

Mais qui donc aura fait le monde?

POSIDONIUS

Un Etre intelligent, plus supérieur au monde et à moi, que je ne le
suis au cuivre dont j'ai composé ma sphère.   20

LUCRÈCE

Vous qui n'admettez que des choses évidentes, comment pouvez-
vous reconnaître un principe dont vous n'avez d'ailleurs aucune
notion?

POSIDONIUS

Comme avant de vous avoir connu, j'ai jugé que votre livre était
d'un homme d'esprit.   25

LUCRÈCE

Vous avouez que la matière est éternelle, qu'elle existe parce
qu'elle existe; or si elle existe par sa nature, pourquoi ne peut-elle
pas former par sa nature des soleils, des mondes, des plantes, des
animaux, des hommes?

POSIDONIUS

Tous les philosophes qui nous ont précédés ont cru la matière   30
éternelle, mais ils ne l'ont pas démontré; et quand elle serait
éternelle, il ne s'ensuit point du tout qu'elle puisse former des
ouvrages dans lesquels éclatent tant de sublimes desseins. Cette

---

17   k84: faite seule.

² Globe cosmographique garni d'anneaux figurant les différents cercles astronomiques. Sur la sphère de Posidonius, voir l'introduction.

pierre aurait beau être éternelle, vous ne me persuaderez point
qu'elle puisse produire l'*Iliade* d'Homère.   35

LUCRÈCE

Non; une pierre ne composera point l'*Iliade*, non plus qu'elle ne
produira un cheval; mais la matière organisée avec le temps, et
devenue un mélange d'os, de chair et de sang, produira un cheval;
et organisée plus finement composera l'*Iliade*. [3]

POSIDONIUS

Vous le supposez sans aucune preuve; et je ne dois rien admettre   40
sans preuve. Je vais vous donner des os, du sang, de la chair tout
faits: je vous laisserai travailler vous et tous les épicuriens du
monde. Consentiriez-vous à faire le marché de posséder l'empire
romain, si vous venez à bout de faire un cheval avec les ingrédients
tout préparés, ou à être pendu si vous n'en pouvez venir à bout?   45

LUCRÈCE

Non; cela passe mes forces, mais non pas celles de la nature. Il faut
des millions de siècles pour que la nature, ayant passé par toutes les
formes possibles, arrive enfin à la seule qui puisse produire des
êtres vivants.

POSIDONIUS

Vous aurez beau remuer dans un tonneau, pendant toute votre vie,   50
tous les matériaux de la terre mêlés ensemble, vous n'en tirerez pas
seulement une figure régulière; vous ne produirez rien. Si le temps
de votre vie ne peut suffire à produire seulement un champignon, le
temps de la vie d'un autre homme y suffira-t-il? Ce qu'un siècle n'a
pas fait, pourquoi plusieurs siècles pourraient-ils le faire? Il   55
faudrait avoir vu naître des hommes et des animaux du sein de la
terre, et des blés sans germe etc. etc. pour oser affirmer que la

57   W71P, W72P: germe, etc. pour

[3] Cette cosmogénèse est celle de la *Lettre sur les aveugles* de Diderot.

matière toute seule se donne de telles formes: personne que je sache n'a vu cette opération, personne ne doit donc y croire.

LUCRÈCE

Eh bien! les hommes, les animaux, les arbres, auront toujours été. 60
Tous les philosophes conviennent que la matière est éternelle; ils conviendront que les générations le sont aussi. C'est la nature de la matière qu'il y ait des astres qui tournent, des oiseaux qui volent, des chevaux qui courent, et des hommes qui fassent des *Iliades*. 65

POSIDONIUS

Dans cette supposition nouvelle, vous changez de sentiment; mais vous supposez toujours ce qui est en question, vous admettez une chose dont vous n'avez pas la plus légère preuve.

LUCRÈCE

Il m'est permis de croire que ce qui est aujourd'hui était hier, était il y a un siècle, il y a cent siècles, et ainsi en remontant sans fin. Je me 70
sers de votre argument; personne n'a jamais vu le soleil et les astres commencer leur carrière, les premiers animaux se former et recevoir la vie. On peut donc penser que tout a été éternellement comme il est.

POSIDONIUS

Il y a une grande différence. Je vois un dessein admirable, et je dois 75
croire qu'un être intelligent a formé ce dessein.

LUCRÈCE

Vous ne devez pas admettre un être dont vous n'avez aucune connaissance.

POSIDONIUS

C'est comme si vous me disiez, que je ne dois pas croire qu'un architecte a bâti le capitole, parce que je n'ai pu voir cet architecte. 80

LUCRÈCE

Votre comparaison n'est pas juste. Vous avez vu bâtir des maisons, vous avez vu des architectes; ainsi vous devez penser que c'est un homme semblable aux architectes d'aujourd'hui qui a bâti le capitole. Mais ici les choses ne vont pas de même: le capitole n'existe point par sa nature, et la matière existe par sa nature. Il est 85 impossible qu'elle n'ait pas une certaine forme. Or pourquoi ne voulez-vous pas qu'elle possède par sa nature la forme qu'elle a aujourd'hui? Ne vous est-il pas beaucoup plus aisé de reconnaître la nature qui se modifie elle-même, que de reconnaître un être invisible qui la modifie? Dans le premier cas vous n'avez qu'une 90 difficulté, qui est de comprendre comment la nature agit. Dans le second cas, vous avez deux difficultés, qui sont de comprendre et cette même nature, et un être inconnu qui agit sur elle.

POSIDONIUS

C'est tout le contraire. Je vois non seulement de la difficulté, mais de l'impossibilité à comprendre que la matière puisse avoir des 95 desseins infinis, et je ne vois aucune difficulté à admettre un être intelligent, qui gouverne cette matière par ses desseins infinis, et par sa volonté toute-puissante.

LUCRÈCE

Quoi? C'est donc parce que votre esprit ne peut comprendre une chose, qu'il en suppose une autre? C'est donc parce que vous ne 100 pouvez saisir l'artifice et les ressorts nécessaires par lesquels la nature s'est arrangée en planètes, en soleils, en animaux, que vous recourez à un autre être?

POSIDONIUS

Non: je n'ai pas recours à un Dieu, parce que je ne puis comprendre la nature: mais je comprends évidemment que la nature a besoin 105

---

100   w56, w52, β: chose qu'elle en [*erreur*]

d'une intelligence suprême; et cette seule raison me prouverait un Dieu, si je n'avais pas d'ailleurs d'autres preuves.

LUCRÈCE

Et si cette matière avait par elle-même l'intelligence?

POSIDONIUS

Il m'est évident qu'elle ne la possède point.

LUCRÈCE

Et à moi il est évident qu'elle la possède, puisque je vois des corps   110
comme vous et moi qui raisonnent.

POSIDONIUS

Si la matière possédait par elle-même la pensée, il faudrait que vous dissiez qu'elle la possède nécessairement. Or si cette propriété lui était nécessaire, elle l'aurait en tout temps et en tous lieux. Car ce qui est *nécessaire* à une chose ne peut jamais en être séparé. Un   115
morceau de boue, le plus vil excrément penserait. Or certainement vous ne diriez pas que du fumier pense. La pensée n'est donc pas un attribut nécessaire à la matière.

LUCRÈCE

Votre raisonnement est un sophisme; je tiens le mouvement *nécessaire* à la matière. Cependant ce fumier, ce tas de boue, ne   120
sont pas actuellement en mouvement; ils y seront quand quelque corps les poussera. De même la pensée ne sera l'attribut d'un corps que quand ce corps sera organisé pour penser.

POSIDONIUS

Votre erreur vient de ce que vous supposez toujours ce qui est en question. Vous ne voyez pas que pour organiser un corps, le faire   125
homme, le rendre pensant, il faut déjà de la pensée, il faut un dessein arrêté. Or vous ne pouvez admettre des desseins avant que les seuls êtres qui ont ici-bas des desseins, soient formés; vous ne

388

pouvez admettre des pensées avant que les êtres qui ont des pensées existent. Vous supposez encore ce qui est en question, quand vous dites que le mouvement est nécessaire à la matière. Car ce qui est absolument nécessaire existe toujours, comme l'étendue existe toujours dans toute matière. Or le mouvement n'existe pas toujours. Les pyramides d'Egypte ne sont certainement pas en mouvement. Une matière subtile aurait beau passer entre les pierres des pyramides d'Egypte, la masse de la pyramide est immobile. Le mouvement n'est donc pas absolument nécessaire à la matière; il lui vient d'ailleurs, ainsi que la pensée vient d'ailleurs aux hommes. Il y a donc un être intelligent et puissant qui donne le mouvement, la vie, et la pensée.

LUCRÈCE

Je veux vous répondre en disant qu'il y a toujours eu du mouvement, et de l'intelligence dans le monde: ce mouvement et cette intelligence se sont distribués de tout temps, suivant les lois de la nature. La matière étant éternelle, il était impossible que son existence ne fût pas dans quelque ordre: elle ne pouvait être dans aucun ordre sans le mouvement et sans la pensée: il fallait donc que l'intelligence et le mouvement fussent en elle.

POSIDONIUS

Quelque chose que vous fassiez, vous ne pouvez jamais que faire des suppositions. Vous supposez un ordre, il faut donc qu'il y ait une intelligence qui ait arrangé cet ordre. Vous supposez le mouvement et la pensée, avant que la matière fût en mouvement, et qu'il y eût des hommes et des pensées. Vous ne pouvez nier que la pensée n'est pas essentielle à la matière, puisque vous n'osez pas dire qu'un caillou pense. Vous ne pouvez opposer que des *peut-être* à la vérité qui vous presse; vous sentez l'impuissance de la matière, et vous êtes forcé d'admettre un Etre suprême, intelligent, tout-puissant, qui a organisé la matière et les êtres pensants. Les desseins

130

135

140

145

150

155

141   W56-W72P: Je peux vous

de cette intelligence supérieure éclatent de toutes parts, et vous devez les apercevoir dans un brin d'herbe comme dans le cours des astres. On voit que tout est dirigé à une fin certaine. 160

LUCRÈCE

Ne prenez-vous point pour un dessein ce qui n'est qu'une existence nécessaire? Ne prenez-vous point pour une fin ce qui n'est qu'un usage que nous faisons des choses qui existent? Les Argonautes ont bâti un vaisseau pour aller à Colchos; direz-vous que les arbres ont été créés pour que les Argonautes bâtissent un vaisseau, et que la 165 mer a été faite pour que les Argonautes entreprissent leur navigation? Les hommes portent des chaussures: direz-vous que les jambes ont été faites par un Etre suprême pour être chaussées? Non, sans doute: mais les Argonautes ayant vu du bois en ont bâti un navire, et ayant connu que l'eau pouvait porter ce navire, ils ont 170 entrepris leur voyage. De même après une infinité de formes et de combinaisons que la matière avait prises, il s'est trouvé que les humeurs et la corne transparente qui composent l'œil, séparées autrefois dans différentes parties du corps humain, ont été réunies dans la tête, et les animaux ont commencé à voir. Les organes de la 175 génération qui étaient épars se sont rassemblés, et ont pris la forme qu'ils ont. Alors les générations ont été produites avec régularité. La matière du soleil longtemps répandue et écartée dans l'espace s'est conglobée, et a fait l'astre qui nous éclaire. Y a-t-il à tout cela de l'impossibilité? 180

POSIDONIUS

En vérité vous ne pouvez pas avoir sérieusement recours à un tel système. Premièrement en adoptant cette hypothèse vous aban-donneriez les générations éternelles dont vous parliez tout à l'heure. Secondement vous vous trompez sur les causes finales. Il y a des usages volontaires que nous faisons des présents de la 185

173   W64G, W71P: qui compose l'œil
180a   W71L *omet* POSIDONIUS.

nature: il y a des effets indispensables. Les Argonautes pouvaient ne point employer les arbres des forêts pour en faire un vaisseau; mais ces arbres étaient visiblement destinés à croître sur la terre, à donner des fruits et des feuilles. On peut ne point couvrir ses jambes d'une chaussure; mais la jambe est visiblement faite pour porter le corps, et pour marcher, les yeux pour voir, les oreilles pour entendre, les parties de la génération pour perpétuer l'espèce. Si vous considérez que d'une étoile placée à quatre ou cinq cents millions de lieues de nous il part des traits de lumière qui viennent faire le même angle déterminé dans les yeux de chaque animal, et que tous les animaux ont à l'instant la sensation de la lumière, vous m'avouerez qu'il y a là une mécanique, un dessein admirable. Or, n'est-il pas déraisonnable d'admettre une mécanique sans artisan, un dessein sans intelligence, et de tels desseins sans un Etre suprême? 190 195 200

LUCRÈCE

Si j'admets cet Etre suprême, quelle forme aura-t-il? Sera-t-il en un lieu? sera-t-il hors de tout lieu? sera-t-il dans le temps, hors du temps? remplira-t-il tout l'espace, ou non? pourquoi aurait-il fait ce monde? quel est son but? Pourquoi former des êtres sensibles et malheureux? Pourquoi le mal moral, et le mal physique? De quelque côté que je tourne mon esprit, je ne vois que l'incompréhensible. 205

POSIDONIUS

C'est précisément parce que cet Etre suprême existe, que sa nature doit être incompréhensible: car s'il existe, il doit y avoir l'infini entre lui et nous. Nous devons admettre qu'il est, sans savoir ce qu'il est, et comment il opère. N'êtes-vous pas forcé d'admettre les asymptotes en géométrie, sans comprendre comment ces lignes peuvent s'approcher toujours, et ne se toucher jamais? N'y a-t-il pas des choses aussi incompréhensibles que démontrées dans les 210

212 w56, w52, w57p, w64r: en Géomètre, sans

propriétés du cercle? Concevez donc qu'on doit admettre l'incom-   215
préhensible, quand l'existence de cet incompréhensible est prouvée.

LUCRÈCE

Quoi! il me faudrait renoncer aux dogmes d'Epicure?

POSIDONIUS

Il vaut mieux renoncer à Epicure qu'à la raison.

Second entretien

LUCRÈCE

Je commence à reconnaître un Etre suprême inaccessible à nos   220
sens, et prouvé par notre raison, qui a fait le monde, et qui le
conserve; mais pour tout ce que je dis de l'âme dans mon troisième
livre, admiré de tous les savants de Rome, je ne crois pas que vous
puissiez m'obliger à y renoncer.

POSIDONIUS

Vous dites d'abord: 225
  Idque situm media regione in pectoris haeret. [4]
  L'esprit est au milieu de la poitrine.
Mais quand vous avez composé vos beaux vers, n'avez-vous jamais
fait quelque effort de tête? Quand vous parlez de l'esprit de
Cicéron, ou de l'orateur Marc-Antoine, ne dites-vous pas que   230
c'est une bonne tête? Et si vous disiez qu'il a une bonne poitrine, ne
croirait-on pas que vous parlez de sa voix et de ses poumons?

---

220   W71P, W72P: un Etre inaccessible

---

[4] *De rerum natura*, III, v.141.

LUCRÈCE

Mais ne sentez-vous pas que c'est autour du cœur que se forment
les sentiments de joie, de douleur, et de crainte?

> *Hic exultat enim pavor ac metus, haec loca circum* 235
> *Laetitiae mulcent.*[5]

Ne sentez-vous pas votre cœur se dilater ou se resserrer à une
bonne ou mauvaise nouvelle? N'y a-t-il pas là des ressorts secrets
qui se détendent ou qui prennent de l'élasticité? C'est donc là qu'est
le siège de l'âme. 240

POSIDONIUS

Il y a une paire de nerfs[6] qui part du cerveau, qui passe à l'estomac
et au cœur, qui descend aux parties de la génération, et qui leur
imprime des mouvements; direz-vous que c'est dans les parties de
la génération que réside l'entendement humain?

LUCRÈCE

Non, je n'oserais le dire; mais, quand je placerai l'âme dans la tête, 245
au lieu de la mettre dans la poitrine, mes principes subsisteront
toujours: l'âme sera toujours une matière infiniment déliée,
semblable au feu élémentaire qui anime toute la machine.

POSIDONIUS

Et comment concevez-vous qu'une matière déliée puisse avoir des
pensées, des sentiments par elle-même? 250

LUCRÈCE

Parce que je l'éprouve, parce que toutes les parties de mon corps
étant touchées en ont le sentiment; parce que ce sentiment est

---

[5] *De rerum natura*, III, v.142-43.

[6] La dixième paire de nerfs crâniens (nerf vague ou pneumogastrique) innerve le
cœur, l'estomac et le côlon, mais non les organes génitaux, dont l'innervation
parasympathique est d'origine sacrée et non crânienne. Assez curieusement, c'est la
partie erronée de l'argument que Voltaire exploite dans l'interrogation suivante de
Posidonius.

répandu dans toute ma machine; parce qu'il ne peut y être répandu que par une matière extrêmement subtile et rapide; parce que je suis un corps, parce qu'un corps ne peut être agité que par un corps; parce que l'intérieur de mon corps ne peut être pénétré que par des corpuscules très déliés, et que par conséquent mon âme ne peut être que l'assemblage de ces corpuscules. 255

POSIDONIUS

Nous sommes déjà convenus dans notre premier entretien qu'il n'y a pas d'apparence qu'un rocher puisse composer l'*Iliade*. Un rayon de soleil en sera-t-il plus capable? Imaginez ce rayon de soleil cent mille fois plus subtil et plus rapide; cette clarté, cette ténuité, feront-elles des sentiments et des pensées? 260

LUCRÈCE

Peut-être en feront-elles quand elles seront dans des organes préparés. 265

POSIDONIUS

Vous voilà toujours réduit à des *peut-être*. Du feu ne peut penser par lui-même plus que de la glace. Quand je supposerais que c'est du feu qui pense en vous, qui sent, qui a une volonté, vous seriez donc forcé d'avouer que ce n'est pas par lui-même qu'il a une volonté, du sentiment et des pensées. 270

LUCRÈCE

Non, ce ne sera pas par lui-même; ce sera par l'assemblage de ce feu, et de mes organes.

POSIDONIUS

Comment pouvez-vous imaginer que de deux corps qui ne pensent point chacun séparément, il résulte la pensée quand ils sont unis ensemble? 275

267   w57P, w64R: que la glace
271-72   w57P, w64R: l'assemblage du feu

LUCRÈCE

Comme un arbre et de la terre pris séparément ne portent point de
fruit, et qu'ils en portent quand on a mis l'arbre dans la terre.

POSIDONIUS

La comparaison n'est qu'éblouissante. Cet arbre a en soi le germe
des fruits; on le voit à l'œil dans ses boutons: et le suc de la terre
développe la substance de ces fruits. Il faudrait donc que le feu eût   280
déjà en soi le germe de la pensée, et que les organes du corps
développassent ce germe.

LUCRÈCE

Que trouvez-vous à cela d'impossible?

POSIDONIUS

Je trouve que ce feu, cette matière quintessencée, [7] n'a pas en elle
plus de droit à la pensée que la pierre. La production d'un être doit   285
avoir quelque chose de semblable à ce qui l'a produit: [8] or une
pensée, une volonté, un sentiment, n'ont rien de semblable à de la
matière ignée.

LUCRÈCE

Deux corps qui se heurtent, produisent du mouvement; et
cependant ce mouvement n'a rien de semblable à ces deux corps,   290
il n'a rien de leurs trois dimensions, il n'a point comme eux de
figure: donc un être peut n'avoir rien de semblable à l'être qui le
produit: donc la pensée peut naître de l'assemblage de deux corps
qui n'auront point la pensée.

284   w71L: quintessenciée
286   w56-w71L, β: qui la produit; w72P: qui l'a produit;

[7] Forme adoptée par Voltaire et attestée par presque toutes les éditions; l'usage
admet seulement *quintessenciée*.

[8] Toutes les éditions, sauf w72P, donnent: *qui la produit*. Mais il est bien évident
que ce n'est pas la production qui est produite: il faut donc corriger.

POSIDONIUS

Cette comparaison est encore plus éblouissante que juste. Je ne vois   295
que matière dans deux corps en mouvement. Je ne vois là que des
corps passant d'un lieu dans un autre. [9] Mais quand nous raisonnons
ensemble, je ne vois aucune matière dans vos idées et dans les
miennes. Je vous dirai seulement que je ne conçois pas plus
comment un corps a le pouvoir d'en remuer un autre, que je ne   300
conçois comment j'ai des idées. Ce sont pour moi deux choses
également inexplicables, et toutes deux me prouvent également
l'existence et la puissance d'un Etre suprême auteur du mouvement
et de la pensée.

LUCRÈCE

Si notre âme n'est pas un feu subtil, une quintessence éthérée,   305
qu'est-elle donc?

POSIDONIUS

Vous et moi n'en savons rien; je vous dirai bien ce qu'elle n'est pas;
mais je ne puis vous dire ce qu'elle est. Je vois que c'est une
puissance qui est en moi, que je ne me suis pas donné cette
puissance, et que par conséquent elle vient d'un Etre supérieur à   310
moi.

LUCRÈCE

Vous ne vous êtes pas donné la vie, vous l'avez reçue de votre père;
vous avez reçu de lui la pensée avec la vie, comme il l'avait reçue de
son père; et ainsi en remontant à l'infini. Vous ne savez pas plus au
fond ce que c'est que le principe de la vie, que vous ne connaissez le   315
principe de la pensée. Cette succession d'êtres vivants et pensants a
toujours existé de tout temps.

314-15   w56, w52, β: au fonds ce

[9] Cette conception passive, cartésienne, du mouvement ignore la force vive de la
mécanique leibnizienne.

396

POSIDONIUS

Je vois toujours que vous êtes forcé d'abandonner le système d'Epicure, et que vous n'osez plus dire que la déclinaison des atomes produit la pensée: mais j'ai déjà réfuté dans notre dernier   320
entretien la succession éternelle des êtres sensibles et pensants; je vous ai dit, que s'il y avait eu des êtres matériels, pensants par eux-mêmes, il faudrait que la pensée fût un attribut nécessaire essentiel à toute matière; que si la matière pensait nécessairement par elle-même, toute matière serait pensante: or cela n'est pas; donc il est   325
insoutenable d'admettre une succession d'êtres matériels pensants par eux-mêmes.

LUCRÈCE

Ce raisonnement, que vous répétez, n'empêche pas qu'un père ne communique une âme à son fils en formant son corps. Cette âme et ce corps croissent ensemble; ils se fortifient, ils sont assujettis aux   330
maladies, aux infirmités de la vieillesse. La décadence de nos forces entraîne celle de notre jugement; l'effet cesse enfin avec la cause, et l'âme se dissout comme la fumée dans les airs.

> *Praeterea gigni pariter cum corpore, et unà*
> *Crescere sentimus, pariterque senescere mentem.*   335
> *Nam veluti infirmo pueri, teneroque vagantur*
> *Corpore: sic animi sequitur sententia tenuis.*
> *Inde ubi robustis adolevit viribus aetas,*
> *Consilium quoque majus, et auctior est animi vis.*
> *Post, ubi jam validis quassatum est viribus aevi*   340
> *Corpus, et obtusis ceciderunt viribus artus,*
> *Claudicat ingenium, delirat linguaque mensque,*
> *Omnia deficiunt, atque uno tempore desunt.*
> *Ergo dissolvi quoque convenit omnem animaï*
> *Naturam, ceu fumum in altas aeris auras:*   345

---

336   W70L, W71P, W72P, W64G: *Nam velut infirmo*
345   W71P, W72P, W64G: *ceu fumus in*

Quandoquidem gigni pariter, pariterque videmus
Crescere: et ut docui, simul aevo fessa fatiscit. [10]

POSIDONIUS

Voilà de très-beaux vers; mais m'apprenez-vous par là quelle est la nature de l'âme?

LUCRÈCE

Non; je vous fais son histoire, et je raisonne avec quelque vraisemblance.   350

POSIDONIUS

Où est la vraisemblance, qu'un père communique à son fils la faculté de penser?

LUCRÈCE

Ne voyez-vous pas tous les jours que les enfants ont des inclinations de leurs pères, comme ils en ont les traits?   355

POSIDONIUS

Mais un père en formant son fils n'a-t-il pas agi comme un instrument aveugle? A-t-il prétendu faire une âme, faire des pensées, en jouissant de sa femme? L'un et l'autre savent-ils comment un enfant se forme dans le sein maternel? Ne faut-il

---

[10] *De rerum natura*, III, v.446-59. Voltaire résume simplement le sens de ces vers avant de les citer. Voici la traduction d'A. Ernout (Paris, 1920): 'En outre, nous sentons bien que l'âme naît avec notre corps, qu'elle grandit avec lui, qu'elle partage sa vieillesse. Ainsi, de même que le corps de l'enfant est tendre et frêle, sa démarche incertaine, de même la pensée qui l'accompagne est sans vigueur. Puis quand les forces se sont accrues avec l'âge, la réflexion grandit aussi, et la puissance de l'esprit augmente. Ensuite, quand les vigoureux assauts du temps ont battu le corps en brèche, quand nos forces s'émoussent et que nos membres s'affaissent, l'esprit devient boîteux, la langue s'égare, l'intelligence chancelle; tout manque, tout s'en va en même temps. Il faut donc admettre aussi que toute la substance de l'âme se dissipe, telle la fumée, dans les hautes régions de l'air: puisque nous la voyons naître avec le corps, grandir avec lui, et, comme je l'ai montré, se délabrer avec lui sous la fatigue de l'âge.'

pas recourir à quelque cause supérieure, ainsi que dans les autres 360
opérations de la nature que nous avons examinées? Ne sentez-vous
pas, si vous êtes de bonne foi, que les hommes ne se donnent rien, et
qu'ils sont sous la main d'un maître absolu?

LUCRÈCE

Si vous en savez plus que moi, dites-moi donc ce que c'est que
l'âme. 365

POSIDONIUS

Je ne prétends pas en savoir plus que vous. Eclairons-nous l'un
l'autre. Dites-moi d'abord ce que c'est que la végétation.

LUCRÈCE

C'est un mouvement interne qui porte les sucs de la terre dans une
plante, la fait croître, développe ses fruits, étend ses feuilles etc.

POSIDONIUS

Vous ne pensez pas sans doute qu'il y ait un être appelé *végétation* 370
qui opère ces merveilles?

LUCRÈCE

Qui l'a jamais pensé?

POSIDONIUS

Vous devez conclure de notre précédent entretien, que l'arbre ne
s'est point donné la végétation lui-même.

LUCRÈCE

Je suis forcé d'en convenir. 375

POSIDONIUS

Et la vie? me direz-vous bien ce que c'est.

LUCRÈCE

C'est la végétation avec le sentiment dans un corps organisé.

POSIDONIUS

Et il n'y a pas un être appelé *la vie* qui donne ce sentiment à un corps organisé?

LUCRÈCE

Sans doute. La végétation et la vie sont des mots qui signifient des   380
choses végétantes et vivantes.

POSIDONIUS

Si l'arbre et l'animal ne peuvent se donner la végétation et la vie,
pouvez-vous vous donner vos pensées?

LUCRÈCE

Je crois que je le peux, car je pense à ce que je veux. Ma volonté était
de vous parler de métaphysique, et je vous en parle.   385

POSIDONIUS

Vous croyez être le maître de vos idées. Vous savez donc quelles
pensées vous aurez dans une heure, dans un quart d'heure?

LUCRÈCE

J'avoue que je n'en sais rien.

POSIDONIUS

Vous avez souvent des idées en dormant; vous faites des vers en
rêve;[11] César prend des villes; je résous des problèmes; les chiens   390
de chasse poursuivent un cerf dans leurs songes. Les idées nous
viennent donc indépendamment de notre volonté; elles nous sont
données par une cause supérieure.

LUCRÈCE

Comment l'entendez-vous? Prétendez-vous que l'Etre suprême est
occupé continuellement à donner des idées, ou qu'il a créé des   395

---

[11] Le *Dictionnaire philosophique* donne de tels exemples d'activité onirique (article
'Somnambules, et songes', notamment section 4).

substances incorporelles, qui ont ensuite des idées par elles-mêmes, tantôt avec le secours des sens, tantôt sans ce secours? Ces substances sont-elles formées au moment de la conception de l'animal? sont-elles formées auparavant? et attendent-elles des corps pour aller s'y insinuer? ou ne s'y logent-elles que quand 400
l'animal est capable de les recevoir? ou enfin est-ce dans l'Etre suprême que chaque être animé voit les idées des choses? Quelle est votre opinion?

POSIDONIUS

Quand vous m'aurez dit comment notre volonté opère sur-le-champ un mouvement dans nos corps, comment votre bras obéit à 405
votre volonté, comment nous recevons la vie, comment nos aliments se digèrent, comment du blé se transforme en sang, je vous dirai comment nous avons des idées. J'avoue sur tout cela mon ignorance. Le monde pourra avoir un jour de nouvelles lumières, mais depuis Thalès jusqu'à nos jours nous n'en avons 410
point. Tout ce que nous pouvons faire, c'est de sentir notre impuissance, de reconnaître un être tout-puissant, et de nous garder de ces systèmes. [12]

413   w56, w52, w68, w70L, w71L, β: de ses systèmes.

[12] La plupart des éditions donnent: *de ses systèmes*. Mais l'emploi du possessif (renvoyant au mot *Etre*) ne pourrait s'expliquer que par une acception très irrégulière, l'expression signifiant: *de systèmes inventés à son sujet*. Depuis une vingtaine d'années déjà, la tendance à décrier tous les systèmes métaphysiques dominait la philosophie scientifique.

[*Notice autobiographique*]

Edition critique

par

Jacqueline Hellegouarc'h

et

Jessica Goodman

TABLE DES MATIÈRES

INTRODUCTION   405

NOTICE AUTOBIOGRAPHIQUE   411

INTRODUCTION

Cette notice est extraite du *Dictionnaire des théâtres de Paris* (Paris, 1756) des frères Parfaict, t.6, p.288-91.[1]

Elle est authentifiée par un passage d'une lettre adressée par Claude Parfaict à Voltaire lui-même, le 16 juillet 1773 (D18479), et imprimée dans la *Lettre au public sur la mort de MM. de Crébillon,* [...] *Gresset,* [...] *Parfaict,* par le chevalier Du Coudray (Paris, 1777), p.19-24: 'Je conserve, Monsieur, précieusement, un petit mémoire qui m'a été remis, il y a plusieurs années de votre part, et qui compose l'article qui vous regarde dans mon Dictionnaire des théâtres, où je l'ai fait imprimer mot pour mot.'[2] L'article figure dans l'édition du *Dictionnaire des théâtres* de 1756, ce qui fournit un élément de datation *ad quem*.[3]

Les renseignements donnés par Voltaire permettent de préciser

[1] Les frères Parfaict préparaient leur dictionnaire depuis les années quarante, mais la mort de François en 1753 avait interrompu le travail, qui avait recommencé quand Claude avait recruté Quentin Godin d'Abguerbe pour l'aider. La Préface du *Dictionnaire* explique le retard par la nécessité de 'revoir ce qui était déjà fait [...] pour travailler à une suite qui pût mériter les suffrages du public' (p.iii-iv).

[2] Voltaire est le seul sujet du *Dictionnaire* qui ait eu l'honneur d'écrire sa propre notice. La notice toute entière est imprimée entre guillemets, forme de présentation qui n'est utilisée ailleurs que pour les citations tirées de pièces et de comptes rendus. La notice n'est pas signée, mais on doit comprendre que les éditeurs du *Dictionnaire* ont voulu signaler la contribution de l'illustre auteur.

[3] La correspondance de Voltaire ne contient aucune autre mention du *Dictionnaire*, mais dans la lettre citée ci-dessus Claude Parfaict demande les conseils de Voltaire sur son projet encyclopédique qu'il a décrit dans une lettre à un autre correspondant: 'La Dramaturgie générale ou, le Dictionnaire dramatique universel, contenant le catalogue alphabétique raisonné de toutes les pièces anciennes et modernes, grecques, latines, italiennes, françaises, espagnoles, anglaises, allemandes, hollandaises, danoises etc. etc. etc. qui ont été composées dans ce genre; l'abrégé de la vie des auteurs, et des acteurs et actrices les plus célèbres' (BnF N5215, f.631). La réponse de Voltaire ne donne pas de conseils utiles, mais souligne la vaste quantité de pièces qu'il faudrait inclure 'avant que votre ouvrage soit achevé d'imprimer' (D18493, 31 juillet 1773). L'ouvrage n'a jamais paru.

le *terminus a quo*. L'indication la plus tardive date de 1754: c'est l'affaire de sa *Pandore* défigurée par Sireuil à la demande de Royer, qu'il a apprise vers le 22 août 1754.[4] D'autre part, en énumérant ses pièces, il s'arrête avant la création de *L'Orphelin de la Chine* le 20 août 1755. La notice doit donc avoir été écrite entre ces deux dates. Peut-être plutôt après la mort de Royer (survenue le 11 janvier 1755), puisque Voltaire ne semble plus craindre de représentation de la nouvelle *Pandore*. On a ainsi tout lieu de penser que l'édition 'de tous ses véritables ouvrages' qui se prépare est celle de Cramer qu'il est à même de surveiller, et qui paraîtra en 1756.

Sur le contenu, quelques remarques viennent à l'esprit. Ici Voltaire ne conteste pas, comme il le fera à plusieurs reprises, la date de naissance du 20 novembre conforme à son acte de baptême.[5]

La longue liste de titres et honneurs qui ouvre la notice pourrait suggérer de la vanité, mais le format suit de près celui des autres notices, surtout celles des écrivains célèbres du siècle passé comme Corneille (t.2, p.195-97) et Molière (t.3, p.441-44) plutôt que celles de ses contemporains comme Marivaux (t.3, p.334-36) et Crébillon (t.2, p.204-205). La notice sur Racine même est plus courte que celle de Voltaire.

Comme d'habitude, il profite de l'occasion pour régler quelques comptes. Il rappelle des vers malencontreux de Desfontaines. Il déplore qu'on ait défiguré une de ses pièces, *Pandore*. Il avait fait de grands efforts, en vain, pour se détacher de la production de Royer.[6] Dans une lettre à celui-ci du 20 septembre 1754 il a

---

[4] Il écrit à Moncrif le 22 août 1754 (D5914): 'J'apprends [...] que M. Royer va donner au public son opéra de *Prométhée* [...] j'ai le malheur d'être l'auteur des paroles [...] Je n'entends rien du tout à un opéra [...] On dit que M. Royer a remédié à ce défaut en faisant travailler un homme plus au fait que moi. [...] Il serait juste de ne point dérober à cet auteur la gloire qu'il mérite, et d'instruire le public, dans l'imprimé, de la part qu'il a bien voulu avoir à cet ouvrage. Comme vous êtes, Monsieur, l'examinateur des paroles, je vous supplie de vouloir bien faire rendre ce petit service au compagnon de M. Royer et à moi.'

[5] Voir ci-dessous la note 1.

[6] Joseph Nicolas Pancrace Royer (1705-1755), devenu maître de musique de la Chambre du roi en 1753.

demandé la notice suivante: 'Ce poème est imprimé tout différemment dans le recueil des ouvrages de l'auteur: les usages du théâtre lyrique et les convenances de la musique ont obligé d'y faire des changements pendant son absence' (D5929). Deux semaines plus tard il écrit encore à Moncrif et demande que la nouvelle version de l'opéra soit donnée sous le titre: 'Prométhée ou Pandore, ouvrage dramatique tiré des fragments de la pièce qui porte ce nom, à laquelle on a fait ajouter les ariettes et les vers convenables au musicien dans l'absence de l'auteur' (D5948). Raymond Trousson, dans son édition de *Pandore*,[7] cite une série de lettres à Sireuil, d'Argental, Moncrif et Hénault[8] où Voltaire répète ses préoccupations. La notice du *Dictionnaire* sert de renonciation publique à toute connexion avec cet ouvrage 'détestable' (D5957).

Une autre technique dont Voltaire se sert pour former son image est l'omission. Quelques comédies, notamment *La Prude*, ne paraissent pas dans cette notice. Inspirée par *The Plain dealer* de Wycherley, la pièce avait été traitée par La Harpe de 'copie très modifiée et affaiblie d'un chef-d'œuvre du théâtre anglais', et il ajoute que 'le fond du sujet [...] est incompatible avec la décence de notre théâtre, et les mauvaises mœurs y sont plus odieuses que comiques'.[9] Il semblerait que d'Argental ait aussi critiqué la pièce car, dans une lettre d'août 1747 Voltaire lui écrit: 'je ne peux m'empêcher de voir précisément tout le contraire de ce que vous apercevez, et si les friponneries de la prude ne révoltent pas, (ce qui est le gr. point) je pense être sûr d'un très grand succès' (D3564). Malgré ses protestations, il est fort possible que Voltaire n'ait pas voulu rappeler au public qu'il est l'auteur de cette pièce.

Et, débordant le cadre du *Dictionnaire des théâtres* auquel l'article est destiné, il se plaint qu'on ait fait une édition pirate de son *Histoire universelle*, et qu'on mette 'sous son nom beaucoup d'ouvrages qui ne sont point de lui', reniant une fois de plus les

---

[7] Dans *Writings of 1738-1740 (III)*, *Writings for music 1720-1740*, *OCV*, t.18c (2008).

[8] D5952, D5956, D5957, D5958.

[9] *Commentaire sur le théâtre de Voltaire* (Paris, 1814), p.406-407.

œuvres compromettantes. Il se garde bien, naturellement, de mentionner les *Lettres philosophiques*. Il ne cite pas davantage, il est vrai, *Zadig* ou *Micromégas*, considérant ses contes comme des ouvrages mineurs auxquels la postérité accordera une importance majeure.

Editions

56

Claude Parfaict, *Dictionnaire des théâtres de Paris, contenant toutes les pieces qui ont été représentées jusqu'à present sur les différens Théâtres Français et sur celui de l'Académie Royale de Musique: les extraits de celles qui ont été jouées par les Comédiens Italiens depuis leur rétablissement en 1716, ainsi que des Opéras-comiques et principaux spectacles des Foires Saint-Germain et Saint-Laurent. Des faits Anecdotes sur les auteurs qui ont travaillé pour ces théâtres et sur les principaux acteurs, actrices, danseurs, danseuses, compositeurs de ballets, dessinateurs, peintres de ces spectacles &c.* Chez Lambert, Paris, M.DCC.LVI.

7 tomes, dont le septième consiste en additions et corrections.

La notice paraît dans le t.6, p.288-91.

Texte de base.

57

Dictionnaire des théâtres de Paris [...] Chez Rozet, Paris, M.DCC.LXVII. Il n'y a pas de variantes. Le texte n'a pas été réimprimé avant l'édition Moland des *Œuvres complètes* (Paris, 1877-85). Il paraît dans t.1, 'Etudes et documents biographiques', p.1-2.

Traitement du texte de base

I. Accents

1. L'accent aigu

– a été utilisé dans: Ariétes, entiérement, piéces, scénes, siécle, Suéde, Thérése.

2. L'accent grave

— n'a pas été utilisé dans: empêcherent, particulieres.

3. L'accent circonflexe

— n'a pas été utilisé dans: théatre.

II. Orthographe

— la terminaison de l'imparfait en -*oit*, a été utilisée dans: avoit, étoit.
— *i* a été utilisé au lieu de *y* dans: Roiale
— la consonne *s* n'a pas été utilisée dans: les opéra
— la consonne *t* n'a pas été utilisé dans: changemens

VOLTAIRE, (François-Marie Arouet de) né en 1694 le 20 novembre,[1] de François Arouet, Trésorier de la Chambre des Comptes, et de Catherine d'Aumart.[2] Historiographe de France en 1745. Gentilhomme ordinaire de la Chambre du Roi en 1747 et surnuméraire en 1749.[3] Membre de l'Académie française, de la 5 Crusca, de la Société royale de Londres, de Boulogne, de Pétersbourg:[4] Il a composé pour le théâtre les pièces suivantes.

ŒDIPE, Tragédie, 18 novembre 1718.

ARTÉMIRE, Tragédie, 15 février 1720.

MARIAMNE, Tragédie, 6 mars 1724. Retouchée et donnée sous 10 le titre de HÉRODE ET MARIAMNE, Tragédie, 10 avril 1725.[5]

L'INDISCRET, Comédie en un acte et en vers, 18 août 1725.

[1] L'acte de baptême, dont on a une copie, porte la date du 22 novembre 1694 et stipule que l'enfant est 'né le jour précédent'. Mais Voltaire a affirmé à plusieurs reprises qu'il était né non le 20 novembre – ce qui est 'un mensonge imprimé' – mais le 20 février: c'est ce qu'il écrit notamment en 1765, le 20 février à Damilaville (D12411), le 27 février au maréchal de Richelieu (D12422), le 1er janvier 1777 à d'Argental (D20493). D'autre part, il n'a pas corrigé la date du 20 février en revoyant la notice biographique rédigée par Baculard d'Arnaud en 1750; et dans le *Commentaire historique sur les œuvres de l'auteur de La Henriade*, il fait écrire par son secrétaire Wagnière 'qu'ayant été ondoyé, la cérémonie de son baptême fut différée de plusieurs mois' (*M*, t.1, p.71). Sur cette question, voir René Pomeau, *Voltaire en son temps*, t.1, ch.2: 'Deux pères? deux baptêmes?', p.9-11.

[2] Le nom de la mère de Voltaire se donne plus souvent comme Marie-Marguerite Daumart ou D'Aumard, ou Marie-Catherine Daumart.

[3] Le 1er avril 1745, le brevet d'historiographe est signé; le roi a 'accordé l'expectative d'une charge de gentilhomme ordinaire'; une charge se trouve vacante en novembre 1746, le brevet est signé le 22 décembre 1746. Le 27 mai 1749, Voltaire vend cette charge en obtenant l'autorisation d'en 'conserver le titre, les honneurs et les fonctions'. En 1750, quand Frédéric II le prend à son service, il demande à garder ce titre de gentilhomme ordinaire de la Chambre du roi de France (voir les lettres du 25 août 1750 au comte de Saint-Florentin et à l'ambassadeur de France Tyrconnell, D4197 et D4198).

[4] Voltaire est élu à l'Académie française le 25 avril 1746, à la suite de la mort de Jean Bouhier. A noter qu'il ne mentionne pas l'Académie de Berlin: il écrit après le sinistre retour de Prusse de 1753. Ce n'est toutefois pas le seul de ses titres académiques qu'il omet.

[5] Le titre *Mariamne* a été retenu pour la production du 10 avril, mais le 12 avril on a donné la pièce sous le nouveau titre.

BRUTUS, Tragédie, 11 décembre 1730.

ERIPHILE, Tragédie, 7 mars 1732.[6]

ZAÏRE, Tragédie, 13 août 1732.

ADÉLAÏDE,[7] Tragédie, 18 janvier 1734.

ALZIRE,[8] Tragédie, 27 janvier 1736.

L'ENFANT PRODIGUE, *ou l'*ECOLE DE LA JEUNESSE, Comédie en cinq actes et en vers de dix syllabes, 10 octobre 1736.

ZULIME, Tragédie, 8 juin 1740.

MAHOMET, Tragédie, 9 août 1742.[9]

MÉROPE, Tragédie, 20 février 1743.

LA MORT DE CÉSAR, Tragédie, 29 août 1743.[10]

LA PRINCESSE DE NAVARRE, Comédie en trois actes en vers libres, avec un prologue et des divertissements, (musique de M. Rameau,) composée à l'occasion du mariage de Monseigneur le Dauphin avec Marie-Thérèse, Infante d'Espagne, et représentée à Versailles les mardi 23 et samedi 25[11] février 1745.

SÉMIRAMIS, Tragédie, 29 août 1748.

NANINE,[12] Comédie en trois actes et en vers, 16 juin 1749.

ORESTE, Tragédie, 12 janvier 1750.

ROME SAUVÉE, Tragédie, 24 février 1752.[13]

LE DUC DE FOIX, Tragédie, 17 août 1752.[14]

---

[6] Donnée pour la première fois chez Mme de Fontaine-Martel, le 3 février 1732 (voir Clarence Brenner, *A Bibliographical list of plays in the French language*, Berkeley, CA, 1947; ci-après *Brenner*).

[7] *Adélaïde du Guesclin*, remaniée et reprise plus tard sous le nom d'*Amélie ou le Duc de Foix*.

[8] *Alzire ou les Américains*.

[9] Voltaire donne la date de la création à la Comédie-Française de *Mahomet ou le Fanatisme*. La pièce avait été créée à Lille en sa présence par la troupe de La Noue le 25 avril 1741.

[10] Donnée pour la première fois à l'Hôtel de Sassenge en 1733, puis au Collège d'Harcourt, 11 août 1735 (*Brenner*).

[11] *Sic* pour le 27.

[12] *Nanine ou le Préjugé vaincu*.

[13] Donnée pour la première fois à la maison de Voltaire, rue Traversière Saint-Honoré, 8 juin 1750, puis au Château des Sceaux, 22 juin 1750 (*Brenner*).

[14] *Amélie ou le Duc de Foix*, nouvelle version d'*Adélaïde Du Guesclin*. Voir

Au Théâtre de l'Académie royale de musique

Le Temple de la Gloire, Ballet héroïque en trois actes, avec   35
un prologue, représenté à Versailles le 27 novembre 1745 et à Paris
le 10 décembre. [15]

La préface d'une des éditions de la *Henriade*, nous apprend que
ce poème fut d'abord imprimé par les soins de l'abbé des Fontaines,
qui y mêla quelques vers de sa façon: on cite surtout ceux-ci.   40

> Et malgré les Perraults, et malgré les Houdarts,
> On verra le bon goût régner de toutes parts. [16]

Henri-Louis Lekain, *Mémoires* (Paris, 1825), 'Discours prononcé avant la 1re
representation du *Duc du Foix*', où il attribue la manque de succès de la pièce au
fait que 'le public ne pouvait voir, sans une espèce d'horreur, un fratricide attribué à
un prince de la maison de Bourbon' (p.24). Voltaire croyait *Le Duc de Foix*
'incomparablement moins mauvais qu'Adélaïde' (D11027, à Lekain, le 20 février
1763). Dans la même lettre il écrit: 'il n'est pas permis d'imputer à un prince du sang,
un crime qu'il n'a point fait. Cette fiction révolta le public, et m'obligea de changer la
pièce.' Voir H. C. Lancaster, *French tragedy in the time of Louis XV and Voltaire*
(Baltimore, MD, 1950), surtout p.187-89.

[15] A la rubrique *Temple de la gloire*, le *Dictionnaire des théâtres* date du mardi 7
décembre 1745 sa création à Paris au Théâtre de l'Académie royale de musique, date
confirmée par Brenner.

[16] Pierre Desfontaines (1685-1745) a effectivement donné une édition de *La
Henriade*, avec l'adresse d'Amsterdam (mais réalisée vraisemblablement à Evreux):
*La Ligue, ou Henry-le-Grand, poème épique. Par M. de Voltaire. Avec des additions et
un recueil de pièces diverses du même auteur.* A Amsterdam, Chez Jean Frédéric Bernard.
1724. In-12, vii-196p. (BnC: 1678; Bengesco: 363). On trouve ces vers au chant 6:
En dépit des Pradons, des Perraults, des H** [Houdar]
On verra le bon goût fleurir de toutes parts.
(*OCV*, t.2, chant 7, vers 382 variante, p.530).
La préface à laquelle Voltaire fait référence est celle de Marmontel parue dans une
édition de 1746, qui comporte ce passage: 'L'abbé Desfontaines en donna peu de
temps après [après la première édition à Londres en 1723 sous le nom de *La Ligue*]
une édition à Evreux aussi imparfaite que la première, avec cette différence qu'il
glissa dans les vides quelques vers de sa façon, tels que ceux-ci, où il est aisé de
reconnaître un tel écrivain:
Et, malgré les Perraults et malgré les Houdars,
L'on verra le bon goût naître de toutes parts.
Chant 6 de son édition.'
Voir D3954, où François Parfaict présente ses excuses à Voltaire de lui avoir

L'auteur fit ensuite imprimer la *Henriade* sous son véritable nom, en 1727 à Londres.[17] Il y en eut ensuite plusieurs éditions; M. l'abbé Langlet du Frenoy recueillit toutes les variantes et les notes, et les fit imprimer en 1736.[18]

On s'est conformé à cette édition dans toutes les suivantes,[19] jusqu'à celle qui à été faite à Léipsick en 1752. On y trouve beaucoup de changements et d'additions dans la *Henriade*, ainsi que dans les pièces de théâtre, et les œuvres diverses. Les opéras intitulés *Samson* et *Pandore*, sont dans ce recueil[20] et dans ceux qu'on a faits à Paris et à Rouen sous le titre de Londres. *Samson*

52   β: qu'on a faites à

---

attribué ces vers dans l'*Histoire du théâtre français*: 'Étranges vers pour un poème épique, et qu'on voit bien n'être point de M. de Voltaire.'

[17] Parmi les nombreuses éditions de *La Henriade* figure une édition faite à Londres en 1726, in-4° avec des figures, et une épître dédicatoire à la reine d'Angleterre. Mais Voltaire pense plutôt à une des éditions qui porte la date de 1728. Sans doute à celle-ci: *La Henriade de Mr de Voltaire*. A Londres, 1728. In-4°, [vi]+110+202p., avec Dédicace à la reine Caroline; première édition en 10 chants, considérée comme *princeps* (BnC: 1685; Bengesco: 265). Sur les éditions de *La Henriade*, voir l'édition de O. R. Taylor, *OCV*, t.2 (1970). Pour l'an 1727 on connaît une édition de *An Essay upon the civil wars of France [...] and also upon the epick poetry of the European nations from Homer down to Milton. By Mr. de Voltaire*. London, Samuel Jallasson, 1727.

[18] Les variantes recueillies par l'abbé Nicolas Lenglet du Fresnoy (1674-1755) et des remarques et notes de l'abbé et de Voltaire lui-même ont été imprimées dans l'édition de 1741 in-4° (xxiv+202+cxxii p., Bengesco: 374), qui porte l'adresse de Londres, mais fut publiée à Paris par Gandouin.

[19] Malgré les modifications apportées, Voltaire pense certainement aux éditions de 1746: *La Henriade avec les variantes [...]*, 2 vol. in-12, imprimée à Paris par Prault (Bengesco: 375); de 1748: *Œuvres de Mr de Voltaire [...]*, tome premier. A Dresde 1748, chez Walther, in-8° (Bengesco: 2129); de 1750: *La Henriade et autres ouvrages du même auteur [...]*, tome premier. A Londres, imprimée sans doute à Rouen, in-12 (Bengesco: 2130); de 1751: *Œuvres de Mr de Voltaire [...]*, tome 1, à Paris, Lambert, in-8° (Bengesco: 2131).

[20] Il s'agit de l'édition Walther à Dresde, 1752: *Œuvres de Mr de Voltaire. Nouvelle édition revue, corrigée et considérablement augmentée par l'auteur*, in-12 (Bengesco: 2132). *Samson* et *Pandore* sont dans le tome 4.

avait été mis en musique par M. Rameau; des considérations particulières empêchèrent qu'on ne le représentât. [21]

M. Royer [22] a mis *Pandore* en musique, mais comme l'auteur ne 55 s'était pas asservi à la méthode ordinaire de l'opéra, le musicien a engagé un autre auteur à changer les scènes, et à faire les ariettes: de sorte que cet opéra mis en musique, n'est pas celui de M. de Voltaire. [23]

Il a donné beaucoup d'ouvrages en prose, comme l'*Histoire de* 60 *Charles XII Roi de Suède*: *Le Siècle de Louis XIV*, dont il y a plusieurs éditions. On a mis sous son nom beaucoup d'autres ouvrages qui ne sont pas de lui; d'autres dont le fond lui appartient, mais qu'on a entièrement défigurés; tels sont deux volumes d'une *Histoire universelle, depuis Charlemagne jusqu'à Charles VII Roi de* 65 *France*. [24]

[21] Le livret de *Samson*, écrit par Voltaire à la demande de Rameau et de La Popelinière, était prêt en décembre 1733. Mais Rameau était un partenaire difficile, sensible aux critiques, que ne ménageaient pas le censeur Hardion et le duc de Richelieu (voir par exemple la lettre de Voltaire à Thiriot du 3 novembre [1735], D935); selon Voltaire (à Berger, vers le 2 février 1736, D1000), il était aussi timoré. Voir aussi l'introduction à l'édition critique par Russell Goulbourne dans *Writings of 1738-1740 (III)*, *Writings for music 1720-1740*, *OCV*, t.18c (2008), surtout p.204-17.

[22] Joseph-Nicholas-Pancrace Royer (*c.*1705-1755).

[23] La composition de *Pandore* remonte à la période de Cirey: Voltaire confia un manuscrit de la pièce à Helvétius le 5 janvier 1740 (D2130), et il demanda à sa nièce de composer de la musique pour un des monologues en août 1740 (lettres inédites de Voltaire à Mme Denis alors installée à Lille). A la demande du duc de Richelieu, Royer 'met en musique' *Pandore* en 1744. Une représentation est prévue en septembre 1754. Mais le musicien 'a engagé un autre auteur', Sireuil, pour refaire le livret. Voltaire l'apprend vers le 22 août (à Moncrif, D5914); 'mutilé', il 'demande justice' (à Lambert, 8 septembre, D5923; à d'Argental, 19 décembre 1754, D6035); et se résigne à accepter un arrangement: il propose que la pièce sera présentée sous le titre *Prométhée, ou Pandore, ouvrage dramatique tiré des fragments de la pièce de M. de Voltaire à laquelle on a ajouté pendant son absence les ariettes et les vers convenables au théâtre lyrique* (cf. lettres à Moncrif, 10 octobre [1754], D5948; à Sireuil, 13 octobre, D5952). Royer mourra avant la première; *Pandore* ne sera pas jouée. A part ce livret de *Pandore*, on ne connaît de Sireuil que les paroles du *Pouvoir de la beauté* par Charles-Placide Caraffe, publié en 1752.

[24] Il s'agit de l'*Abrégé de l'histoire universelle depuis Charlemagne jusques à*

On prépare actuellement une édition magnifique de tous ses véritables ouvrages. [25]

Charlequint par Mr de Voltaire, La Haye, Jean Neaulme, 1753, 2 vol. in-12 de 319 et 366p.

[25] Il s'agirait de l'édition publiée en 1756 par les frères Cramer.

Préface des éditeurs

—

Lettre de M. de Voltaire
aux éditeurs de la
première édition de Genève

Critical edition

by

David Williams

TABLE DES MATIÈRES

Préface des éditeurs

INTRODUCTION 419

PRÉFACE DES ÉDITEURS 423

Lettre de M. de Voltaire

INTRODUCTION 427

LETTRE DE M. DE VOLTAIRE AUX ÉDITEURS DE
LA PREMIÈRE ÉDITION DE GENÈVE 433

PRÉFACE DES ÉDITEURS
INTRODUCTION

We include the *Préface des éditeurs* which precedes Voltaire's *Lettre aux éditeurs* in the first volume of w56: although Voltaire is not the ostensible author, he may well have had a hand in its composition. The *Lettre de M. de Voltaire aux éditeurs de la première édition de Genève*[1] was written in response to the editorial preface, signed by the Cramers. The text of the *Préface des éditeurs* is therefore of considerable interest and importance in its own right. It provides first of all the specific context to the fulsome expression of thanks to the Cramers for undertaking the edition in the opening paragaph (*Lettre*, lines 1-3), and also of much of the subsequent text. Secondly, although there is no direct evidence to justify the attribution of the authorship of the Cramer *Préface*, or any part of it, to Voltaire, the content of certain passages, and in particular the style in which these passages are written, strongly suggests the possibility of his influence, and perhaps of his active intervention in its composition. The Cramers had made it clear from the start that they anticipated and welcomed Voltaire's close involvement in the production of the edition, and their correspondence with Voltaire between the summer of 1755 and April 1756, and in fact well into October 1756,[2] provides ample evidence of that involvement.[3] The delays occurring as a consequence of Voltaire's supervision are acknowledged explicitly in the *Préface*: 'Il fit plus; il voulut en diriger lui-même l'impression: cette complaisance si avantageuse à notre édition, en a retardé le progrès; nous n'avons voulu mettre l'ouvrage sous presse, que

[1] See Introduction to the *Lettre de M. de Voltaire aux éditeurs*, p.427-29. The early volumes of the edition began to appear in early April 1756; see D6904.

[2] See Introduction to the *Lettre de M. de Voltaire aux éditeurs*, p.428, n.4 below.

[3] Twenty-eight letters exchanged between the Cramers and Voltaire from June 1755 to June 1756 have survived. See, for example, D6768, D6795 and D6810.

lorsqu'il pourrait passer sous les yeux de son illustre auteur' (lines 19-22). Moreover, many of the points made by the Cramers in their *Préface* seem to go well beyond what they would have found sufficiently interesting to say on their own initiative. Examples of a possible Voltairean presence in the text are to be found, for example, in passages reflecting indignation at the cavalier, unauthorised treatment of his works by other printers (lines 1-8, 14-17), and in comments on false attributions such as the *Connaissance des beautés* and other works which continued to irritate Voltaire but which would be presumably of little personal concern to the Cramers (lines 63-69). The tone of the defence of Voltaire's pre-eminence as the translator of Milton, Butler, Pope, Newton and Locke (lines 58-62) offers another striking echo of points in the *Préface* driven more by the personal concerns of the author of the *Lettre* than by his new Genevan printers' strategic priorities for the marketing of this 'recueil complet de ses véritables ouvrages' (lines 80-81).

After the first appearance of the *Préface des éditeurs* in w56, it was reprinted without change in w57G1, w57G2, w64G, w68, w70G, w72X and w75G except for a modified title in w68 and w75G and the absence of the Cramers' signature in w70G.

Editions

w56

Vol.1, p.[i]-vi: Préface des éditeurs.

w57G1, w57G2

Vol.1, p.[i]-vi: Préface des éditeurs.

w64G

Vol.1, p.[5]-9: Préface des éditeurs.

w68

Vol.1, p.iv-vi: Préface des éditeurs qui était au devant de la première édition de Genève.

The title has changed because in this edition the text is preceded by a different *Préface des éditeurs* relevant only to w68.

w70G

Vol.1, p.5-9: Préface des éditeurs.

The *Préface* is not signed.

w72X

Vol.1, p.5-9: Préface des éditeurs.

The *Préface* is not signed.

w75G

Vol.1, p.4-7: Préface des éditeurs qui était au devant de la première édition de Genève.

As with w68, the title has been modified because the text is preceded by a different *Préface des éditeurs* relevant only to w75G.

Principles of this edition

The base text is w56, the first edition. It was unchanged in later editions. Collation includes all relevant editions printed in Voltaire's lifetime, including those in which his participation is not proven: w56, w57G1, w57G2, w64G, w68, w70G, w72X, w75G.

Treatment of the text

The text has been modified in accordance with normal *OCV* editorial principles. Original punctuation has been respected, but the period following the title and the date '1754' at line 9 has been removed. The italicisation of names has not been retained. The following aspects of orthography and grammar have been modified to conform to modern usage:

1. Consonants

— *h* was not used in: autentiquement, Bracmane
— *p* was not used in: tems
— the final *t* was not used in: Talens
— the double consonant *tt* was used in: incomplette

2. Vowels

— *ay* was used instead of *ai* in: ayent
— *oy* was used instead of *oi* in: Monnoyes

3. Accents

— the acute accent was used in: cinquiéme, derniéres, grossiérement, infidéles, Lucréce, lumiéres, Piéces, premiére, siécle
— was not used in: reformer
— the circumflex accent was used in: nôtre, parû
— was not used in: devint [*subjunctive mood*], dissimulames, eumes, gout, primes, Théatre
— the diaeresis was used in: Poëme

4. Capitalisation

— the following titles did not have initial capitalisation: *De la Population ..., la Chimère, la Henriade, sur Constantin, sur Julien, sur le Dante, sur les Juifs, sur Socrate*
— the following words were given an initial capital: Ame, Anglais [*adjective*], Anglaise [*adjective*], Apologie, Astrologie, Auteur, Avant-Propos, Avertissement, Bracmane, Chapitres, Chimère, Comédie, Consolés, Editions, Français [*adjective*], Génies, Histoire, Italienne [*adjective*], Jésuite, Juifs, Langue, Larmoyante, Lettres, Littérature, Livre, Magie, Mathématicien, Mœurs, Monnoyes, Monsieur, Nations, Naturelle, Notes, Ouvrage, Ouvrages, Peuple, Philosophie, Piéces, Poëme, Population, Préface, Préfaces, Protecteur, Public, Recueil, Sciences, Souverain, Talens, Théatre

5. Various

— the ampersand was used
— the apostrophe was not used in: aujourdhui
— the hyphen was used in: très-inférieur

PRÉFACE DES ÉDITEURS

On ne cesse depuis quarante ans d'imprimer et de défigurer les ouvrages de monsieur de Voltaire. Plus le public a montré de goût pour tout ce qui est sorti de la plume de cet homme célèbre, et plus il a dû se révolter contre cette foule d'éditions fautives et incomplètes, faites contre le gré ou sans l'aveu de l'auteur.[1] Il était temps enfin d'en présenter une que monsieur de Voltaire reconnût authentiquement pour le recueil complet de ses véritables ouvrages.[2]

En 1754, époque heureuse de la connaissance que nous eûmes l'honneur de lier avec lui, nous prîmes la liberté de lui représenter qu'il devait aux hommes sensés de toutes les nations, une édition qu'ils pussent acquérir avec confiance; et nous ne lui dissimulâmes point combien nous serions flattés d'être chargés de son exécution.[3] Monsieur de Voltaire aussi mécontent que le public de tant

[1] Nevertheless, the Cramers would build their edition on 'l'édition d'Allemagne', i.e. the 1752 Walther edition (w52), see D6758, note 1.

[2] See Introduction to the *Lettre de M. de Voltaire aux éditeurs*, note 1.

[3] On 15 April 1754 the Cramers wrote to Voltaire: 'Quoique nous n'ayons pas l'avantage d'être connu de vous, c'est avec confiance que nous prenons la liberté de vous écrire. Nous avons toujours souhaité d'imprimer quelqu'ouvrage qui soit sorti de vos mains; et jamais nous n'avons pu goûter cette satisfaction. [...] Si votre dessein est de mettre au jour quelque nouvelle production, nous vous offrons avec le plus grand empressement, nos très humbles services. Si vous aviez formé l'utile projet, de donner vous-même au public, une collection de tous ceux de vos ouvrages qui doivent passer à la postérité, nous osons vous assurer que nous sommes en état de remplir vos vues. Nous employerons le plus beau papier, et le meilleur caractère; nous aurions surtout, l'exactitude la plus scrupuleuse pour tous les détails de la correction: nous travaillerions à tout cela avec zèle, et avec plaisir; en un mot, nous ne négligerions rien pour faire que vous vous applaudissiez de la préférence que vous nous auriez donnée' (D5775). On the timeliness of this letter, in view of Voltaire's increasing dissatisfaction at this time with his current publishers, and with Walther and Lambert in particular, see the commentary to D5775. See also the letter written on the same day to Voltaire from the Cramers' rival, Claude Christophe Philibert which would have done little to alleviate Voltaire's frustrations (D5776).

d'éditions infidèles où grossièrement rédigées, fit céder sa répu-   15
gnance à publier le corps de ses ouvrages à la nécessité de réformer
ceux qui avaient paru sous son nom. Il nous envoya bientôt après,
et de la manière la plus obligeante, ses corrections et ses
manuscrits. [4] Il fit plus; il voulut en diriger lui-même l'impression:
cette complaisance si avantageuse à notre édition, en a retardé le   20
progrès; nous n'avons voulu mettre l'ouvrage sous presse, que
lorsqu'il pourrait passer sous les yeux de son illustre auteur: nous
avons attendu son arrivée dans cette république, qu'il fait jouir de
ses lumières et de son génie, et où il jouit à son tour des hommages,
que toutes les nations qui ne sont pas barbares, doivent aux talents   25
extraordinaires. [5]

Notre édition n'a donc été différée que pour qu'elle devînt plus
digne du public éclairé. Il y trouvera *La Henriade* telle que
monsieur de Voltaire l'a terminée; il y a de très grandes différences
entre toutes les autres éditions de ce poème, et celle qu'on donne   30
aujourd'hui: la fin du cinquième chant est toute nouvelle; les
Remarques sont augmentées, et mises dans un nouvel ordre.

Les pièces de théâtre sont en plus grand nombre; et il y a de
grands changements dans toutes celles qu'on représente à Paris et
ailleurs.   35

Toutes les petites pièces fugitives sont correctes; et l'on y en a
ajouté plusieurs qui ne sont dans aucune édition précédente.

Les *Mélanges d'histoire, de littérature, de philosophie*, qu'on
trouve dans ce recueil, sont plus amples de moitié que ceux qui
avaient paru jusqu'ici. Voici la désignation d'une partie des   40
chapitres que l'on ne connaissait pas.

---

[4] The Cramers acknowledged receipt of 'des cartons pour le premier volume des
Annales' on 17 May 1754 (D5818). Voltaire's reply to D5775, to which the Cramers
refer in D5818 has not survived. Amended manuscripts and proof corrections were
sent with increasing frequency to the Cramers through the autumn and winter of 1755-
56, and Voltaire would continue to supervise the printing of w56 well into the autumn
of 1756, see Introduction to the *Lettre de M. de Voltaire aux éditeurs*, p.428-29.

[5] On the Cramers' pleasure and sense of anticipation at the prospect of Voltaire's
arrival in Geneva, see also D5775, D5818.

L'Examen des langues; *Les Embellissements de Cachemire*; *Les Voyages de Scarmentado*; *Jusqu'à quel point on peut tromper le peuple*; *Les Deux Consolés*; *Si les sciences ont nui aux mœurs*; *Sur l'âme*; *Du poème singulier d'Hudibras*; *Des monnaies*; *Dialogues* 45 *entre un jésuite et un brahmane*;[6] *Entre Lucrèce et un mathématicien*; *Discours sur Ovide*, *Sur le Dante*, *Sur Socrate*, *Sur les juifs*, *Sur Constantin*, *Sur Julien*; *De la chimère du souverain bien*; *De la population de l'Amérique*; *Songe de Platon*; *Des génies*; *De l'astrologie*; *De la magie*: *Poèmes sur le désastre de Lisbonne, et sur la loi* 50 *naturelle*, précédés de préfaces intéressantes, et suivis de notes utiles. etc. etc.

Outre tant de pièces nouvelles, nous pouvons assurer qu'il n'en est presque aucune ancienne qui ne soit remplie d'additions considérables. On y trouvera surtout beaucoup de littérature 55 anglaise et italienne: aucun auteur français n'a tant fait valoir le mérite étranger que monsieur de Voltaire; on peut dire qu'on ne connaissait avant lui aucun poète anglais en France: il est le premier qui ait parlé de Milton, de Dryden, de Butler, de Pope, et qui en ait traduit des morceaux, comme il est le premier qui ait développé en 60 France les principes de Newton, et qui ait rendu justice au sage Locke.

L'on ferait un recueil considérable des pièces que l'on a faussement attribuées à monsieur de Voltaire: on n'est que trop dans l'usage barbare de publier sous le nom des hommes connus, 65 les pièces qui méritent le plus de rester inconnues: tel est, par exemple, un livre sur *les beautés et les défauts de la langue*,[7] une

---

[6] The title as printed in vol.4, p.389 is: *Dialogue entre un bra[c]hmane et un jésuite, sur la nécessité et l'enchaînement des choses*.

[7] Disowned by Voltaire in D3434, D4670. On the false attribution of David Durand's *Connaissance des beautés et des défauts de la poésie et de l'éloquence dans la langue française, à l'usage des jeunes gens et surtout des étrangers, avec des exemples par ordre alphabétique, par M. D***** (Londres [Rouen], 1749) to Voltaire, see T. Besterman, 'Note on the authorship of the *Connaissance des beautés*', *SVEC* 4 (1957), p.291-94; M. Mat-Hasquin, 'Voltaire et l'opéra: théorie et pratique', *L'Opéra au dix-huitième siècle* (Aix-en-Provence, 1982), p.538-40; N. Cronk, *Texte attribué a Voltaire: la 'Connaissance des beautés' de Durand*, *OCV*, vol.32B, Appendice II.

mauvaise apologie en vers de la *comédie larmoyante*;[8] et une infinité de pièces dans ce goût que nous avons soigneusement écartées.

Mais nous avons eu le bonheur de recouvrer le *Discours sur La* 70 *Henriade*, dont monsieur Marmontel cite quelques traits dans sa préface. Ce discours fut composé par un des plus augustes, et des plus respectables protecteurs que les lettres aient eu dans ce siècle.[9] Il avait résolu de faire graver *La Henriade*,[10] et il destinait ce discours à servir d'avant-propos au poème: cette pièce fait 75 également honneur, et à son auguste auteur, et à l'ouvrage de monsieur de Voltaire, dont on voulait faire une si magnifique édition; et rien ne nous a paru plus convenable que de placer cette ancienne préface, ou avant-propos, à la tête de *La Henriade*.

Il serait pour le moins inutile d'insister sur le mérite d'un recueil 80 complet des vrais ouvrages de monsieur de Voltaire, on n'en avait point encore: cette édition doit être considérée comme la première qui en ait été faite; c'est la seule à laquelle il ait mis son cachet. On trouvera cette approbation importante dans une des dernières lettres dont il nous a honoré, et que nous mettons à la suite de cet 85 avertissement. Nous n'ajouterons plus qu'un mot sur le prix de cette édition; il est très inférieur aux prix ordinaires; mais nous nous sommes fait un devoir de faciliter l'acquisition de cet ouvrage; nous n'avions que cette manière de reconnaître l'amitié et le désinté-ressement de l'auteur. 90

Les Frères Cramer

[8] We have not discovered to what this refers.

[9] *Préface pour La Henriade, par M. Marmontel, OCV*, vol.2, p.331, lines 125-36. On the circumstances leading to the composition of Marmontel's preface, see O. R. Taylor's introduction in Appendix K to his edition of *La Henriade, OCV*, vol.2, p.325-27. The *Discours* in question is Frederick II's *Avant-propos*, see Appendix M of Taylor's edition, *OCV*, vol.2, p.352-63. The wording of lines 105-108 of the Cramers' *Préface* repeats that of part of the full heading of the text printed at p.x of vol.1 of w56: 'AVANT-PROPOS, *Composé par un des plus augustes et des plus respectables protecteurs que les lettres aient eus dans ce siècle, et dont on n'avait vu qu'un fragment cité dans la préface de M. Marmontel'*.

[10] On Frederick's proposal relating to the engravings for *La Henriade*, referred to here by the Cramers, see D2017, D2020; *OCV*, vol.2, p.347.

LETTRE DE M. DE VOLTAIRE

INTRODUCTION

The *Lettre aux éditeurs*, addressed to Gabriel and Philibert Cramer, was first printed as the second of two editorial prefaces to volume 1 of the first collective edition of Voltaire's works to be printed by the Cramers (w56), of which the early volumes started to emerge from the Cramer press in Geneva in 1756.[1] The date of composition of the *Lettre* is uncertain, but must have taken place sometime during the early autumn and winter months of 1755-1756. On 5 November 1755 Voltaire sent Georg Conrad Walther news that both Michel Lambert and the Cramers were preparing editions of his works (D6565):

Je ne puis corriger celle de Lambert n'étant pas sur les lieux; mais je ne puis m'empêcher de corriger dans celle des frères Crammers toutes les pièces dont je suis mécontent. C'est un ouvrage auquel je ne puis travailler qu'à mesure qu'on imprime. Il y a à chaque page des corrections, et des additions si considérables que tout cela fait en quelque façon un nouvel ouvrage.

On 18 December (D6636) he complained to Gabriel Cramer about the proliferation of unauthorised reprintings of his works, and in particular about the 'maudite édition de Jean Nourse',[2] adding:

[1] D6692, note 1; D6904. See also the introduction to the *Préface des éditeurs*, p.419. Voltaire's relationship with the Cramers goes back to 1754 when he was thinking of the possibility of a new edition of his works, and he was negotiating with a number of publishers with this in mind (see D5669, D5802). On 4 February 1755 Collini noted: 'Les Cramers travaillent à l'Hist. Univ' (D6134). For more information on the publication of Voltaire's works by the Cramers, see B. Gagnebin, 'Trois générations d'imprimeurs-libraires Cramer', *Musées de Genève* 175 (May 1977), p.23-26; 'La diffusion clandestine des œuvres de Voltaire par les frères Cramer', *Cinq siècles d'imprimerie à Genève, 1478-1978* (Genève, 1978), p.173-94.

[2] On Voltaire's anxiety about the activities of Jean Nourse at this time, see

Malheureusement toutes ces éditions multipliées dégoute[nt] le public: je crains surtout beaucoup, comme je vous l'ai toujours dit, pour celles des Œuvres mêlées. Quelque peine que je me donne pour la rendre plus complète que les autres, vous ne pourrez vous en défaire que très difficilement. Il faudra vous armer de courage et de patience.

By then Voltaire's work on what he still referred to at this stage as the 'édition des œuvres mêlées' was well advanced.[3] On 1 January 1756 he wrote to the Cramers:

Je persiste d'ailleurs à croire que le temps n'est point du tout propre pour fatiguer encore le Public d'une édition de mes ouvrages, et que tant d'éditions coup sur coup inspirent un dégoût mortel. Cependant je travaillerai comme si le temps pressait: mais j'exhorte Mrs Cramer, et je m'exhorte moi-même à savoir un peu attendre.[4]

The correction of proofs started at the end of February (D6758). On 8 March 1756 the Cramers informed Lamoignon de Malesherbes, the *directeur de la librairie*, that they anticipated publication to start within six to eight weeks, and requested Malesherbes's approval of the edition (D6768). By 21 March Collini could report to Sébastien Dupont that the early volumes would soon be on sale (D6797), and on the following day Voltaire informed Lambert, by now in the process of preparing w57p for publication,[5] that the Cramer edition would be 'la seule vraie et la seule bonne' (D6800). On 12 April Voltaire announced to Thiriot: 'L'édition est finie depuis quelques jours' (D6824), and on 1 May Grimm reported

---

G. Barber, 'Voltaire and the "maudites éditions de Jean Nourse"', *Voltaire and his world. Studies presented to W. H. Barber*, ed. H. T. Mason *et al* (Oxford, 1985), p.133-45.

[3] See the correspondence with the Cramers in December 1755 (D6630, D6636, D6651, D6660).

[4] D6664. See also Mme Denis's letter to Gabriel Cramer written two days later (D6674), testifying to her uncle's activity on the preparation of his work for the edition. Cf. D6685, D6692, D6702, D6712, D6732, D6750, D6767, D6779, D6781, D6782, D6785, D6787, D6788, D6795.

[5] On Voltaire's displeasure at this development, see D6810.

that the edition was on sale.[6] Completion of the project was announced to Malesherbes by the Cramers on 3 May (D6855), and at the end of May Voltaire was expressing his concerns that volumes of the edition might be sold separately (D6877, D6893). He continued to make adjustments to the proofs throughout May 1756 (D6805, D6867, D6871), and continued to make adjustments and corrections until October.[7] Most of the volumes of w56 were available within three weeks of the appearance of the first volume (D6896), although publication of all seventeen volumes would not be complete until the end of 1756.[8]

The *Lettre* was reprinted by the Cramers in the revised edition of w56 in 1757 (w57G1) and its second printing (w57G2), the revised edition of w57G1, produced with Voltaire's participation in 1764 (w64G), the 1768 quarto edition (w68), a new edition of w64G published in 1770 (w70G), a new edition of w70G issued in 1772 (w72X) and the 1775 *encadrée* (w75G). Moland included the *Lettre* as part of Voltaire's correspondence (M.3144),[9] but Besterman declined to accept the text as a *bona fide* letter, and printed it in the *Correspondence and related documents* as Appendix 153.

Editions

w56

Volume 1, p.vii-ix: Lettre de M. de Voltaire aux éditeurs.

The first edition of the text of the *Lettre*. This is the only edition of the text printed over Voltaire's signature. The text is positioned after the *Préface des éditeurs* which is signed by the Cramers.

---

[6] 'Cette édition n'est pas merveilleuse pour la beauté du papier et de l'impression, mais elle a l'avantage d'être mieux rangée que les autres et augmentée de plusieurs morceaux nouveaux' (*CLT*, vol.8 (1 May 1756), p.68). See also Voltaire's letter to the Cramers relating to the printing and binding of the edition of 15 May 1756 (D6865).

[7] See, for example, D6952, D7013, D7027, D7034.

[8] D7112, D7116.

[9] See also Beuchot, vol.57, p.37-38.

W57G1

Volume 1, p.vii-ix: Lettre de M. de Voltaire aux éditeurs.

The text of the *Lettre*, including title and signature, follows w56.

w64G

Volume 1, p.10-12: Lettre de M. de Voltaire aux éditeurs.

The text of the *Lettre* follows w56, but no signature.

w68

Volume 1, p.vii-viii: Lettre de M. de Voltaire aux éditeurs de la première édition de Genève.

The text of the *Lettre* follows w56, but with an extended title and no signature. It is positioned after two prefaces by the publishers, of which the second is the preface preceding the *Lettre* printed in w56.

w70G

Volume 1, p.10-12: Lettre de M. de Voltaire aux éditeurs.

The text of the *Lettre* follows w56, but no signature.

w72X

Volume 1, p.10-12: Lettre de M. de Voltaire aux éditeurs.

The text of the *Lettre* follows w56, but no signature.

w75G

Volume 1, p.8-10: Lettre de M. de Voltaire aux éditeurs de la première édition de Genève.

This is the last edition of the text to be reviewed by Voltaire, and follows w68.

Editorial principles

Voltaire made no changes to the main body of the text after the publication of the first edition in 1756. Collation includes all relevant collective editions printed in Voltaire's lifetime, including those in which his participation is not proven. The base text is w75G, this being the last edition to be reviewed by Voltaire. As part of the preliminaries to volume 1 of the editions collated, the text was printed in italicised form throughout. This practice has not been retained.

Modernisation of the base text

The period following the title has been removed. The original punctuation has been retained, but orthography and grammar have been modified to conform to modern usage:

1. Consonants
- the consonant *p* was not used in: longtems
- the consonant *t* was not used in: amusemens, sentimens

2. Vowels
- the final vowel *e* was not used in: encor

3. Accents
The acute accent
- was not used in: desapprouve
- was used in: piéces, régne

The circumflex accent
- was used in: toûjours

The diaresis
- was used in: duë, jouïssez

4. Capitalisation
- the capital *M* was used in: Messieurs
- the capital *t* was used in: Tragédies

5. Various
— the ampersand was used
— the hyphen was used in: c'est-à-dire
— the abbreviation *Mr.* has not been retained.

LETTRE DE M. DE VOLTAIRE AUX ÉDITEURS DE LA PREMIÈRE ÉDITION DE GENÈVE[1]

Je ne peux que vous remercier, Messieurs, de l'honneur que vous me faites d'imprimer mes ouvrages; mais je n'en ai pas moins de regret de les avoir faits. Plus on avance en âge et en connaissances, plus on doit se repentir d'avoir écrit.[2] Il n'y a presque aucun de mes ouvrages dont je sois content, et il y en a quelques-uns que je voudrais n'avoir jamais faits. Toutes les pièces fugitives que vous avez recueillies, étaient des amusements de société qui ne méritaient pas d'être imprimés. J'ai toujours eu d'ailleurs un si grand respect pour le public, que quand j'ai fait imprimer la *Henriade* et mes tragédies, je n'y ai jamais mis mon nom. Je dois à plus forte raison n'être point responsable de toutes ces pièces fugitives qui échappent à l'imagination, qui sont consacrées à l'amitié, et qui devaient rester dans les portefeuilles de ceux pour qui elles ont été faites.

A l'égard de quelques écrits plus sérieux, tout ce que j'ai à vous dire, c'est que je suis né Français et catholique; et c'est principalement dans un pays protestant que je dois vous marquer mon zèle pour ma patrie, et mon profond respect pour la religion dans laquelle je suis né, et pour ceux qui sont à la tête de cette religion. Je ne crois pas que dans aucun de mes ouvrages il y ait un seul mot qui

b   w56, w57G1, w64G, w70G, w72X: [*missing*]

[1] The edition in question is the 1756 Cramer edition of Voltaire's collective works (w56).

[2] On 7 July 1756 Voltaire wrote to Elie Bertrand: 'Mon cher philosophe, on est quelquefois bien honteux de remplir ses devoirs. J'ai cru en remplir un en vous envoyant ce gros recueil, mais soyez bien sûr que je sens combien un tel hommage est à plusieurs égards indigne d'un homme qui pense si bien. A force d'avoir écrit on finit par souhaiter de n'avoir jamais écrit. On sent la vanité et le néant de tous ces amusements de l'oisiveté' (D6924).

démente ces sentiments. J'ai écrit l'histoire avec vérité: j'ai abhorré les abus, les querelles, et les crimes; mais toujours avec la vénération due aux choses sacrées, que les hommes ont si souvent fait servir de prétexte à ces querelles, à ces abus, et à ces crimes. Je n'ai jamais écrit en théologien: je n'ai été qu'un citoyen zélé, et plus encore un citoyen de l'univers. L'humanité, la candeur, la vérité m'ont toujours conduit dans la morale et dans l'histoire. S'il se trouvait dans ces écrits quelques expressions répréhensibles, je serais le premier à les condamner et à les réformer.

Au reste, puisque vous avez rassemblé mes ouvrages, c'est à dire les fautes que j'ai pu faire, je vous déclare que je n'ai point commis d'autres fautes; que toutes les pièces qui ne seront point dans votre édition sont supposées, et que c'est à cette seule édition que ceux qui me veulent du mal ou du bien, doivent ajouter foi. S'il y a dans ce recueil quelques pièces pour lesquels le public ait de l'indulgence, je voudrais avoir mérité encore plus cette indulgence par un plus grand travail; s'il y a des choses que le public désapprouve, je les désapprouve encore davantage.

Si quelque chose peut me faire penser que mes faibles ouvrages ne sont pas indignes d'être lus des honnêtes gens, c'est que vous en êtes les éditeurs. L'estime que s'est acquise depuis longtemps votre famille dans une république où règne l'esprit, la philosophie et les mœurs, celle dont vous jouissez personnellement, les soins que vous prenez, et votre amitié pour moi, combattent la défiance que j'ai de moi-même. Je suis, etc....

45   w56, w57g1: etc.... Voltaire

APPENDICE

DEUX PROSPECTUS DES CRAMER (1756)

Présentés par Nicholas Cronk

Lorsque les frères Cramer prennent contact avec Voltaire pour la première fois, en avril 1754, ils proposent dès le départ de produire une nouvelle édition de ses œuvres et s'empressent de l'assurer de la qualité de leur travail: 'Nous travaillerions à tout cela avec zèle, et avec plaisir' (D5775). Le projet de cette édition collective est mis en œuvre en 1755, et début 1756, preuve de leurs bonnes intentions, les Cramer font circuler un premier prospectus en deux parties pour annoncer deux éditions en préparation, à savoir la *Collection complète* et l'*Essai sur l'histoire générale*.[1] Fin mars, Collini, le secrétaire de Voltaire, affirme: 'L'édition des *Œuvres mêlées* va être finie, et je pense que MM. Cramer la mettront bientôt en vente. L'édition de l'*Histoire universelle* ne se débitera qu'après' (D6797). La *Collection complète* est publiée en avril 1756, mais il semble qu'il y ait eu du retard dans la préparation de l'*Essai*. Le 'Second avis' du premier prospectus avait annoncé la parution de l'*Essai sur l'histoire générale* pour le mois de juin; mais les frères Cramer firent paraître un second prospectus, daté du mois d'août 1756, pour renouveler l'annonce de la publication imminente de l'*Essai*. Ces prospectus, textes éphémères, survivent en très peu d'exemplaires, mais ce sont des documents précieux: au-delà des détails pratiques qu'ils contiennent concernant le plan et le prix des volumes, ils jettent un éclairage fascinant sur la stratégie commerciale des Cramer, stratégie à laquelle Voltaire ne doit pas être totalement étranger.

Le premier *Avis* semble avoir été publié dans les tout premiers mois de 1756, car deux lettres qui s'y réfèrent datent de mars de

[1] Bengesco est le premier à avoir signalé ce prospectus (t.4, p.56-58).

cette année (D6780, D6797). Ce prospectus est en partie une première esquisse de la *Préface des éditeurs*, signée elle aussi par les frères Cramer, et il met en avant les mêmes arguments, parfois dans les mêmes termes. Les éditions collectives parues précédemment sont caractérisées dans l'*Avis* comme 'fautives et incomplètes': la même expression reviendra dans la *Préface des éditeurs*. Le prospectus explique que dans la nouvelle édition en préparation, Voltaire apporte 'des corrections et des améliorations' aux écrits déjà connus; autrement dit, les Cramer préparent une édition entièrement révisée. Du même coup, cette nouvelle édition fera connaître des morceaux entièrement nouveaux, et le prospectus en souligne la nouveauté en donnant une liste de certains des 'morceaux neufs' (comme le fera plus tard la *Préface des éditeurs*). En ceci, les Cramer sont certainement motivés par la menace de concurrence venant du parisien Lambert, qui se vantait d'avoir en chantier 'une édition en 20 ou 24 volumes': c'est avec un certain dédain que les Cramer expliquent à Voltaire que 'ceci est une petite ruse de M. Lambert qui veut tenir le bec dans l'eau au public, jusqu'à ce qu'il soit à portée de nous contrefaire' (D6736). La présence de textes nouveaux constitue donc pour les Cramer leur plus grand argument de vente, comme en témoigne une lettre que Charles Palissot adresse à Voltaire après avoir lu l'*Avis* (D6780, [*c*.12 mars 1756]):

J'ai vu monsieur, le prospectus de votre nouvelle édition, et je fus enchanté comme on l'est auprès de sa maîtresse, en voyant cette longue liste de plaisirs que m'annoncent vos nouveaux ouvrages. Si je ne pouvais posséder votre recueil qu'en brûlant toute ma bibliothèque, je crois que je ne balancerais pas un moment.

Collini, le secrétaire de Voltaire, parle aussi de ce premier prospectus, dans une lettre qu'il écrit à son ami avocat, Sébastien Dupont (D6797, 21 mars 1756):

J'ignore par quel moyen vous comptez vous procurer un exemplaire de cette nouvelle édition des *Œuvres*. Vous ne ferez pas mal de tâcher de l'avoir: vous y trouverez une foule de pièces nouvelles. Mais ce qui vous surprendra (et que ceci soit dit entre nous) c'est que vous y trouverez une pièce qu'on vous fit lire, il y a quelque temps, c'est un *Poème sur la religion naturelle*; le titre fait sentir que cet ouvrage n'est pas d'un chrétien [...]. Personne ne sait que cet ouvrage sera inséré dans cette nouvelle édition; les Cramer, qui ont débité un petit avis sur cette édition n'en parlent pas, et je vous prie en grâce de n'en rien dire à personne afin de ne pas inspirer de curiosité aux fanatiques et aux prêtres toujours prêts à courir sur ceux qui ont la réputation de vouloir leur cogner sur les doigts.

Collini semble s'être trompé ici, car le premier prospectus nomme explicitement le *Poème sur la loi naturelle*. Son erreur est surprenante: Collini se réfère-t-il à un autre prospectus? Ou bien les Cramer avaient-ils décidé, dans un premier temps, de ne pas faire mention d'un texte qui risquait de provoquer des controverses? Le contenu de ce premier *Avis* ressemble donc fortement à la *Lettre* qui préfacera la *Collection complète*, à un détail près: les frères Cramer concluent la *Lettre* en vantant le prix modeste de leur publication: 'Nous n'ajouterons plus qu'un mot sur le prix de cette édition; il est très inférieur aux prix ordinaires; mais nous nous sommes fait un devoir de faciliter l'acquisition de cet ouvrage; nous n'avions que cette manière de reconnaître l'amitié et le désintéressement de l'auteur.' Précédemment, dans l'*Avis*, les Cramer sont plus explicites sur leur politique concernant le prix de l'édition et le lectorat envisagé; ils expliquent qu'ils avaient eu l'intention de mettre des planches, mais qu'ils y avaient renoncé, en partie pour des raisons esthétiques ('les estampes, à moins qu'elles en soient à tous égards parfaitement belles, ne font que renchérir un livre sans y ajouter aucun mérite'), et en partie pour des raisons pragmatiques ('souhaitant d'ailleurs de faciliter à tout le monde l'acquisition des œuvres de M. de Voltaire'). Voltaire n'appréciait pas tellement les livres illustrés, et il ne cherchait pas particulièrement à réaliser un gain financier. Il cherchait à répandre au maximum la portée de ses écrits, et de son nom: la stratégie de Voltaire et celle des Cramer coïncident parfaitement dans cette première grande collaboration.

Editions

1. *Avis sur la première édition du recueil complet des 'Œuvres de Monsieur de Voltaire'* [avec un *Second avis* sur l'*Essai sur l'histoire générale*].

Avis, p.1-5; *Second avis*, p.6-7.

[Genève, Cramer, 1756]. 7p. 8°.

Paris, BnF: Rés. Z-4586(1).

Les cotes de la BnF données par Bengesco (t.4, p.58) ne sont plus valables.

2. *Avis* [sur l'*Essai sur l'histoire générale*].

'A Genève le 21 août 1756, les Frères Cramer'. 3p. 8°.

Paris, BnF: Rés. Z-4586(2).

I

AVIS
sur la première édition
du recueil complet des *Œuvres de Monsieur de Voltaire*
[avec un *Second avis* sur l'*Essai sur l'histoire générale*]

Depuis longtemps Mr. de Voltaire désirait d'être enfin une fois imprimé à son gré: dans cette vue, il a fait une exacte et pénible révision de tous ses ouvrages; et cette révision a occasionné de très grands changements.

Outre les pièces déja connues, auxquelles Mr. de Voltaire a fait des corrections, et des améliorations, il en donne aujourd'hui un grand nombre que l'on ne connaît point encore. Il nous a fait la grâce de nous confier ses manuscrits, et nous sommes les seuls à qui il les a confiés. Nous avons imprimé le tout en dix volumes de quatre cents pages chacun environ, de même format, sur le même papier, et avec le même caractère que cet avis.

Cette édition peut être regardée comme la seule qui ait jamais été faite des ouvrages de Mr. de Voltaire. Toutes celles que l'on a donné jusqu'à présent sont à la fois fautives et incomplètes: de plus; celle-ci a par dessus toutes les autres, le mérite infini d'avoir été faite sous les yeux de l'auteur, qui a pris la peine de la corriger et de l'arranger lui-même. Nous n'avons rien négligé pour justifier le choix qu'il a bien voulu faire de nous; et pour mériter l'approbation du public.

Voici en gros l'ordre qui a été suivi dans la division des volumes.

Le 1er comprend toutes les Préfaces: *La Henriade*, avec un choix des meilleures variantes et de courtes notes au bas des pages: de longues notes historiques à la fin: toutes les pièces relatives à la poésie épique en général, et à ce poème en particulier, etc.

Le 2e sous le nom de *Mélanges de poésies*; contient généralement toutes les pièces fugitives en vers, plusieurs lettres en proses, et quelques morceaux mêlés de prose et de vers, etc.

Le 3ᵉ renferme les *Mélanges de philosophie*, à savoir, les *Eléments de Newton*, avec chaque figure placée dans la même page ou se trouve l'explication: cet ouvrage est précédé dans le même volume, de toutes les pièces purement philosophiques; et suivi d'une table des matières par chapitres.

Le 4ᵉ et le 5ᵉ comprennent généralement tous les *Mélanges de littérature* divisés par chapitres.

Le 6ᵉ contient l'*Histoire de Charles XII roi de Suède*, suivie d'une nouvelle table des matières très exacte, et précédé de toutes les pièces relatives à cette histoire, et à la manière d'écrire l'histoire en général.

Tous les ouvrages dramatiques, rangés suivant l'ordre des temps, avec toutes les pièces relatives à chacun, sont renfermés dans les 7ᵉ, 8ᵉ, 9ᵉ, 10ᵉ volumes.

L'on voit par cet arrangement que toutes les pièces du même genre sont rassemblées dans les mêmes volumes: outre cette commodité que tout le monde sent, le public retirera un autre avantage de cette distribution; c'est que les personnes qui ne voudront pas acquérir la collection en entier; pourront acheter séparément les morceaux qui seront le plus à leur portée, ou le plus suivant leur goût.

Nous pourrions donner ici un état des changements, et des augmentations faites au plus grand nombre des pièces qui composent ce recueil, comme à *La Henriade*, aux pièces de théâtre, au *Temple du goût*, aux *Discours philosophiques*, aux *Mensonges imprimés*, et surtout aux *Eléments de Newton*; mais le détail en serait trop long, nous indiquerons seulement la plupart des morceaux neufs qui enrichissent notre édition. Les voici.

Une Préface.

Un Discours sur La Henriade *composé par le plus auguste et le plus respectable protecteur que les lettres aient eu dans ce siècle.*

Un chapitre sur l'Examen des langues.

Les Embellissements de la ville de Cachemire.

Jusqu'à quel point on peut tromper le peuple.

Les Deux Consolés.

Si les sciences ont nui aux mœurs.
Sur l'âme.
Des Monnoies et du revenu des rois.
Dialogue entre un jésuite et un Bracmane.
Deux entretiens entre Lucrèce et un mathématicien.
Les Voyages de Scarmentado.
L'Histoire des Juifs.
De Dioclétien.
De Constantin.
De Julien.
De la chimère du souverain bien.
De la population de l'Amérique.
Songe de Platon.
Sur Ovide.
Sur Socrate.
Des génies
De l'astrologie.
De la magie.
Des possédés.
De Mr. Prior, du poème singulier d'Hudibras.
Du Doyen Swift.
Sur le Dante.
Fragment d'une lettre écrite a un académicien de Berlin.
Réponse a S. M. le R. de P.
Réponse à l'abbé de Chaulieu.
Epître à Mr. de Cideville.
Poème sur la destruction de Lisbonne, précédé d'un avertissement.
Poème sur la religion naturelle.
Diverses lettres.
L'Orphelin de la Chine
Epitre au Lac. }*
Epithalame sur le mariage de Mr. le duc de Richelieu

   Notre intention avait été d'abord de faire graver des planches pour *La Henriade* et pour les pièces de théâtre; mais réfléchissant que les estampes, à moins qu'elles ne soient à tous égards parfaitement belles, ne font que renchérir un livre sans y ajouter aucun mérite, et souhaitant d'ailleurs de faciliter à tout le monde l'acquisition des œuvres de Mr. de Voltaire; nous nous sommes bornés a faire graver son portrait; et divers petits ornements qui font un très bon effet.

Nous publierons notre édition le quinzième du mois d'avril prochain: chaque volume coutera 2 livres 10 sols argent de France soit 1 livre 10 sols argent courant de Genève.

* L'Epithalame a été imprimée il y a bien des années, mais nous l'indiquons comme si elle était nouvelle, parce qu'elle ne se trouve que dans une seule édition faite il y a très longtemps. Les deux autres pièces sont connues depuis quelques mois, mais elles ont été considérablement retouchées en dernier lieu; principalement *L'Orphelin de la Chine*.

SECOND AVIS

Sur la fin du mois de juin prochain, nous publierons un autre ouvrage de Mr. de Voltaire, dont il a déja paru quelques lambeaux très imparfaits; et que depuis plusieurs années le public de tous les pays attend avec le plus grand empressement. Cet ouvrage est intitulé:
Essai sur l'histoire générale, et sur les mœurs et l'esprit des nations depuis Charlemagne jusqu'à nos jours.

Cet essai commence à l'époque ou Mr. l'évêque de Meaux à terminé son *Histoire universelle*, et il aboutit à la mort de Louis XIV. Il contiendra six volumes de même épaisseur et de même parure que les dix premiers.

Ces seize volumes seront suivis dans peu de temps de la véritable *Histoire* qu'à fait Mr. de Voltaire *de la dernière guerre de 1741 jusqu'à la paix d'Aix-la-Chapelle*, dont on a rassemblé en dernier lieu quelques fragments que l'on a cousu comme l'on a pu, et dont on a fait une édition subreptice à Paris, qui a été depuis contrefaite à Londres.

Cet ouvrage sera vraisemblablement suivi de divers autres encore; nous promettons de les imprimer tous exactement de la même manière, et avec le même soin que les seize premiers.

Leur prix sera toujours de 2 liv. 10 de France soit 1 liv. 10 argent courant de Genève pour un volume de quatre cent pages, plus ou moins proportionellement, quand il y aura une différence sensible. Les mêmes libraires ont un assortiment très considérable de livres français, latins et autres, de tous les pays et en toutes facultés. Ils ont sous presse actuellement les trois ouvrages suivants.

Johannis Voet *Commentarius in Pandectas,* 2 Tome fol. Jolie édition, copiée sur celle d'Hollande.

Ciceronis Opera omnia, cum delectu Commentariorum Illustr. Abbatis Oliveti IX. Tome 4. Très belle édition; à laquelle l'on ajoute les Remarques de Mr. l'abbé Facciolati Docteur de Padoüe, qui a fait toute sa vie une étude particulière des ouvrages de Ciceron.

Corpus Juris Civilis Romani, cum notis Gothofredi etc. etc. etc. 2 vol. fol. Edition magnifique, corrigée avec le plus grand soin, par un très habile homme, et imprimée d'une manière qui fait honneur à la fabrique de ces pays-ci.

2
AVIS

Nous avertissons au nom de Monsieur de Voltaire et au nôtre, que la prétendue *Histoire universelle*, annoncée à Paris en trois volumes, n'est point son ouvrage. Il l'a désavouée dans tous les journaux et il la désavoue encore. Ce n'est qu'un recueil informe et défectueux de quelques chapitres détachés.

La lettre que Monsieur de Voltaire nous fit l'honneur de nous écrire il y a quelques mois, et que nous îmes imprimer à la tête du premier volume du recueil de ses œuvres, a dû suffire au public, pour le persuader que ce n'est qu'à nous qu'il confie ses véritables ouvrages; et que ce n'est que dans notre collection qu'on les trouve.

Nous assurons en particulier, et de la manière la plus positive, que ce n'est qu'à nous seuls que Monsieur de Voltaire a bien voulu donner et donne encore tous les jours, son manuscrit intitulé, *Essai sur l'histoire générale, et sur les mœurs et l'esprit des nations, depuis Charlemagne jusqu'à nos jours*; c'est-à-dire jusqu'à la conquête de l'île Minorque.

Par conséquent, nous sommes aussi les seuls qui ayons les additions au *Siècle de Louis XIV*, ouvrage augmenté aujourdhui d'un grand tiers.

Les Annales de l'Empire n'ont pas été insérées jusque à présent dans notre collection; on les y insérera avec les corrections nécessaires. Nous avons cru que vu la prodigieuse quantité d'éditions qui se sont faites de cet ouvrage, c'était celui de tous qui était le moins pressé.

Nous avertissons de plus, que *l'Histoire de la dernière guerre* que l'on annonce encore à Paris sous le nom de Monsieur de Voltaire n'est pas plus son ouvrage que ce squelette d'*Histoire universelle en trois volumes*. Le morceau qu'il a véritablement composé sur les *Campagnes de Louis XV* se trouvera inséré à sa place dans l'*Essai sur l'histoire générale*, de même que le *Siècle de Louis XIV augmenté*.

444

Cet *Essai sur l'histoire générale*, contiendra sept ou huit volumes octavo, de même forme, et de même capacité que ceux que nous avons déjà publiés. Il y en a déjà six imprimés; Monsieur de Voltaire travaille autant que sa santé le lui permet; nous ne perdons point de temps, et nous nous flattons de publier dans le courant de l'automne prochain, cet ouvrage curieux et instructif, vraiment digne de son objet, de son illustre auteur, et de l'empressement du public éclairé.

A Genève le 21e. *Août* 1756

LES FRÈRES CRAMER

NB. Nous avions annoncé cette *Histoire* pour le mois de juin dernier, parce que nous ignorions alors que l'intention de Monsieur de Voltaire fut de la faire aboutir aux événements de cette présente année 1756. Le public sera amplement dédommagé du petit désagrément d'avoir attendu.

VERS AU ROI DE PRUSSE (1756)

Supplement to the edition published in *OCV* volume 45A,
p.399-405

OCV volume 45A lists three known contemporary manuscripts of the *Vers au roi de Prusse* (1756) (p.400-401). MS3, which is mentioned, is not further described; it is a copy, dated 4 March 1757, and entitled 'Vers de Voltaire au Roy de Prusse' (Wolfenbüttel, Staatsarchiv 1 Z 16, f.257r-258v).

A fourth manuscript (MS4) recently appeared on the Paris antiquarian book market, and is now in a private collection. Although it is undated, it is in a contemporary scribal hand, and consists of a single folio sheet folded horizontally to make two quarto leaves. The complete text of the poem occupies both sides of the first leaf. The inner page of the second leaf is blank, but the last side bears the handwritten address 'Pour Monsieur De Voltaire, à la Campagne'. It was originally folded to form a letter, with the text on the inside, and sealed with red wax of which traces still remain.

MS4 offers a text which differs in a number of respects from the version printed in *OCV*. Differences of punctuation and spelling are not listed here.

Title: Au Roy de Prusse

L.2: Dont l'univers entier <admirait> contemplait la sagesse

L.5: La terre en t'admirant se taisait devant toi

L.9: Appelés sur les bords des rives de la Seine

L.11-14:

> Par tes soins transplantés cultivés et nourris,
> S'élevaient sous tes yeux enchantés et surpris
> Le palmier du Parnasse et le laurier d'Athènes;
> La chicane à tes pieds avait mordu la Terre

L. 21: Que deviendra le fruit de tes nobles travaux

L. 24-26:

Ah! déjà de Leipsick tu fais briser les portes
Insensé! Sous tes pas tu creuses des tombeaux
Frémis au seul aspect de tes fières cohortes

L.31: Tu perds en un moment la sagesse et ta gloire

Separated from the last line of the poem by a horizontal accolade is the following statement, in the same scribal hand as the poem itself:

On dit avoir receu cette piece venant de Marseille par le d^{er} courier. [In a different hand] Imprime.

David Adams

POÈME SUR LE DÉSASTRE DE LISBONNE

OCV, vol.45A
Addenda

1. On p.278-79 of *OCV*, vol.45A, reference is made to D6776, Voltaire's letter to the Cramer [*c*.10 March 1756], the text of which is printed in the *Correspondence*. In addition to the information given in n.18 on p.279, it should be noted that D6776 contains a variant in l.224 not found elsewhere, which reads 'chanter *de nos* plaisirs les séduisantes lois'.

2. The list of manuscript sources given on p.301-303 needs to be amended: the Institut et musée Voltaire in Geneva has a contemporary eight-page ms. copy of the *Poème sur le désastre de Lisbonne, ou examen de cet axiome 'Tout est bien'*. It contains no variants not found elsewhere.

David Adams

ÉDITIONS COLLECTIVES DES ŒUVRES DE VOLTAIRE CITÉES DANS CE VOLUME

w52

Œuvres de Mr. de Voltaire. Dresde, Walther, 1752-1770. 9 vol. (vol.1-7, 1752; vol.8, 1756; vol.9, 1770) 8°.

Bengesco 2132; BV3470; Trapnell 52, 70x; BnC 36-38.

Cambridge, University Library: 7735 d 914-21 Rare (vol.1-8). Genève, ImV: A 1752/1 (vol.1-8). Oxford, Taylor: V1 1752 (vol.7); VF: micr. 15-18 (Vienna, Österreichische Nationalbibliothek: *38 L 1, vol.1-8). Paris, BnF: Rés. Z Beuchot 14 (vol.1-7), Rés. Z Beuchot 30 (vol.9). St Petersburg, GpbV: 11-209 (vol.2).

w56

Collection complette des œuvres de Mr. de Voltaire. [Genève, Cramer,] 1756. 17 vol. 8°.

La première édition par Cramer.

Bengesco 2133; Trapnell 56, 57G; BnC 55-62.

Genève, ImV: A 1756/1 (vol.1-17). Oxford, VF (vol.1-17). Paris, Arsenal: 8 BL 34048 (vol.1-10); BnF: Z 24576-92 (vol.1-17).

w57G1, w57G2 (w57G)

Collection complette des œuvres de Mr. de Voltaire. [Genève, Cramer,] 1757. 10 vol. 8°.

w57G1 est une édition avec révisions de w56, préparée avec la collaboration de Voltaire, et w57G2 est une nouvelle édition de w57G1.

Bengesco 2134; BV3462; Trapnell 56, 57G; BnC 67-69.

Genève, ImV: A 1757/1 (vol.1-10), A 1757/2 (vol.1-10). Oxford, Bodley: 27524 e 81a-j (vol.1-10); Taylor: V1 1757 (vol.1-9); V1 1757 a (vol.2, 3, 6-8); VF (vol.1-10). Paris, BnF: Rés. Z Beuchot 21 (vol.1-7, 9-

10), Rés. Z Beuchot 20 (vol.9.3). St Petersbourg, GpbV: 11-13 (vol.1-10), 11-74 (vol.2-10).

W57P

Œuvres de M. de Voltaire. [Paris, Lambert,] 1757. 22 vol. 12°.

Bengesco 2135; Trapnell 57P; BnC 45-54.

Genève, ImV: A 1757/3 (vol.1-22). Oxford, VF (vol.1-22). Paris, BnF: Z 24642-63 (vol.1-22).

S058

Supplément aux œuvres de M. de Voltaire. Londres [Paris, Lambert], 1758. 2 vol. 12°.

Bengesco 2131; BnC 42-44.

Cambridge: University Library, Leigh.e.5.207; Paris, BnF: Rés. Z Beuchot-16 bis, Z 24683.

W61G

Identique à w57G, t.5, avec une nouvelle page de titre.

W64G

Collection complette des œuvres de Mr. de Voltaire. [Genève, Cramer,] 1764. 10 vol. 8°.

Edition révisée de w57G, préparée avec la collaboration de Voltaire.

Bengesco 2133; Trapnell 64; BnC 89.

Genève, ImV: 1761/1 (vol.1-3, 5, 6). Oxford, Taylor: V1 1764 (1-5) (vol.7-10.2); VF (vol.1-10.2). Paris, BnF: Rés. Z Beuchot 25 (vol.1), Z 24688 (vol.5).

W64R

Collection complète des œuvres de Monsieur de Voltaire. Amsterdam, Compagnie [Rouen, Pierre and Etienne-Vincent Machuel?], 1764. 18 vol. 12°.

Bengesco 2136; Trapnell 64R; BnC 145-48.

Paris, BnF: Rés. Z Beuchot 26 (vol.1.1-2, 3.2-18.2). Rennes, Bibliothèque de l'université: 75134/1-18.

w68

Collection complette des œuvres de M. de Voltaire. [Genève, Cramer; Paris, Panckoucke,] 1768-1777. 30 ou 45 vol. 4°.

Les tomes 1-24 furent publiés par Cramer, sous la surveillance de Voltaire. Les tomes 25-30 furent sans doute publiés en France pour Panckoucke. Les tomes 31-45 furent ajoutés en 1796 par Jean-François Bastien.

Bengesco 2137; BV3465; Trapnell 68; BnC 141-44.

Genève, ImV: A 1768/1 (vol.1-30), A 1768/2 (vol.1-45). Oxford, Taylor: V1 1768 (vol.1-45); VF (vol.1-45). Paris, BnF: Rés. m. Z 587 (vol.1-45), Rés. Z Beuchot 1882 (vol.1-30), Rés. Z 1246-74 (vol.1-30). St Petersbourg, GpbV: 9-346 (vol.1-7, 10, 11, 13, 15-30), 10-39 (vol.1-24), 10-38 (vol.1-17, 19-24).

w70G

Collection complette des œuvres de Mr. de Voltaire. [Genève, Cramer,] 1770. 10 vol. 8°.

Bengesco 2133; Trapnell 64, 70G; BnC 90-91.

Genève, ImV: A 1770/1 (vol.2-10.1). Oxford, Taylor: V1 1770 G/1 (vol.1-10.2). Paris, BnF: Z 24742-54 (vol.1-10.2).

w70L

Collection complette des œuvres de Mr. de Voltaire. Lausanne, Grasset, 1770-1781. 57 vol. 8°.

Bengesco 2138; BV3466; Trapnell 70L; BnC 149.

Genève, ImV: A 1770/2 (vol.1-48), A 1770/4 (vol.48-57). Oxford, Taylor: V1 1770L (vol.1-54). Paris, BnF: 16 Z 14521 (vol.1-6, 25), Rés. Z Bengesco 124 (vol.14-21). St Petersbourg, GpbV: 10-18 (vol.1-48).

W71L

Collection complette des œuvres de Mr. de Voltaire. Genève [Liège, Plomteux], 1771-1777. 32 vol. 12°.

Edition faite vraisemblablement sans la collaboration de Voltaire.

Bengesco 2139; Trapnell 71; BnC 151.

Genève, ImV: A 1771/1 (vol.1-10, 13-19, 21-31), Oxford, VF.

W71P

Œuvres de M. de V.... Nouvelle édition considérablement augmentée sur la dernière faite à Genève. Neuchâtel [Paris, Panckoucke], 1771-1783. 6 vol. 12°.

Bengesco 2140; Trapnell 72P; BnC 152.

Paris, BnF: Z. 24794.

W72P

Œuvres de M. de V.... Neuchâtel [Paris, Panckoucke], 1772-1777. 34 ou 40 vol. 8° and 12°.

Même texte que w68. Edition faite vraisemblablement sans la collaboration de Voltaire.

Bengesco 2140; Trapnell 72P; BnC 153-57.

Genève, ImV: A 1772/1 (vol.1-34). Paris, BnF: Z 24796 (vol.1), Z 24836-38 (vol.10-12), Z 24809-20 (vol.14-25), 8 M 25284 (vol.26), Z 24822-35 (vol.27-40).

W72X

Collection complette des œuvres de M. de Voltaire. [Genève, Cramer?,] 1772. 10 vol. 8°.

Bengesco 2133; Trapnell 72X; BnC 92-110.

Oxford, Taylor: V1 1770 G/2 (vol.1, 10.1). Paris, BnF: 16 Z 15081 (vol.1-5.1, 5.3-10.2).

W75G

La Henriade, divers autres poèmes et toutes les pièces relatives à l'épopée.

[Genève, Cramer et Bardin,] 1775. 37 vol. (40 vol. avec les *Pièces détachées*) 8°.

L'édition dite *encadrée* fut préparée avec la collaboration de Voltaire.

Bengesco 2141; BV3472; Trapnell 75G; BnC 158-61.

Genève, ImV: A 1775/1 (vol.1-40). Oxford, Taylor: V1 1775 (vol.1-31, 33-40); VF (vol.1-40). Paris, BnF: Z 24839-78 (vol.1-40), Rés. Z Beuchot 32 (vol.1-40). St Petersburg, GpbV: 11-2 (vol.1-7, 9-30, 32-40), 10-16 (vol.1-30, 33-40).

w75x

Œuvres de M. de Voltaire. [Lyon?,] 1775. 37 vol. (40 vol. avec les *Pièces détachées*) 8°.

Imitation de w75G.

Bengesco 2141; BnC 162-63.

Genève, ImV: A 1775/3 (vol.1-11, 14-28, 31-40). Oxford, Taylor: V1 1775 (18B, 19B) (vol.18-19); VF (vol.1-9, 14-27, 29-40). Paris, BnF: Z 24880-919 (vol.1-40).

k84

Œuvres complètes de Voltaire. [Kehl,] Société littéraire-typographique, 1784-1789. 70 vol. (seul le t.70 porte la date de 1789) 8°.

Bengesco 2142; Trapnell k; BnC 167-69, 175.

Genève, ImV: A 1784/1 (vol.1-70). Oxford, VF (vol.1-10, 12, 13, 15-17, 20-43, 46-70). Paris, BnF: Rés. p. Z 2209 (vol.1-70).

k85

Œuvres complètes de Voltaire. [Kehl,] Société littéraire-typographique, 1785-1789. 70 vol. (seul le t.70 porte la date de 1789) 8°.

Bengesco 2142; Trapnell k; BnC 173-88.

Genève, ImV: A 1785/2 (vol.1-70). Oxford, Taylor: V1 1785/2 (vol.1-70); VF (vol.1-70). Paris, BnF: Rés. Z 4450-519 (vol.1-70), Rés. p. Z 609 (vol.1-70).

K12

Œuvres complètes de Voltaire. [Kehl,] Société littéraire-typographique, 1785-1789. 92 vol. (seul le t.70 porte la date de 1789) 12°.

Bengesco 2142; Trapnell κ; BnC 189-93.

Genève, ImV: A 1785/3 (vol.1-92). Oxford, Taylor: V1 1785/1 (vol.1-92); VF (vol.1-92).

OUVRAGES CITÉS

Ages, Arnold, *French Enlightenment and rabbinic tradition* (Frankfurt, 1970).
- 'Voltaire, Calmet and the Old Testament', *SVEC* 41 (1965), p.87-187.
An Universal history, from the earliest account of time to the present (London, 1736-1765).
Aquinas, Thomas, *Summa theologica* (London, [1920-1923]).
Ascoli, Georges, *Zadig ou la destinée* (Paris, 1929, rééd. 1962).
Aubery, P., 'Voltaire et les Juifs: ironie et démystification', *SVEC* 24 (1963), p.67-79.

Barber, Giles, 'Voltaire and the "maudites éditions de Jean Nourse"', *Voltaire and his world. Studies presented to W. H. Barber*, ed. H. T. Mason *et al* (Oxford, 1985), p.133-45.
Bayle, Pierre, *Pensées diverses sur la comète*, éd. Joyce et Hubert Bost (Paris, 2007).
Beausobre, Isaac de, *Histoire critique de Manichée et du manichéisme* (Amsterdam, 1734-1739).
Bessire, François, *La Bible dans la correspondance de Voltaire*, *SVEC* 367 (1999).
- 'Voltaire lecteur de Dom Calmet', *SVEC* 284 (1991), p.139-77.
Besterman, Theodore, 'Note on the authorship of the *Connaissance des beautés*', *SVEC* 4 (1957), p.291-94.
- 'A provisional bibliography of Italian editions and translations of Voltaire', *SVEC* 18 (1961), p.263-310.

Boissier, G., *L'Opposition sous les Césars*, 3e éd. (Paris, 1892).
Bouchard, Marcel, *L'Académie de Dijon et le premier Discours de Rousseau* (Paris, 1950).
Boulanger, Nicolas Antoine, *L'Antiquité dévoilée* (Amsterdam, 1766).
Brantôme, Pierre de Bourdeille seigneur de, *Œuvres complètes* (Paris, 1864-1882).
Brenner, Clarence, *A Bibliographical list of plays in the French language* (Berkeley, CA, 1947).
Bruno, Giordano, *De la magie*, tr. Danielle Sonnier et Boris Donné (Paris, 2004).
Buffon, Georges-Louis Leclerc, comte de, *Histoire naturelle*, t.3: *Variétés dans l'espèce humaine* (Paris, 1749).
Bullet, Jean-Baptiste, *Mémoires sur la langue celtique* (Besançon, 1754-1760).
Burnet, Gilbert, *History of the Reformation of the Church of England* (Oxford, 1829; 1st ed. London, 1679-1715).

Calmet, Augustin, *Histoire universelle sacrée et profane, depuis le commencement du monde jusqu'à nos jours* (Strasbourg, 1735-1748).
- *Traité sur les apparitions des esprits* (Paris, 1751).
Cambou, Pierre, *Le Traitement voltairien du conte* (Paris, 2000).
Carmody, Francis J., 'Voltaire et la renaissance indo-iranienne', *Studi francesi* 9 (1965), p.13-24, 235-47.

457

Caussy, Fernand, *Œuvres inédites de Voltaire* (Paris, 1914).

Cicéron, *Tusculanes*, tr. E. Bréhier, *Les Stoïciens* (Paris, 1962).

Clarendon, Edward Hyde 1st earl of, *The History of the rebellion and civil wars in England* (Oxford, 1888).

Collini, Côme-Alexandre, *Mon Séjour auprès de Voltaire* (Paris, 1807).

Collison-Morley, Lacy, *Giuseppe Baretti, with an account of his literary friendships and friends in Italy and in England in the days of Dr Johnson* (London, 1909).

Cotoni, Marie-Hélène, 'Présence de la Bible dans la correspondance de Voltaire', *SVEC* 319 (1994), p.283-310.

– 'Histoire et polémique dans la critique biblique de Voltaire: le *Dictionnaire philosophique*', *Raison présente* 112 (1994), p.27-47.

Crist, G. Mortimer, 'Voltaire, Barcochebas and the early French deists', *The French review* vol.6, no.6 (avril 1933), p.483-89.

Crocker, Lester G., 'L'analyse des rêves au 18e siècle', *SVEC* 23 (1963), p.301-15.

Desné, Roland, 'Voltaire et les Juifs. Antijudaïsme et antisémitisme. A propos du *Dictionnaire philosophique*', *Etudes offertes à Sven Stelling-Michaud*, Presses Universitaires Romandes (Genève, 1975), p.131-45.

Dictionnaire de l'Académie française (1798).

Diderot, Denis, *Œuvres complètes* (Paris, 1975-2004).

– 'Juifs', *Dictionnaire de Diderot*, éd. R. Mortier et R. Trousson (Paris, 1999).

Diogenes Laertius (Diogène Laërce),

Vies et opinions des philosophes illustres, tr. M.-O. Goulet-Cazé (Paris, 1999).

– *Lives of eminent philosophers*, Loeb ed.

Du Halde, Jean-Baptiste, *Description géographique, historique, chronologique, politique et physique de l'Empire de la Chine et de la Tartarie* (La Haye, 1736).

Eco, Umberto, *La Recherche de la langue parfaite dans la culture européenne* (Paris, 1994).

Encyclopédie (Paris et Neuchâtel, 1751-1765).

Epicure, *Lettres et Maximes*, éd. M. Conche (Paris, 1987).

Eterstein, Claude (ed.), *Les Nouvelles Pratiques du français* (Paris, 2001).

Evans, Hywel Berwyn, 'A provisional bibliography of English editions and translations of Voltaire', *SVEC* 8 (1959), p.9-121.

Ferret, Olivier, 'Des "pots-pourris" aux "mélanges"', *Revue Voltaire* 6 (2006), p.50.

Fontenelle, Bernard de, *Nouveaux Dialogues des morts*, éd. Jean Dagen (Paris, 1971).

Fontius, Martin, *Voltaire in Berlin* (Berlin, 1966).

Gagnebin, Bernard, 'Trois générations d'imprimeurs-libraires Cramer', *Musées de Genève* 175 (May 1977), p.23-26.

– 'La diffusion clandestine des œuvres de Voltaire par les frères Cramer', *Cinq siècles d'imprimerie à Genève, 1478-1978* (Genève, 1978), p.173-94.

Gardiner, Samuel Rawson, *History of England* (New York, 1965).

Gay, Peter, *The Enlightenment: an interpretation. 1. The rise of modern paganism* (London, 1967).

– 'Voltaire's antisemitism', *The Party of humanity: studies in the French Enlightenment* (New York, 1964), p.97-108.

Grimm, Friedrich Melchior, *Correspondance littéraire*, vol.3, 1756, éd. Robert Granderoute (Ferney-Voltaire, 2007).

Guy, Basil, *Œuvres choisies du Prince de Ligne* (Stanford, 1978).

Hagège, Claude, *Le Souffle de la langue* (Paris, 1992).

Havens, George R., *Voltaire's marginalia on the pages of Rousseau* (Columbus, Ohio, 1933; reprint: New York, 1966).

Hawley, Daniel S., 'L'Inde de Voltaire', *SVEC* 120 (1974), p.139-78.

Hellegouarc'h, Jacqueline, 'Notes sur Voltaire: quelques datations', in *Langue, littérature du XVIIᵉ et du XVIIIᵉ siècle: Mélanges offerts à Frédéric Deloffre*, dir. Roger Lathuillère (Paris, SEDES, 1990), p.461-76.

Hérodote, *L'Enquête*, tr. A. Barguet (Paris, 1964).

Hertzberg, Arthur, *The French Enlightenment and the Jews* (New York, 1968).

Histoire universelle depuis le commencement du monde jusqu'à présent, traduite de l'anglais d'une société de gens de lettres... (Amsterdam et Leipzig, 1742-1802).

'Hornius' (Georgi Horni), *De originibus americanis* (Hagae Comitis, 1652).

Hyde, Thomas, *Historia religionis veterum Persarum, eorumque magorum* (Oxford, 1700).

Jacques-Lefèvre, Nicole, '"Le monstre subsiste encore...": d'un usage philosophique de la sorcellerie chez Voltaire', *Cahiers Voltaire* 3 (2004), p.71-97.

Jonard, Norbert, *Giuseppe Baretti (1719-1769): l'homme et l'œuvre* (Clermont-Ferrand, 1963).

Katz, Jacob, 'Le judaïsme et les Juifs vus par Voltaire', *Dispersion et unité* 18 (1978), p.135-49.

Krauss, Werner, *Est-il utile de tromper le peuple?* (Berlin, 1966).

Labroue, Henri (ed.), *Voltaire antijuif* (Paris, 1942).

Laffranque, Marie, *Poséidonios d'Apamée* (Paris, 1964).

Lafitau, Joseph-François, *Histoire des découvertes et conquestes des Portugais dans la nouveau monde* (Paris, 1733).

– *Mœurs des sauvages américains, comparées aux mœurs des premiers temps* (Paris, 1724).

La Harpe, Jean-François de, *Commentaire sur le théâtre de Voltaire* (Paris, 1814).

Lancaster, H. C., *French tragedy in the time of Louis XV and Voltaire* (Baltimore, MD, 1950).

Lecercle, J., 'Querelles de philosophes: Voltaire et Rousseau', in *Europe* (1959), p.105-17.

Lee, Joseph Patrick, 'The apocryphal Voltaire: problems in the Voltairean canon', *The Enterprise of Enlightenment: a tribute to David Williams from his friends*, ed. T. Pratt and D. McCallam (Berne, 2004), p.265-73.

Leti, Gregorio, *Vie de Sixte-Quint* (Paris, 1683).

Libby, Margaret Sherwood, *The Atti-*

tude of *Voltaire to magic and the sciences* (New York, 1935).

Locke, John, *Essai philosophique sur l'entendement humain* (Amsterdam, 1758).

Lucian, *Works*, Loeb edition.

Lucretius, *De rerum natura*, tr. A. Ernout (Paris, 1920).

Magnan, André, *Dossier Voltaire en Prusse, 1750-1753*, *SVEC* 244 (1986).

Manuel, Frank E., *The Eighteenth century confronts the gods* (Cambridge, Mass., 1959).

Mat-Hasquin, Michèle, *Voltaire et l'antiquité grecque*, *SVEC* 197 (1981).

– 'Voltaire et l'opéra: théorie et pratique', *L'Opéra au dix-huitième siècle* (Aix-en-Provence, 1982), p.538-40.

Maugras, Gaston, *Querelles de philosophes: Voltaire et J.-J. Rousseau* (Paris, 1886).

Mauzi, Robert, *L'Idée du bonheur dans la littérature et la pensée françaises au XVIIIᵉ siècle* (Paris, 1960).

Mervaud, Christiane, *Voltaire et Frédéric II: une dramaturgie des Lumières*, *SVEC* 234 (1985).

Mervaud, Christiane, and Christophe Paillard, 'A la découverte d'un faux voltairien: *marginalia* apocryphes sur les *Observations critiques*', *Revue Voltaire* (2008, 8), p.279-328.

Mézeray, François Eudes de, *Abrégé chronologique, ou extrait de l'histoire de France* (Paris, 1676).

Minerva, Nadia, *Il diavolo: eclissi e metamorfosi nel secolo dei Lumi, da Asmodeo a Belzebù* (Ravenne, [1990]).

Mortier, Roland, *Clartés et ombres du siècle des Lumières* (Paris, 1969).

– *Le Cœur et la raison* (Oxford, 1990).

– 'Une haine de Voltaire: l'empereur Constantin dit le Grand', dans *Vol-taire, the Enlightenment and the comic mode: essays in honor of Jean Sareil*, éd. Maxime G. Cutlet (New York et Bern, 1991), p.171-82.

– *Les Combats des Lumières* (Ferney-Voltaire, 2000).

– et R. Trousson (ed.), *Dictionnaire de Diderot* (Paris, 1999).

Muchembled, Robert, *Une histoire du diable: XIIᵉ-XXᵉ siècle* (Paris, 2000).

Naves, Raymond, *Le Goût de Voltaire* (Paris, 1938).

Nedergaard-Hansen, Leif, 'Sur la date de composition de l'*Histoire des voyages de Scarmentado*', *SVEC* 2 (1956), p.273-77.

Paillard, Christophe, 'De la plume de Voltaire aux presses des Cramer. Le problème de l'auto-annotation', *Revue Voltaire* 7 (2007), p.341-55.

Parfaict, François et Claude, *Dictionnaire des théâtres de Paris* (Paris, 1756).

Pellisson-Fontanier, Paul, *Histoire de l'Académie française* (Paris, 1858).

Poliakov, Léon, *Histoire de l'antisémitisme*, vol.3, *De Voltaire à Wagner* (Paris, 1968).

Pomeau, René, *Politique de Voltaire* (Paris, 1963).

– *La Religion de Voltaire* (Paris, 1969).

– et al., *Voltaire en son temps* (Oxford, Paris, 1995).

Popkin, Richard H., 'The philosophical basis of 18th-century racism', *Racism in the 18th century*, *Studies in 18th-century culture* 3 (Cleveland, 1973).

Robert, Raymonde, *Le Conte de fées littéraire en France, de la fin du*

XVIIᵉ à la fin du XVIIIᵉ siècle (Nancy, 1981; nouv. éd. 2002).

Rosso, Corrado, 'Montesquieu, Voltaire et Rousseau dans la critique d'un Italien à Londres (Vincenzo Martinelli)', *Cahiers de philosophie politique et juridique* 7 (1985), p.93-94.

Rousseau, Jean-Jacques, *Discours sur les sciences et les arts*, édition critique ... par George R. Havens (New York and London, 1946).

– *Discours sur les sciences et les arts*, *Œuvres complètes*, Bibliothèque de la Pléiade, t.3 (Paris, 1964).

– *Narcisse*, *Œuvres complètes*, t.2 (Paris, 1964).

Ruhlen, Merrit, *L'Origine des langues* (Paris, 1996).

Schwarzbach, Bertram E., 'Une légende en quête d'un manuscrit: le Commentaire sur la Bible de Madame Du Châtelet', in François Moureau (ed.), *La Communication manuscrite au 18ᵉ siècle* (Oxford, Paris, 1993), p.97-116.

– 'La critique biblique dans les Examens de la Bible et dans certains autres traités clandestins', *La Lettre clandestine* 4 (1995; rééd. Paris, 1999), p.577-612.

– 'Les études bibliques à Cirey: de l'attribution à Madame Du Châtelet des Examens de la Bible et de leur typologie', in François de Gandt (ed.), *Actes du colloque de Joinville*, 1995, *SVEC* 2001:11, p.26-54.

– 'Profil littéraire de l'auteur des Examens de la Bible', in A. McKenna (ed.), *La Philosophie clandestine à l'âge classique*, Actes du colloque de l'Université Jean Moulin, Saint-Etienne, 29 sept.-2 oct. 1993 (Oxford, 1998), p.223-32.

– 'Voltaire et les Juifs: bilan et plaidoyer', *SVEC* 358 (1998), p.27-91.

– 'Madame Du Châtelet et la Bible', *Publications du Centre international d'étude du 18ᵉ siècle, Emilie Du Châtelet, éclairages et documents nouveaux*, études réunies par U. Kölving et O. Courcelle (Ferney-Voltaire, 2008).

Sénèque, *Lettres à Lucilius*, tr. H. Noblot (Paris, 1945).

Tavernier, Jean-Baptiste, *Les Six Voyages de Jean-Baptiste Tavernier, Seconde Partie* (Paris, 1676).

Van den Heuvel, Jacques, *Voltaire dans ses contes: de 'Micromégas' à 'L'Ingénu'* (Paris, 1967).

Van Roosbroeck, Gustave L., 'A quarrel of poets: Voltaire, Moncrif, and Roy', *Philological quarterly* 2 (1923), p.209-23.

Vercruysse, Jeroom, 'Bibliographie provisoire des traductions néerlandaises et flamandes de Voltaire', *SVEC* 116 (1973), p.19-64.

Vernier, Léon, *Etude sur Voltaire grammairien et la grammaire au XVIIIe siècle* (Genève, 1970).

Vernière, Paul, *Lumières ou clair-obscur* (Paris, 1987).

Versini, Laurent, *Diderot* (Paris, 1996).

Voltaire, *Contes en vers et en prose*, éd. S. Menant (Paris, 1992-1993).

– *Essai sur les mœurs*, éd. René Pomeau (Paris, 1963).

– *Mélanges*, éd. J. Van den Heuvel, Bibliothèque de la Pléiade (Paris, 1961).

– *Romans et contes*, éd. F. Deloffre et J. Van den Heuvel, Bibliothèque de la Pléiade (Paris, 1979).

Wade, Ira O., *Voltaire and Madame Du Châtelet: an essay on the intellectual activity at Cirey* (Princeton, 1941).

Wagnière, Jean-Louis, et S. G. Longchamp, *Mémoires sur Voltaire et sur ses ouvrages* (Paris, 1826).

Watts, George B., 'François Gacon and his enemies', *Philological quarterly* 3 (1924), p.58-68.

Williams, David, *Voltaire: literary critic*, *SVEC* 48 (1966).

Wirz, Charles, 'L'Institut et Musée Voltaire en 1980', *Genava* (29, 1981), p.212-13.

Zardo, Antonio, 'La censura e la difesa di Dante nel secolo XVIII', *Giornale dantesco* 24 (1906), p.145-67.

INDEX

Abdérame (Abd al-Rahman) Ier, premier émir omeyyade d'al-Andalus, 116n

Abel, 215

Abraham, patriarche, 99, 215

Académie de Berlin, 24n, 411n

Académie de Dijon, 59, 60, 68, 77n

Académie française, 76n, 204, 411

Académie royale des sciences, 27, 38n

Accademia delle Crusca, 411

Achaz, roi de Juda, 122n

Acosta, Joseph (José de), 274n

Adam, 248, 255

Addison, Joseph, 73

Adonaï, Adoni, dieu phénicien, 121

Adrien, empereur romain, 91, 100, 131, 161

Afrique, 163, 164, 306

Agag, roi des Amalékites, 83, 85, 96, 98, 107, 117, 118n

Agrippa, Corneille, 324

Agrippa (Hérode Agrippa Ier), roi de Judée, 129

Alembert, Jean Le Rond D', xxii, 24, 222, 312, 316, 322

Alexandre Maccabeus, fils d'Aristobule II, 127, 128n

Alexandre le Grand, 124, 125, 159n, 161, 171, 371

Alexandrie, 124, 125, 132, 137n, 138, 163

Allemagne, 163

allemand, langue, 15

Almanach de Liège, 37

Ambroise, saint, 196n

Ammien Marcellin, 143, 148, 190n, 191n, 196, 197n

Amon, roi de Juda, 137n

Amyot, Jacques, 76

Ancre, Concino Concini, maréchal d', 296

Andilly, Arnauld d', 88

anglais, langue, 13

Angleterre / Anglais, 104

Année littéraire, 147, 317n

Anquetil-Duperron, Abraham-Hyacinthe, 319

Antigone, fils d'Aristobule II, 126, 127n

Antiochus IV Epiphane, 100, 126

Antiochus Sidètes, 126, 138

Antipater, 128n

antisémitisme, 102-105

Antoine (Marc Antoine), 126n, 128n

Antonin, empereur romain, 160n

Anulinus, sénateur, 168

Anytos, 373

Apelle, peintre grec, 371

Aper (Lucius Flavius Aper), 167

Apollon, 136, 372

Appion, 130n

arabe, langue, 11, 12

Arabes, 116n; conquête de l'Espagne, 116

Arabie, 163

Arabie Pétrée, 116

araméen, langue, 124n

Archimède, 225, 241-42

Arétas II, roi de Judée, 127n

Argence, François Achard Joumard Tison, marquis d', 319

Argental, Charles Augustin Feriol, comte d', 283, 285, 407, 411n, 415n

Argonautes, 390, 391

Arias, 268n

Arimane, 133, 134n, 135

Arioste (Lodovico Ariosto), 73, 203n, 204, 206n, 207
Aristobule Ier, roi de Juda, 126n
Aristobule II, roi de Juda, 126n, 127, 128n
Ariston, médecin, 175
Aristote, 93, 228, 229, 240n, 258, 268, 295, 379
aristotélisme, 223, 227
Arius, 187, 194
Arminiens: persécution, 162
Arminius, Jacobus, 298n
Arnaud, François-Thomas-Marie de Baculard d', 411n
Arouet, François, 411
Asa, roi de Juda, 122n
Asie mineure, 163-64
Asmodée, 133, 134n
Assyrie, Assyriens, 37n, 122, 132
Asturies, 116n
Athanase d'Alexandrie, saint, 187, 194
Athènes, 214
Atlantide, 268n
Attila, 77
Auguste, roi de Pologne, 14
Auguste (Caius Julius Caesar Octavianus Augustus), empereur romain, 159, 183, 186, 355, 356, 361-64
Augustin, saint, 299n
Aunillion, Pierre Charles Fabiot, 302n
Aurangzeb, empereur moghol, 304-305
Aurélien (Lucius Domitius Aurelianus), empereur romain, 160n
Auriol, Jean, 342n, 343
Autriche, 163
Averroès (Ibn Roschd), 215

Baal, dieu, 121
Babel, tour de, 99
Babylone, 97, 124, 272n; captivité des Juifs, 10, 86, 97, 123, 125, 132, 133, 137, 138
Bacon, Francis, 25
Baculard d'Arnaud, *voir* Arnaud

Balleidier, Joseph Marie, 231
Baluze, Etienne, 148
Banians, 113, 114, 162
Barbarigo, Giovanni Francesco, 286
Barbarigo, Gregorio, 286
Barcochébas, 90, 100, 131
Baretti, Giuseppe, 202, 205, 206
Barnevelt, *voir* Oldenbarneveldt
Bartolomeo della Scala, 215
Barulas, martyr, 175n
Basnage, Jacques, 89, 129n, 130n, 134n
Bayle, Pierre, 133n, 213, 322, 356; *Dictionnaire historique et critique*, 89-90, 131n, 310, 315n; – 'Bérénice', 129n; – 'Ovide', 364-69; – 'Stofler', 342n, 344n; – 'Zoroastre', 90; *Pensées diverses sur la comète*, 311, 321
Beausobre, Isaac de, 320
Beauzée, Nicolas, 5, 9n, 12n; *Grammaire générale*, 3; 'Langue' (*Encyclopédie*), 5, 11n, 13n
Behaim, Martin, 257-58, 267
Bekker, Balthasar, 321, 324
Benjamin, tribu, 118, 119
Bentinck, Charlotte Sophia von Aldenburg, comtesse, 88, 251n
Bérénice, princesse de Judée, 90, 129
Berger, 144, 415n
Bering, Vitus, 249, 272n
Bernier, François, 305n, 321
Bertrand, Elie, 433n
Besterman, Theodore, 319, 429
Bettinelli, Saverio, 201, 206
Beuchot, Adrien Jean Quentin, 60
Bhoutan, 39n
Bible, 82, 84, 86; Ancien Testament: Chroniques, *voir* Paralipomènes; – Daniel, 175n; – Deutéronome, 137n; – Esdras, 124; – Exode, 87n, 94, 115n, 116n, 122n; – Ezéchiel, 122n; – Genèse, 115n; – Josué, 4n, 117n; – Juges, 118n, 119n; – Lévitique, 84, 85, 102, 107, 117,

Bible, *suite*
118n; – Maccabées, 88, 125n, 126n; – Néhémie, 124n; – Nombres, 116n; – Paralipomènes (Chroniques), 122n, 123n, 124n, 137n; – Rois, 120n-121n, 122n, 123n, 135n, 137n; – Samuel, 84, 118n, 119n, 120n; – Tobie, 134n; Nouveau Testament: Actes des apôtres, 248; – Corinthiens, 187n; – Luc, 77n; – Paul, 248; Septante, 87n
Bibliothèque des sciences et des beaux-arts, 95
Bodin, Jean, 315n, 324, 342n, 343n, 344n
Boisrobert, François Le Métel de, 76n
Boleyn, Anne, 76n
Bolingbroke, Henry St John, vicomte, 141
Boniface VIII, pape, 204, 214, 218
Bordes, Charles, 247n
Borel, Pierre, 338n
Bossuet, Jacques-Bénigne, évêque de Meaux, 82, 89; *Discours sur l'histoire universelle*, 94, 102, 103, 113n, 122n, 123n, 125n, 131n, 442
Bouchet, Jean, 342n, 343n
Bouhier, Jean, président, 411n
Bouillaud, Ismail, 339n
Boulainvilliers, Henri, comte de, 314, 344, 345n
Boulanger, Nicolas Antoine, 337n
Bousquet, Marc-Michel, xxvii
Boutan, *voir* Tibet
brachmanes, 136
Brantôme, Pierre de Bourdeille, abbé de, 76n
Briasson, Antoine Claude, libraire, 85
Brosses, Charles de, président, 10n
Bruno, Giordano, 323, 324
Brutus, Lucius Junius, 215, 337, 338, 364
Buffon, Georges Louis Leclerc, comte de, 254; *Histoire naturelle*, 274n, 275n

Bullet, J.-B.: *Mémoires sur la langue celtique*, 11n
Burnet, Gilbert, 76n
Butler, Samuel, 205, 420, 425

Caffarelli, Scipione, 297n
Caligula (Caius Augustus Germanicus), empereur romain, 129n
Calmet, Augustin, 11n, 97, 118n, 121n, 133n, 134n, 187n; *Commentaire littéral*, 82, 84, 85, 88, 117n, 119n, 132n; *Dictionnaire historique, critique, chronologique, géographique et littéral de la Bible*, 91n, 128n; *Dissertations qui peuvent servir de prolégomènes de l'Ecriture sainte*, 327; *Histoire universelle*, 85; *Traité sur les apparitions des esprits*, 336n
calvinistes: persécution, 162
Cambyse, roi de Perse, 125n
Canaan, Cananéens, 85, 97, 118, 134
Canada, 64, 74n
Canaries, îles, 164
Can Grande, 215
Capacelli, Francesco Albergati, 205n
Caracalla, empereur romain, 161
Caraffe, Charles-Placide, 415n
Caraïbes, langue des, 269
Cardan, Jérôme (Gerolamo Cardano, Hieronymus Cardanus), 342n, 343n
Carin (Marcus Aurelius Carinus), empereur romain, 167
Carthaginois, 86, 268, 269n
Carus (Marcus Aurelius Carus), empereur romain, 163, 167
Cassius (Gaius Cassius Longinus), 127, 128n, 364
Castel, Louis Bertrand, 274n, 278n
Catherine II, tsarine, 13n
catholiques: persécution, 162
Caussy, Fernand, 252

celte, langue, 11, 15
Cerbère, 371
Cérès, 372, 373
Cestius Gallus, légat de Syrie, 130n
Chabanon, Michel Paul Guy de, 319
chaldéen, langue, 123, 137
Chaldéens, 10n, 27, 37, 133
chamanisme, 326
Chanaan, 89, 94, 97
Chappe d'Auteroche, Jean, 326
Charles V (Charles Quint), empereur, 228, 241, 342-43n
Charles VIII, roi de France, 15
Charles IX, roi de France, 76
Charles Edward Stuart ('Bonnie Prince Charlie'), 84
Charles de Durazzo, 54n
Charles de Valois, 204, 214
Charles Théodore, Electeur palatin, 284
Charlevoix, Pierre François Xavier de, 278n
Charon, génie du monde infernal, 215
Chastellux, François-Jean, marquis de, 180n
Chaudon, Louis-Mayeul, 118n; *Dictionnaire anti-philosophique*, 91, 149
Chenebé, Isaac, libraire, 37n
Chine, Chinois, 30, 38, 120n, 136, 303
chinois, langue, 11
Chorier, Nicolas, 317
chrétiens: persécution, 172-77
christianisme, établissement du, 161
Christiernus, roi de Danemark, 343n
Cibèle, 371
Cicéron (Marcus Tullius Cicero), 28, 37n, 41n, 42n, 73, 143, 159, 227n, 337n, 362, 378, 392
Cideville, Pierre-Robert Le Cornier de, 302n
Cinq-Mars, Henri Coiffier de Ruzé, marquis de, 76
Cirey, 41n, 81-84, 88, 144, 415n
Cirvellus, Petrus, 342n

Clarendon, Edward Hyde, first earl of, 76n
Claude (Tiberius Claudius Caesar Augustus Germanicus), empereur romain, 129, 160n
Claude II (Marcus Aurelius Claudius Gothicus), empereur romain, 171
Clavel de Brenles, Jacques Abram Elie Daniel, xxvii
Clémence, Joseph-Guillaume, 91
Clément VII, pape (Giulio di Giuliano de' Medici), 241n
Cléopâtre, 241
Clèves, Jean de, banquier, 86
Clodion le chevelu, chef des Francs, 180
Code Justinien, 169
Colletet, Guillaume, 76n
Collini, Cosimo Alessandro, xvii, xviii, xxxii, xxxiii, 254n, 260, 285, 315, 427n, 428, 435-37
Colomb, Christophe, 257, 259, 266, 268n
Colonna, Francesco Maria Pompeo, 314, 315, 317, 344, 345n
Colonne, *voir* Colonna
Condillac, Etienne Bonnot de, 25, 47n; *Essai sur l'origine des connaissances humaines*, 47n; *Traité des systèmes*, 38n
Confucius, 320, 371
Connaissance des temps, 38n
Conrart, Valentin, 76n
Constance, concile de, 342
Conspiration des poudres (Gunpowder Plot), 297n
Constance II (Flavius Julius Constantius), empereur romain, 180n, 193, 194n
Constance Ier Chlore (Flavius Valerius Constantius Chlorus), empereur romain, 162n, 171, 179n, 180
Constantin (Flavius Valerius Aurelius Claudius Constantinus), empereur

romain, 103, 139-57, 177, 179-87, 191, 193, 195
Constantinople, 125
convulsionnaires, 350n
Corneille, Pierre, 76n, 406; *Cinna*, 13; *Médée*, 203n
Correspondance littéraire, 147
Cotys (Kotys), roi de Thrace, 361
Courrier boiteux, 37
Cousin, Louis (le président), 145
Cramer, frères, xvii-xxxiv *passim*, 315, 427, 428
Cramer, Gabriel, 316
Crantor, 226, 268n
Crassus, Marcus Licinius, 127
Crébillon, Prosper Jolyot de, père, 406
Crésus, 228, 229
Crevier, Jean-Baptiste-Louis, 141
Crispus, fils de Constantin, 180n, 185
Cromwell, Oliver, 240
Cyrus II, le grand, 101, 124, 229

Daces, 361n
Dacier, Anne Lefèvre, Mme, 372
Damas, 123n
Damilaville, Etienne Noël, 138n, 348n, 411n
Dan, tribu, 118n
Dangeau, Philippe de Courcillon, marquis de: *Journal de la cour de Louis XIV*, 300n
Dante Alighieri, 199-218
Daphné, nymphe, 370
Dara, 163
Darius, roi de Perse, 125n
Daumart, Marie-Catherine (mère de Voltaire), 411
David, roi d'Israël, 83, 84, 99, 119, 120, 215
Delacroix, Eugène, 241n
Dellon, Gabriel, 300n
Delrío, Martín Antonio, 323, 324, 325

De Luc, Jacques-François, 103, 147-48, 191n-192n, 196n
Déluge, 99
Denina, Carlo Giovanni, 202
Denis, Marie Louise, xxiii, xxvii, xxxi, xxxii, 90n, 253n, 283, 284, 285, 316, 415n, 428n
Deodati de Tovazzi, G. L., 9n, 12n
dépopulation, 164n
Descartes, René, 25, 338, 356, 367; *Discours de la méthode*, 335n
Desfontaines, Pierre-François Guyot, abbé, 406, 413
diable, 326-27, 351
Diane, déesse, 373
Dictionnaire de l'Académie française, 298n
Dictionnaire universel français et latin [*Dictionnaire de Trévoux*], 296n, 297n, 299n, 300n, 301n, 302n, 305n, 340n
Diderot, Denis, xxii, 24-25, 29n, 92, 225, 311, 316, 377; *Ceci n'est pas un conte*, 55n; *Encyclopédie*: 'Juifs, Philosophie des', 106; *Lettre sur les aveugles*, 377, 379, 385n; *Pensées sur l'interprétation de la nature*, 377
Dioclétien (Caius Aurelius Valerianus Diocletianus), empereur romain, 103, 139-57, 162, 163, 165, 167-78, 179, 183, 186
Diodore de Sicile (Diodorus Siculus), 267n
Diogène Laërce, 65, 226n, 379n
Dion Cassius, 91
Domitien (Titus Flavius Domitianus), empereur romain, 159n
Dryden, John, 305n, 425
Du Châtelet, Emilie Le Tonnelier de Breteuil, marquise, 41n, 81-85, 87, 113n, 142, 147, 223, 225n, 242n; *Examen de la Bible*, 83
Du Coudray, Alexandre Jacques, 405

Du Deffand, Marie de Vichy de Chamrond, marquise, 221, 327
Du Fresne de Francheville, Joseph, 251
Du Halde, Jean-Baptiste, 38n, 39n, 249n, 274n
Du Marsais, César Chesnau, 3, 13n
Dupan, Jean Louis, 324
Dupont, Sébastien, xvii, xxxiii, 254n, 315, 428, 436
Durand, David, 425n
Duretus, Claudius, 343n

Echard, Lawrence, 145, 160n, 163n, 167n-174n, 177n-187n, 190n-192n, 194n, 196n
Eco, Umberto, 9n
Edlin, Thomas, 203n
Eglise: histoire, 32
Egypte, Egyptiens, 104, 135, 137, 161, 164, 172, 389; Israëlites en, 82, 83, 87, 115, 116
Electeur palatin, voir Charles Théodore
Electre, 215
Elisabeth Ière, reine d'Angleterre, 53n, 54
Encyclopédie, xxi, xxv, 17n, 24, 105, 133n, 311, 312, 316, 326, 377; – 'Agnus Scythicus', 311; – 'Astrologie', 312, 322; – 'Bien', 224, 226; – 'Bonheur', 224; – 'Capuchon', 299n; – 'Cordeliers', 299n; – 'Discours préliminaire', 24; – 'Encyclopédie', 25, 299n; – 'Heureux', 229, 239n, 240n, 241n; – 'Industrie', 75n; – 'Juifs, Philosophie des', 106; – 'Kamtschatka', 249n; – 'Langue française', 13n; – 'Lion', 274n; – 'Stoïcisme', 378
Endor, voir Pythonisse
Enée, 215
Enoch, 327n
Eole, maître des vents, 372
Ephraïm, 118n

Epicure, 19, 226
épicurisme, 223, 224, 377
Epire, 164
Esaü, 128n
Esdras, 10n, 84, 124
espagnol, langue, 11, 12
étrurien, étrusque, 11n
Euphrate, 124
Eusèbe, 145, 161n, 162, 163n, 169n, 172, 173n, 174n, 179, 180n, 182, 183n
Eusèbe de Césarée, 159n
Eusébie, impératrice, épouse de Constance, 193, 194
Eutrope, 181n, 197n
Ezéchias, roi de Juda, 123n
Ezéchiel, 99

Fabert d'Esternay, Abraham, 351
Fabius (Quintus Fabius Maximus Verrucosus), 356
fanatisme, 106-107
fatalité, doctrine, 92
Fausta (Fausta Flavia Maxima), femme de Constantin, 180n, 181, 185
Fawkener, Sir Everard, 339n
Ferdinand II, roi d'Aragon, 299n
Ferney: bibliothèque, 84, 85, 88, 89
Ferrerius, Augerius, 343n
Flavius Josèphe, 88-90, 98, 101, 115n-129n, 130, 132n, 133, 134n, 137n
Fleury, Claude, abbé, 90; Histoire ecclésiastique, 145, 162n, 163n, 168n, 170n, 172n-175n, 176, 177n, 178n, 182n, 184n
Florence, 213-14
Florus, procurateur de Judée, 130n
Fo, 136
Fontenelle, Bernard Le Bouyer de, 317n, 338n, 344n; Histoire des oracles, 321-22, 336n; Nouveaux Dialogues des morts, 53n
Formont, Jean-Baptiste-Nicolas, 143, 144n, 320

Foucher, Paul, 213n
français, langue, 11-15
France: culture, 14
Francheville, *voir* Du Fresne de Francheville
François d'Assise, saint, 216-18
François Ier, roi de France, 14, 241n
Frédéric II, roi de Prusse, 24, 61, 65n, 73n, 85, 144, 253n, 283, 320, 348n, 411n, 426n; *Anti-Machiavel*, 24n
Frédéric II d'Aragon, roi de Sicile, 214
Furetière, Antoine: *Dictionnaire universel français et latin* [*Dictionnaire de Trévoux*], 17n
Furies, 371

Gabriel, archange, 133
Gacon, François, 295n
Galère (Gaius Galerius Valerius Maximianus), empereur romain, 162, 170-74, 177, 179n, 180, 181
Galiani, Ferdinando, 225
Galien, 160, 161, 162
Galilée: conquête, 130n
Galilée (Galileo Galilei), 28, 41n
Gallus (Flavius Claudius Constantius Gallus), César, 193n
Gassendi, Pierre, 315n, 321, 342n, 343n
Gaulois, 104
Genest, saint, 176
Genséric, roi des Vandales, 77
Germanicus Julius Caesar, empereur romain, 363
Gètes, 361n
Gibea, 119n
Gibelins, 214
ginseng, 277-78
Girard, Gabriel, 11n; *Synonymes français*, 3
Godin d'Abguerbe, Quentin, 405n
Gozzi, Gasparo, 202
Grasset, François, 63n
grec, langue, 11, 12, 125

Grèce / Grecs, 9, 83, 86, 94, 104, 125, 136, 138, 164, 337
Grégoire de Nazianze, 179, 192, 196n
Grimm, Friedrich Melchior: *Correspondance littéraire*, 91-92, 428
Guèbres, 113, 114n, 135
Guelfes, 214
Guénée, Antoine, 91; *Lettres de quelques Juifs portugais et allemands*, 96, 118n, 121n
Gunpowder Plot (Conspiration des poudres), 297n
Guyot, Pierre Jean Jacques Guillaume, 14n

Hadrien (Publius Aelius Hadrianus), empereur romain, 91, 100, 131, 161
Hardion, Jacques, censeur, 415n
Hazaël, roi, 122
Hébreux: 'fanatisme barbare', 95; langue hébraïque, 10, 87, 93-95, 258, 269; poésie sacrée, 101
Hector, 215
Hécube, 55
Hélène, 241
Hélène, femme de Constance Chlore, 162n
Héliogabale (Varius Avitus Bassianus), empereur romain, 161
Helvétius, Claude Adrien, 141, 415n
Hénault, Charles-Jean-François, président, 407
Henri IV, roi d'Angleterre, 53
Henri IV, roi de France (Henri le Grand), 321
Henri VII, empereur, 214
Henri VIII, roi d'Angleterre, 76, 297
Hercule, 372
Hérode, roi de Judée, 100, 101, 126n, 128n, 129
Hérode de Chalcis, 129n
Hérodote, 141, 228
Herpin, René, 343n

Hippocrate, 215
Hiram I, roi de Tyr, 86, 120-21, 132n, 268
Histoire universelle depuis le commencement du monde jusqu'à présent, 86, 88, 90, 101, 115n, 118n, 121n, 132n, 138n, 247n, 248, 249, 255, 260, 261, 266n, 267n, 268n, 269n, 270n, 271, 272n, 273n, 274n, 275n, 276n, 277n
Hollande, 104, 298
Homère, 136, 202, 215, 371; *Iliade*, 385, 394
Horace (Quintus Horatius Flaccus), 78, 90, 159, 215, 363; *Epîtres*, 197n, 337n; *Satires*, 242n
Horn, Georg ('Hornius'), 247, 248n, 249, 258, 265n, 268n, 269, 271n, 272n
Houssaye, Arsène, 221, 230
Howard, Catherine, 76n
Hurons, 271
Hyde, Thomas, 37n, 133n, 318, 319, 335n
Hyrcan II, roi de Judée, 127n, 128n

Idumée (Edom) / Iduméens, peuple, 130n
Illyrie, 164, 167n
Inde, Indes, 30, 114, 120n, 132, 162
Indiens, 104
L'Infâme, 106
Innocent X, pape (Giambattista Pamfili), 296n
Inquisition, 40n, 94, 216, 299, 300
Institoris, Henricus: *Le Marteau des sorcières* (*Malleus maleficarum*), 324
Irlande: massacres de protestants, 76
Isabella Ière de Castille, 299n
Isis, déesse égyptienne, 356
Israël: tribus de, 86
Israël, province, 121, 135
italien, langue, 11, 12

Jacob, patriarche biblique, *dit* Israël, 84, 87, 115n
Japon, 30
Jartoux, Pierre, 277n
Jaucourt, Louis, chevalier de, 105; 'Industrie' (*Encyclopédie*), 75n; 'Langue française' (*Encyclopédie*), 13n
Jean Chrysostome, saint, 196n
Jeanne de Naples, 54
Jephté, juge d'Israël, 83, 85, 87, 96, 98, 117, 118n
Jéricho, prise de, 82, 99, 117, 118
Jeroboam, 135n
Jérôme, saint, 103, 299n
Jérusalem, 125, 126, 128n, 134; conquête de, 84, 106, 120, 122, 131; retour des Juifs à, 86, 97, 124, 125n; temple, 100, 120, 121, 127n, 130n, 196
Jésus-Christ, 90, 94, 100, 103, 104, 131
Joab, neveu de David, 84
Joachaz, 135n
Joas, roi, 122n
Joiachim, roi de Juda, 123n, 135n
Joiakin, roi de Juda, 123n, 135n
Josaphat, roi de Juda, 122n
Josèphe, Flavius, *voir* Flavius Josèphe
Josias, roi de Juda, 137n
Josué, 41, 84, 87
Journal de Trévoux, 73
Journal encyclopédique, 147
Jubé, Jacques, 326
Juda, province, 121, 135
Judas, 106
Judas Maccabée, 100, 126n
Judée, 90, 125n, 129, 131
Juifs, 81-138, 161, 162
Jules César, 28, 41, 42, 127n, 164
Julien (Flavius Claudius Julianus), empereur romain, *dit* Julien l'Apostat, 15, 90, 103, 139-57, 179, 189-98
Junie (Junia Calvina), 356

Junon, 337, 372
Jupiter, dieu, 100, 136
Juvénal, 90

Kant, Immanuel, 224
karibu babylonien, 122n
Kneph, dieu égyptien, 135
Koran, 336n
Krauss, Werner, 24n
Kublai Khan, 215n

labarum, 148, 182-85
La Bléterie, Jean-Philippe René de, 142, 143, 148, 159n, 189n-193n, 195n-197n
La Condamine, Charles Marie de, 274n
Lactance (Lucius Caecilius Firmianus, *dit* Lactantius), 168, 179, 186
Lafitau, Joseph-François, 248-49, 258, 259, 261, 266n, 268n, 269, 270n-271n, 277n, 278
La Fontaine, Jean de, 73; *Fables*, 240n, 321, 322
Lagides, 125n
La Harpe, Jean-François de, 407
Laïs, ville, 118
Lambert, Michel, xviii, xx, xxv-xxxiv, 88, 254n, 315, 317, 415n, 423n, 427, 428, 436
La Michodière, Jean Baptiste François de, 115n, 130n
La Mothe Le Vayer, François de, 189n
La Motte, Antoine Houdar de, 372n, 413
langue: allemand, 15; anglais, 13; arabe, 11, 12; araméen, 124n; Caraïbes (des), 269; celte, 11, 15; chaldéen, 123, 137; chinois, 11; espagnol, 11, 12; étrurien, 11n; français, 11-15; grec, 11, 12, 125; hébraïque, 10, 87, 93-95, 258, 269; italien, 11, 12; latin, 11, 13n; sanskrit, 11n; sumérien, 11n; toscan, 11; turc, 12
langue mère, 11

Lapons, 9, 255
La Popelinière, Alexandre-Jean-Joseph Le Riche de, *Daïra*, 415n
Las Casas, Bartolomé de, évêque de Chiapas, 301
latin, langue, 11, 13n
La Vrillière, Louis Phélipeaux, comte de Saint-Florentin, marquis de, 411n
Lebeau, Charles, 142
Lebrun, Pierre: *Histoire critique des pratiques superstitieuses*, 38n
Ledet, Etienne, xviii
Leibnitz, Gottfried Wilhelm, 45
Lekain, Henri Louis Cain, *dit*, acteur, 413n
Le Nain de Tillemont, Louis-Sébastien, 167n, 168n, 192n, 194n
Lenglet Du Fresnoy, Nicolas, 414
Léon X, pape, 214n
Léontius, évêque de Tripoli, 194
Lesage, Alain-René: *Histoire de don Guzman d'Alfarache*, 180n
L'Estoile, Claude de, 76n
Leti, Gregorio, 296n, 297n, 341n
Lia, femme de Jacob, 84
Licinien, 179n
Licinius, 179n, 183, 184
Lisbonne, désastre de, 45, 222
Livie (Livia Drusilla, Livia Augusta), 356, 362
Locke, John, 4, 9n, 25, 224, 225, 239n, 338, 356n, 420, 425
Loisel (Jacobus Oiselius), 148, 182
Longchamp, Sébastien G.: *Mémoires sur Voltaire*, 283n
Loth, neveu d'Abraham, 84
Louis VI le Gros, roi de France, 75n
Louis VII, roi de France, 75n
Louis XII, roi de France, 15
Louis XIII (le juste), roi de France, 296
Louis XIV, roi de France, 159n, 286, 442; conquêtes, 13; siècle de, 4, 5

Louise-Dorothée de Meiningen, duchesse de Saxe-Gotha, 45, 284
Lowth, Robert, 101
Lucain (Marcus Annaeus Lucanus), 159, 215
Lucien, 65
Lucifer, 218
Lutzelbourg, Marie Ursule de Klinglin, comtesse de, 283n
Lycon, 373n
Lysanias, 129n

Macédoine, 164
Madianites, 83, 97, 116, 118n
Mahomet, prophète, 301, 336n
Maidalchini, Olimpia (belle-sœur d'Innocent X), 296
Maïmonide, *voir* Moïse Maïmonide
Maine, Louise Bénédicte de Bourbon-Condé, duchesse du, 317n
Mairan, Jean-Jacques Dortous de, 247n
Malaspina, Bernabò, 214
Malebranche, Nicolas de: *Recherche de la vérité*, 324n
Malesherbes, Chrétien Guillaume de Lamoignon de, xviii, xxxiii, 428, 429
Mallet, Edme-François, abbé, 312, 322
Manassé, 137n
Manassé, tribu, 119
Manasseh ben Israël, 270n
Manès, 163
manichéens, 163
manichéisme, 327n
Mannius, 362
Marc-Antoine, 392
Marc Aurèle (Marcus Aurelius Antoninus), empereur romain, 160, 161, 183, 190
Marcellus (Marcel), centurion, 172, 173
Marie I, reine d'Angleterre, 297
Marillac, Michel de, 76
Marivaux, Pierre Carlet de Chamblain de, 406

Marmontel, Jean-François, 413n, 426
Marr, N., 11n
Mars, dieu, 136
Le Marteau des sorcières (*Malleus maleficarum*), 324
Martial (Marcus Valerius Martialis), 337n
Martinelli, Vincenzio, 202, 206, 207
Martyr, Pierre, 342n
Mattathias, 100, 126n
Mauregat, roi des Asturies, 116n
Maxence (Marcus Aurelius Valerius Maxentius), empereur romain, 179n, 181, 182, 183
Maximien Galérius, empereur romain, *voir* Galère
Maximien Hercule (Marcus Aurelius Valerius Maximianus Herculius), empereur romain, 170, 181
Maximin II Daïa (Galerius Valerius Maximinus), 184
Mecque, 305
Mèdes, 132
Médicis, famille, 159n
Médicis, Marie de, 76n
Mehmet II, sultan de Turquie, 302n
Mélitos, 373
Mémoires de Trévoux, 147, 248, 249n, 273n, 278n, 279n
Ménage, Gilles: *Dictionnaire étymologique*, 3
Mercure, dieu, 136, 372
Mercure de France, 62n, 96, 147, 189
Merlusine, fée, 350
Meslier, Jean, 103
Métellus Scipion (Publius Cornelius Scipio Nasica), 127
Mexique, 138, 268, 269, 270
Mézeray, François Eudes de, 54n
Michel, archange, 133
Midas, roi de Phrygie, 267n
Miggrode, Jacques de, 301n
Milton, John, 202, 203, 205, 420, 425

Minos, roi de Crète, 295
Minotaure, 295n
Minutianus Apuleius, Lucius Caecilius, 363
Mirabaud, Jean-Baptiste de: *Opinion des Anciens sur les Juifs*, 90, 129n, 132n, 134n
Missy, César de, 86
Moïse, 102, 131, 133n, 215, 299, 319
Moïse Maïmonide, 94
Moland, Louis, 60
Molière, Jean Baptiste Poquelin, *dit*, 406; *Les Amants magnifiques*, 321; *Le Misanthrope*, 13; *Les Précieuses ridicules*, 19
Moncrif, François-Augustin Paradis de, 406n, 407, 415n
Montaigne, Michel de, xxiii; *Essais*, 229
Montefeltro, Guido da, 216n
Montesquieu, Charles-Louis de Secondat, baron de, 24; *Considérations sur les Romains*, 143, 160n, 170n, 185n, 186n, 190n; *De l'Esprit des lois*, 94; *Lettres persanes*, 105, 164n
Monthly review, 95
Morel, Guillaume: *Dictionnaire latin-grec-français* [*Thesaurus vocum omnium latinarum ordine alphabetico digestarum, quibus Graecae & Gallicae respondent*], 17n
Moreri, Louis: *Dictionnaire historique*, 89, 121n, 123n, 125n, 130n, 131n, 13n; – 'Afrique', 127n; – 'Judée, Des Juifs', 115n, 122n; – 'Sixte V', 341n
Moultou, Paul Claude, 318
Mulei-Ismaël, empereur de Maroc, 305
musulman, 115
Muyart de Vouglans, Pierre-François, 324

Nabuchodonosor, roi de Babylone, 84, 86, 101, 104, 122, 123n

Narcisse, 370
Narses, roi de Perse, 171n
Naudé, Gabriel, 342n, 343n
Nazaire, 183
Néaulme, Jean, 284
nègres, 9, 97, 256, 266, 306
Neptune, 372, 373
Néron (Lucius Domitius Claudius Nero), empereur romain, 159n, 186
Newton, Isaac, 13, 241, 249n, 338, 356, 368, 420, 425
Nicée, concile de, 185, 187
Nicéron, Jean-Pierre, 338n
Nicot, Jean: *Dictionnaire*, 17n
Niobé, 55
Niphus, Augustin, 342n
Noé, 215, 248, 256, 258, 267, 272
Nomentanus, 225, 242
Nonnotte, Claude François, 91, 148, 150, 169n, 174n, 180n, 181n, 189n, 191n, 194n, 197n
Nostradamus, Michel de Notre-Dame, *dit*, 320
Nourse, Jean, 427
Numa Pompilius, roi légendaire de Rome, 28, 42, 336n
Numérien (Marcus Aurelius Numerianus), empereur romain, 163, 167

Octave, *voir* Auguste
Odoacre, 77
Oldenbarneveldt, Johan van, 298
Ooliba, 99
Oolla, 99
Ophir, 120, 268
Origanus, David, 342n, 343n
Oromase, 133n, 135
Orphée, 361
Osée, roi de Samarie, 122n
Osias, 122n, 137
Osiris, 161
Ottoman, empire, 30

Ovide, xxii, 215, 355-70; *Métamorphoses*, 229

Palestine, 114, 123
Palissot de Montenoy, Charles, xxxiii, 436
Pan, dieu, 372
Pannonie, 164
Parfaict, Claude, 405
Parfaict, Claude et François: *Dictionnaire des théâtres de Paris*, 405-16
Parfaict, François, 413n
Parthes, 127n, 128n
Pascal, Blaise, 137n; *Les Provinciales*, 27, 37
Pasiphaé, 295
Patrice, saint, trou de, 297
Paulian, Aimé-Henri, le père, 150
Paulus de Middeburgo, 342n
Paul V, pape, 297n
Pausanias, 267n
Peranzonus, Nicolaus, 343n
Pérou, 138
Perrault, Charles, 413
Perse (Aulus Persius Flaccus), 383
Perse, Perses, Persans, 30, 86, 113, 114, 124, 132, 135, 138, 162, 163, 167, 169, 171, 186, 190, 196, 318, 336, 337n
persécution: Arminiens, 162; calvinistes, 162; catholiques, 162; chrétiens, 172-77
Petra Sancta, Michaelis de, 343n
Pezay, Alexandre Frédéric Jacques Masson, marquis de, 230, 309
Pharamond, ancêtre mythique des Mérovingiens, 180
Pharisiens, 134
Phazaël, fils d'Antipater, 128n
Phéniciens, 10, 94, 119, 278n
Philibert, Claude Christophe, 423n
Philippe II Philorhomaeus, roi séleucide, 127n, 129n, 161, 162n
Philippe IV le Bel, roi de France, 214

Philistins, 119
Philon, 133, 136, 137n
Pictet, Charles, 60n
Pierre, apôtre, 215
Pierre Ier, empereur de Russie (Pierre le Grand), 144, 249n
Pindemonte, Marco Antonio, 202
Pinto, Isaac: *Apologie pour la nation juive*, 92-96, 99, 101, 105
Pison, gouverneur de Syrie, 363n
Platon, 215, 223, 228, 239, 242, 267n, 268, 337, 373
platonisme, 227
Plaute, 176
Plutarque, 229, 336n, 337
Pluton, 216
Polémon, roi de Cilicie, 129n
Polier de Bottens, Jean-Antoine-Noé, 131n
Polo, Marco, 215n
Pomone, 373
Pompadour, Jeanne Antoinette Poisson Le Normand d'Etioles, marquise de, 283
Pompée (Cneius Pompeius Magnus), 100, 127, 128n, 378
Pope, Alexander, 420, 425
Porée, le père Charles, 141
Posidonius, 375-401
Pradon, Nicolas (Jacques), 413n
Praxitèle, 40
Probus (Marcus Aurelius Valerius Probus), empereur romain, 160, 163, 167
Prométhée, 317
Providence, 113
Ptolémée II Philadelphe, 125n
Ptolémées, 125n
Pyrrhon (Pyrrho), philosophe, 65
Pythagore, 114
Pythonisse d'Endor, 347

Rachel, femme de Jacob, 84

Racine, Jean, 73, 406; *Phèdre*, 13; *Les Plaideurs*, 19
Rahab, courtisane, 83, 85, 117
Rameau, Jean-Philippe, 415
Rangon, Guy, 342n
Raphaël, ange, 133
Ravenne, 215
Razin (Raçon), roi de Syrie, 122
Reland, Adrien, 273n
Riccio, David, 53n
Richelet, Pierre: *Nouveau Dictionnaire français*, 17n
Richelieu, Armand-Jean du Plessis, cardinal de, 76
Richelieu, Louis-François-Armand du Plessis, duc et maréchal de, xxviii, 60, 317n, 411n, 415n
Rogers, capitaine W., 273n, 278n
Rolli, Paolo Antonio, 202, 203
Rollin, Charles, 17n, 141
Romain, martyr, 175
Romains, 86, 90, 94, 126-28, 131n, 132, 136, 162
Rome, 28
Romulus, 94
Rose-Croix, société des, 37n
Rotrou, Jean de, 76n
Rousseau, Jean-Jacques, xxii, 24, 60-65, 78, 103, 106, 138n, 323; *Confessions*, 62, 74n, 75n; *Discours sur les sciences et les arts*, 59, 60, 63, 66-68, 73n, 74n, 75n, 77n; *Discours sur l'origine et les fondements de l'inégalité parmi les hommes*, 59, 61, 62, 67, 77n; *Lettre à Grimm*, 77n
Rousseau, Pierre, xxviii
Roy, Pierre-Charles, 295
Royer, Joseph Nicolas Pancrace, 406, 415
Ruhlen, Merrit: *L'Origine des langues*, 11n
Ruinart, Thierry, 172n, 175-77

Sadder, 319

Sadducéens, 134
Saint-Barthélemy, massacre, 76, 297
Saint-Florentin, *voir* La Vrillière
Saint-Médard, cimetière, 350n
Saladin (Salah-Eddyn *ou* Salah al-Din Yusuf bin Ayub), 215
Salchli, Jean: *Apologie de l'histoire du peuple juif*, 96-98
Sale, George: Koran (trans.), 336n
Salem, *voir* Jérusalem
Salmanasar V, roi d'Assyrie, 122n
Salomon, roi d'Israël, 10, 83, 84, 86, 89, 94, 97, 99, 120, 121, 132, 135, 137, 254, 268
Samarie, 121-23, 129n, 138
Samaritains, 106, 123
Samuel, prophète et juge, 83, 84, 85, 96, 107, 117, 347
sanskrit, langue, 11n
Satan, 133, 310, 327n
Saül, roi des Israélites, 83, 84, 87, 89, 107, 117, 118n, 347
Saxe-Gotha, duchesse de, *voir* Louisa Dorothea de Meiningen, duchesse de Saxe-Gotha
Scepperus, Cornelius, 343n
Scilly, îles, 19
Sébastien, saint et martyr, 169
Sédécias, roi de Juda, 86, 122, 123n, 135n
Séleucides, 125n
Sénèque, 46, 159, 226n, 267n
Sennachérib, roi d'Assyrie, 123n
Sertorius, Quintus, 336n
Sévère (Flavius Valerius Severus), empereur romain, 179n
Shakespeare, William, 203
Sichem, 121-23
Sidrac, Midrac, Abednego, 175
Silanus (Lucius Junius Silanus Torquatus), 355
Silène, 267n
Silo, 119n, 131
Simon Maccabée, 126n

Sireuil, 406, 407, 415n
Siri, Vittorio, 344n
Sixte V, pape (Felice Peretti), 315, 341
Smollett, Tobias, 7, 35, 51, 71, 109, 154, 236, 290, 309, 332, 358, 381
Société royale de Boulogne, 411
Société royale de Londres, 411
Société royale de Pétersbourg, 411
Socrate, 215, 356, 371-73
Solon, 228, 229, 242, 243
Sorlingues, voir Scilly
Sosius (Caius Sosius), 128n
Sozomène, 148, 159n, 179, 185
Spectator, xx
Spizelius, Théophilus, 271n
Staal-Delaunay, Marguerite Jeanne Cordier, baronne de, 317n
Stanislas Leszczynski, roi de Pologne, duc de Lorraine, 66n
Stöffler, Johannes, 341
stoïcisme, 223, 227, 378-79
Strabon, 318
Strahlenberg, Phillip Johann von, 249n, 272n, 273n
Stuart, Mary, 53
Suard, Jean-Baptiste, 206n
Suétone, 338n, 363n
Suger, abbé, 75
Suidas, 194n
sumérien, langue, 11n
superstition, 95, 102, 310
Syrie, Syriens, 120, 132, 161, 172

Tacite (Publius Cornelius Tacitus), 90, 160n, 322
Tasso, Torquato (Le Tasse), 201, 203n, 204, 206n; Gerusalemme liberata, 201
Tavernier, Jean-Baptiste, 39n, 40n
Teglat-Phalassar III, 86, 122
Térence (Publius Terentius Afer), 176
Testard, Mlle, 317n
Teutons, 104

Thalès, 371
Théodoret, 148, 159n, 192, 193n, 196
Théodose, empereur romain, 148, 150, 164, 192
Thessalie, 164
Thiriot, Nicolas-Claude, xviii, xxxiii, 85, 141, 254, 317, 339n, 345n, 415n, 428
Thomas, médecin, 343n
Thomas d'Aquin, 77
Thou, François-Auguste de, 76
Thou, Jacques-Auguste de, 54n
Thucydide, 159
Tibère, empereur romain, 186, 355, 363, 364
Tibet (Boutan), 27, 29, 30, 39-40
Tibulle (Albius Tibullus), 337n
Tigre, fleuve, 124, 167
Timon d'Athènes, 65
Timon de Phlionte, philosophe sceptique, 65
Tindal, Matthew, 85, 117n
Tite-Live (Titus Livius), 159
Titus (Titus Vespasianus Augustus), empereur romain, 84, 104, 129n, 130
Tobie, 133
tolérance, 106, 161-62
Tomites, 361
Torelli, Giuseppe, 202
toscan, langue, 11
Trajan, empereur romain, 160n
Trévoux, voir Dictionnaire universel
Trissino, Giangiorgio, 202, 203n
Tronchin, Théodore, 316
turc, langue, 12
Turenne, Henri de La Tour d'Auvergne, vicomte de, 84
Tyriens, 132
Tyrconnell, Richard, 1st earl of Tyrconnell, 411n

Ulysse, 230
Uriel, ange, 133

Uzès, Charles Emmanuel de Crussol, duc d', 61

Vatable, François, 268n
Vaugelas, Claude Favre de: *Remarques sur la langue française*, 3
Vénus, déesse, 47n
Vernet, Jacob, 203n
Vespasien (Vespasianus Augustus), empereur romain, 130
Vespucci, Amerigo, 259
Victor (Sextus Aurelius Victor), 149, 179, 181
Villars, Pierre de, archevêque de Vienne, 324
Viret, Louis, 91
Virgile, 27, 37, 73, 159, 215, 362n
Vives, Louis, 342n, 343n
Voltaire
  L'A. B. C., 130n
  Abrégé de l'Histoire universelle de M. de Voltaire, 284-85, 407, 415
  Amélie ou le duc de Foix, xxxi
  Annales de l'Empire, 204, 214n, 444
  Articles pour l'*Encyclopédie*: 'Amé', 253; – 'Félicité', 240n; – 'Français', 3, 5, 13n; – 'Heureux', 222, 228, 239n, 240n, 241n; – 'Histoire', 222
  Avis au public sur les parricides imputés aux Calas et aux Sirven, 324, 325n, 348n
  La Bible enfin expliquée, 41n, 98, 327n
  Candide, 49, 56n, 287, 299n, 300n, 306n
  La Canonisation de saint Cucufin, 133n, 136n
  Catéchisme de l'honnête homme, 99, 133n
  Catilina, xxxi
  Ce qui plaît aux dames, 327
  Commentaire historique sur les œuvres de l'auteur de 'La Henriade', 411n

Voltaire, *suite*
  Commentaire sur le livre des Délits et des peines, 311
  Connaissance des beautés et des défauts de la poésie et de l'éloquence, 420
  De Constantin, 139-57, 179-87
  De Cromwell, 241n
  De Dioclétien, 139-57, 167-78
  La Défense de mon oncle, 131n, 135n, 247
  De Julien, 139-57, 189-98
  De la chimère du souverain bien, 219-43
  De la magie, 10n, 307-33, 346-49
  De la paix perpétuelle, 325n
  De la population d'Amérique, 222, 230, 245-79, 315n
  De l'astrologie, 307-33, 339-45
  Des allégories, 355
  Des conspirations contre les peuples, 192n
  Des génies, 307-38
  Des Juifs, 79-138
  Des langues, 3-20
  Des mensonges imprimés, 75n, 130n, 440
  De Socrate, 353-59, 371-73
  Des possédés, 307-33, 350-51
  Les Deux Consolés, 43-56
  Dialogues d'Evhémère, 239n
  Dialogues entre Lucrèce et Posidonius, 375-401
  Dialogues philosophiques, 32-33
  Dictionnaire philosophique, 37n, 88, 91, 99, 103, 145, 146, 201, 231, 310, 312, 330, 355; – 'Abraham', 115n, 133n, 137n, 138n; – 'Ame', 10n, 133n; – 'Ange', 133n; – 'Antitrinitaire', 47n; – 'Baptême', 180n; – 'Bien (Souverain)', 222; – 'Christianisme', 149, 175n, 177n, 180n; – 'Conciles', 162n; – 'Convulsions', 350n; – 'Enfer', 133n; – 'Fables', 47; – 'Fanatisme', 118n; –

Voltaire, *suite*

'Fraude', 32; – 'Idole, idolâtre, idolâtrie', 118n, 135n, 136n; – 'Jephté', 118n; – 'Job', 133n; – 'Judée', 91n; – 'Julien le philosophe, empereur romain', 145, 189n, 192n, 196n, 197n; – 'Martyre', 175n; – 'Messie', 131n; – 'Persécution', 177n; – 'Salomon', 115n, 119n, 121n; – 'Somnambules, et songes', 400n; – 'Souverain bien', 224n, 227; – 'Superstition', 326; – 'Tolérance', 117n, 161n, 298n

Dictionnaire philosophique, 118n; – 'Religion', 39n

Dictionnaire philosophique portatif, xxv; – 'Fraude', 32

Dieu et les hommes, 114n, 117n, 118n, 125n, 129n, 132n, 133n, 228

Le Dîner du comte de Boulainvilliers, 32

Discours aux Welches, 16n

Discours de l'empereur Julien contre les chrétiens, 146, 160n, 189n, 192n

Discours en vers sur l'homme (Epître sur le bonheur), 229-30

D'Ovide, 353-70

Du polythéisme, 355

Du siècle de Constantin, 139-65

Eléments de la philosophie de Newton, xix, 440

Epître de l'auteur en arrivant dans sa terre, xix

Epître sur la calomnie, 295n

Essai sur la poésie épique, 202

Essai sur les mœurs, xix, xxii, 29, 30, 31n, 45, 53n, 74n, 81-82, 86, 98, 100, 101, 104, 113n, 114n, 116n, 118n, 120n, 138n, 146, 159n, 160n, 162n, 177n, 179n, 180n, 182n, 185n, 186n, 203, 204, 214n, 241n, 247, 252, 254, 255-61, 274n, 275n, 283,

Voltaire, *suite*

286, 296n, 298n, 302n, 303n, 305n, 306n, 315, 319, 322, 341n, 347n

Essai sur l'histoire générale / Essai sur l'histoire universelle [Essai sur les mœurs], 30, 37n, 40n, 88, 435, 442, 444

Essay on epic poetry, 202

L'Examen important de milord Bolingbroke, 99, 118n, 119n, 130n, 133n, 137n, 138n, 146, 162n, 177n, 180n, 197n

Fonds de Kehl: 'Vision', 183n; – 'Zèle', 320

Les Guèbres, 114n

La Henriade, xix, xxx, 201, 413, 414, 424, 426, 433, 439

Histoire de Charles XII, xix, 144, 415, 440

Histoire de la guerre de 1741, 316n, 442, 444

Histoire de l'empire de Russie sous Pierre le Grand, 249n

Histoire de l'établissement du christianisme, 99, 133n, 149

Histoire des voyages de Scarmentado, 281-306

Homélies prononcées à Londres, 99, 133n

L'Ingénu, 114n, 299n

Jusqu'à quel point on doit tromper le peuple, 21-42

Letters concerning the English nation, voir *Lettres philosophiques*

Lettre de M. de Voltaire aux éditeurs de la première édition de Genève, 417-22, 433-34

Lettre d'un Turc, sur les fakirs et sur son ami Bababec, 45

Lettre philosophique de Monsieur de V***, 400

Lettres à son altesse Mgr le prince de ***, 133n

Voltaire, *suite*

Lettres chinoises, indiennes et tartares, 206, 207

Lettres philosophiques, xx, 9n, 133n, 137n, 205, 206, 303n, 329, 338n, 340n, 408

Lettre sur le Dante, 199-218, 221, 231

Les Lois de Minos, 104, 130n

Memnon, xx, 45

Micromégas, 408

Le Monde comme il va, xx

Notebooks, 3, 4, 9n, 10n, 11n, 12, 14n, 15n, 16n, 17n, 18n, 19n, 106-107, 115n, 133n, 134n, 161n, 179n, 182n, 213n, 221, 239n, 247, 341n, 344n

Notice autobiographique, 403-16

Nouvelles Considérations sur l'histoire, 142, 164n

L'Orphelin de la Chine, xxviii, xxx, 62n, 406

Pandore, 406, 407, 415

Le Philosophe ignorant, xxiv, 4n, 10n, 323

La Philosophie de l'histoire, 81, 87, 88, 91, 92, 95, 98, 103, 113n, 114n, 115n, 116n, 117n, 119n, 120n, 121n, 122n, 125n, 126n, 127n, 128n, 130n, 131n, 133n, 135n, 137n, 138n, 247n, 261, 311, 325n, 326, 327n, 339n, 347n

Poème sur la loi naturelle, 437

Poème sur le désastre de Lisbonne, 312, 449

Précis du siècle de Louis XV, 327n

La Princesse de Navarre, 60

Prix de la justice et de l'humanité, 311, 324

La Prude, 407

La Pucelle, 63n, 73n, 322

Le Pyrrhonisme de l'histoire, 137n

Les Questions de Zapata, 99, 117n, 118n, 133n

Voltaire, *suite*

Questions sur l'Encyclopédie, xxv, 231, 311, 312, 327; – 'A', 15n; – 'ABC, ou alphabet', 11n; – 'Adorer', 131n; – 'Alexandre', 125n; – 'Almanach', 329, 340n; – 'Ange', 327n, 338n; – 'Apostat', 189n, 197n; – 'Arabes', 11n, 327n; – 'Asmodée', 134n; – 'Astronomie', 322, 329, 339n, 340n; – 'Béker', 324, 348n; – 'Bouc', 324, 346n; – 'Charles IX', 76n; – 'Convulsions', 350n; – 'Cul', 16n; – 'Démoniaques', 326; – 'De Pierre le Grand et de Jean-Jacques Rousseau', 323; – 'Dieu, dieux', 135n, 136n; – 'Eglise', 175n, 325n; – 'Enchantement', 323, 346n, 347n; – 'Franc, français', 3-4, 14n, 15n, 17n, 18n, 19n, 20n, 180n; – 'Fraude', 32; – 'Langues', 3, 4, 10n, 11n, 12n, 13n; – 'Martyrs', 175n; – 'Religion', 42n; – 'Souverain bien', 222, 224-25, 239n; – 'Zoroastre', 320

Questions sur les miracles, 297n

Remarques pour servir de supplément à l'Essai sur les mœurs, 41n

Remarques sur l'histoire, 142

Saül, 118n

Sermon des cinquante, 26, 98, 117n

Sermon du rabbin Akib, 115n

Le Siècle de Louis XIV, xvii, 30, 31, 159n, 296n, 304n, 315n, 318, 321, 322, 339n, 344n, 351n, 415, 444

Le Songe de Platon, 316

Sur le paradoxe que les sciences ont nui aux mœurs, 57-78

Le Taureau blanc, 347n

Le Temple de la gloire, 413n

Le Temple du goût, 440

Timon, voir Sur le paradoxe que les sciences ont nui aux mœurs

Voltaire, *suite*
  *Traité sur la tolérance à l'occasion de la
    mort de Jean Calas*, xxiv, 116n,
    117n, 130n, 133n, 161n, 177n
  Un chrétien contre six juifs, 117n, 327
  Vers au roi de Prusse, 447-48
  Zadig, ou la destinée, 45, 296n, 304n,
    318, 408

Wagnière, Jean-Louis, 175n, 224n, 327,
  411n; *Mémoires sur Voltaire*, 283n
Walther, Georg Conrad, xviii, xxv-
  xxxiv, 89, 251, 252, 423n, 427
Warburton, William, 133n, 134n, 197n
Weiblingen, famille, 214n
Welf, famille, 214n
Whiston, William, 272n, 275n

Wycherley, William: *The Plain dealer*,
  407

Xénophon, 373
Xerxès, roi de Perse, 125n
Xiphilin, Jean, 130n

Yabesh, massacre, 119n
Yotam, 122n

zélotes, 130n
Zonare: *Histoire romaine écrite par Xiphi-
  lin*, 180n, 190n, 193n, 197n
Zoroastre, 90, 114n, 133, 318-20, 327, 335
Zorobabel, prince de Juda, 86, 124
Zosime, 159n, 179, 180n, 183, 185; *His-
  toire romaine écrite par Xiphilin*,
  180n, 190n, 193n, 197n